清华写作与沟通课教学案例集

TEACHING CASEBOOK OF TSINGHUA WRITING AND COMMUNICATION COURSE

梅赐琪　主编

清华大学出版社

北京

版权所有，侵权必究。举报：010-62782989，beiqinquan@tup.tsinghua.edu.cn。

图书在版编目（CIP）数据

清华写作与沟通课教学案例集/梅赐琪主编．—北京：清华大学出版社，2022.6（2024.12重印）
ISBN 978-7-302-60889-9

Ⅰ.①清…　Ⅱ.①梅…　Ⅲ.①汉语—写作—教案（教育）—高等学校　Ⅳ.① H15

中国版本图书馆CIP数据核字（2022）第085137号

责任编辑：纪海虹
装帧设计：红卫设计
责任校对：王荣静
责任印制：沈　露

出版发行：清华大学出版社
　　　　　网　　址：https://www.tup.com.cn，https://www.wqxuetang.com
　　　　　地　　址：北京清华大学学研大厦A座　　邮　编：100084
　　　　　社 总 机：010-83470000　　　　　　　　邮　购：010-62786544
　　　　　投稿与读者服务：010-62776969，c-service@tup.tsinghua.edu.cn
　　　　　质量反馈：010-62772015，zhiliang@tup.tsinghua.edu.cn
印 装 者：三河市东方印刷有限公司
经　　销：全国新华书店
开　　本：185mm×260mm　　印　张：24.5　　字　数：509千字
版　　次：2022年8月第1版　　印　次：2024年12月第5次印刷
定　　价：98.00元

产品编号：094760-01

主　编

梅赐琪

副主编（按姓氏音序排序）

程祥钰　李成晴

编　委（按姓氏音序排序）

曹柳星　程祥钰　邓　耿　李成晴
李轶男　毛　君　王沛楠　张　芬

序

彭 刚

2018年春季，在清华大学第二十五次教育工作讨论会进行期间，时任校长邱勇院士在首期"清华名师教学讲坛"这一庄重的场合宣布，学校将开设面向全体本科学生的"写作与沟通"课程。这意味着，"写作与沟通"课程将成为今后清华所有本科学生共同的学习经历。4年过去了，这门课在高质量的前提下实现了对清华所有本科学生的全覆盖。可以欣慰地说，大体上，它长成了我们当初所期望的样子。

这门课程的重要目标和产出，固然是学生通过课程训练而达成写作和沟通能力的显著提升，但从一开始，我们就提出，写作训练首先是思维训练，这门课首先应该是一门让学生"开眼"的通识课。为此，"主题式、小班制、全过程深度浸润"成为这门课程教学的基本模式。

所谓主题式，是指这门课程的教师要依据自己的背景和兴趣，选择足以支撑起一个学期的阅读、讨论和写作的主题，来设计自己的课程教学。我们希望每一个主题都可以做到"无专业门槛，有学理深度"。无专业门槛，是指任何专业的学生选择写作课中的任何一个主题，都没有前置训练的要求；有学理深度，指学生在课程主题下阅读，辩难，试图提出自己的观点并努力为之辩护的过程，足够让他们得到思维和学理上的淬炼。从"切尔诺贝利"到"《史记》与司马迁"，从"智能生活"到"西南联大"，从"乾隆皇帝与十八世纪的中国"到"游戏与人"……如今已经积累的60多个主题，见证了讲授这门课程的同事们的艰辛和努力；这些琳琅满目的主题，也可以让我们想见他们从主题写作教学模式中获得的乐趣。"小班制"和"全过程深度浸润"，意味着教师非同寻常的教学投入和对每个学生的个性化指导。其中甘苦，读者也不难从这本案例集中窥见。

我们希望这门课能够帮助学生打开眼界，了解更为广大的世界和从前不曾涉足的领域，深入而有条理地思考和表达。我们希望他们在这门课程中，读、思、论、辩、写，让心态更为开放，让心智更为成熟，让思维更为锐利，让表达更为自如而优雅。

记得写作与沟通教学中心成立之初，我在跟年轻的同事们交流时表达过这样的意思：在清华教书的一大乐趣是学生足够优秀。上写作与沟通课，我相信，你们每跟学生交流一次，每跟他一起改过他的一篇习作，他下一次一定会表现得不一样。我们可以像春天听到竹子拔节的声音一样，见证学生历历可见的成长。后来，好几位同事都跟我提起，在教学过程中的确有了这样的感受。这本案例集，在从不同侧面展现这门课程的成长的同时，也真切地见证着学生和老师的共同成长。

我期待着，更加精彩纷呈的续篇还在路上。

2022年5月4日于清华园

导 言

梅赐琪

向写作的过程学习写作

这是一本希望可以真正帮助到写作学习的教材，而不仅仅是一本教学案例集，或者是又一本关于"如何写作"的书。

一、写作教材的难处

在过去的几年中，不少关心清华大学写作与沟通课（以下简称"写作课"）的前辈和同行都向我们表达过一个共同的期待：你们应该出一本写作课的教材。的确，清华写作课从2018年秋季正式开设以来，受到了广泛的关注和好评。在清华校内，写作课从2020—2021学年起成为了全校大一新生的通识必修课，每学年开设240个左右的两学分小班，覆盖近3500名同学的选课。上过这门课的同学用"硬课""有获得感的课"来形容它。在清华校外，一些同行也把清华写作课的建设看作近年国内通识教育界最值得关注的创新实践之一。

然而，提到教材我们自己也很犯难。

一方面，国内外已经有诸多详述"如何写作"的优秀教材、手册，一些资深的，甚至大师级的写作者也已经将自己的经验总结付诸笔墨；实际上，这些教材、手册和经验总结也出现在不少清华写作课教师的课程参考书目列表之中，新的教材能够在"如何写作"的问题上超越从前的文本吗？另一方面，更重要的是，我们在写作课教学实践中发现，"如何写作"和"如何学习写作"不是两个等价的问题。

从目前来看，相当多的现有教材回答的是"如何写作"，或者更准确地说是"如何正确地写作"的问题。然而横亘在很多学习者面前更大的难题，是如何从自己"不正确"的写作出发，通过写作的学习逐步走向符合自己需要的"正确"的写作。所以，写作的学习，正如很多其他的学习一样，仅仅知道对于"正确"的性质描述是不够的，还应该采用过程的视角，看到从"不正确"到"正确"的可行路径。但是，应该用什么样的形式来呈现这样的过程和路径呢？

二、这本不一样的教材与清华写作课

带着这样的问题与思考，在清华大学写作课教学团队集体呈现的第一本教材里，我们做出了这样的尝试：用体现教与学全过程的具体案例来分享我们在教学中积累的思考和经验。在"理论编"从不同角度分享了清华写作课的做法和理念之后，本教材一共收录了18个过程性的写作案例。之所以称之为"过程性"案例，是因为在每一个案例中，我们都完整地呈现了一篇习作从选题、写作、反馈到修改的全部思考过程。具体而言，每一个案例都包括了6个部分的内容：1）作为习作选题背景的课程主题介绍；2）教师对于案例的整体概述；3）含教师逐行批改和总体点评的学生初稿；4）学生的修改陈述信；5）学生终稿全文；6）教师对学生终稿的反馈信。

需要特别指出的是，除了出于阅读方便考虑而进行的文字和格式调整，书中的每一个过程性案例都完全来源于清华写作课的真实教学过程。在这门课中，关于写作知识的课堂讲授只占到教师全部工作投入时间的1/5甚至1/6，教师大量的工作时间和精力都投入到了对学生习作的高频、高强度的反馈之中。在统一的教学流程要求下，同学们每一篇完整的3000字和5000字研究性习作都至少会经历"学生提交写作初稿、教师批改初稿、师生一对一面批、学生提交写作终稿及陈述信、教师给出反馈信"这样的五个步骤。

强调过程性体现了清华写作课关于写作教与学的两个基本理念。第一，"只有写，才会写"。这句巴金先生的话深刻地揭示了写作教与学中知识和实践的关系。我们在自己的教学中也发现，讲授写作的规范、谋篇布局的原则、遣词造句的技巧，虽然可以获得学生的频频点头，但是学生并不会因为接收了这些"关于写作的"知识而自动学会写作。教育学家怀特海在《教育的目的》中指出："只有动手去创造，并且通过所创造之物才能获得生动而深刻的认识。"[①]这句话落实到写作的学

[①] 阿尔弗雷德·诺斯·怀特海：《教育的目的》，靳玉乐、刘富利译，64页，北京，中国轻工业出版社，2019年。

习中，意味着写作的知识和写作的实践是不能分离的，一条从"先学会怎么写"到"然后再来写"的次序路径在写作学习中很可能是不存在的。写作的学习是在写作中完成的。也正是基于这个理念，所有的清华写作课都采用了"主题式"的框架：每一位老师的课程都有其特定的通识性主题。本教材中18个案例就来自18个完全不同的通识主题。围绕这些通识主题展开读写训练，一个直接的目的就是要为学生"在写作中学习写作"提供内容基础。

第二，"只有反馈，才能提高"。写作是一个高度个人化的工作，然而写作的成果却往往是交由他人评价的。在写作的教学中，我们有这样一个体会，很多的写作者是"不自医"的，也就是说没有办法发现自己写作中的问题。这其中固然有敝帚自珍的心理因素，但更为重要的是，写作者会受到自己个人思维习惯的影响，加之写作过程中的反复"自我说服"，待到成稿时就容易成为自己文章的"信徒"，无法从读者的角度看出问题。一些有经验的写作者，常常分享的一个体会是文章要"放一放"再改，原因可能也在于此。所以，我们所强调的写作的"过程性"，不仅是指学生写作的过程，更重要的是教师和朋辈对于学生写作的高强度反馈过程。与这个理念相契合，所有的清华写作课都采用了"小班制、全过程深度浸润"的组织方式：每一个课堂不超过16人，以促进围绕写作进行的师生互动和生生互动；教师对每一篇学生习作都要进行批改，并在此基础上与学生进行"一对一"的当面交流，修改文章的过程中，师生还会以书信的形式说明修改的内容以及对于修改的反馈。本教材中的18个案例，全都充分地呈现了这样的反馈过程。

三、更看重成长而不仅仅是成绩

从2018年秋季学期开始到2021年秋季学期结束，共计有7524名清华同学选修了写作课。课程大纲对每位同学在老师高强度反馈下完成两篇习作提出了统一要求，这意味着实际产出的教学案例已经突破了15000个。从数量如此之多的备选案例中，挑选18个案例进入本教材不是一个容易的决定。除了教师的个人偏好和无可避免的随机性之外，编委会从一开始就确立了一个重要原则：更看重"成长"而不仅仅是"成绩"。

实事求是地说，在清华写作课已经产出的15000多个教学案例中，我们的确可以看到一些在初稿阶段就已经让老师击节叫好的文章。这些文章只需经过小幅度的调整，便可以成为一篇观点鲜明、逻辑缜密、结构合理的说理文。然而，要充分地呈现一门课程的做法和效用，更重要的应该是要看到学生在这门课程中成长的过程，而不仅仅是最后呈现的成绩。而且，我们也发现，即便是在清华大学，对于绝大多数的大一新生来说，在第一个学年就要自选主题完成有一定篇幅和深度要求的研究性写作，也并不是一件容易的事情。因此，按照更看重成长而不仅仅是成绩的原则，我们挑选了那些一开始有着各种各样的"磕磕碰碰"，但是最终在老师的帮助下实现了不同程度的质的提升的案例，并且呈现了出来。

在这些教学案例中，在老师的反馈下同学们在写作中的成长是多面向的。仅从本教材列出的修改痕迹来看，师生对于一篇初稿的修改都有几十处之多。有些文章的初稿和终稿的题目和方向都发生了根本性的变化[①]。但是如果聚焦写作思维的形成和改变，这些案例显示出学生在以下四个问题上有了越来越清晰的认识。

第一，写作是一项创造性活动。研究性写作的前提是作者经过阅读、观察和思考产生了一个创造性的想法。所谓创造性，显然不是要求大一同学提出石破天惊、闻所未闻的想法，而是指系统地、有逻辑地产生这个想法并论证的过程必须是作者独创和构建的。从学生在案例中的写作情况来看，构建独创的论证过程是一个最容易出现问题的环节。一些同学有"应用思维"：在阅读中看见别人自洽性比较强的理论框架或者分析框架，往往不假思索地拿过来"应用"到自己的写作中，最后自己的思考反而被这个框架限制住。例如：在程祥钰老师提供的案例中，学生自己都发现在写作中"感受到一个形同表格的僵化框架结构对自己造成了很大束缚"；在高策老师提供的案例里，学生在初稿中完全被"信息茧房"这个概念"绑架"，用它来强行分析乾隆朝的外交工作；从李轶男老师提供的案例则可以看到学生在初稿中对"马斯洛需求结构"这一经常被误读的框架未经原典检验的套用。另一些同学则容易陷入"拼贴思维"：通过碎片化的方式拼贴引用他人的理论，试图论证自己尚处于碎片状态的想法的正确性。比如，在曹柳星老师提供的案例中，学生在初稿的两个部分分别采用了两套彼此不呼应的结构逻辑；而在毛君老师和朱垚颖老师提供的案例中，我们则看到，学生在尝试梳理大量文献时出现的观点堆砌的现象。

对于文献使用的"应用思维"和"拼贴思维"，本身反映出写作作为一项创造性活动的艰难：创造必须建立在前人工作积累之上；然而强大的前人积累又有可能成为创造的束缚和捆绑。学会将过去知识的强大能量为自己的创造性写作所用，是这些案例里体现出的师生共同努力的第一个方向。

第二，写作是思维上的自律行为。很多写作者都有过这样的经历：对于一个问题头脑里有非常丰富的想法，甚至也可以很顺畅地在与他人的交谈中表达出来；但是一到写作的时候就不知道从何说起，或者勉强下笔，也艰难生涩，前言不搭后

[①] 比如，毛君老师的案例中，杨明宇同学初稿的原题是《纯学术观怎样融入中国文化》，到终稿时调整成为《当代大学在新知识生产模式中的实践——以清华大学强基计划为例》。

语。理解这一现象,特别需要明确写作与一般谈话的区别。一般谈话,甚至包括正式的演讲和口头汇报,通常都是"一过性"的,一旦有一个点唤起听众共鸣,就容易在整体上被听众接受。写作则不然。当写作者丰富的想法在写作中平面地呈现出来以后,其中的自相矛盾、游离破碎的部分就会直接暴露出来。从这个意义上说,写作需要作者在思维上有更强的自律性。这一点对于初学者来说,尤其难以做到。比如,在邓耿老师提供的案例中,学生在初稿中体现了相当不错的文学素养,但是陶醉文字之间未能"最终构成一个完整的体系";在窦吉芳老师提供的案例中,学生自己认为"写完以后得到了一种宣泄的快感",但是经老师反馈才发现自己想表达的意思"并不归属于同一个主题";在李成晴老师提供的案例中,学生在准备初稿的过程中前后梳理出了10条观点,随后在老师的提醒下才发现"考证"和"实证"对于论证观点的重要性;在贺曦鸣老师提供的案例中,学生虽然有直抒胸臆的表达,但是主要的几个论点互相踩脚交叉;在米真老师提供的案例中,学生对一些无关的信息"难以割舍、缺乏选择……使文章丧失了以问题为引擎的驱动力";王沛楠老师提供的案例呈现出学生"有很多想表达的内容……但是陷入了'围着概念转圈'的困境……找不到可供写作讨论的抓手";晏冰老师也指出,同学在初稿中未能够很好地"考察各部分内容如何服务于对研究问题的分析"。

说理文的写作需要长链条的连贯思维。对于大多数人来说,仅靠热情和"直抒胸臆"是无法完成符合逻辑的连贯思维的。学会用自律来驯服跳跃、零散和自相矛盾的想法,是这些案例里体现出的师生共同努力的第二个方向。

第三,写作是要给他人看的。写作作为一种沟通方式,其目的应该是向所有的潜在读者传递信息。一些有经验的写作者曾经提过,这种潜在写作对象的存在(即使是抽象的),会让写作者对自己的写作提出更高的要求,产生更强的责任感。然而,无论是在基础教育体系还是在高等教育体系中,学生的主要甚至唯一的写作对象就是授课教师。在这种"对象缺席"的写作中,学习者更容易采用"学生交作业"的心态完成写作,从而弱化写作向他人"传递信息"的功能。比如,在陈豪老师提供的案例中,学生在对于新式糕点铺的观察中发现了一个有意思的研究问题,并且展开了相应的文献和实地调研,但是在初稿写作中以"我"的感受为主,使得文章整体说理性偏弱;苏婧老师在案例概述中特别提到了学生"一边想一边写,即兴发挥"的现象以及虽然看起来结构清晰,但是读来"浮于表面"的问题;薛静老师也发现,同学在写作初稿时的"很多想法是边写边产生的",文章看起来是"论述在推着作者往前走,而不是作者引导论述往前走"。

虽然写作的过程中一定有着思维的不断调整和变化,但是写作最终要向所有的潜在读者呈现一个让读者产生获得感的成品。读完本书收录的这些案例的终稿，读者可能会感受到的一个共同点是改后的文章"变清晰了，好读了"。引导学生关注读者的获得感，呈现结构更加清晰、观点更加鲜明的写作，是这些案例里体现出的师生共同努力的第三个方向。

第四，写作是一个不停止的过程。清华的写作课开在大一，很多同学是在这个课程中进行了第一次的研究性说理文写作。受限于刚性的学期长度和课堂安排，一些同学在课程中完成的习作，过段时间再看，实际上只能算是思维刚刚打开时所产出的一份草图，而不是成品。然而让人高兴的是，不少同学在这份草图中看到了进一步开展研究和写作的可能性。比如，在张芬老师提供的案例中，学生在老师的启发下进行了对费孝通先生的学术著作《江村经济》和小说作品《茧》两个文本的比较阅读和写作。在出色地完成习作的基础上，师生又一起把阅读和思考的范围扩展到费孝通先生的整体社会文化思考和所处的时代背景中去。在本书成稿之际，师生合作的相关研究已经被《中国现代文学研究丛刊》录用刊出，成就了一段师生在写作和研究路上共同勉励前行的佳话。

当然，写作是一个不停止的过程，也意味着那些因为完成而"停止"的写作可能为新的研究和写作揭示另一条不同的道路。比如，在刘天骄老师提供的案例中，教师在初稿反馈时忍住了"让学生一口吃个胖子"的冲动，而是等到学生按自己的意愿完成了一篇自洽的文章以后，再在反馈信中鼓励他思考另一个完全不同的写作方向。引导学生在不停止的写作中不断地深化、调整思维并用文字表达出来，是这些案例里体现出的师生共同努力的第四个方向。

四、关于本书的几个补充说明

写作一旦完成，如何阅读它完全是读者的权力，本书也不例外。然而，以下的几个补充说明也许对于读者理解本书的安排会有些帮助。

第一，本书理论编中收录了曹柳星、程祥钰、李成晴、李轶男的四篇论文，分别对清华大学写作课的通识特色、教学理念、育人功能和特色做法等进行介绍。清华写作课是探索中的新生事物，我们希望提供这些初步的经验，以供有意愿开设此类课程的高校和教师同行参考，也希望让写作学习者可以从其中找到"为什么"要这么学习写作的答案。

第二，本书收录的所有的教学案例均来自清华大学写作课的真实教学过程。本书最主要的特色之一是采用边栏批注的方式还原了老师对同学们习作中谋篇布局、逻辑论述、语言文法问题做出的点评和修改意见。虽然这些问题是在具体文章中出现的，但是它们代表了写作初学者所容易出现的问题；老师对这些问题的点评和修改意见显然是个性化的，但是它们也许可以帮助我们看到解决同一个问题的不同可能性。

第三，本书收录的教学案例在凸显清华写作课一致性的课程特征之外，也在一定程度上呈现了不少教师的个性做法。比如，有的老师选择的是学生短文习作，有的则选择了长文，还有一位老师选择把短文和长文的连续训练过程做了呈现；在引用注释上，大部分老师选择了脚注，也有一些老师选择了尾注；在给学生初稿的反馈中，不少老师采用了自己独特的评价体系和评分表格。希望读者可以从这些多样性中看到不同的可能。

2022年5月于清华园

目 录

001　理论编

002　清华"写作与沟通"课推进学科交叉融合的理念与路径
　　　曹柳星

012　在行动中搭建思维装置
　　　——大概念教学理念下的清华"写作与沟通"课教学实践探索
　　　程祥钰

025　作为"大学新民之效"的主题式通识写作课
　　　李成晴

036　激发朋辈学习潜能：清华"写作与沟通"课深度浸润的理念与实践
　　　李轶男

047　案例编

049　**一、学古探微**

050　主题：《史记》与司马迁
　　　屈原或并无此人
　　　指导教师：邓耿　学生：李林子

061　主题：乾隆皇帝与18世纪的中国
　　　乾隆朝国家身份的认知困境
　　　——以巴哲格使团、马戛尔尼使团为例
　　　指导教师：高策　学生：裴佳琪

090　主题：唐宋
　　　为何活字印刷在古代中国不如雕版印刷流行？
　　　——从印刷品、印刷工艺与印刷成本的角度分析
　　　指导教师：李成晴　学生：唐枭

118　主题：从《聊斋》到《山海经》
　　　同人文化中妖怪形象的二次重构
　　　——以东方 Project 为例
　　　指导教师：晏冰　学生：刘天晟

清华写作与沟通课教学案例集

131 **二、时代棱镜**

132 主题：游戏

抗日根据地的儿童游戏是怎样作用于历史创伤的？

——基于"仪式感"的理论研究视角

指导教师：程祥钰　学生：王馨裕

145 主题：消费

明知用不完，还是不停买：部分女大学生口红消费现状及原因探寻

指导教师：贺曦鸣　学生：艾苡米

156 主题：隐秘战争

侘寂、物哀与武士道：日本动画"和魂洋才"的文化输出

指导教师：刘天骄　学生：雾野

178 主题：《清华周刊》

当代大学在新知识生产模式中的实践

——以清华大学强基计划为例

指导教师：毛君　学生：杨明宇

198 主题：健康

从农村合作医疗衰落之因看新农合的兴起

指导教师：苏婧　学生：傅恒

216 主题：偶像

偶像工业下的粉丝经济成就了谁？

——以养成系偶像生产模式为例

指导教师：薛静　学生：宋锦丽

233 **三、天工开物**

234 主题：工程师

探究妥善改造北京古民居建筑的基本原则

——以菊儿胡同为主要案例

指导教师：曹柳星　学生：焦邦

256 主题：文化遗产

从历史上"糖饼行"的竞争演替试析传统糕点铺与新式糕点铺为何热度悬殊

指导教师：陈豪　学生：肖咏涵

274　主题：药物

药房通用布景也能成为艺术？

——研究达明安·赫斯特装置艺术作品背后的艺术价值

指导教师：米真　学生：苑雨辛

295　**四、社群与社会**

296　主题：社交网络

新媒体对粉丝经济的作用途径

——以《创造营2021》为例

指导教师：窦吉芳　学生：王雨昕

310　主题：北京

北京二代流动儿童面对高考与迁移问题时的心理体验分析

指导教师：李轶男　学生：杨骏

322　主题：信息社会与隐私

为知识付费还是为焦虑买单？

——与传统知识获取模式作比较分析知识付费模式效率和可行性

指导教师：王沛楠　学生：杨天傲

344　主题：数字化生存

社交媒体新功能对社交模式的影响

——以微信"拍一拍"为例

指导教师：朱垚颖　学生：李可涵

358　主题：个与群

《茧》的诞生

——联系《江村经济》分析《茧》所能体现的社会学价值

指导教师：张芬　学生：邱傲东

371　**编后记**

理论编

清华"写作与沟通"课推进学科交叉融合的理念与路径

在行动中搭建思维装置——大概念教学理念下的清华"写作与沟通"课教学实践探索

作为"大学新民之效"的主题式通识写作课

激发朋辈学习潜能:清华"写作与沟通"课深度浸润的理念与实践

清华"写作与沟通"课推进学科交叉融合的理念与路径

曹柳星[*]

一、通识写作课与学科交叉融合的关系

教育是一个有机整体,学科之间存在着紧密的相互依存关系。开展通识教育的一个动机即是引导学生认识、理解、利用学科间的相互依存关系,打通学科的专业壁垒,建立学生对于"总体关系"的理解,最终"培养学生成为一个负责任的人和公民"[①]。具体来看,通识教育能够为专业教育提供一种"协调、平衡的力量","以帮助每位公民以某种方式从整体上把握生活的复杂性"[②]。在通识教育与专业教育融合的视野下,教育的目的演变为"使学生成为既掌握某种特定的职业或技艺,同时又掌握作为自由人和公民的普遍技艺的专家"[③]。

通识教育的整体性,要求通识课程不是单纯地为理工专业的学生介绍文学艺术知识,或是为人文社科专业的学生介绍科技前沿进展,而是为所有学生提供学科交叉融合的视野,引导学生在系统化观察、分析不同学科内容和其间关系的基础上,形成打破学科壁垒的逻辑思维与创新精神,推动科技与人文前沿和关键领域的发展。

通识写作课程的开设,为实现通识教育的整体性目标提供了有效且可行的方案。国外知名学府普遍认可写作在思维训练方面的价值与意义,并将写作课程纳入通识教育的必修环节。[④]这类写作课一般在学生大一年级开展,训练学生的写作与沟通表达能力,培养学生的高阶认知能力,如批判性思维、逻辑思维、创新思维等,以实现"以写促研、以写促学"。

值得关注的是,国内外知名学府的通识写作课均具有鲜明的"学科交叉融合"属性。普林斯顿大学开设的写作研讨课即是一门"多学科交叉"(multidisciplinary)的课程,力图在学术写作中引导学生形成可迁移(transferable)的批判性思维能力、论证能力,并初步掌握学术研究的方法,形成学术志趣。[⑤]斯坦福大学的写作系列

---

[*] 曹柳星,清华大学写作与沟通教学中心教师。
[①] 哈佛委员会:《哈佛通识教育红皮书》,李曼丽译,第40页,北京,北京大学出版社,2010。
[②] 哈佛委员会:《哈佛通识教育红皮书》,李曼丽译,第41页,北京,北京大学出版社,2010。
[③] 哈佛委员会:《哈佛通识教育红皮书》,李曼丽译,第42页,北京,北京大学出版社,2010。
[④] 刘少雪:《美国著名大学通识教育课程概况》,载《比较教育研究》,2004(4):6~10。
[⑤] "First-year Writing Seminars are multidisciplinary and designed to emphasize transferable skills in critical inquiry, argument, and research methods." 见 Princeton Writing Program: "The Writing Seminars", 2021-01-01, https://writing.princeton.edu/undergraduates/writing-seminars, 2021-12-19.

课程也强调写作课教学团队的多样化，以利于开设丰富多样的写作课程。①类似地，耶鲁大学打造了"多元多层"的通识写作课程体系，在横向上覆盖不同科系、不同写作主题、不同文学体裁以实现"多元"，在纵向上则要求学生每年完成一门写作课以实现"多层"。

可以看到，通识教育的一般目的实质上指向一种学科交叉融合的教育形式和方法，只有学科之间形成"通""融"的有机整体，通识教育塑造完整公民、互相理解的社会的目标才能得以实现。学科交叉融合也成为通识教育的理念本身，要求通识教育中每门课程都不应该是某一专业方向的孤立课程，而应注重课程内部的完整育人效果以及课程之间的关系。在通识教育与学科交叉融合密不可分的体用关系中，通识写作课的育人价值得以凸显。

二、"四新"的学科交叉融合内涵与清华通识写作课

在"六卓越一拔尖"计划2.0的实施过程中，为了全面推进新工科、新医科、新农科、新文科"四新"建设，提高高校服务经济社会发展能力，学科交叉融合成为核心关键。新工科倡导培养新型工科人才，明确要求"推动学科交叉融合，促进理工结合、工工交叉、工文渗透"②；新医科致力于实现医学从"生物医学科学为主要支撑的医学模式"向以"医文、医工、医理、医X交叉学科为支撑的医学模式"③的转变；《〈安吉共识〉——中国新农科建设宣言》提到，新农科建设需要"开创农林教育新格局，走融合发展之路，打破固有学科边界，破除原有专业壁垒，推进农工、农理、农医、农文深度交叉融合创新发展"④；《新文科建设宣言》中也指出新文科建设需要"进一步打破学科专业壁垒，推动文科专业之间深度融通，文科与理、工、农、医交叉融合，融入现代信息技术赋能文科教育，实现自我的革故鼎新"⑤。可见，"新工科""新医科""新农科""新文科"人才的培养均重视打通学科之间的壁垒，均致力于培养拥有交叉融合理念的卓越人才。

清华"写作与沟通"课程（下称"写作课"）是清华大学通识教育体系中的必修模块，具有鲜明且浓厚的通识教育性质，在形式上和内涵上均形成"学科交叉融

---

① 田芬、王洪才：《斯坦福大学写作课的教育理念、课程设置及质量保障》，载《现代大学教育》，2021（2）：38~48、112。
② 教育部、工业和信息化部：《中国工程院关于加快建设发展新工科实施卓越工程师教育培养计划2.0的意见》，2018年10月8日，http://www.moe.gov.cn/srcsite/A08/moe_742/s3860/201810/t20181017_351890.html，2021年12月19日。
③ 顾丹丹、钮晓音、郭晓奎、胡翊群：《"新医科"内涵建设及实施路径的思考》，载《中国高等医学教育》，2018（8）：17~18。
④ 教育部：《〈安吉共识〉——中国新农科建设宣言》，新农科建设研讨会（浙江安吉），2019年6月28日。
⑤ 教育部：《新文科建设宣言》，新文科建设工作会议（山东威海），2020年11月3日。

合"的特色,恰到好处地为推进"四新"人才培养提供了沃土。同国外通识写作课程一样,清华写作课的主要目标也不仅仅关注到写作与沟通技巧或能力的训练,而是注重培养打通学科壁垒的底层逻辑思维,引导学生在写作中形成创新精神。依托多元的课程主题、多学科背景的教师团队,清华写作课"主题式"中文写作的教学模式也贯彻着通识教育理念,呈现出学科交叉融合的形态。

清华写作课的核心理念是"无专业门槛,有学理深度",要求每一门主题写作课都具有学科交叉融合的"宽广"视野,同时又鼓励学生在感兴趣的问题研究中展开"深入"思考,以形成"宽而深"的学术志趣、学术习惯、学科素养。课程一方面鼓励学生在写作中锤炼各学科的"共通"思维;另一方面,也在课堂内搭建学生之间联结的桥梁,以实现主题内研究视野的交融,引导学生形成整合性的世界观、人生观、价值观。

在这样的核心理念下,清华通识写作课自2018年开课至今开设了60余个主题,设有文、理、工、农、商、医多元模块,能够充分覆盖宽阔的学科体系,也注重发挥不同学科交叉融合的优势。例如,信息社会与隐私、智能生活等主题把握科技前沿发展中的伦理问题,引导学生形成"新工科"需要的工工交叉、工文渗透的思辨精神;再如,未来医疗、药物、生物安全与公共健康等主题能够引导学生思考医学与人文、医学与技术的复杂关系,累积医文、医工、医理的交叉素养;而解码动物、城市等主题中则渗透了农文融合的社会关怀;唐宋、《西游记》、文化遗产等主题带领学生循迹中国文化瑰宝,探寻审视文化的现代视角,利于"新文科"人才的培养。

"无专业门槛,有学理深度"的课程建设核心理念恰好适应了新工科、新医科、新农科、新文科高等教育体系改革对"学科融合"的诉求。借助主题式写作课的多元课程主题设置以及课程组织形式的学科融合特征,清华通识写作课在培养创新型人才、提高高校服务社会的能力中形成了较大优势。

三、三个视角看清华写作课的"学科交叉融合"

在清华写作课体系中,最直观的学科交叉融合表现即是课程主题形成了较为全面、综合的通识格局,学古探微、往事记忆、空间观察、探索生命、天工开物、时代棱镜、社群与社会、网络与未来等主题模块保证了写作课作为一个整体具有"交叉融合"的特性,能够满足不同方向学生的兴趣。而对于每个选课学生而言,写作课的学科交叉融合属性则体现在主题内完成自选选题的研究性说理文写作的过程之中。选定一个主题后,由于课程主题"无专业门槛"的特征,每位学生均可能在某个主题下采用多学科视角重新审视主题相关的问题与困境，在体会不同学科思维的交叉碰撞后，激发灵感、得出独创性的观点。

需要指出的是，清华写作课在主题群设置时"学科全覆盖"和"无专业门槛，有学理深度"的学科融合视野设计，更多指向课程的外在表现形式。在主题布局和主题课程表现形式之下，真正拓宽学生知识视野、激活学生跨学科认知能力的是清华写作课在不同角度上推动"学科交叉融合"的理念与做法。拆解来看，清华写作课实现"学科交叉融合"的理念与做法可落实到教学团队管理、教学教法设计、班级学生构成三个角度上。

1. 从教学团队管理角度看学科交叉融合

清华写作课教师团队学科背景和学术经历多元，保证了课程主题群的丰富。在教学团队中，写作课专职教师一般占到2/3，承担90%的开课任务，另外有1/3的开课教师是从清华不同院系邀请到的"兼职"教师。专职教师均具有国内外知名高校的博士学位，主攻学科涵盖理学、工学、医药、文学、管理学、艺术学等各个方向，保证了课程主题覆盖面的"基本盘"。而院系兼课教师往往具有丰富的一线科研攻关经历和深厚的人文素养，可以开设更贴合学科前沿发展的课程主题。这些主题与专职教师的开课主题形成配合关系，共同打造了清华写作课的多元学科主题群。

在团队教师确定开课主题时，教师本人的优势学科或个人兴趣并不严格导向"合格、过关"的课程主题，"无专业门槛，有学理深度"才是开课主题考核的唯一和统一标尺。写作课专设教学委员会对每个拟开课主题进行严格审核把关，要求每个写作课主题均蕴含不同学科的生长方向以打破学科壁垒，也考察主题内不同研究方向是否具备深度研讨的可能性。只有兼具多元学科视野和扎实学理基础的开课主题，才能面向学生开放，以保证每门主题写作课的每位学生都能拥有学科交融、思维发散、深度思辨的空间。

以"学科交叉融合"为理念组建多学科背景教师团队、把控开课主题、构建课程主题群是写作课宏观层面上的举措。依托于教师管理层面的宏观设计，清华写作课已经基本构建了通识写作教育的整体性、系统性布局。

2. 从教学教法设计角度看学科交叉融合

在宏观层面的主题群建设和主题把关指导下，每个主题写作课如何通过教学教法设计激发学生从不同学科视角理解现象、分析问题、得出结论，真正具备跨学科、可迁移的思辨能力，则是写作课教师选择教学材料和开展课堂活动时需要重点考虑的具体、细节的问题。

借鉴建构主义教学理念中的情境创设概念，写作课的主题为学生提供了非常基本的"情境"，能够帮助学生在主题所覆盖的事实、概念、程序知识中迅速进入研究状态。选择恰当的、丰富的、多渠道的教学材料，则会更利于主题情境的创设。有赖于写作课主题"无专业门槛、有学理深度"的性质，很多课程主题相关的研读文本、真实案例可能天然蕴含着跨学科的背景。例如，在"《史记》与司马迁"主题写作课中，选用《史记》这一历史文本，学生就会自发地进入一种综合的学科视野之中。该主题开课教师在主题说明中提道："在《史记》的体系中，历史已经不仅仅是帝王将相、忠孝节义，举凡天文、地理、算术、工艺、农耕、商贸、水利、宗教，都是历史学家关心和叙事的对象，这在全世界是独一无二的。"①再如"《清华周刊》"主题写作课中，《清华周刊》不仅是文字载体，更代表其背后的历史线索。它书写着"一百来年前清华园的日常生活"和"彼时的校园文化、国内局势和社会环境"。学生可以在社会学、教育学、伦理学、传播学等理论的滋养下，重新看待自身所处的空间及其所经历的时间，"反思本科学习在自我终身发展和社会团结中的价值"②。

如何组织教学材料完成教学活动也是实践"学科交叉融合"理念与形式的关键问题。尽管每堂写作课的主题确实蕴含着不同的观察视角，但学生的知识掌握和认知能力发展需要教师加以引导才能实现，而非所有学生能够在一开始就主动理解和把握的。在通识写作课中，小组研讨、辩论等特色教学活动可以激发主题的丰富内涵，让学生在沟通和交流中实现视野交换和融合。

例如，在"工程师"主题写作课中，考虑到理工科学生在班级中占较高比重，学生群体可能习惯性地更亲近理工类的话题和相关文献，教师就专门设计了跨学科文献检索和研读的课堂环节。该环节以当下流行的盲盒活动为灵感，要求学生以小组为单位随机抽选人文社科的研究领域，如教育学、心理学、文学、经济学、政治学、历史学、哲学等。选定领域后，小组共同在所定领域中展开充分的文献检索，锁定一篇该人文社科领域中与"工程师"话题产生交叉、能够启发新观点的文献。在文献检索过程中，学生们能够体会该人文社科领域研究相较理工研究不同的话语风格、思维方式，并在教师引导下对该篇文献展开细致的分析，以提出一个"工文交叉"的新观点，实践"新工科"的教学理念。班级里的4~5个小组还需要在课堂上围绕所选定的文献分组汇报展示，这样的交流可以使选择不同人文社科领域的小组再次激发学科的交叉碰撞，进一步深化不同学科思维的相

---

① 邓耿：《史记与〈司马迁〉》，载《清华大学写作课选课手册》，2021年12月，第20页。
② 毛君：《〈清华周刊〉》，载《清华大学写作课选课手册》，2021年12月，第36页。

互启发和彼此融合。

再如写作课中常常会采用的辩论活动，也能够培养学生多角度分析问题、理解世界的思辨能力，养成整合性、系统性的思维方式。"消费"主题写作课中曾经以"是否应该管理和控制以儿童为对象的广告"为辩题组织课堂内的学生进行辩论。作为一项公共事务，问题本身就涵盖了管理学、经济学、教育学、政治学、法学等多个社会研究领域，学生可以站在不同学科角度提出自己的观点并在综合权衡各角度后，得出个人的观点。除了话题本身利益相关方的多样外，辩论活动的特殊功能提供了不同观点交锋的场合，在学生提出个人观点后，来自不同立场、不同学科的其他同学能够用新的想法补充、深化，甚至反驳他人的观点。在这一过程中，学生能够充分理解公共事务的复杂性，养成有序参与公共生活的意识，实现通识教育"更普遍的社会公民"的培养目标。

总体来看，为了促进每个主题写作课堂内的"学科交叉融合"，写作课所使用的阅读研讨文本、所关注的历史事件和公众事件均应该体现跨学科的视野，能够尽可能涵盖更丰富的学科领域，以引导学生从阅读与思考中形成学科交融的知识体系和跨学科的思维能力。写作课堂中的教学活动也应该充分利用学科融合的力量，带动学生充分收集跨学科的素材，启发学生站在不同立场分析同一个问题，帮助学生全面、综合、系统地理解世界。

3. 从班级学生构成角度看学科交叉融合

教学团队管理和教学教法设计两个角度的学科交叉融合，更多是从教师教学角度出发构建课程体系，填充课程内容。而为了实现通识写作课的学科交融效果，实现现代化大学教育的通识教育目标，学生群体自身的学科交融特性也发挥了积极作用。

写作课主要面向大一年级开设，所有的课程主题都是面向所有学生开放的。对于学生来讲，每位同学都有权利选择任何一个主题课堂完成全学期、全过程的写作和思维训练。学生可以选择某个与自己学科相近的主题，以更快地适应写作课的情境，再通过教师的引导在熟悉的主题中体会跨学科思维的乐趣；也可以全凭兴趣选择一个自己"喜欢"、但不一定完全"熟悉"的主题范畴，站在更学术、更专业的全新视角审视自己的兴趣和爱好，找到和特定主题在情感、经验之外的多重连接。正因为不同专业学生能够基于学科背景和意愿自由选择写作课主题，每个主题写作课班级内的学生也往往来自于不同院系，让班级内学生的专业组成构成了融合、交叉的结构。

举例来说，"游戏"主题的写作课初看并没有特定的学科依托，很多学生可能只是基于日常对电子游戏的兴趣就选定了"游戏"主题的写作课。于是，在"游戏"主题的写作课班级中常常有来自计算机、美术、医学、电子、经管、生物等各个学科背景的学生。同一主题班级内选课学生的不同学科背景生动地反映着"游戏"这一话题自身的复杂性：电子游戏属于游戏的范畴，可能是计算机和电子专业的学生更关注的视角；体育竞技属于游戏的范畴，人与人之间的互动可能也与游戏具有相同的性质，医学、生物专业的学生就可能对游戏背后的生理学、心理学、社会学机制更加关注；游戏的营销是游戏的衍生环节，美术、经济管理专业的学生都有可能参与其中……不同学科背景的学生在"游戏"主题的写作课堂中组成一个拥有多学科背景"专家"的"学术委员会"。学生"专家"们可以从自己擅长的学科视角重新看待游戏，也能够分享自己优势学科的知识、概念、理论，充实其他学生的观点，让不同立场、不同专业的学生在冲突中寻找关于游戏的共识。这种交叉融合的学生专业组成几乎在每个写作课堂中发生着，知识的交换和扩充、观点的碰撞与融合也得以在学生写作的过程中不断发生。

清华写作课在教与学两个方向上紧紧把握"学科交叉融合"的理念，从教师教学角度建设多元专业背景的"专职加兼职"教师团队，落实"无专业门槛、有学理深度"的主题选择，借助教学设计开展特色课内活动帮助学生搭建跨学科的知识体系，引导学生形成多角度的研究视角；在学生学习角度则通过学生专业背景的不同来构建写作课班级中的学科交叉融合氛围。可以看到，在丰富多元的通识写作主题群和每个主题的多角度生长空间的外在表现形式下，"学科交叉融合"的理念在不同面向指导着通识写作课的建设和实践，也转而促进学生在"学科交叉融合"的课程形式下体验通识教育，最终成为全面发展的人。

四、清华写作课的"学科交叉融合"实效

具有"学科交叉融合"特色的清华写作课是否真的实现了预设的教学目标？是否真的帮助学生拓宽了知识视野、打通了学科壁垒，能够培养符合"六卓越一拔尖"高等教育培养目标的人才？学生在主题式写作课中的研究产出或许是最适合的证明材料。每个通识写作课的主题中均涌现了很多具有代表性的"跨学科"成果。

"新工科"强调理工结合、工工交叉、工文渗透。在更具有理工特色的主题写作课中，学生往往更能形成对社会事件的关切，养成参与公共事务的习惯，最终带着人文关怀重新审视科学技术对社会的影响。一位选修"切尔诺贝利"主题的工程物理专业学生以《灾难叙述的共鸣现象：后情感社会的共鸣危机》为题讨论了当今

社会的"情感共鸣危机"。尽管"切尔诺贝利"事件更多代表了核能发展中技术的不确定性，课程主题也看似和能源、技术、核电等科学技术问题更加相关，甚至学生的学科背景是与"核"密切相关的工程物理专业，但是他却关注到了"切尔诺贝利"作为文化符号的意义，认为大众对"切尔诺贝利"的关注很可能是信息技术和文化产业操纵下的"虚假共鸣"。以此为契机，该名学生探究了造成这种虚假共鸣背后的因素和潜在影响，为"科技至上"的社会敲响警钟。理工类的主题、理工科背景的学生，却选择了颇具人文关怀的研究题目完成写作，恰恰体现了通识写作课在"新工科"视角下进行人才培养的潜力。

"新医科"倡导医学教育向"医文、医工、医理、医X交叉学科为支撑的医学模式"转变。在具有医学背景的主题写作课中，艺术、伦理、技术话题交织，也能帮助学生更综合地看待"医学"的内涵。在"药物"主题写作课中，在教师引导下往往不乏讨论药物伦理、药物技术安全等问题的学生，课堂内，药物早已不仅仅发挥"救死扶伤"的功能，它还是体现着人道主义关怀的载体。

特别的是，"医学"与其他学科在主题写作课中还有更多可能的联结方式。一位"药物"主题写作课的学生以《在艺术家的世界里，药房通用布景也能成为艺术？》为题目研究了达明安·赫斯特装置艺术作品背后的艺术价值。该生是美术学院工业设计专业的一名大一新生，在提交文章时附上的陈述信中学生提道："我惊奇地发现原来在艺术领域中也可以找到与药物话题相关的作品可以分析。"该学生还通过药物主题的写作课重燃了自身对艺术的热情："最令我感动的一点——这门学科让我发现了我的兴趣所在，让'学了好几年美术都不知道为什么热爱美术'的我明白了我究竟热爱什么。研究一个领域的这段过程，使我感到撰写研究型论文是一件乐在其中的事。"可见，看似遥远的两个领域之间也能形成紧密的关联，而且在这种关联的奇妙化学反应下，学生能够更加正确地定位自身的兴趣和价值所在，让学科交叉融合发挥意想不到的效果。

"新农科"要求"推进农工、农理、农医、农文深度交叉融合创新发展"。在写作课所开设的主题中，城市、解码动物都有可能涉及农业问题。"城市"作为实体、作为具有复杂性质的符号，意味着学生必须从建筑、管理、文化、营销等角度重新观察城市，具备跨学科综合分析的能力。"解码动物"中的动物形象也具有双面性，它们是人类的家人，也是人类的食物，主题内的学生需要带着对自我之外的观察和体悟实现对"人类中心主义"的再思考，[①]体悟农文深度融合的意义。除了体现人文

---

① 薛亘华：《解码动物》，载《清华大学写作课选课手册》，2021年12月，第30页。

价值的"农文"深度融合之外,"农工深度交叉融合"也是写作课中的重点话题。在"工业革命"主题中,一位学生以《现代的规模化养殖对鸡肉风味的影响》为题讨论了"工业现代化"对农业发展的影响。学生的选题动机来源于生活中家人对工业化养殖的"饲料鸡"的排斥。在研究过程中,该学生通过广泛检索材料、深入分析数据,更立体地剖析了"现代化、工业化"对农业的积极和消极影响。尽管清华大学并没有设立"农学院",但不同专业的学生却能在通识写作课中探索"农X交叉"的话题。"学科交叉融合"赋予了每位学生掌握多领域知识、开展跨学科研究的可能性。

"新文科"实现革故鼎新,有赖于文科专业之间的深度融通和文科与理、工、农、医的交叉融合。"信息社会与隐私"是信息科学技术发展背景下在社会科学、人文学科视域下产生的社会问题。在以这一社会问题为主题的写作课中,学生可以"理解作为社会性动物的人为何会在自我披露与隐私保护之间挣扎;思考人工智能技术的崛起最终是解放了还是进一步束缚了人;分析在一个所有行为和言论都有迹可循的数字空间里,人的价值与尊严应当如何安放"[①]。一名学生的文章《从反抗到施暴——以某明星发言事件为例看网络暴力》,从社会学、传播学的视角讨论了技术赋权如何引发网络暴力,在技术、心理、人性之间的交互中,为"从反抗到施暴"的现象提供了理论解读。在博物馆、文化遗产等主题中,信息技术对于新时代"文艺复兴"的多种影响也得到关注,落实了文科与其他学科的深度融通。

从上述案例中可以窥见清华写作课在推动学科交叉融合、推进"四新"教育改革中的实效。学生在主题式写作课中,可能在本就具有交叉学科背景的主题中完成理论的深度融通,如在信息发展背景下讨论网络暴力如何形成;可能在感兴趣的主题中跨界找到新的研究角度实现学科交叉,如上文借由"切尔诺贝利"灾难关注到情感狂欢的案例;也可能将自身专业与所选主题的背景学科关联起来促进学科融通,如上文提到的药物与美术的结合;当然,学生也可能完全从自身的经验与观察出发,选择某个蕴含复杂学科背景的现实问题展开调研,比如,讨论工业化养殖利弊的问题将不可避免地涉及工程、农业、化学、环境等多个学科的支撑。不论通过哪种方式,清华写作课确实引导学生在写作这一思维过程中实现了打通学科壁垒的思维成长,实现了"全人"教育。

---

① 王沛楠:《信息社会与隐私》,见《清华大学写作课选课手册》,2021年12月,第53页。

五、结语

通识教育与"学科交叉融合"互为体用,通识教育的理念可以通过"学科交叉融合"的外在形式加以贯彻落实,而在"学科交叉融合"理念下开展的教育,则能够实现教育"培养具有专业素养和普遍技艺的社会公民"的目标。清华大学的通识写作课作为"学科交叉融合"的载体,从教师团队建设、教学教法、班级学生构成的角度支持了多元通识写作主题群的构建,能够帮助来自不同专业的每一位学生在"无专业门槛、有学理深度"的主题写作课中拥有跨学科的视野、实现高阶思维的训练。清华写作课的"学科交叉融合"理念和做法,在当今大力推动"新工科、新医科、新农科、新文科"高等教育体系建设的背景下,更具有现实意义。

在行动中搭建思维装置
——大概念教学理念下的清华"写作与沟通"课教学实践探索

程祥钰*

一、写作教学的知识化与系统化难题

法国哲学家雅克·朗西埃在《无知的教师》一书中讲述了一个耐人寻味的故事。1818年,客居荷兰鲁汶大学的法国文学教师约瑟夫·雅科托迎来了一批满怀热情但完全不懂法文的选课学生。为了帮助学生翻越语言关,雅科托推荐了一本法荷双语读物。由于雅科托自己不懂荷兰语,所以他能给予的指导也就非常有限,主要的安排就是让学生自学这本故事书的内容,"等到他们学完第一章的一半,他就让他们不断地复述所学的内容,并让他们一直阅读其余部分,直到能讲出来"[1]。这场小规模实验的结果出人意料,学生们最后用法文写下的阅读感想水平颇高,令雅科托惊叹学生们"只凭他们自己,竟然克服了对大多数法国人也不轻松的困难"[2]。

借由这个故事,朗西埃强烈地质疑了"我们必须要讲解"[3]这一盲目的教育信条。显然,在这个事例中,学生的习得不是依靠教师细致入微、条分缕析地讲解语言知识,而是凭借"去观察和记忆、复述和检查,去把将要认识的联系到已经认识的,去做然后审查自己所做"[4]这些自然而然的行动。朗西埃据此提出应当重新审视"讲解系统的逻辑"。这一逻辑认定我们必须通过讲解来补救学生在理解中的无能;但这种"无能"其实是一种虚构,其实是讲解人需要一个无法仅凭自己理解所学知识的学习者,所以才塑造了这种无能,继而塑造了无能者。朗西埃满含讥讽地说,讲解人拥有一门独特的技艺,那就是制造距离的技艺:制造学习和理解之间的距离,制造学生和所学知识之间的距离。很多教师/讲解人所热衷的对抽象概念知识的讲解传授,正是玩弄一边制造距离一边消除距离的把戏。[5]

必须承认,作为当世思想最为激进的哲学家之一,朗西埃讲述这个故事的醉翁之意并不在于指摘实际的教育活动。但这个似乎充满偶然性却又隐隐透露出某种内

---

* 程祥钰,清华大学写作与沟通教学中心教师。本文系2021年清华大学本科教育教学改革项目"大概念教学理念下的本科通识写作教学研究"(项目编号ZY01_01)的阶段性成果。
[1] 雅克·朗西埃:《无知的教师:智力解放五讲》,赵子龙译,第4页,西安:西北大学出版社,2020。
[2] 雅克·朗西埃:《无知的教师:智力解放五讲》,赵子龙译,第5页,西安:西北大学出版社,2020。
[3] 雅克·朗西埃:《无知的教师:智力解放五讲》,赵子龙译,第7页,西安:西北大学出版社,2020。
[4] 雅克·朗西埃:《无知的教师:智力解放五讲》,赵子龙译,第14页,西安:西北大学出版社,2020。
[5] 雅克·朗西埃:《无知的教师:智力解放五讲》,赵子龙译,第8~9页,西安:西北大学出版社,2020。

在逻辑的故事，又足以引起教育者的好奇，特别是从事写作教学的工作者。这首先是因为故事中的语言教学与写作教学有着天然的亲近关系。写作本身就是一种语言的实践活动，广义的"写"更是语言应用的基本构成部分。其次，正如故事中的雅科托更加重视让学生自己去做而非由教师系统讲授，今天的写作教学同样更加倡导让学生在"做"中学，重视实践与生成，强调学生参与和情境建构而非系统知识概念的讲授。

此外，如果更进一步考察两种知识特征的话，不难发现，语言和写作都属于迈克尔·波兰尼提出的"缄默知识"（tacit knowledge，也译作"隐形知识"，与explicit knowledge即"显性知识"相对）[①]。"缄默知识"往往关乎人的行动，是在行动中获得的知识，常常不会或难以被系统化地表述。事实上，写作的缄默知识特征给写作教学提出了很大的难题，因为写作教学不得不面临一个悖论性的命题：如何去"教"一件完全属于"做"的事，如何用某种具体和系统的方式让间隔在知与行之间的缄默知识更有效地被掌握。由此也可以认为，写作教学中最为关键的部分，正是要想方设法地让写作的不可见变得可见，让写作的非系统化呈现系统化。只有这样，才能保证"知识"不会沦为"教条"，"过程"不会沦为"经历"，才能真正实现"授人以渔"。

但也正是因为要挑战上述悖论，朗西埃的激进批评便成为了写作教学需要带在身边的一份警告：我们应该如何避免在努力知识化和系统化的过程中又重新落入那种一边制造距离却又一边消除距离的境地呢？

这个问题并非多余的忧虑。因为当我们试图将写作知识化和系统化的时候，难免会选择搭建、梳理一个由概念组成的系统网络。实际上，以系统概念的方式完成对某一知识的讲述和理解是我们很难回避的选择。美国发展心理学家杰罗姆·凯根就明确提出，大部分的知识都具备三种成分，分别是前提、分析工具和概念。[②]而在教育研究领域，也有人主张概念是新知识与既有认知框架相融合的基石，教师在教学过程中应为学生讨论自己的思维过程提供概念性词汇。[③]在写作研究当中，我们也确实已发展出日益丰富的知识体系，而这种知识化和体系化也确实是伴随着概念的提炼和系统化而得以实现。但这里我们需要区分作为一个知识对象被研究的写作和作为一种行动的写作教学。写作研究的概念化、系统化，并不意味着

---

① [英] 迈克尔·波兰尼：《个人知识：朝向后批判哲学》，徐陶译，第11页，上海，上海人民出版社，2017。
② [美] 杰罗姆·凯根：《三种文化：21世纪的自然科学、社会科学和人文学科》，王加丰、宋严萍译，第3页，上海，上海人民出版社，2014。
③ [美] 林恩·埃里克森、[美] 洛伊斯·兰宁：《以概念为本的课程与教学：培养核心素养的绝佳实践》，鲁效孔译，上海，华东师范大学出版社，2018。

写作教学应当呈现同步的概念化和系统化。盲目地将一张细密而森严的概念之网展示给学生,将其带入抽象的概念体系当中,实际效果极可能是正在制造朗西埃所谓的学生与知识间的"距离",同时也会不自觉地违背了对"缄默知识"的处理原则。

所以,我们的问题就变成了:如何将系统的写作知识以合理的方式融入写作教学过程中,避免理论与实践的主次颠倒,避免隔膜、教条、细碎化,同时落实一系列的概念知识,提升写作的核心能力。

二、大概念教学:一种应对策略

上述问题的解答有着多种可能,这其中,大概念教学是一种非常值得重视的思路。

乍听起来,"大概念"这个名词似乎仍然未能摆脱对"概念"的崇拜,仍然会把写作教学拉回到"讲授"的泥潭里。但这显然是望文生义的误解。我们有必要先对大概念教学这一理念作一番追溯。

有研究者梳理了大概念(Big Ideas)理念的渊源:"在教育学领域,大概念的理念其实早已有之。奥苏伯尔的'要领概念'、布鲁纳的'一般概念'、布鲁姆的'基本概念'、怀特海的'惰性观念'和菲尼克斯的'特色概念',等等,都已具有大概念的内涵和意义。"[①]可见,"大概念"之说触及了众多教育思想家的共通之处。这其中,美国教育学家杰罗姆·布鲁纳和他出版于1960年的《教育过程》被公认为是大概念的理论源头。有趣的是,仔细阅读《教育过程》便会发现,布鲁纳在这本书中真正凸显的术语并非"概念",而是"结构"。布鲁纳将"结构的重要性"放在"引论"之后作为全书的第二章节,足见其对结构的重视程度。而在1977年的再版序言中,布鲁纳更是再度明确"知识的结构性"是这本书的核心观点。[②]布鲁纳认为"一门学科的课程应该决定于对能达到的、给那门学科以结构的根本原理的最基本的理解"[③]。对于为什么要强调教授学科基本结构,布鲁纳的解释是:(1)抓住基本原理和观念更有利于学生理解;(2)结构化更有助于记忆;(3)领域基本原理和观念更有助于知识的迁移;(4)通过对基本原理和观念的"重复",可以缩小"高级"知识和"初级"知识之间的差距。[④]

仔细分析布鲁纳对结构的讨论有助于我们更准确地理解大概念教学的内涵。

---

① 李松林:《以大概念为核心的整合性教学》,载《课程·教材·教法》,2020(10):56。
② [美]杰罗姆·布鲁纳:《教育过程》,邵瑞珍译,第10页,北京,文化教育出版社,1982。
③ [美]杰罗姆·布鲁纳:《教育过程》,邵瑞珍译,第47页,北京,文化教育出版社,1982。
④ [美]杰罗姆·布鲁纳:《教育过程》,邵瑞珍译,第41~43页,北京,文化教育出版社,1982。

首先，布鲁纳并非强调讲授"概念"，而是强调让学生在知识的结构系统中掌握最为基本核心的内容。事实上，布鲁纳非常警惕概念的零散、机械、孤立，更反感咬文嚼字式的概念学习。而结构，或者说结构化，恰恰是为了消除上述弊病。其次，"基本原理""基本观念""基本特性"这些术语反复出现在布鲁纳的课程理念论述中并占据重要位置。这说明布鲁纳并非要求教学过程不加分辨地回避"概念""术语"等相对抽象化的知识产物，相反，在结构化的视角下，对一门学科、一种知识或一个事物来说最基本的、居于核心位置的概念应当被更加充分地凸显，得到更多的关注、讨论和实际应用。最后，布鲁纳还将自己的主张概括为"教一般原理和一般态度"。这种"一般之物"的检验标准并不取决于它是否是一个概念，是否过于抽象，而是要看它是否在知识结构中处于基本和核心的位置，是否能够产生牵一发而动全身的效果，也即，是否能够作为一个抓取整体知识并融会于实际应用中的思维装置。布鲁纳在书中所举的例子，如物理教学中的"压力"，文学教学中的"悲剧"，和历史教学中的"历史趋势"，便很好地体现了上述标准。

布鲁纳的大概念之说无疑是对教学本质的一种深刻把握，因而在提出之后便受到广泛重视。在经过长期的教育实践后，大概念教学理念的内涵和外延都得到了更为丰富的扩展。简而言之，广义的"大概念"指的是"在认知结构化思想指导下的课程设计方式，是为避免课程内容零散庞杂，用居于学科基本结构的核心概念或若干居于课程核心位置的抽象概念整合相关知识、原理、技能、活动等课程要素内容，形成有关联的课程内容组块"[①]。此外，有研究者概括了关于大概念内涵的三个共识：（1）大概念是在经验和事实的基础上，对概念与概念之间的关系加以抽象概括的结果；（2）大概念是概念的集合，能够将各种相关概念和理解联系成为一个连贯的整体；（3）大概念超越了个别的知识和技能，能够在更大范围内加以迁移运用。就整体而言，一门课程的大概念之间构成的是一种多层次和多类型的网状结构；具体到个别大概念，则表现为远超出狭义的"概念"范畴的多样类型：它既可以是一个概念，也可以是命题、理论、主题、问题、观点，甚至是某一矛盾之说。[②]

带有强烈的结构化色彩和行动特征的大概念与写作教学有诸多共鸣之处。写作教学的背后有着一整套系统的知识网络。在国内外数量庞大的写作课教材和相关专著中，关于写作知识已经被反复地结构化呈现。然而，从写作教材的知识结构化到写作教学的知识结构化，存在着一个从"书写的知识"到"行动的知识"的根本转

---

① 吕立杰：《大概念课程设计的内涵与实施》，载《教育研究》，2020（10）：56。
② 李松林：《以大概念为核心的整合性教学》，载《课程·教材·教法》，2020（10）：57~58。

变。写作始终带有缄默知识的特性，对于学习者而言，它呼唤的不应是抽象的概念知识体系，而是具体的行动。写作研究和写作教材的书写，是从具体到抽象的知识化过程；而写作教学，则需要完成从抽象到具体的实践化过程。后一过程不能是对前一过程的镜像还原，这是因为：一方面，就写作而言，知识在抽象书写过程中的结构化逻辑往往与知识在行动中的结构化逻辑有着很大的差异；另一方面，对于学生而言，有关写作的那些抽象的概念定义和框架结构，除了存在理解上的困难外，常常在实际写作中难以发挥理想的指导作用。一旦发生这种理论与实践的脱钩，原本系统完整的知识书写反而成了外在于行动、困扰着思维的零散教条，或者说，成为了朗西埃所谓的"人造的距离"。

大概念教学理念为应对这一困境提供了良好的思路。按照大概念教学的思想，写作教学应当在本已系统化、结构化的写作知识体系中提取出居于中心位置的"上位概念""核心概念"；在课程整体设计上通过这些大概念来融汇系统中的其他概念知识，搭建整体结构；在教学策略上则应根据这些大概念自身的特点，结合学情来设计相应的教学方式，尤其应重视在行动中揭示和落实大概念。这一思想体现的正是从"行动的知识"的视角对"书写的知识"的重新整合。

具体到本文聚焦的清华大学"写作与沟通"课程（以下简称清华写作课），大概念与之又具有了更多维度的契合。专门面向全体本科一年级学生的清华写作课自2018年开设以来，一直贯彻清华大学"知识传授""能力培养""价值塑造"三位一体的教学理念，是一门以"主题式、小班制、全过程、深度浸润"为特色模式的通识性学术说理写作课。大概念所具有的中心性、结构性和迁移性既可以更好地实现"知识传授"，又有助于提升学生的核心写作素养，实现"能力培养"。同时，正如有研究者提出的，大概念课程设计的意义更在于帮助学生"建立看待世界的透镜"[①]，在学术写作的语境下，这些"透镜"体现为深度思辨、批判性思维、共情与人文关怀等思维和价值观念的塑造。此外，清华写作课强调全过程写作，不仅指体验、经历了整个写作过程，更是指整体、系统地掌握写作的知识与核心逻辑。无论是站在学生接受的角度，还是从课程实际操作的角度来说，这种全过程教学不应是对教科书式知识的复现，而应是对大概念的抓取与落实。另外，写作知识中的大概念大多并非特定学科内部的专属概念，而是指普遍存在于学术探究乃至智力活动中的、具有底层逻辑色彩的思维方式，这也恰恰凸显了写作作为通识教育的宏旨所在。

---

① 吕立杰：《大概念课程设计的内涵与实施》，载《教育研究》，2020（10）：56。

三、清华大学写作课的大概念教学实践举隅

在雅科托的故事中,我们可以清晰地看到"行动"——学生主动地做——是奇迹得以发生的根本。因此,对于写作课的教学而言,至关重要的一点就是创造并推动"行动"。在大概念理念下,这一方面意味着教师需要将大概念的核心性和融贯性转化为行动上的自然表达;另一方面,写作自身的特点又决定了某些大概念本身即是关于"行动"的概念,因此也必然需要在学生的行动中落地生根。总而言之,写作教学中的大概念必然需要实现从"符号的认知"转化为"行动的自觉"。

在三年多的教学实践摸索中,清华写作课的教师们对学术写作中的大概念进行了总结提取和配套课程设计。在写作中心多元探索原则指导下,老师们的尝试和侧重不尽相同,但综合而言,"问题意识""结构""对话""思辨"等术语普遍被选为大概念。囿于篇幅限制,本文选取"问题意识"和"对话"这两个术语,结合具体案例分析其在学术写作教学中的设计。

1. 问题意识:阶段化的思维操练与跨越

问题意识无疑是对学术写作而言最为重要的能力之一。是否具有问题意识、问题意识创新潜力的大小等能够直接影响学术研究和学术写作的质量高低。有学者观察到,进入21世纪以来,中国学术界对"问题意识"的关注日趋强烈,使其成为了"学术研究乃至公共话语的重要甚至'核心'理念"[1]。这样的核心能力与核心理念,自然是学术写作课应当培养、应当传递给学生的。但另一个不容忽视的事实是,问题意识这一写作核心概念对于本科低年级学生来说太过遥远和陌生。这一方面是因为高中阶段的写作所训练的思维模式与行文风格难以对接研究性的学术写作的内在要求,因此,本科低年级学生通常缺乏足够的对应知识充当"知识台阶"来帮助理解问题意识的概念意涵,从而带来了知识"同化"[2]上的困难。另一方面的原因则来自问题意识概念本身。

事实上,问题意识是一个共识与差异并存的概念。在不同的研究者那里,在不同的学科视域,甚至是不同的语境下,关于问题意识的阐释都会产生微妙的变化。有研究者通过追溯卡尔·波普尔的"社会学的技术方法",将问题意识明确概括为"发现问题、界定问题、综合问题、解决问题、验证问题"五个环节。[3]但也有研究者针对性地回应说:"这种概括严格地说也只是对自然科学更为适合,对社会科

---

[1] 方志远:《学术研究的"问题意识"与"非问题意识"》,载《中国社会科学评价》,2016(2):81~82。
[2] [瑞士]皮亚杰:《发生认识论原理》,王宪钿等译,第8页,北京,商务印书馆,1985。
[3] 劳凯声:《人文社会科学研究的问题意识、学理意识和方法意识》,载《北京师范大学学报》(社会科学版),2009(1):11。

学,特别是对人文学科则未必如此拘泥。"①有论者在同一篇文章中既强调所谓问题意识即是把问题放归到一定的历史的、社会的背景下来分析,又强调问题意识同时又和"理论意识"紧密相关。②如果将目光从学术研究领域转移到写作领域,又会发现除了上述意涵之外,问题意识有时候会被拿来表达写作需要"提出问题",有时候则被用来强调写作过程应遵循"问题导向/驱动"的原则,有时则又指向了学科内部的学术脉络。不难想象,问题意识在界定和使用上的多义乃至"含混"无形之中会给学生的理解和接受制造更大的困难。

不过,上文展示的问题意识概念的多义与"含混",反过来也恰恰证明了它作为大概念的生命力,尤其是其在知识体系中的核心位置,以及融贯诸多其他重要概念与方法的特点。培养学生的问题意识应当是学术写作教学的重要目标之一,只不过以知识讲解的方式对问题意识展开穷究其理式的分析、灌输显然并非良策。更合理的思路应是以行动逻辑来为学生搭建认知的台阶,在一整套连贯的行动当中建构起问题意识这一重要的思维装置。

写作中心的王沛楠老师将培养学生的问题意识明确设定为写作课的主要目标之一,并围绕这一大概念设计了相互关联、相互贯通的多次课的教学过程。总体而言,对学生的问题意识培养被设计为三个阶段、两次跨越。以王沛楠老师开设的"信息社会与隐私"主题写作课为例。在课程初始阶段,老师首先激发学生对课程的主题展开思考,尝试提出计划探究的问题。学生在这一阶段尽管会在老师的指引下调动自己的既有认知,甚至主动查阅更多资料来给出一定的信息,但大多局限在对相关现象和知识点进行不同程度的梳理和叙述,然后冠之以"对某某问题的研究"之名。王沛楠老师将这一阶段称作"现象白描",这是初学者的必经阶段。很明显,这样的认识只会产生介绍与科普性的文字,而针对这一阶段的学生,王沛楠老师着力引导学生去发现现象中的问题,如整体与局部的不一致、想象情形与现实状况的距离、理论观点与具体实际的矛盾,等等,从而发现可以被追问的问题点。由此,学生逐步进入"经验提问"阶段。在这一阶段,学生认识到了"提出问题"对于研究的重要性,开始初步具备"问题意识"的雏形,但其思考仍更多地局限在经验和现象层面,难以形成有深度的、学术性的思考与论说。这就要求老师指导学生去认识学理探究与经验论说的本质区别,认识更具深度的学术知识和学理思考对于研究问题的重要性,由此跨越到第三个阶段,即"理性提问"阶段。在这个阶段,学生会在老师的点拨下认识到经验式提问的不足,认识到从学术性的高度来重新思考乃

---

① 方志远:《学术研究的"问题意识"与"非问题意识"》,载《中国社会科学评价》,2016(2):84。
② 仇立平:《社会研究和问题意识》,载《江苏行政学院学报》,2010(1):75。

至重构自己的提问的必要性。在奠定这一对于问题意识而言至关重要的认识后，老师负责从旁指点路径，学生则在课堂学习讨论和课下查阅积累的过程中不断汲取与自己所关注的问题相关的学科、领域的理论知识，主动搭建和完善自己的知识结构，逐步向一个研究者的素养靠拢，直至进入学术共同体的语境之中来思考问题。最终，经过跨越三个阶段的操练，学生得以实现从对现象的经验式描述，到提出具备一定学理深度的研究问题的重要转变。①

在以问题意识为大概念的教学设计中，老师的思路不应是自上而下的，而应是自下而上的，即不是把问题意识当作一个空降的神秘武器灌输给学生，要求他们理解并运用到写作当中，而是依循学生实际的思维发展阶梯，将问题意识分化为不同阶段的上位目标，在努力达成阶段目标的过程中实现认识和能力的跨越。在这样一个长线行动中，前文分析的问题意识概念自身的复杂多义反而赋予了它必要的弹性和灵活度。教师可以通过从提醒"关注现象"到强调"关注问题"，再到凸显"学理深度的提问"，由浅入深地引导学生理解问题意识并加以运用。

此外，当问题意识被作为大概念来设计教学时，它在知识体系中的结构性优势也会得以彰显。问题意识是写作知识的核心之一，也正因此，问题意识的培养不是孤立存在的，而是需要其他知识、技能和能力的通力协作来达成。所以，问题意识的教学阶段必然会容纳诸多其他的写作知识。例如，在三个阶段的跨越过程中，与文献对话的意识和文献查阅的相关技能等均以相对问题意识而言的"低阶概念"的形式被带动。同时，学术写作课高度重视的批判性思维也渗透在三个阶段不断自我反思、自我否定的过程当中。可以说，将问题意识作为写作教学的大概念之一，为学生设计一个目标统一、动力明确的行动框架，写作知识的系统性和内在相关性便会以自然而然的形式刻写在学生的具体行动当中。

2. 辩论—对话：直面对话与发现听众/读者

与相对抽象的"问题意识"相比，"对话"是一个更为具体的行动概念。写作，特别是学术说理写作，本质上就是作者与潜在读者之间的一番跨越时空的对话。这一写作的本质属性实际上融贯了文献阅读、逻辑思辨、读者意识等重要的写作技能、知识与思维，是非常重要的大概念。写作是一种对话，道理看似简单明了，但学术写作的初学者往往不仅在写作时尚未认识到对话的存在和必要性，甚至在口头论说中也缺乏对话的自觉，在发表观点和论证时常常陷于片面单向的观察思考当

---

① 王沛楠老师的问题意识教学设计和对问题意识教学的思考，可参见王沛楠：《跨越现象的白描：通识写作教学中的问题意识培养》，载《写作》，2021（4）。

中，急于完成一个所谓"自圆其说"的简单回路，却对论说的根本目的缺乏反思。针对这种情况，更为有效的教学设计是通过建构一个必然产生对话的情境，让学生参与对话，发现对话的存在，并反思对话的过程，从而理解对话的必要性和重要性，进而将对话意识和相应的思维与方法迁移到写作当中。

辩论是写作中心多位老师建构对话情境的重要方式。按照写作中心高策老师的统计，在目前25名专职教师中，明确设有辩论形式的有16名，占比达到了64%。辩论受到写作教学设计的青睐，有以下四个方面的原因：

首先，辩论是学生已经相对熟悉的一种游戏模式，同学们不仅对其大致流程和主体形式有一定的了解，而且，或者此前已有参与辩论的经历，或者在影视资料中观看过辩论活动。因此，辩论作为大型课堂活动无论是对组织者还是参与者都更易"上手"。

其次，辩论是一种高强度的面对面的对话/对抗，是"在场的言说"之间的短兵相接或通力协作，可以将对话这一语言思维要素充分凸显。

再次，辩论对参与者的逻辑思维和批判性思维提出了极高的要求，在比赛对抗的环境下，学生会积极投入到倾听、思辨、发言的智力活动当中。也正是在这种高压和紧张的环境下，学生在对话意识、语言表达、逻辑性和批判性思考等方面存在的不足会更为生动具体地暴露出来。经过辩论过程和结果的检验、对垒双方的互鉴，以及老师的复盘评点，学生得以在反思中将"对话的技艺"从自发认识上升到自觉认识。

最后，在主题式写作课中，辩题无一例外均产生于课程主题。如开设"乾隆皇帝与18世纪的中国"主题的高策老师拟定的辩题是"'戏说历史'利大于弊/弊大于利"；开设"文化遗产"主题的陈豪老师拟定的辩题是"巴黎圣母院的修复应复原火灾发生前的状态/顺应现代人需求重新设计改造"。脱胎于课程主题的辩题，一方面，为学生的深度思辨提供了更为具体的聚焦问题；另一方面，又推动学生在前期准备和后期反思中更为主动地去阅读相关资料和研究文献，主动地与文献对话，与研究者对话，从而对课程主题形成更加丰富也更具深度的思考。

事实上，辩论对于对话的彰显还不只限于上述四点。高策老师在总结辩论教学时提出，在直观的正反双方抗辩的对话形式之外，辩论其实还存在着第三个对话维度，即参辩者与听众之间的潜在对话。无论是更具游戏竞技色彩的辩论比赛，还是现实存在于各种社会公用当中的实际辩论活动，听众/评审者/决策方其实才是辩论双方（甚至是辩论多方）真正的争夺对象。辩论的实质，其实是"借由证据、逻辑、语言表达等方法，论证己方立场、反驳对方立场，最终争取决策方的认同"①。也就是说，参辩者看似投身的是正反双方的抗辩形式，实际置身的是支持方、反对方和决策方三者交互的对话场域，而决策方是潜在的但又具有决定性作用的对话对象。经过辩论实战和老师指点，学生对这个关键性的"潜在读者"的发现，无疑会大大加深对"对话"的理解，同时也融通了"读者意识"这一重要概念。

将上述三方交互的关系迁移到写作当中便会发现，学术说理写作同样存在着可以与之对应的三方交互的对话场域，其分别是作者、反对者和读者。不同的是，写作中的反方不再由他人来扮演，而是需要由作者自己来扮演；反对的声音也不再是由他人提供的在场反驳，而是需要由作者自己通过知识涉猎和逻辑思辨而建构的"不在场的异议"。相同之处在于，学术说理写作同样强烈意识到"默不作声的读者"的存在，同样应当争取该读者的认同。让学生理解了辩论与写作在对话层面的同构性之后，由课堂辩论所强化塑造的多维度的对话意识，以及共同支撑对话行为的逻辑思辨、批判性思维和读者意识，便可以有效地植根到写作的土壤当中继续生长。

3. 多方对话：情境与经验的对质

除了"剑拔弩张"的辩论比赛，围绕对话这一大概念进行的情境建构还有其他的可能，在教学目的的侧重点上也会略有差别。有的老师选择设计围绕某一现实议题（或模拟现实议题）展开多方协商的讨论形式。这种形式的对话活动，并不一定以某一方获胜为结果，反而常常是以共识的"难产"收场；其过程也未必是逻辑井然、文采恣肆的论辩，而可能是各执一词，众声喧哗的论争。在这一错杂的对话场景中，学生能够深刻认识到的则是问题本身的复杂、视角立场的多元、自身经验与见解的局限，以及更为具体而丰富的探究思路。简言之，这样的对话情境并非是要学生去想象性地掌控乃至解决问题，而是要制造一种"情境与经验的对质"②，让学生在经历冲击、反思之后重新"开眼看问题"。

笔者在"游戏"主题的写作课上以"角色扮演"的形式设计了一次座谈会，内容是请各方参与讨论2021年8月下发的《国家新闻出版署关于进一步严格管理，切实防止未成年人沉迷网络游戏的通知》（下文简称《通知》），与会角色有网信办主任、学生家长、中学校长、中学生、游戏公司总裁、退役电竞选手、游戏主播、法律专家八类。

---

① 高策：《辩论式教学在大学说理写作课程中的应用探究——以清华大学"写作与沟通"课程为例》，首届全国教育学博士后论坛，2021年10月30日。前文所引述的高策老师对清华写作课辩论开设情况的统计同样来自这篇发言稿。
② 吕立杰：《大概念课程设计的内涵与实施》，载《教育研究》，2020（10）：60。

可以看出，这八类角色的设定远远超出了迈出中学校门不久的本科新生的一般想象范围——关于游戏治理和游戏影响方面的问题，他们往往局限在"家（长）—（学）校—（学）生"这个经典的"中学铁三角"关系之内来思考和发言（实际上更常见的是局限在单一的学生视角和诉求下）。这既是经验认知的局限，同时也是思考路径的局限。这种双重局限使得学生即便在面对自认为熟悉且有话要说的问题——这一被戏称为"史上最严游戏禁令"的《通知》——时，仍然处于既缺实质性了解，更无细致深入见解的状态。这就导致很多学生在最初尝试以该话题进行写作时，一方面，尽管或"咬牙切齿"或"鼓掌欢迎"，但实际上缺乏对防沉迷这一事物具体内容的了解，更谈不上考察此类事物的发展史，或去做跨阶段、跨地域、跨文化的比对；另一方面，即便尝试展开逻辑性的论辩，又往往陷入单一维度的逻辑陷阱当中，将一个成因非常复杂的事物做片面、单一的解读，仅仅通过这种局限的解读和逻辑论说来得出一个最终答案。可以想见，这样的"说理"立论再高、言辞再恢宏，终究是局限在自身一孔之见下的"想象性的解答"，或感性大于理性，或抽象空洞大于具体扎实，难以做到真正意义上的学术说理。

多元化的社会角色选取、代入与对话，正是为了在"情境与经验的对质"中揭示上述不足，并展示自我突围的可能。代入新的角色身份，以他人的立场发声，不仅能够让学生获得一种新的视角，还能拉开与自己固有立场视角的距离，实现视野的打开。为完成"角色扮演"而做的前期工作，则是一次"自我"与"他人"的对话，这一环节既要求学生对具体经验进行扩充，也要求学生了解问题关涉的更多维度，认识到问题自身的复杂性，认识到现象背后缠绕着的诸多历史与现实因素，从而形成第一轮的对话与反思。然后，在现场的观点碰撞中，学生可以听到来自不同视角的声音，发现交错在这一大话题之下的多元主张和诉求，看到多角度的理由与思考，在直接对话中形成第二轮反思。在课后布置的总结与延伸思考任务中，学生需对座谈会中给自己带来冲击力的观点进行总结回顾，并提出自己设想的能够参与到这场对话中的其他可能的角色，以及其他能够引发类似多元探讨的议题，在巩固和举一反三中实现第三轮的对话与反思。

相比于正反双方针锋相对的辩论比赛，座谈会、协商会这类多方会谈的情境更注重让学生去想象和展示不同立场的观点，更强调多元对话的状态，强调对议题的社会场景的还原。身份代入与角色扮演，为的是打破个体经验的壁垒，打开学生原本局限的视野，认识到问题的现实复杂性。这是一个不断补缀、重组自身经验和原有认知的过程，也是一个把零散单薄的信息深描成一本厚重的"社会之书"的过程。融会在"读社会之书"过程中的，除了与文本对话，与观点对话的对话意识之外，还有批判性思维。学生通过不断地自我反思，逐步发现问题的复杂多维，并学会了将自我与"世事"放置在社会与历史的语境当中来思考，从而开启"社会学的想象力"。①

从后续学生在写作上的表现也可以看出，为凸显对话而进行的"经验与情境的对质"的设计，确实打开了学生的关注视野和选题思路。很多同学对选题的想象，从最初笼而统之且天马行空的"防沉迷问题之我见""青少年沉迷网游问题的解决方案"，走向对具体措施选择的历史与现实原因的探讨，比如，讨论为何当前推行的是"游戏防沉迷制度"而非"游戏分级制度"；或者走向对整体策略下诸多具体而微的问题的关注，比如，考察制约防沉迷效果的某一因素，或当前防沉迷政策可能存在的漏洞。也有人关注到了整体性的政策对特殊人群和行业的影响，如游戏直播、电竞选手的培养等。这些关注和发现原本在空洞论说文字当中常常会被一笔带过，或干脆被忽略、被埋没，现在则获得了浮出观察力地平线的可能，成为这一话题下充满生命力的探讨空间。可以说，正是因为亲身阅读了这本厚重的"社会之书"，学生才更加认识到了宏大话题的复杂难解，从而主动地将自己的写作聚焦到具体问题上来；同时，面对如此复杂多元的问题，学生也意识到了原先的现象认知与知识储备的不足，于是更为自觉地在"是什么"与"为什么"上发力，查阅相关的资料、文献和研究；再者，随着多元对话意识的建立，学生在写作时，假想的听众兼对话者（且往往是持不同声音的对话者）也一直存在于头脑中，从而"倒逼"写作者更加注重反思自己的观点是否过于偏狭，是否陷入了自说自话，是否不合理地忽略了其他重要的因素。

四、结语："平等者的共同体"与心智的解放

最后，让我们再次回到朗西埃对雅科托故事的阐释。朗西埃显然并不是要用雅科托的故事来妖魔化教师这一职业，或取消教育的可能性。他真正视作敌人的是对"教师传授知识给学生"这一秩序的盲信。这种秩序不仅产生了不平等的权力关系，人为制造了学生与知识之间的距离，更严重的是，它实际上是以学生的无知为假设前提，要求学生的智力从属于教师的智力，结果造成了学生心智的"钝化"。基于雅科托的故事，朗西埃提出，教师应当做的是创造"学生的智力与书的智力之间完全自由的联系"，推而广之的话，"书的智力"则可以是任何让教师和学生形成平等的知性关联的"共通之物"。教师并不负责提供"智力"，而是提供"意志"，让学

---

① ［美］C. 赖特·米尔斯：《社会学的想象力》，李康译，第 7~8 页，北京，北京师范大学出版社，2017。

生在与"共通之物"的智力对话/对抗中自我发展——朗西埃称这样的教师为"使人解放的教师"。①

作为通识教育的写作课,其最终的期待必然也是学习者心智的解放。这种普遍心智能力的解放,只有在朗西埃所说的关注"行动的心智"的"平等者的共同体"②当中方能充分实现。因此,写作课的教学必须跳出"学问与无知"的二元前提预设和"讲授的诱惑",致力于构造平等的、朋辈学习的、行动的课堂形式与学习过程。这其中最为深层次的设计,是要将结构化的思维融入在这种行动当中,让学生通过行动为自己搭建至关重要的思维装置——写作的大概念。在这一过程中,写作课的教师不应充当学生智力活动的对象(即教师和学生不应是讲授与听讲的关系),而应提供一种"行动的意志"的指引,让学生遭遇各种形式的广义的文本(文字、事件、问题、状态、表达、情境等)并与之展开智力活动。

---

① [法]雅克·朗西埃:《无知的教师:智力解放五讲》,赵子龙译,第16~17页,西安,西北大学出版社,2020。
② [法]雅克·朗西埃:《无知的教师:智力解放五讲》,赵子龙译,第95页,西安,西北大学出版社,2020。

作为"大学新民之效"的主题式通识写作课

李成晴*

研究性通识写作，本质是一种说理写作（Expositional writing），同时也是"认可大学师生学术能力的标准以及衡量现代学者卡里斯玛特质的标志"①。与文学创作不同，通识写作固然重视写作本身所要求的文从字顺、雅洁清澈、意脉连贯，但更关注的则是良好的问题意识、分析推阐能力以及客观知性的判断力。如果将通识性的主题贯穿通识写作课的课程体系，则会使主题通识和通识写作训练形成合力，从而使受教育者在提升通识修养、人格教养、论证素养的同时，增强作为社会公民的责任感与大格局意识。从这个意义上看，高校主题式通识写作课的建设，既因应中国现代教育对"新民"培育的努力，也是高等学校在文化、科研、社会秩序等层面发挥引领作用的必要举措。

一、现代教育对"新民"的期待

西南联大时期，梅贻琦曾在《大学一解》中分析了大学的"明德""新民"之内在理路。在阐述大学教育的"新民之效"时，梅贻琦认为：

> 大学新民之效，厥有二端：一为大学生新民工作之准备；二为大学校对社会秩序与民族文化所能建树之风气。②

"新民"实际有两重含义，一重是名词性的"新国民"③，一种是动词性的"使国民新"。在梅贻琦看来，大学所培养的学生，既是最初的一批"新民"，同时也担负着未来从事"新民"工作的实际责任，故而应在大学阶段就做好充分的准备。也就是说，在"大学新民"的意义上看，不仅教师，包括学生在未来也会承担起"转化型知识分子"（Transformative intellectuals）的责任。

《大学一解》又指出："通识，一般生活之准备也；专识，特种事业之准备也。"通识不仅具有"润身"的作用，也能"自通于人"④，意即与他人形成通畅的沟通与理解。如果大学生以专家的身份走出校园，"以无通才为基础之专家临民，其结果

---

* 李成晴，清华大学写作与沟通教学中心教师。
① 李雪飞：《学术论文的源起与变迁》，载《高等教育研究》，2015（9）：79。
② 梅贻琦：《梅贻琦谈教育》，第54页，沈阳，辽宁人民出版社，2015。
③ 刘浪：《新国文·新文学·新国民——以民国时期叶圣陶国文教育思想为例》，华东师范大学硕士学位论文，2006年，第60~64页。
④ 梅贻琦：《梅贻琦谈教育》，第55页，沈阳，辽宁人民出版社，2015。

不为新民，而为扰民"。故而他明确主张，在大学本科阶段，重心所寄，应在通而不在专，"须一反目前重视专科之倾向，方足以语于新民之效"①。也就是说，梅贻琦所标举的"新民之效"，须得是超脱于专科、专家层面的通才所致力的，而这样的通才培育，则有待于大学的制度与风气。

在梅贻琦所处的时代，晚清到民国的鼎革变局激发了国人的自强意识，"作育新民"成为了一个时代的共识。由此，《大学》"新民"的古老意涵被重新激活，融进了整个的民族现代化的国民意识之中。在知识分子的言论中，尤以梁启超《新民说》《新民议》为夜空之惊雷。在梁启超看来，缔造新国民，一方面应保留"独特的宏大、高尚、完美的民族特质"，让其长出新芽、涌出新泉，"出自于旧的东西却不可以不算是新的东西"。②换种说法，亦即一是"淬厉其所本有而新之"；二是"采补其所本无而新之"。③有的作者也留意于将与之连带的传统的价值理念进行重新挖掘，比如近代论"新民"，多强调从"明德"层面入手，沈一得撰《明德新民论》即发挥此意。④在笔名"痴子"的作者看来，"格物"就是陆九渊、王阳明意义上的格除物欲，格物精神是"新民主义"实践的要项之一，其实操方法有励志自强、克服环境与振作精神："不萎靡，不消极，作事肯努力，有热心。"⑤另外一些知识分子则援引当时公认的一些价值理念进入"新民"价值体系之中，希望达到"旧邦新命"的效果。上举梁启超在《新民说》中便曾提出"民德、民智、民力实为政治、学术、技艺之大原""苟有新民，何患无新制度，无新政府，无新国家"，故宜激发新民的勇猛、果敢、活泼、宏伟之气，培养新民的公德利群、国家意识、进取冒险之精神，同时也涵育权利思想、自由意志、自治理念、进步观念、义务思想、合群意识、尚武精神、政治能力等诸多现代公民所宜具备的素养。⑥受此"新民"思潮影响，在民国时期陆续出现了诸如《新民周刊》《新民丛报》《新民》、"新民会"、新民论坛、新民中学等组织机构，而在报纸、杂志上探讨"新民"话题的文章，更是不胜枚举。

与"新民"思潮并辔前行的，诸如"启蒙""民主""科学"等理念，延亘至今，犹是并未过时的话题。即以"启蒙"而论，启蒙的最基本含义是要"破除人们不能自由运用理性的种种桎梏""增强人们相信自身理智和能力的自觉"⑦。启蒙的真正价

---

① 梅贻琦：《梅贻琦谈教育》，第54~56页，沈阳，辽宁人民出版社，2015。
② 梁启超：《梁启超全集》（第二册），第657页，北京，北京出版社，1999。
③ 梁启超：《梁启超全集》（第二册），第657页，北京，北京出版社，1999。
④ 沈一得：《明德新民论》，载《新民》，1930（2）。
⑤ 痴子：《新民主义实践要项之一：格物》，载《新民周刊》，1939（34）。
⑥ 梁启超：《梁启超全集》（第二册），第660~735页，北京，北京出版社，1999。
⑦ 谢地坤：《永恒的"五四"：启蒙与思想解放》，载《中国社会科学》，2015（11）：14~19。

值是反思批判精神，因此启蒙是一项不断破除迷信和教条的"未竟事业"。又如科学精神，其内涵的古希腊基因，如自由的精神、无功利的探索、追求知识的内在推演；近代基因，如忠实于实验、有条理地怀疑和批判、在知识学习中平等地对话、在发生争执的场所培养耐心和倾听的习惯、同情之理解而非真理在握等[①]，在当下也仍是通识教育所亟待昌明的。

梅贻琦所阐述的"大学新民之效"，即大学生层面对新民工作的准备、学校层面对社会秩序和民族文化风气的建树，在今天仍有现实意义。"大学新民"的培育，需要深湛的通识教育理念和系统的课程设计。欧美高校在超过一个世纪的通识教育实践中，逐渐形成了共识，即在大一学年的通识教育"窗口期"，将作为通识教育"前线尖兵"的主题式通识写作课程作为必修课。在"窗口期"的时候，尽管学生有了专业方向，但还没有被本专业整饬细密的学科思维框定，因而具备通识性熏育的可能性，这也是国内外多所高校选择在大学第一学年开设主题式通识写作课的原因。这类写作课将"本科生卷入知识探究与问题分析的过程之中，并将知识、思维、能力的培养整合在一个完整的教育环节，由此既能培养写作能力，亦能超越技能训练的范畴而塑造学生探究的兴趣、思维的习惯以及组织知识并将个体潜隐性思维和观念外化为言语能力"[②]。也就是说，主题式通识写作课对本科生的训练是多维立体的，从多个向度回应着现代教育对"新民"的期待。

二、主题式通识写作课的打开方式

所谓"主题式通识写作课"，即以研究性、分析性、说理性的通识写作为产出的写作课程。该课程以具有通识性质的主题为依托，以小班研讨为课程开展形式，从而锻炼学生的写作表达、沟通能力，以及逻辑思维、批判性思维。写作者在特定主题下，结合自我认知与知识储备，依据主题情境，撰写"无学科门槛、有学理深度"的研究、分析、说理性文章，是为主题式通识写作之重心。通识写作的文章风格、句法、遣词造句皆有一定的范式，着重于理性知识的呈现，文词应力求简洁明了，其结构也更为整饬谨严。

在欧美，主题式写作课是通行的写作课模式，比较有代表性的，比如普林斯顿大学的写作研讨课（Writing seminars）。欧美写作课，尤其是"新生写作研讨课"（First-Year Writing Seminars & Freshman Writing Seminars），注重通识教育与不同学科专业（Major）相融合，"对大学新生进行学术性写作的基础训练，并将其置入通

---

① 吴国盛、邢星：《科学与科学教育》，载《人民教育》，2020（21）：41。
② 陈乐：《本科教育的起点：康奈尔大学本科写作课的理念与实践》，载《大学（研究版）》，2019（Z1）：95。

识教育的背景中整合专业学科的学习"①。

1. 多主题课程群组

主题式通识写作课在建设初期，需要组建一支多学科背景的教师团队；依托教师团队，便可擘画出成体系的多主题课程群组，以供不同专业的学生根据兴趣选修。在美国，主题式通识写作课一般被称为Writing Across the Curriculum，通译为"跨课程写作"（WAC）。如同康奈尔大学写作课（FWS）的理念那样，"只有让学生投入到令其最感兴趣的知识领域中才能学得最好，也才能写出最好的作品"②。因此，构建多元的、多主题的课程群组，便是高校主题式写作课建设的题中应有之义。综合国内外高校如清华大学、南方科技大学、哈佛大学、普林斯顿大学等高校写作课主题的设定，可大致归为以下类别：

文艺类：诗歌；电影；莎士比亚；苏东坡

历史类：轴心时代；唐宋；大航海

教育类：书院；乡村教师；西南联大；教育公平

空间类：乡村；城市；荒地；美国历史中的博物馆

生命类：童年；性别；传染病；动物

政治类：公民；选举；监狱；社会救济

社会类：个与群；社交；偶像；游戏与人

科技类：数字人生、人工智能；清洁能源；宇宙间只有我们人类这一生物吗？

主题式通识写作课所拣选的研讨子话题，一般应是这一领域核心且经典的议题。重新习得前人已经获得的知识，重新思考前人已经深思的议题，是教育过程中的重要一环，因为对于当下受教育的学子而言，这些知识和议题，很可能是全新的。例如，在"海洋"主题写作课上，就"忒修斯之船"的问题展开讨论，便是又一度激活古典议题的生机。

澳大利亚莫纳什大学的语言学习网站，曾概括主题式写作的主题选择包括艺术设计、艺文、商业经济、教育、信息科技、工程、法律、医学、药学、科学十大领域，③基本涵盖了通识教育的各个大类。在主题式通识写作课上，教师并无意于对这一主题所涉及的学科领域作"求全责备"式的覆盖，相反，主题下精心挑选的子话题才是整个课程展开的路径节点。课程主题之下，还可细分为更为明确的子话题，

---

① 陈乐：《本科教育的起点：康奈尔大学本科写作课的理念与实践》，载《大学（研究版）》，2019（Z1）：95。
② 陈乐：《本科教育的起点：康奈尔大学本科写作课的理念与实践》，载《大学（研究版）》，2019（Z1）：95。
③ 靳知勤：《运用写作认知历程策略提升大学生的科学主题写作表现》，载《科学教育学刊》（台湾），2018（3）：262。

比如"公民"主题即内含权威、责任、隐私、正义等议题。有关主题经长时段打磨成熟后，可以作为保留性精品课程，每年不间断开设，从而也在某种意义上成为学生大学生活的共同印记。

2. 同主题比较文本研读与多文体写作模式

在《清代学术概论》中，梁启超在述及中国传统学术方法时，曾概括出很重要的一条即是"最喜罗列事项之同类者，为比较的研究，而求得其公则"[①]；后来，他将这一方法迁移应用，主张写作教学也可以进行"分组比较"[②]。后来，叶圣陶《精读指导举隅》、张志公《说"比"》也系统论证了比较阅读的效能。余党绪经过多年的教学实践，也认为写作课上具有"先机初导"功能的文献阅读，也应采用主题式的多文本单元，这样可以带给学生文献本身所承载的"基本价值观念与思想意识"，如果主题正好与名著有关，则更可加入对于文化原典的理解、反刍与思辨[③]。

在主题式通识写作课上，围绕同一主题下的子话题，通常会有不止一篇的经典文本可供研读借鉴。例如，论及"旅行的意义"，便有黄炎培的《致学生家长远足之趣旨书》、林徽因的《窗子以外》、印度泰戈尔的《旅行的意义》、美国安德鲁·麦卡锡的《旅行的意义》等篇目；在探讨杜甫的"诗圣"问题时，亦可选梁启超的《情圣杜甫》和吕正惠的《为什么杜甫是诗圣》两篇文章。通过同主题文本的比较研读，可以感知不同的观点、文风和文本展开模式，可以更好地以阅读带动写作，这即是写作心理学意义上"知识转换模型"，即以读促写。

与之并行的，同一个子话题的写作同样可以有多种文体（抑或是篇章组织模式）可供选择。在写作课前半程，学生可以选择撰写相对自由的"杂文"式说理文，因为这种文体有着相对"独立自由的精神姿态及批判性思维方式"[④]。在写作课的后半程，则可有计划地引入"文体意识"，引导学生思考，这篇文章的写作具有什么样的基本文体属性，是分析性、概念解析性，还是考证性、驳论性？"文体意识"的养成是学生整理思路、有序组织的重要环节，也是精确界定一篇文章现实功能的先决条件。

---

① 梁启超：《清代学术概论》，俞国林校订，第83页，北京，中华书局，2020。
② 潘新和：《中国现代写作教育史》，第119页，济南，济南出版社，2017。
③ 余党绪：《阅读写作课——批判性思维教育的入口》，见褚清源、崔斌斌：《中国教师报十五周年文丛·课堂策》，第148~151页，济南，山东文艺出版社，2018。
④ 余党绪：《阅读写作课——批判性思维教育的入口》，见褚清源、崔斌斌：《中国教师报十五周年文丛·课堂策》，第148~151页，济南，山东文艺出版社，2018。

三、"新民工作之准备":主题式通识写作课的通识属性

在现代大学,通识写作能力已经被公认为是大学生必备技能的重要指标,比如西方国家把STEM(科学Science、技术Technology、工程Engineering、数学Mathematics)教育放在国家战略层面,强调跨学科、超学科的通识教育理念;后来发展为STEAM教育,增加了人文性(艺术Arts);当下又演进为STREAM教育,强调读写能力(阅读Reading、写作writing)[①]。很多底蕴深厚的大学都形成了重视通识写作的传统,例如,牛津皇家学院便把书面语和文章写作列为学术和实践技能的前两位[②]。

根据梅贻琦《大学一解》的研判,具有通识的"通才"是未来从事新民工作的必要准备,而主题式通识写作课恰具有典型的通识属性,是大学生"新民工作之准备"的重要环节。由STREAM教育理念我们可以看出,写作能力除了作为一种技艺,实际也是一种通识素养,这是因为主题式通识写作课以"无学科门槛,有学理深度"的主题为纲,可以引导学生在写作的"全过程"中加深对通识的习得;以学术研究的标准进行学术道德的范导,夯实学术基本功训练,培育学术讨论的交流风气和科学研究的自律,实际是"全人教育"模式下教养的陶冶;以研究性、分析性、说理性的论说文为产出目标,锻炼学生的理性精神、批判性思维和有逻辑的论证与说服,也是学生走向社会之前一种必备的公民素质。

1. 主题为纲,拉起通识之网

在命题式写作下,学生一般采取的是"陈述知识模式"(knowledge-telling model),即根据所命制好的主题,援用已经掌握的文体知识基本模式,拟定提纲,完成写作。而学术性的主题写作,命题是不存在的,需要学生前期培养问题意识,进而在文献研读、资料长编中引出问题,形成选题。如果说学科、专业是对知识系统的纵向分割,那么,以通识性主题为主纲的写作课课堂,则是对知识系统的横向连接,从而实现打通专业门槛的通识教育目标。在这个意义上,主题的存在,很像是联结体系化的通识之网的主纲,所谓"纲举目张"的意义正在于此。

在国内外主题式通识写作课上,有很多跨学科但又具有基础性、本源性的议题会在主题式通识写作课上被探讨。主题的遴选,既包含一些可争辩性的"社会性科学议题"(Socioscientific issue),也包含人文、科学等领域无法达成共识的争议。尤其是针对理工科学生,开设的写作课"以转化与表达科学知识为诉求,使其具备科

---

① 吴国盛、邢星:《科学与科学教育》,载《人民教育》,2020(21):42.
② https://www.oxford-royale.com/oxford-summer-school/

学文本撰写与科学知识普及能力"①，可以引导学生在大学一入学的窗口期就养成跨学科看问题的通识眼光，同时也能触摸到科学与技术的温度和人间情怀。将人文、科学与其他知识形式相联系，形成"知识的'周边扩展'（Contextualization），也是大学教育对学生'知识信息融会贯通'（Contextualized information）的基本要求"②。如果能以通识写作的形式清晰表达对主题内话题的见解，一旦进入专业领域，便能更好地调适到专业领域的学术表达。

"以写促学"以及"学习用特定学科话语写作"是美国大学新生写作课程的两个基本原则。③美国的印第安纳大学布鲁明顿分校（IUB）开设PRW和EC两种写作课，"EC关注的通识写作针对不同的文化话题和现象展开，课程主要围绕分析和论证策略来组织；而PRW则是根据一个宽泛的问题或话题来组织课程，学生针对这个问题在一学期内持续进行调查（inquiry），形成研究问题，并就研究问题展开分析论述，教师在此过程中引介相关分析、论证和研究策略"④。研究者也认为PRW更接近真实的学术研究，更注重研究性素质的培养。马萨诸塞州立大学的通识写作课，整个学期课程都会围绕某一个固定的主题来展开阅读、讨论和写作，大部分主题的专业相关性不大，比如"家庭与社区"⑤，所读所写皆是通识性的内容。

承担"新民"职责的写作课教师，本身也需要往博雅通识层面进行二度的自我教育，诚如尼采所辛辣批评的那样：

专业学者就像是一个工厂工人，终其一生扳拧着特定的螺丝，或操作着特定的工具或机器……人们给这样一种令人痛苦的事实披上了一件了不起的思想外衣，甚至把我们学者的这种狭隘的专业性及其对真正教化的日益偏离崇奉为一种道德现象："埋头于微末事物""固执的忠诚"都成了最高的颂词；对专业之外的无教化和无教养，被颂扬为高贵的谦逊和自足的标志。⑥

作为写作课教师，正需要突破这种"狭隘的专业性"。突破路径，一者需要教师自身的博雅自修，再者也需要课程组内部的教师团队具有多学科背景，如此乃便于主题之下多维度议题的交叉探讨和相互激发。正是基于这样的认识，普林斯顿大学通过聘任不同学科背景的教师和博士后，丰富和充实写作课主题课程，"每一个

---

① 靳知勤：《运用写作认历程策略提升大学生的科学主题写作表现》，载《科学教育学刊》（台湾），2018（3）：262。
② 徐贲：《大学人文教育中的科学》，载《读书》，2014（12）：140。
③ Susan H. McLeod. WAC International Contexts: An Introduction, Language and Learning Across the Disciplines, 2020.5（3）：4-10.
④ 吕长竑、李京肽等：《美国高校学术写作课程体系调查研究》，载《外语界》，2016（4）：46。
⑤ 张蓉：《美国高校ESL学术写作课建设解析及思考》，载《丽水学院学报》，2019（1）：105。
⑥ [德]尼采：《论我们教育机构的未来》，彭正梅译，第30~32页，北京，商务印书馆，2019。

主题都在跨学科视野下进行"①，使得"写作课成为通识教育的典型代表"②。

2. 教养的陶冶

哈佛大学的亨利·罗索夫斯基教授曾在《高等教育编年史》中提出，大学教育的核心是培养有教养的人。其标准的几个方面都与主题式的写作课教育密切相关，例如：清晰而明白地书写；对认识和理解宇宙、社会和我们自身的方法具有一种判断鉴别的能力；在其他文化方面，不应该是一个狭隘无知的人；懂得并思考过伦理和道德问题。③

具体而言，首先，清晰而明白地书写，既是一种表达，也是学生走入社会后一种重要的沟通方式。把自己的观点和思想清晰地写出来，从某种意义上也是对读者（或是交流对象）的尊重。其次，对认识和理解宇宙、社会及我们自身的方法具有一种判断鉴别的能力，这就需要他对科学研究所需要的数学和实验方法、现代社会调研所需要的历史和计量方法、文艺和学术的演进脉络以及宗教哲学主要概念都有一定的了解。再次，避免对其他文化的狭隘与无知，就会开阔眼界和心胸，更大程度地降低偏见与歧视所带来的隔阂，这种隔阂可能出现在代际、阶层、族群之间。康德在《实践理性批判》中说："有两种东西，我们愈时常、愈反复加以思维，它们就给人心灌注了时时在翻新、有加无减的赞叹和敬畏：头上的星空和内心的道德法则。"④无论什么时代，无论人具有怎样的身份和职业，伦理道德问题都具有迫切性。亨利·罗索夫斯基曾就此断言："一个有教养的人最重要的素质很可能是当他们在进行道德选择时作出正确判断的能力了。"⑤

主题式通识写作课，对文笔的要求不过多强调修辞和优美，而是重点强调精确、切题和有说服力。当然，如果行有余力，则可以进一步去追求"表达的风格差异和优雅程度"⑥。多主题课组的设置，也会引导学生通贯地习得多学科的学术史、研究方法和经典范式。在心性和修养层面，借助主题设置、理性研讨，也能引导学生跳出狭隘和偏见，塑造健全人格，省思伦理道德问题。实际上，伦理道德是潜隐于通识写作课教学过程之中的一大特性，通识写作课强调学术伦理和诚信，这本身便是一种底线和自律。

---

① 张伟：《跨学科教育：普林斯顿大学本科人才培养案例研究》，载《高等工程教育研究》，2014（3）：121。
② 王小芳、邓耿：《美国大学写作课程项目调研及借鉴——以普林斯顿大学为例》，载《高等理科教育》，2019（3）：70。
③ [美] 亨利·罗索夫斯基：《美国校园文化——学生·教授·管理》，谢宗仙等译，第90页，济南，山东人民出版社，1996。
④ [德] 康德：《实践理性批判》，关文运译，第164页，北京，商务印书馆，1960。
⑤ [美] 亨利·罗索夫斯基：《美国校园文化——学生·教授·管理》，谢宗仙等译，第92页，济南，山东人民出版社，1996。
⑥ 董泽芳、邹泽沛：《常春藤大学一流本科人才培养模式的特点与启示》，载《高等教育研究》，2019（10）：106。

此外，在通识写作课上，有一类是情景式主题写作，这类写作有一定文字量的提示和铺垫，但是核心论题是开放性的，需要写作者给出评析与判断。而当大学生走向社会，这样的情景会纷至沓来，真实呈现，从前的分析、论证与写作环节所陶冶出的教养，便会在此时迁移、外显自我之"新"，继而"新民"。

3. 论证作为一种沟通能力

思想和观点的表达，依赖于语言和文字两个路径，相对应的则是大学所培养"新民"的沟通与写作能力。依据逻辑学家塔尔斯基（Tarski）的语言层次论，沟通所用的语言，属于"对象语言"，而用来描述、评论和观察"对象语言"的语言，则是"后设语言"（Metalanguage awareness），主体即是写作。①主题式通识写作所运用的"后设语言"，即是用以描述、分析、推理、论证的"思维的语言"（The language of thinking）。写作并非只是凭借一己才华去写，与写作同向并行地想，在某种意义上更为根本：想不清、想不透，则很难在文章中呈现出独到的问题意识和批判性思维。具体而言，写作对于写作主体认知层面的能力皆有重要的提升作用，具体包括：流畅力（fluency），能在短时间内连续地在讨论的主题上提出许多想法的数量。变通力（flexibility），从不同的方向及角度切入问题的核心，突破思考的窠臼。独创力（originality），见解不仅能与他人不同，甚至能带入新奇且独特的观念。精密性（Elaboration），具体描述想象的事物或事件，并且精益求精。②在通识写作所能历练的诸多能力中，以兼具写作属性与沟通属性的论证能力最具代表性。

论证可以是一种静态呈现，指面对一个公共话题不同人所持有的本然对立想法，也可以是强调沟通的动态过程——当个人与他人之间存在不同意见时，借由书面写作或口语表达，可以尝试说服与共情。台湾地区的《科学教育白皮书》也提出"培养学生依照科学方法从事论证，使每位国民能够解决日常生活问题，理性批判社会现象，对各项公共事务作出明智的抉择。"③一个完整的论证，至少包括主张、理由、证据、限定、支持、反驳等元素。"主张"加"理由"形成论点，"限定"则框定主张或论点成立的范围，"支持"可以援引他人有效的支撑性观点或证据，"反驳"则是在论证时预先对潜在的反对观点进行驳议。以"论证"为基石的通识写作能力，对于现代公民而言，"既是内隐性的自我表达，也是外显性的人际沟通的必备技能"④。

---

① 周琇媚：《后设语言与写作教学》，载《师友月刊》（台湾），2009（3）：85。
② 郭隆兴、张绍勋：《中文写作教学策略对创造力成效之统合分析》，载《华语文教学研究》（台湾），2019（2）：105。
③ 佚名：《科学教育白皮书》，第4~5页，台北，"教育部"，2003。
④ 陈乐：《写作研讨：普林斯顿本科生的"前学术训练"》，载《教育发展研究》，2018（17）：50。

四、"建树之风气"：主题式通识写作课影响力的社会性"迁移"

作为大学，会因自身与社会的"契约性"，担负有学术责任、育人责任、政治责任、法律责任与伦理责任，①被期待成为服务社会文明的多元化大学。作为对这种期待的回应，梅贻琦一直主张大学应培育和倡导新文化因素去影响社会，影响地方的发展，承担起教化的责任；②他曾举"一乡有一善士，则一乡化之"的古训，认为大学是四方善士会聚之地，更应发挥表率引领之作用。与之相因应的通识写作，其实也是一种具备"可迁移性"（Transferable）的核心素养，这种"可迁移性"包含了内在迁移和外在迁移。"内在迁移"指的是经过学术探究与学术表达的系统性训练，能够塑造写作者"可迁移的"阅读、分析、论证、写作、评议等综合性研究能力；③"外在迁移"则指由主题式通识写作课所陶冶的主题通识、博雅教养、科研精神、学术诚信、逻辑思维与批判性思维等，会从校园溢出校外，在知识越来越被看重的时代中，大学地位不断提升成为社会的中心，"被看作领导者，在新的知识领域探险，进行技术改进，同时又是新奇和令人不安思想萌发的园地"④。

与大学的社会职能相因应，高校写作课的社会担当之一，即在写作课激发学生作为知识分子的社会关切，培养其公民责任意识、伦理道德意识和关怀意识，引导学生主动参与现实攸关的学术或公共事务的讨论，德里克·博克甚至把基础研究和本科教育等学术功能称为大学"从传统上向国家提供的最伟大服务"⑤。通过主题研讨、通识写作，"独立深入地思考社会发展中令人困惑、费解的问题""揭示社会客观存在的矛盾、弊端或行将到来的危险"，这类研究成果的发表，会对社会的秩序、观念产生范导与优化；当学生从大学毕业走出校园，更会带着直接行动力投身到改造社会的方略实践之中。杜威于1932年发表的《学校敢建立一个新的社会秩序吗？》，希望大学的教育者"勇敢地正视每一个社会问题，千方百计地解决全部现实生活问题"⑥。这种对大学建立新的"社会秩序"的强调，很可能影响了梅贻琦《大学一解》中"大学校对社会秩序与民族文化所能建树之风气"的提出。

作为具有现代公民意识的"大学新民"，在"批判性思维写作训练中超越个人情感，重视理性思辨"⑦，其实是高校通识写作课的核心教学目标。在大一学年这个

---

① 王世权、刘桂秋：《大学社会责任的本原性质、履约机理与治理要义》，载《教育研究》，2014（4）：90。
② 程斯辉：《中国近代大学校长研究》，第228页，北京，人民教育出版社，2010。
③ 陈乐：《写作研讨：普林斯顿本科生的"前学术训练"》，载《教育发展研究》，2018（17）：50。
④ [美]唐纳德·肯尼迪：《学术责任》，阎凤桥等译，第323页，北京，新华出版社，2002。
⑤ [美]德里克·博克：《走出象牙塔——现代大学的社会责任》，徐小洲、陈军译，第349~350页，杭州，浙江教育出版社，2001。
⑥ 赵祥麟：《外国教育家评传·第三卷》，第539页，上海，上海教育出版社，1992。
⑦ 王召强：《主题写作十二课》，第6页，上海，上海科学技术文献出版社，2015。

即将进入专业知识细密体系之前的窗口期,作为通识基础课的主题式写作课可以引导学生对所置身其中的当下时代有一个框架性的认识和结构性的理解。可是,启蒙不只是在大学校园里发生,更需要进行社会性的影响迁移,参与公共说理,去推动公共生活的健全。当一位大学生毕业、走出校园以后,他所从事的工作未必一定与所学专业完全对口。在这样的情况下,大学生对社会秩序、民族文化所能建树的风气,也就未必在专业层面,而是可能在另一层更为隐性的品质,那就是以理性探讨引领社会风气,推动公民社会"明亮地对话",引领"人际话语交往中以理服人,不使用暴力,包括各种各样的语言暴力"[①]。在这个时候,通识写作可能要考虑受众的认知程度,变为更加晓畅明白的普适性说理写作。

"大学新民"的重要一环是培养学术精神,培养学生疑则质疑、征而后信的理性省察态度。主题式写作课尤其重视特定主题下研究性写作的学术规范和学术伦理,也会助力良性学术风气的养成,其意义"关系到整个社会的风气、整个民族的精神状态"[②]。

五、余论

回观内地高校,通识性的写作教育仍处在不断探索、不断调适的前期阶段。中文、外文专业以研究文学写作为职志,并不致力于"制造"文学写作。曾经在各个高校普遍开设的大学语文课程,多流于泛思想化、泛审美化、泛语言化,皆以情意涵养为主,尽管期末要求提交一篇通识写作作为考核依据,但整个课程却缺乏完整的通识写作训练,在通识、教养、论证与沟通能力方面也措意不足。近年来,在"双一流"建设的进程中,越来越多的高校开始在本科阶段开设写作课,并进行着通识写作、创意写作和应用文写作不同门类的尝试与探索。在一系列写作课尝试中,主题式通识写作课显然更具备通识属性,并且也最能从根本上因应早年梅贻琦这位"寡言君子"[③]的谠论。

如果期待主题式通识写作课担负着"大学新民之效"的责任,那么研判其效能就不宜只关注于课堂上最后写定的文章,而是应更多关注在通识写作整体过程中课程设计是否能切实有效地助力于学生通识、社会责任感层面的提升。同时,小班工作坊的课堂形式也应避免低效的漫谈和松散的互动,而是应以"全过程写作"的姿态形成师生之间、同学之间的深度浸润,从而既能实现高强度的思想碰撞、写作实操,又能生发"大学新民之效"。

---

① 徐贲、张弘:《中国国民启蒙的前景与困境》,载《社会科学论坛》,2016(3):101。
② 教育部科学技术委员会学风建设委员会:《高等学校科学技术学术规范指南》,第3页,北京,中国人民大学出版社,2010。
③ 王开林:《梅贻琦·寡言君子》,载《大师》,第53页,上海,复旦大学出版社,2013。

激发朋辈学习潜能:清华"写作与沟通"课深度浸润的理念与实践

李轶男[*]

一、"深度浸润"的写作教育需要朋辈学习的参与

相较于传统的教学内容,关于"写作"的教学尤其需要营造延续于课堂内外的思考与写作氛围。因为"写作"及其必需的思考、阅读本身都是能力导向的教学内容,它们并不依托于固定的知识载体,也无法仅仅通过讲授的方式作为客观知识向学生传递。课堂的讲授与讨论,最终需要落实在学生各自的写作实践中,而这一实践绝大多数情况下都发生在课堂之外。在这个运用普遍知识进行具体创造的过程中,如果教育能够以某种方式持续地介入、关注并予以必要的支持,学生不仅能够更好地落实具体文章的写作实践,更能够在这一过程中真正地将写作、思维等能力内化于自身,从而成为一个更好的写作者。

另外,写作本身是高度个性化的实践。这意味着在学习写作的过程中,学生在基本原则与理念的掌握之外,更期待在选题、文献、结构、论证、规范等各个维度获得更具针对性的反馈,从而更高效地提升写作与思维水平。换言之,理想状态下,写作教学应该从"学生所在"出发展开,而并非仅仅从"学生应达"之处作出要求与评价。

以上两方面对于写作及其教学性质的考虑,构成了北美高校20世纪80年代以来一种新的"写作中心"理念的基石。在这一领域奠基性的论文《写作中心的理念》中,诺斯指出,写作教育最重要的核心理念有二:第一,写作在被视为一个过程时,其教育是最有效的;第二,写作教育应以学生为中心。[①]基于这种理念,北美各高校写作中心开展了一系列写作辅导工作,而朋辈辅导(peer tutoring)则被视为写作教育最重要的部分之一。布鲁菲指出,本科生的朋辈辅导是引导学生进入"在朋辈知识共同体中创造知识"这一过程的有效途径,[②]而它正突出了写作"过程"本身的价值,同时学生成为了当仁不让的实践主体。

但是,北美高校的写作中心职能明确地与学校的各类课程划清界限,单纯作为

---

[*] 李轶男,清华大学写作与沟通教学中心教师。
① Stephen M. North, The Idea of a Writing Center, *College English*, Vol. 46, No. 5 (Sep., 1984), pp. 433-446
② Kenneth A. Bruffee, "Peer Tutoring and the 'Conversation of Mankind'" in *Writing Centers: Theory and Administration*, ed. Gary A. Olson, Urbana: NCTE, 1984, 3-15.

一个课外指导机构存在。其预期来访对象，是对"写作者"身份具有自觉意识，对提升写作能力动机强烈的学生。诺斯颇为强硬地指出，写作中心不应该是一个"不得不来"的地方，而是一个学生因"想来"而来的地方。[1]然而，这种条件在当下中国高校中并不成熟。多项调查显示，中国高校学生在写作能力和意识上普遍具有较大欠缺，这说明高校尚未普遍形成写作能力提升的意识与氛围。在这种现状下，清华于2018年成立了"写作与沟通教学中心"（以下简称"写作中心"），专门负责开设大一本科新生必修的"写作与沟通"课程（以下简称"写作课"）。通过这门必修课程，学生得以在初入大学时就养成良好的思维习惯与写作习惯，认识到写作能力提升的重要性，培养"写作者"意识。

有鉴于上述研究与实践经验，清华写作课打通海外高校写作教育课内与课外的区隔，提出了"深度浸润"的理念，旨在建立起课内外多维度的支持体系，让学生在课程周期的"全过程"中获得充分的陪伴与反馈，在持续的互动中使学生处于"深度浸润"的学习状态。总体而言，小班课堂内高频的师生、同学互动，课外教师与学生的一对一面批，课外朋辈学习项目与组织的搭建，构成了"深度浸润"的基本体系框架。

首先，在传统教学实践开展的课堂内，写作课秉持"小班制"特色，15人左右的班级规模使高频的师生互动、同学互动成为可能。课堂中作为教学环节和教学方式的"朋辈学习"（也称"合作学习"）是国内朋辈学习研究的重点，同学互动在研究中被"提到了前所未有的地位，并作为整个教学过程中一种十分重要的互动方式来加以科学利用"，使教学"建立在更加广阔的交流背景之上"，有助于"正确地认识教学的本质，减轻师生的负性负担，提高学生学习的参与度，增进教学效果"。[2]从建构主义的视角，学界也肯定了课堂中朋辈学习的重要性。"协作"与"对话"被视为建构主义教学法的重要元素，朋辈的协作与对话成为激发学生主动学习、建构学习意义的重要过程。[3]具体而言，在写作课堂中，教师会设计小组讨论、圆桌讨论、互评会、展示会等多种活动，提供充分的朋辈交流空间，让学生彼此分享自己的写作，听取朋辈的建议，并在学习他人文章的过程中意识到自己的优长与不足，帮助写作者按照各自的思路获得个性化的提升。

在课堂外，写作课设置了师生一对一面批环节。写作课教师会在提前批改的基础上，与每位同学就课程要求自主完成的习作进行不少于两次30分钟的一对一讨

---

[1] Stephen M. North, The Idea of a Writing Center, *College English*, Vol. 46, No. 5 (Sep., 1984), pp. 433-446.
[2] 王坦：《论合作学习的基本理念》，载《教育研究》，2002（2）：68~72。
[3] 何克抗：《建构主义的教学模式、教学方法与教学设计》，载《北京师范大学学报（社会科学版）》，1997（5）：74~81。

论。一对一面批的形式，使得教师能够真正落实个性化的写作教学，围绕每一位学生的文章，从学生独特的问题出发，进行有针对性的反馈，解决学生的切实困惑。另外，面批环节设置在初稿完成后，学生会根据与教师的面批，继续修改文章，完成终稿，因此，面批环节也是对写作过程的一次重要介入，使写作训练摆脱了以往传统课程论文"提交即结束"的习惯，学生得以真正在反馈与修改的过程中获得提升与成长。

如果说课堂的高频互动和课外教师的反馈是学生在写作实践过程中的几个"强点"，学生能够在这几个关键节点上获得最集中的反思和提升，那么课外的朋辈学习平台搭建则为学生"全过程深度浸润"的写作实践提供了更加日常细微的互助平台和更加亲和放松的讨论环境。下文将以清华大学"写作云工坊""写作课一对一朋辈辅导""写作协会"等项目与组织为例，展现课外朋辈学习在"深度浸润"的写作教育中所发挥的重要作用。

二、探索缘起：疫情"危机"下的"写作云工坊"尝试

2020年年初，突如其来的新冠肺炎疫情为传统线下教学模式带来了新的挑战。尤其对于贯彻"深度浸润"理念的写作课而言，缺少了师生、同学面对面的课堂环境，缺少了让学生逐渐相互熟悉、彼此陪伴的日常语境，如何能够让身处天南海北的学生克服物理距离，获得即时的反馈与帮助，如何让写作的过程不因客观环境而陷入"孤独求索"的状态，成为摆在写作课面前的一大挑战。

面对这一挑战，"朋辈学习"的潜能成为写作课团队关注的焦点。2020年春季学期，清华实行全面线上教学，为了弥补线上教学给课堂效率与环境带来的影响，写作课团队搭建了基于雨课堂+在线会议的"写作云工坊"线上交流平台，积极调动写作课往届学生力量组建学生志愿者团队担任"主播"，辅以授课教师与不定期邀请的名师嘉宾，共同组成直播答疑分享团队，在线上直播中开展了嘉宾分享、往届学生经验分享、朋辈直播提问、讨论区文字答疑等多种形式的互动，开辟了朋辈学习的线上"第二课堂"。一个学期间，"写作云工坊"共举行32期，27位往届学生参与主持分享，近5 500人次师生收看直播或回放，朋辈学习的探索得到了热烈反响。许多选课学生在学期结束的陈述信中都提到了"写作云工坊"给自己带来的帮助，从学生的反馈中，朋辈学习的独特价值也得到了最直观的体现。比如，学生提到"老师站在更高的视角指点我们，学长学姐则用亲身体验帮我们攻克写作中的重重难关"，展现出朋辈学习不同于教师的独特视角，借助学生之间相近的知识结构、经验方式，朋辈之间的分享能够更精准地把握学生真正的困惑，从更细微处予

以助力。再如，学生提到每次活动后半部分的问答环节，"从其他人的问题中也确实能发现自己还存在的问题"，则展现了"三人行必有我师"式的朋辈互助效果。在朋辈平台中分享、解答困惑，不仅对提问者与解答者有所助益，对于其他参与学生而言，也具有启发自我反思、自我意识的效果。此外，还有诸多学生提及志愿者们分享的具体技巧和在写作课上的心态变化等对自己的帮助和影响。[①]可以看到，朋辈学习不仅在智识、能力层面对学生的写作学习产生积极影响，与教师、课堂形成互补，更在价值和感性经验层面上发挥着不可替代的"共情"作用。

另外，"写作云工坊"的学生志愿者们是通过朋辈学习平台加入到写作教学过程中的"新生力量"，他们的身份特征与体验也尤其展现出朋辈学习的特殊意义。在担任"主播"的过程中，已结课学生从"知识接受者"的身份转换为"知识分享者"，但与此同时，正是这种分享者的身份，又延续了他们的写作学习过程，通过分享、答疑等对话交流，志愿者们同样在其中深化了自己对写作，甚至对写作教学的理解，对自己的经验进行了进一步的总结与反思。在志愿者学生的直播感言中，"分享""交流""锻炼"这些关键词频繁出现（见图1），体现着朋辈交流和共同成长的意义和价值。[②]

图1　写作云工坊主播感言词云图

[①] 以上学生反馈参见清华大学写作中心案例：《"主题式、小班制、深度浸润"的全过程写作课课程思政建设》，收入《清华大学"三全育人"综合改革工作典型案例集》，2021年。
[②] 参见清华大学写作中心案例：《"主题式、小班制、深度浸润"的全过程写作课课程思政建设》，收入《清华大学"三全育人"综合改革工作典型案例集》，2021年。

更进一步，得益于线上平台的开放性，在"写作云工坊"中学生的交流与分享为教师的教学也提供了宝贵的参考。学期间，诸多教师都成为了"写作云工坊"的忠实听众，从学生的讨论中，教师也能够增进对学生的理解，进一步把握学生能力培养的难点，从而反哺于课堂教学，使课程不断朝着"以学生为中心"的目标完善。

线上教学期间的"写作云工坊"探索转危为机，使写作课团队意识到朋辈学习的潜力。因此，在接下来的学期中，根据线上线下融合教学的实际情况，"写作云工坊"持续开展，并逐渐交由学生协会组织，由学生根据需要自主进行团队招募、主题选择、形式革新等，更充分地激发学生的自主学习能力、组织能力，更好地从学生角度提供写作实践的帮助与陪伴，成为"深度浸润"的写作教育有机组成部分。

三、朋辈学习的价值自觉：学生写作助理"一对一"辅导

2020—2021学年，写作课正式成为清华本科大一新生的通识必修课。必修课的设置凸显了写作能力提升的重要性，随之而来的则是写作咨询需求的激增。2021年春季学期，写作中心与清华大学学生学习与发展指导中心联合设立了"写作助理（写作课专项）"，遴选选修过写作课的优秀高年级本科生为选课学生提供文章的一对一咨询辅导。这一项目的建立，旨在"写作云工坊"朋辈学习探索的基础上提供更加个性化的朋辈辅导平台，同时，它也为进一步自觉意识朋辈学习在"深度浸润"写作教育中的价值提供了一个有效的观察场域。一方面，写作课自身也有师生"一对一"面批的教学环节，通过二者的对比，能够更加清楚地看到"朋辈学习"的独特价值；另一方面，这一尝试与国外写作中心的朋辈辅导形式具有较多相似之处，但不同于国外将咨询与课程相分离的做法，清华将朋辈辅导项目与课程体系有机结合的尝试，也将展现"深度浸润"作为整体理念框架对写作教育的意义。

1."朋辈一对一"与"师生一对一"

与写作课师生一对一面批相对照，不难看出"一对一"的基本形式天然地为二者带来了一些根本共性：指导者都能够真正从学生问题出发，给予被指导者个性化、针对性的反馈，保证了写作指导的效用基础。但是，二者仍存在诸多层面的差异，使得朋辈一对一辅导不只是简单的"低阶版"师生面谈，而具有其不可替代的价值。

首先，从客观条件来看，师生一对一面批受限于集中时段（学生初稿提交后两周左右）和较为饱和的学生量，[①]每位学生的对谈时间一般在30~40分钟；除去教师

---

① 以清华写作课专职教师为例，每位老师每个学期应开设4个课堂，即64人左右的一对一指导工作量。

开放时间，每学期的面谈也设置了固定次数。应该说，师生一对一面批是学生在整个写作课学习过程中强度最大、信息密度最高的环节，教师往往能够见微知著地从具体写作的细微症结中发觉学生在写作习惯或思维习惯上的深层问题，从而给予学生更为深刻的影响。但是，在过去三年的清华写作课实践中，无论是教师还是学生都感受到了客观上时间和精力的限制，面批常常以"意犹未尽"之感结束。相较而言，朋辈一对一交流的时长更加充分，以第一个运行周期的数据为例，每位助理的单次辅导时间平均在60分钟左右；辅导频率也更加灵活，助理项目在初稿完成至终稿提交前，每晚都会在固定地点安排值班助理，学生可以根据自己的需要，随时、多次前来咨询，从而使自己的写作和思考过程受到更加细密的"浸润"，获得及时的帮助和指导。

除去客观条件上更大的自由度和更充裕的容量，朋辈学习更根本的价值在于帮助学生（无论是帮助者还是受助者）摆脱师生关系下诸种自觉或不自觉的桎梏。对于帮助者，写作的个性化与文本的开放性使得写作辅导并不具备任何有待靠近的"标准答案"，因此，帮助者能够最大程度地发挥自己的主体性，带着"帮助者"的责任感审慎地进行思考和讨论，给出自己的想法和建议，成为一个真正的讨论者、辅导者，而非潜在地臣服于某种更大的"主体"。同时，在对首批"写作课助理"的调查中，91%的写作课助理都提到了自己的写作能力、分析问题能力、表达能力在项目中得到了明显提升；82%的写作课助理表示自己与助理团队和来访同学的交流是一个相互学习的过程，尤其是不同视角、不同思路的碰撞使自己获益匪浅。"帮助者"的积极反馈表明，在朋辈学习中，帮助者与受助者处于相对平等的对话关系之中，而这种民主化的学习过程无疑会为受助者提供一个更加自由表达的平台。对于受助者而言，与教师的对谈仍潜在地处于师生权力关系的规约下，因此，尽管理想状态下师生面批是对文本的开放讨论，但无论是教师还是学生，仍然很容易受到师生权力关系的影响，教师难以避免地会向学生及其文本"施加"自己的想法，从而使面批变成教师占据明显主导的"评改"过程，学生也容易在教师的主导权下，产生"为老师而写"的倾向，从而部分地失去了对自己写作者身份的掌控和独立、批判思考的空间。而在朋辈辅导中，帮助者不仅能够构建一个相对平等对话的关系，更能够以同龄人的身份提供必要的心理支持，鼓励受助者将自己的想法和困惑充分地表达出来，通过讨论共同总结有待提升之处，并创造出可能的解决方案。从更长远的角度研究者甚至指出，朋辈辅导还营造出了一个学生在走出校园、进入社会后会经常进入的语境：具有相似知识背景的同行们共同围绕一个文本进行对话、讨论、相互提出建议。① 在这个意义上，朋辈辅导中的受助者和帮助者，不仅是写作能力的共同学习者，也是交往、沟通能力的共同学习者。这种共同学习、平等对话的氛围，与教师高信息密度的一对一指导构成了充分的互补关系，在能力和主体性价值两个维度上共同帮助学生成为自在自为的"写作者"。

2. 独立性辅导项目与课程体系下的辅导项目

研究者在回顾诺斯《写作中心的理念》一文时指出，诺斯在文中的核心意旨为"呼唤一种理解，并呼唤一种分离"②。其中"分离"即是指诺斯强调的高校写作中心应坚持一个原则，即不干涉任何课程教学，不询问任何文章所属课程的计划、老师的要求，而纯粹地讨论写作自身的问题，只将来访者视为纯粹的写作者。③ 这一原则固然展现了一种理想的写作状态，但显然，在实际操作过程中，作为一个需求导向的咨询机构或项目，来访者的各种现实情况将无可避免地阻碍这种理想原则的充分实现。

清华大学学生学习与发展指导中心自2018年起开设了类似于国外写作中心式的"写作助理"项目，而清华写作课则尝试在写作助理项目运营经验基础上合作设立专门针对写作课的"写作助理（写作课专项）"，反国外写作中心的分离之道行之，直接将朋辈辅导纳入写作课教学体系之中，使朋辈辅导更有机地成为学生写作学习的一部分。除去各种实际运行方面的考虑，从写作教学的层面，这一尝试展现了写作课"深度浸润"理念在目标导向、受众特性、梯度设计等方面的审慎考虑与落实。

从目标导向层面，写作课充分意识到，为了帮助学生在初入大学时完成在思维、文体、规范等维度的写作习惯的转变，必须为学生营造具有一致、明确目标的写作互动氛围，这有赖于写作课"深度浸润"的各个环节都能自觉认可写作课的根本目标，发挥协同效应。正因此，写作课的一对一朋辈辅导团队特意未选择理论上具有更丰富写作经验的研究生，而选择了选修过写作课的高年级本科生担任助理。他们在经验和知识上都接受了写作课的规范和影响，充分理解写作课的教学目标并在实践能力上得到了认可，这些真正的"过来人"最能够与写作课教学形成合力，并提供必要的感性经验分享，以缓解正处于写作"初学者"阶段的选课学生的焦虑。

---

① Mary P. Deming, *Peer Tutoring and the Teaching of Writing*, the Meeting of the Southeastern Writing Center Association（Mobile, AL, April 17–19, 1986）.
② Christina Murphy and Joe Law, "The Writing Center and the Politics of Separation: The Writing Process Movement's Dubious Legacy" in *Reforming College Composition: Writing the Wrongs*, ed. Ray Wallace, Alan Jackson, and Susan Lewis Wallace, Westport, CT: Greenwood, 2000. 65–75.
③ Stephen M. North, The Idea of a Writing Center, *College English*, Vol. 46, No. 5（Sep., 1984）, pp. 433–446.

而从受众特性层面，写作课十分自觉地把握住学生初入大学这一成长"窗口期"，希望学生通过写作课的学习，不仅能够提升写作和思维能力，也能形成良好的写作习惯、自主学习习惯，为未来的写作和学习奠定基础。朋辈辅导平台正是这样一个培养学生自主学习、主动寻求交流和帮助的窗口，不同于课程设置的师生一对一面批环节，自愿咨询的朋辈一对一辅导仅会通过课程和相关渠道进行宣传，鼓励学生发现自己的需求，学会主动求助。研究者指出，在朋辈教育实践活动中受教育者是自我教育的主体，其主体性主要体现在积极参与朋辈教育和接受朋辈教育的环节。[①]而对于写作教育来说，也只有学生自我教育意识觉醒，才能够催生出自主的学习者和自主的写作者。从某种意义上来说，国外高校写作中心只面向真正写作者的"原则"，正是写作课"深度浸润"的愿景之一——培养出更多具有写作者自觉的学生，而朋辈辅导项目正孵化并见证着愈来愈多"自觉写作者"的诞生。

在梯度设计层面，朋辈辅导既发挥着"安全网"作用，帮助对写作课训练感到吃力的学生进行提升，也发挥着"择优"作用：一部分前来咨询的学生并非寻求一个"帮助者"，而是希望能够找到平等的"听众"，甚至希望"兼听则明"，通过与教师、助理、同学的交流，获得更丰富的思考视角，这一部分学生已经相当接近于自觉的"写作者"，愿意主动寻求批判性对话；而朋辈辅导的经历也使教师不再是评价与指导文章的唯一权威，在这种情况下，如何引导这部分能力更强的学生进入更高层次的"深度浸润"，为他们营造一个更接近学术共同体的写作场景，实现建设性的思想对话，反过来也为写作课教师提出了新的挑战。由此，朋辈辅导项目真正在写作课教学体系中发挥着自己的独特功能，不断促进写作课教学体系的精细化，更有效地为每一位"准写作者"的成长提供个性化指导。

四、延展课程之外：写作协会与校园写作文化

写作课的结束只是写作实践的开始。在为学生提供全学期的"深度浸润"写作体验后，如何让写作文化在更长的时段内持续地"浸润"学生，也是写作课"深度浸润"体系需要思考的问题之一。而在这里，朋辈学习的重要性进一步凸显出来。如上文所述，"写作云工坊"和"写作助理（写作课专项）"为部分已结课学生提供了继续学习、反思、提升的平台，但是，这一部分的朋辈学习机会具有"择优"的性质，而那些关心写作但仍有巨大成长空间的学生也同样需要平台去延续他们的热情，实现"写作者"的成长。基于这样的诉求，部分已结课的学生在写作中心的支

---

① 潭亮：《高校朋辈教育的理论、要素与原则探析》，载《创新与创业教育》，2015（6）：58~60。

持下成立了"清华大学学生写作协会"。在协会的成立申请书中,筹建协会的学生们写道:

> ……我们也深切地意识到,"写作"与"沟通"的能力远不仅是一门课程所能成就的。我们在课程中发掘出了自己对写作的兴趣,希望能在一学期的课程结束后持续性地进行写作实践,既发展自己的兴趣,也锻炼自己的能力。……我们希望以兴趣为导向,以"交流—写作—分享"为活动主线建立起协会,开展诸如讨论会、征文、灵感分享等活动促进交流,锻炼写作表达的能力,传递写作技能,促进朋辈交流,与所有清华人共同营造具有清华特色的"写作文化"。①

可以看到,无论是"交流—写作—分享"的主线,还是兴趣与能力的并重,写作协会都很好地延续了写作课的核心理念,并为更大范围的学生提供了继续主动学习、自我教育的平台,致力于营造校园范围内的写作文化"浸润"氛围。从教育的角度,在苏霍姆林斯基看来,没有自我教育就没有真正的教育。②研究者也指出,大学生朋辈教育要求关注学生的主体地位,从学生的自身教育出发,肯定学生之间本身就是存在差异的,调动学生的教育主体作用,让学生选择适合自身特点的教育方法,创造良好的人文环境,尊重学生的主体化思维,肯定他们的主体地位,鼓励学生自我教育。③而写作协会的初衷与建设正充分展现了学生在写作教育的自我教育方面积极的意愿与实现的可能。而从写作的角度而言,诺斯曾十分准确地捕捉到在"个性化"这一性质之外,写作所具有的强烈的"对话"性质与诉求。他说道:"几乎每个作者都喜欢并需要讨论他的写作,最好是能与一个真的愿意倾听,知道如何倾听,并且知道如何讨论写作的人展开讨论。在理想世界中,每个人都应该有他的听众,他不仅会倾听,还会引导你,向你提出你不会问自己的问题。"④在这个意义上,在校园中建立起一个写作—交流的共同体显得如此重要,而无论是写作课的"深度浸润"体系,还是由此延展出课程之外的写作协会等朋辈学习平台,无疑都是朝向这一方向的积极探索与努力。

---

① 清华大学学生写作协会筹委会:《清华大学学生写作协会成立申请书》。
② [苏]苏霍姆林斯基著,蔡汀、王义高、祖晶主编:《苏霍姆林斯基选集》(第4卷),第31页,北京,教育科学出版社,2001。
③ 许公正:《大学生朋辈教育研究》,辽宁大学硕士论文,2015年,第9页。
④ Stephen M. North, The Idea of a Writing Center, *College English*, Vol. 46, No. 5 (Sep., 1984), pp. 433–446.

五、结语

在国内的研究中,课外朋辈学习多用于思政教育、心理疏导、新生适应等场景,而清华写作课的探索则显示,在写作教育的场景中,课外的朋辈学习也扮演着举足轻重的角色,且不同于国外写作辅导的独立运行机制,它可以也应该成为写作课"深度浸润"体系中不可或缺的环节,同时也成为课程结束后写作学习的延展平台。正如研究指出的,在朋辈教育实践共同体中,受教育者的身份是不断再生产的,即可以经历由受教育者到参与者最终成为教育者的过程,整个过程是生生不息、持续发展的。[①]而写作的学习和实践也是这样一个永无止境的过程。因而,课外朋辈学习平台的搭建,对于学生持续地建构主体、持续地发展与学习具有不可替代的价值。而在已有探索基础上,如何将这一平台进一步制度化、体系化,并与更大范围内的教育、学习资源相连通,则是清华写作课进一步思考与实践的方向。

---

① 谭亮:《高校朋辈教育的理论、要素与原则探析》,载《创新与创业教育》,2015(6):58~60。

案例编

一、学古探微

二、时代棱镜

三、天工开物

四、社群与社会

一、学古探微

主题：《史记》与司马迁

屈原或并无此人

指导教师：邓耿　学生：李林子*

1. 主题概述：《史记》与司马迁

据说司马迁是高考作文中出现次数最多的中国古代人物，他的《史记》也有多篇入选中学课本（如《廉颇蔺相如列传》《鸿门宴》等）。但我们真的了解司马迁吗？真的能够读懂他的《史记》吗？

虽然在世界范围内，司马迁常常与希罗多德或李维相提并论（前者著有包罗万象的《历史》，后者著有体大思精的《罗马史》），但太史公既非中国史学传统的开创者（孔子的《春秋》是第一部公认的私家史学著作），也非传承英雄故事的历史讲述人。他的《史记》虽然在内容和精神气质上承接了先秦诸多学派的史学传统，但更具特色的是打破对过往叙事的文学界限，开创了此后数千年中国史学的范式。在《史记》体系中，历史已经不仅仅是帝王将相、忠孝节义，举凡天文、地理、算术、工艺、农耕、商贸、水利、宗教，都是历史学家关心和叙事的对象，这在全世界是独一无二的。

太史公是如何获得这种对历史的宏大视野的？《史记》的编撰和最终形成经历了怎样的历程？它是采用什么样的方式将三千多年的政治、经济、文化、科技编制为130篇、52万字的？……回答这些问题，需要我们重回两千年前，走近司马迁的身边，捧读那些创作于昏黄油灯下的古代卷章。

这一专题立足于经典文本的研读和分析，从学生较为熟悉的《史记》文本入手，上溯历史事实和考古证据，下及史学发展脉络和后世影响，触及文、史、哲学各核心领域的研究，为学生提供了广阔的写作空间。

2. 案例概述

这是一位很有想法的同学。在高中阶段他习惯了摇曳生姿的文字风格，因此在写作课开始时也习惯用这种方法来行文。但是，他又保持了良好的问题意识和实证精神。这篇文章的初稿其实已经在提纲和试写阶段就被彻底修改过一次。原标题是《愿将丹心比日月，安能逐流惹尘埃——浅谈一代风流绝代才子之忠》，是一篇文学性很强的个人情感抒发之作。但说理写作的文章要讨论的问题不能只是个人情感的

---

* 邓耿，清华大学写作与沟通教学中心教师；李林子，清华大学致理书院2020级本科生。

发挥，而是要和受众、既往的知识界发生相互作用，因此应当回到学术领域去思考文本有何地位，在这基础上提炼问题。

其实，他的逻辑感觉很好，但是文字风格和行文模式还没有经过良好的训练，因此始终在摸索。这篇短文初稿如果乍读会觉得犹如一堆呓语，但是仔细推求文字背后的想法和证据链条则还是有很多闪光之处的。教师应当帮助他把这种闪光点从冗杂而混乱的文字中"拯救"出来。考虑他是一位数学系的学生，教师尝试使用与数学证明类比的方法向他解释说理写作的基本规律，希望这样会有助于他接受。

由此，启发我们正确对待学生在写作中遇到的一类问题。好奇心、探究能力和逻辑能力，其实绝大多数学生都具有，也能够在他们"支离破碎"的片段当中体现出来。但是，他们所缺的是将这种思维连贯性用到对整篇文章的构思和写作上、并最终构成一个完整的体系的能力。因此，很多时候呈现在我们面前的是一篇篇不知所云的文字。再加上他们旧有文风的约束和限制，使得这些文字的可读性更差。但如果仔细甄别他们的思维，则会发现文本其实有变清晰的可能，只是他们并没有掌握类似的方法，这时候应当加以方法论上的点拨，让他们意识到这种文风不可靠，进而实现真正的转变。

而与之相对应的是另外一类问题。他们很会熟练地模仿知网论文开始写作，并且使用相应的学术语言和套话来组织结构。但是，随之而来的便是并没有真正的思辨与讨论，只是停留在一些空洞的摹仿之上，这个问题其实比刚才提到的那类问题更大。

经过我们的讨论，本案例作者通过三次改动，最终达到了脱胎换骨的效果。虽然最后的文章还有些许令人不满意的地方，但是整体上已经是一篇首尾完整的说理文字了，这说明作者已经在正确的道路上前进。达到此处，课程教学目标就完成一大半了。

3. 含教师修改过程的学生初稿全文

去伪存真，浅析屈夫子的庐山真面目

言及屈夫子，"风流倜傥"、"赤胆忠心"、"怀才不遇"，"舍身予国"这样的辞藻便会浮现出来，甚至在端午节究竟是为纪念谁的

【语言文法】克制半文言的用语，使用白话文。

争议上，屈原也凭借自己独特的人格魅力与对国家的卓越贡献超越了介子推、伍子胥、马援、曹娥等众多历史名人，成为唯一公认的"端午神祇"。先贤忠烈本不应该由我等晚辈指点议论，但本着批判吸收的研究态度，我们一同来甄别数千年来对屈夫子的"印象"究竟哪些真的经得起推敲和琢磨：

【逻辑论述】有无文献依据？

【逻辑论述】前后矛盾。应当朴实一点

屈原本为战国楚人，楚史《梼杌》又遗失，事迹阙如本属正常。《史记》七十列传所载人物多为孤例，不见于其他古书，如秦之智囊樗里疾，如燕赵良材乐毅、李牧、廉颇。如此一个个怀疑，《史记》岂非向壁之书？那又为何古今学者不疑樗里疾、乐毅、李牧、廉颇而独疑屈原？

【逻辑论述】这本书里会有屈原历史吗？需要考证

【逻辑论述】有谁怀疑？不要空谈，列出具体人物来

一是起于《楚辞》传为屈原所作之故，新文化运动时期，廖季平、胡适、许笃仁、丁迪豪、何天行、朱东润等学者认为：

【逻辑论述】这是这些人一同说的话吗？不要这么写，应当找到原始出处，具体到每个人

《楚辞》多神仙谰言、《天问》粗鄙不通、《楚辞》与《淮南子》所记事物雷同。"

但论作品需知人论世，《楚辞》背后所代表的长江流域楚地文化有别于黄河流域华夏文化，多神话传说，起自《山海经》，至于《淮南子》以及后世，一脉相承。这是先进文明与后起文明之间常见的差别，先进者化传说为历史，后起者神话传说得以保留。《史记·三五本纪》本身就是神话传说之历史化最好的证据。因此《天问》一篇实为记载楚地盛行的传说神话。"东皇太一"又见于《史记》所载天子之祀八神主，而八神主明显分属于各地神话。《云中君》据说描写对象是轩辕星女神，《山鬼》明显主角为山精野怪，《国殇》《招魂》则为祭鬼，与秦汉时期燕、赵、齐、鲁方士推崇的长生仙岛神话大异。因此，《楚辞》不可能为秦代博士所作、淮南王刘安所作。《淮南子》为汉代楚地神话集大成者（说难听点叫东拼西凑），记载楚地神话本属正常，但《天问》记载又与《山海经》多有相同，难道《楚辞》又曾抄袭《山海经》？

【逻辑论述】这个判断从何说起？有何依据？

【逻辑论述】《史记》没有这篇。

【逻辑论述】文献来源？

【谋篇布局】这是反驳谁的主张？前面没有提

【逻辑论述】刚才说过，《淮南子》继承楚地神话，为何不可？

【语言文法】这个反问没有力度，反倒是有可能的

屈子愿将丹心比日月，安能逐流惹尘埃？一篇三百七十三言两千四百九十字的《离骚》本足以其永远在中国古代文学成就史上留下浓墨重彩的一笔：

"扈江离与辟芷兮，纫秋兰以为佩"是屈子慕才修德。

【语言文法】这是抒情，不是论证

"余既滋兰之九畹兮，又树蕙之百亩"是屈子门下高徒辈出（春

【语言文法】不要这样一句一段

主题：《史记》与司马迁

申君黄歇是屈子高徒）。

【逻辑论述】有何证据？

赤子忠心敢"指九天以为正"，

舍身与国更是"虽九死其犹未悔"；

哪怕一身谗佞当道不忍为此态的他被逼至"溘死以流亡"，

仍然为国力凋敝之下的楚民"长太息以掩涕兮。"

私以为，论《楚辞》当重其文学价值，若要将其关于鬼神的叙述描写尽数按照现今唯物主义的方法论一一甄别，便是硬要文学家解物理应用题，实在有失偏颇，矫枉过正。

【逻辑论述】这和唯物主义方法论无关，是考证到底作者是谁

所以单从《楚辞》本身的创作内容和语言风格上下判断，不能得出屈原本人存疑的结论。

【逻辑论述】最后这点"语言风格"是循环论证

二是由于屈原本人是复合式人物，既有其个人的一面，也有他传说化、民族精神化的一面。屈原身为传说化、半神话化的人物，同周公、吕尚一样多附会之事，本不足为奇。可屈原偏既有名篇佳作传世，又以风流倜傥相闻，更因郢都城破，以《怀沙》绝笔，自沉汨罗江以身殉国，如此"神"性，让人不得不"疑"。

【逻辑论述】这些是谁的判断？有无文献依据？

【语言文法】为什么突然分析起这个？重新整理语言

关于屈原生平事迹，世传仅三篇文献可考：汉代司马迁所作《屈原贾谊列传》《楚世家》、清代蒋骥于《山带阁注楚辞》援引的唐代沈亚之作《屈原外传》。

首先关于《屈原外传》和最早援引它的蒋骥。

【逻辑论述】这篇是唐人所作，还可靠吗？

蒋骥本人的著作以及他的治学态度是值得我们信赖的，蒋骥自陈23岁时患"头目之疾，毕生不瘥，畏风若刀锯，凡春花秋月人世嬉游之事，概不得与""此身然如赘疣"。所以，尽管蒋氏之身世经历不如屈子之艰辛，其愁苦类之，通过笺释《楚辞》，他找到了自己情感的宣泄口，"聊以舒忧娱哀云尔"。蒋骥不仅做注细致，几乎一字一句皆有注释，不避难就易，同时蒋骥还善于发掘史书记载表象下所隐藏的历史真相，对一些历史现象作出较为合理的推断。在为《楚世家》的"记怀王十六年，楚使柱国昭阳攻魏，破之襄陵，得八邑，又移兵攻齐，齐患之，陈轸为齐说昭阳，引兵去。"所作注释中，蒋骥曰："按《张仪传》，秦使仪与齐楚大臣会，归而免相，相魏以为秦。仪所至结交权贵，左右卖国如此，则是盟也，庸知非即与上官、靳尚等相语，以预为浸润屈原之地乎？"他根据张仪出使后又相魏的情形作出合理推测，其说应是得历史之真谛。

【逻辑论述】出处？应当标明

【逻辑论述】这个判断来自何处？

【语言文法】不要用这种模糊用语，说得朴实一点

但对于《屈原外传》却是另外一番光景。【语言文法】这话像是日本人说的中国话，不通顺

学术界一般认为《屈原外传》是根据古代传说和文献"组合"而成的逸事性作品。当今可以见到的最早著录，应是明董说（1620—1686）的《七国考》一书，其书卷一四云："玉米田，书旧云：……又见《屈原外传》"。据董说的《丰草庵前集》所载，《七国考》著作于崇祯十五年（1642年）。清代的《湖广通志》卷七七"屈原宅""玉米田"两条，也标明出处是《屈原外传》。【逻辑论述】文献依据？【谋篇布局】本段的作用是什么？

但是为数不多的引用《屈原贾生列传》（以下简称《屈原列传》）作为"参考文献"的蒋骥本人也在自己的另一篇著作《楚辞馀论·九歌》中指出："《外传》谓《九歌》作于湘阴之玉笥山，亦臆说也。"略微翻译一下：《屈原外传》的作者认为楚辞中的《九歌》在湘江南面的玉笥山所作，这是主观臆测，是没有客观根据的。由此可见，即使《屈原外传》能够帮助我们在某种程度上更加、了解屈原，其中记载的"屈原瘦细美髯，丰神朗秀，长九尺，好奇服，切云之冠，性洁，一日三濯缨"的确是现今我们为数不多能读到的关于屈原"外貌"的记述，但仔细推敲，所谓"好奇服"实则是暗合了屈原作品中的"制芰荷以为衣兮，集芙蓉以为裳"以及"扈江离与辟芷兮，纫秋兰以为佩"这样的句子；"切云之冠"也是呼应了"高余冠之岌岌兮，长余佩之陆离"；"一日三濯缨"则是对应了另一篇湘夫人和湘君中大量对"水"的描写。故学者认为其中多附会之言也不无道理。【语言文法】前面从未有过翻译，这里突然开始翻译，不合规范【语言文法】删去【逻辑论述】是吗？【逻辑论述】所以到底是不是可靠的？本段最后要下什么结论？

最后说太史公的《屈原列传》。【语言文法】要说什么呢？目的何在？

《史记》对屈原生平的描写仅仅有一句"楚之同姓"，在司马迁时代，有关屈原的史料也已经极少见了，（上文已经说过楚史《梼杌》遗失）淮南王刘安《离骚传》已失传，《春秋》《吕氏春秋》《战国策》等典籍中甚至都找不到屈原的名字。也有后人指摘太史公马迁在记述屈原生平的时候少叙事，多议论，太多地掺入了作者个人看法，作为一篇传记，却没有首先交代传主的籍贯、家世；有感喟于屈原被流放不为明主识辨、借机抒怀、"夹带私货"之嫌。甚至有人评论说"通篇多用虚笔，以抑郁难抑之气，写怀才不遇之感，岂独屈、贾二人合传，直作屈、贾、司马三人合传读可也"，传记的可信度大打折扣。【逻辑论述】不理解，这里难道不是还有后面的历史故事吗？【逻辑论述】刘安到司马迁不过二十年，就失传了吗？这里不大靠得住【逻辑论述】这些具体都是谁的观点？同时，质疑太史公议论太多，是否是质疑他的史料真实性？逻辑上不是同一点

其次，还有人争辩说：现存《屈原列传》中有一些司马迁不可能知道的信息。如传中写贾谊之孙贾嘉"至孝昭时，列为九卿"，其实按照司马迁的年龄，他无法看到贾嘉官至九卿，更不会事先知道昭帝的谥号。这说明，在司马迁之后，有人对《屈原列传》进行了补写或篡改。但太史公本人对文本进行"适当"发挥也并非仅《屈原列传》一篇，《陈涉世家》中太史公也写道：

陈涉少时，尝与人佣耕，辍耕之陇上，怅恨久之，曰："苟富贵，勿相忘。"彼为佣者笑而应曰："若为佣耕，何富贵也？"陈涉太息曰："嗟乎！燕雀安知鸿鹄之志哉！"

按逻辑来推理太史公也不可能知晓当时陈涉究竟是如何发出这样的喟叹，但当时尊儒重道，孔子曾言"文胜质则史，质胜文则野"。

所以我们按照现在创作的习惯和要求去考察当时著作的可靠性是否亦有"刻舟求剑"之嫌？"

笔者不予置评。材料呈递如上。

愿将丹心比日月，安能逐流惹尘埃？

参考文献：

[1] 司马迁：《史记·屈原贾生列传》，2317页，北京，中华书局，2011。

[2] 闻一多：《屈原研究》《人民的诗人——屈原》，武汉，湖北教育出版社，2003。

[3] 陈子展：《九章》《九歌》《离骚经》见《楚辞直解》，1~130页，南京，江苏古籍出版社，1988。

[4] 胡适：《读〈楚辞〉》，见褚斌杰编：《屈原研究》，武汉，湖北教育出版社，2003。

[5] 张国光：《读〈史记·屈原列传〉志疑》，见湖北省社会科学院文学研究所编：《屈原研究论集》，武汉，长江文艺出版社，1984。

[6] 陈望衡：《〈楚辞〉与中华美学的浪漫精神》，载《人文雅志》，2017（8）：40~47。

[7] 蒋骥：《山带阁注楚辞》，2页，上海，上海古籍出版社，1984。

[8] 詹安泰：《屈原》，上海，上海古籍出版社，1957年。

总体点评：

在初次试写的基础上，本文经历了彻底的削删改写，从立意到材料上都焕然一新。不过现在整体的逻辑还没有完全理顺，需要首先列出各条材料逐一分析。同时，文字上需要控制自己对文采的使用，回归朴实的文风，把问题讲清楚。如果打个比方的话，要像写数学证明那样写论文。

4. 学生的修改陈述信

邓耿老师：

您好！我是致理书院学数学的李林子。

我的短文主题是讨论屈原的身世之中的疑点。

我感到百感交集。

首先我很痛苦，作为有轻度拖延的人群中的一员每次都要等到临近DDL才能逼着自己真的坐到电脑前开始整饬自己的东西。再加上一直以来写作风格非常自由，在某些不知名网站上偶尔拿几个润笔费，曾经自以为自己小有文才，但感觉还是遭遇了滑铁卢。

当然这很大程度上（指遭遇滑铁卢）跟我自己没有找准这篇文章的定位有关系。我想通过这次习作帮助我认识到朴素的说理文本也会因自己充分的理论分析而具有可读性，在打破刻板印象的同时，我想对说理性文本的写作手法习得一二。

我通过反思自己写过的两篇"长"文（如果算上终稿应该是三篇），我发现，我在行文之中流露出来了一种迫切的渴望：我希望通过几千字的篇幅能够让读者得出笔者很不一般的结论。而我目前在尝试平衡的是让这种"炫技"或者说"卖弄文采"的想法略微让步于交出一份真的能被读者get到的文本。

我感到写作一直是一件让我感到"生长痛"的技能。可能因为早期的人情积累，有一部分人"爱屋及乌"地会对我写出的文字给出比较褒扬的评价，让我总是期待更好；另外，种种原因也让我一直没能到达一种比较高的level。

邓老师的课一直讲得非常有意思。在暂时忘记绩点和任务的压力时，感到一起探讨和交流很快乐；也可能是反过来，是因为很快乐才让我得以暂时忘记了这些压力。

想做的事情很多，做好的事情太少。

此致

敬礼

李林子

（日期略）

问题	自评分数（1～5分）	
	初稿	终稿
我的问题选择是否适合短文写作？	4	4
对问题进行的概念分析是否完善？	2	4
文章的结构是否能实现写作目的？	3	4
为写作查阅的文献是否充分足够？	4	4
我想表达的主题是否已表达清楚？	2	4

5. 学生终稿全文

屈原或并无此人

端午节是一个中国的传统节日，各地源头不一，习俗众多。后经官方多年来的不断诠释，屈原超越了介子推、伍子胥、马援、曹娥等众多历史名人，成为唯一公认的"端午神祇"。如今，屈原已是中国家喻户晓的历史人物——他是一位"爱国诗人"；他因楚王听信谗言而被流放；他有25篇楚辞传世；……

不过，上述有关屈原的信息，学术界一直存在争议；乃至于屈原是不是真实存在的人物，也仍是难有定论的历史疑案。

有关屈原的史料极少，世传仅三篇文献可考：汉代司马迁作《屈原贾谊列传》，西汉贾谊作《吊屈原赋》，清代蒋骥于《山带阁注楚辞》援引唐代沈亚之作《屈原外传》。其中贾谊的《吊屈原赋》能提供的史料极其有限，对屈原事迹只用："楚贤臣也。被谗放逐，作《离骚》赋，其终篇曰：'已矣哉！国无人兮，莫我知也。'遂自投汨罗而死。"一句话概括，没能给我们提供任何《史记》以外的内容。《屈原外传》又是唐人所作，其所能参考的"正统"文献无出《史记》之右，《淮南子》早在司马迁时代便已散佚，加上距离屈原生活的战国年代久远，即使有故事口耳相传并未在史书上记述，千年之后又有几分可信度？并且为数不多引用《屈原列传》作为自己的"参考文献"的蒋骥本人也在自己的另一篇著作《楚辞馀论·九歌》中指出："《外传》谓《九歌》作于湘阴之玉笥山，亦臆说也。"（蒋骥，1984，35）略微翻译一下：《屈原外传》的作者认为楚辞中的《九歌》在湘江南面的玉笥山所作，这是主观臆测，是没有客观根据的。所以这本《屈原外传》也不再作为我们用以佐证屈原存在的依据了。

可靠文献数目本身就少，司马迁特有的叙事特色以及对该篇的"详略分配"更是令我们的考证雪上加霜。

第一，作为一篇传记，《史记·屈原贾谊列传》没能像同列《史记》之中的其他作品（如《陈涉世家》"陈涉，阳夏人也……"）交代清楚传主的籍贯、家世，仅仅用一句"楚之同姓"概括了屈原的家世，关于生平事例的"实际"记述也只有"为楚怀王左徒。博闻强志，明于治乱，娴于辞令。入则与王图议国事，以出号令；出则接遇宾客，应对诸侯。王甚任之。上官大夫与之同列，争宠而心害其能。怀王使屈原造为宪令，屈平属草稿未定。上官大夫见而欲夺之，屈平不与，因谗之曰：'王使屈平为令，众莫不知。每一令出，平伐其功，曰以为'非我莫能为也。'王怒而疏屈平"。

概括来说就是，司马迁介绍了屈原年少便显露才情，得楚王重用，后被奸佞之臣进谗言陷害，遭贬谪流放，忧思难遣，写出了《离骚》，随后又对《离骚》的思想感情以及哲理进行了分析和肯定，通篇洋溢着对屈原遭际的不平与同情，没有交代一件屈原佐政时的辞令或者决策，也甚至没有具体的何人于何地何时向楚王进谗害得屈原流放，有的只是"上官大夫"这样的含糊其辞。《楚世家》记载，上官大夫为五品官职，上官并非姓上官的大夫，只是地名，在现在滑县东南。

第二，这里紧接着就出现了第二个问题：如果"上官大夫"为确切一人，那为何司马迁先生有能力知晓该官职仅有一人并且确为上官此地的大夫进谗言害屈原流放，却无力知晓该大夫姓甚名谁？能将事件原委还原清楚却难以指明何时何地，让人认为只是司马迁的演绎附会，而非确有历史依据。

司马迁这种通过叙述自己不可能得知具体细节的事件来让我们更清楚地得知传主人物形象的手段也并非仅在《屈原贾谊列传》这一篇中出现，写陈涉"辍耕之陇上，怅恨久之"，以及发出"燕雀安知鸿鹄之志"的喟叹，这样详尽的细节确实帮助我们更好地了解了人物形象，但提高了文学性的同时也让历史的真实性再一次打了折扣。

第三，司马迁在该传记的叙述中有前后矛盾之处。如传中说，楚怀王"怒而疏屈平""屈平既疏，不复在位，使于齐"，一个被疏远的人怎么还会被委以出使齐国的重任呢？又说，屈原被楚怀王"疏"后"忧愁幽思而作《离骚》"，和《报任安书》中"屈原被逐，乃赋《离骚》"之说不合，我们无法知道"疏"和"逐"指的是否同一件事。（张国光，2011，2）

第四，传中写贾谊之孙贾嘉"至孝昭时，列为九卿"，但按照司马迁的年龄，即使我们使用司马迁的最小可能年龄（王国维，1059，492），他也无法看到贾嘉官至九卿（贾嘉是贾谊的孙子），更不会事先知道昭帝的谥号。（王志，2012，32-72）

所以，即使我们能够勉强说服自己相信司马迁老先生即使通过"适当的演绎"

润色了文章内容，也依然会尊重历史的真实性，但我们还是不得不承认，我们现在看到的文本遭到了不知名的后人的篡改，对司马迁老先生我们尚且抱有质疑，对名不见经传的后辈我们自然更难尽信。

第五，司马迁在传中所记述的屈原那份品格在同时代显得格格不入，更像是自己"臆造"的人物。（胡适，2003，8）

胡适认为屈原即使真有其人，也不会生在秦汉以前。在他看来，屈原是"一个理想的忠臣"，但这种忠臣在汉以前是不会发生的，因为战国时代不会有这种奇怪的君臣观念。在当时与屈原同时期的著名士子，如帮助秦国变法强国的商鞅，本为卫国人，在助秦国变法图强的时候却能一心为秦，丝毫不顾及自己母国或可能成为秦国强盛后的附庸；再比如秦国宰相张仪，本为楚国人，却亲自凭三寸不烂之舌诱骗楚王断其与齐国盟约……在当时的社会环境里，人们尚未形成如此强烈的"家国"情怀，儒家也并非起源于楚地，并且楚地的文化特色是"巫学"（颇具神话色彩），因此胡适认为，今天"儒教化"的屈原及《楚辞》的始作俑者是"汉朝的老学究"们把当时盛行的"君臣大义"读到《楚辞》里去，把屈原用作忠臣的代表……屈原故事是"宣帝时人"补《史记》，"七拼八凑""塞进《史记》"的。此外，胡适还判断《楚辞》前25篇，只有一部分"也许"为屈原所作。

最后，从另一方面佐证胡适观点的还有另一位学士廖平，是近代最早对屈原真实性提出质疑的学者。他认为，《离骚》是方士们为秦始皇所写的"仙真人诗"，目的是满足始皇长寿、成仙的想象。按照廖平的考证，《离骚》前几句"帝高阳之苗裔兮，朕皇考曰伯庸""名予曰正则兮，字予曰灵均"，其实是追述秦国历史——秦先祖为"高阳氏"；始皇名"政"，"正则"即其化名。廖平的考证是别出心裁的，我们通过春秋三传得以知晓最初春秋战国时期的诸侯割据最初都是西周分封制的"遗骸"，封地诸侯多以地名为姓氏，而高阳明明是秦国先祖之姓，屈原按照司马迁的姓氏又是楚国之同姓，（熊氏或芈氏）（陈子展，1998，33）那么这又应该作何解释？即使"正则"与"政"只是巧合，（事实上笔者认为这确实是巧合，因为如果我们认为屈原确有其人，那么按照司马迁的记载，应死于郢都城破公元前278年，当时的皇帝应为秦昭襄王嬴稷，而嬴稷是嬴政的曾祖父）屈原总不至于非要在自己的姓氏上去进行"文学性的演绎"，更何况根据司马迁自己在《项羽本纪》中所说"楚虽三户，亡秦必楚"我们不能参悟秦国在推动楚国灭亡这件事上所起到的"关键作用"，屈原这么一位"爱国才子"，又如何非要以秦国先祖的姓氏"高阳"来作为自己的角色的始祖？

综上所述，屈原或并无此人。

参考文献：

陈子展：《九章·九歌·离骚经》，见《楚辞直解》，第1~130页，南京，江苏古籍出版社，1988。

胡适：《读〈楚辞〉》，见褚斌杰编：《屈原研究》，武汉，湖北教育出版社，2003。

蒋骥：《山带阁注楚辞》，第35页，上海，上海古籍出版社，1984。

司马迁：《史记·屈原贾生列传》，第2317页，北京，中华书局，2011。

王志：《百年屈学问题疏证》，第32~72页，上海，上海三联书店，2015。

张国光：《读〈史记·屈原列传〉志疑》，第22页，武汉，长江文艺出版社，2011。

6. 教师对学生终稿的反馈信

李林子同学：

你好！

你是一个写诗的人，所以或许我应该用写诗的方式来给你写反馈信。

你知道说理最忌讳的是什么吗？

是故作惊奇的惊奇。

说理也强调惊喜，但是这种惊喜应当是在情理之中的，而情理需要我们通过复杂的讨论与思辨，为读者或者观众塑造出来。这与文学是很不一样的，文学强调的那种惊奇，可以就是基于简单的分段，一句话一行字，但说理不同。

想一想你很熟悉的数学证明题。千万要记住我们这个课，并不是一个训练文采的课，更不是培养大家去抒发个人感情的课。我们要做的事情跟数学证明题其实更相似：把一件道理说明白。

所以你提到的那种意识，那种作者要表现自己的意识，在文学领域是非常值得推崇的，但是在说理领域恰恰不值得推崇。说理强调的是，不是我，也不是你，而是任何人说的道理，只要合乎道理，那么就应当被接受，而不是我们要去看谁在说了这个道理。这与文学家的求名是截然相反的。

不知道这样说，你能接受吗？不过，我看你其实已经有了初步的认识。

要想变革这种写作方式，就先从改掉"一句成一段"的写作习惯开始吧。

期待读到你的长文！

邓耿

（日期略）

主题：乾隆皇帝与18世纪的中国

乾隆朝国家身份的认知困境
——以巴哲格使团、马戛尔尼使团为例

指导教师：高策　学生：裴佳琪*

1. 主题概述：乾隆皇帝与18世纪的中国

我们在历史课本上读到，从1840年鸦片战争起，中国进入了百年屈辱的近代史。然而在此之前的中国是怎样的？18世纪的清朝，一方面，迎来了乾隆"盛世"，经济发展、文化昌荣、版图扩张；然而，满汉矛盾、思想钳制、闭关政策等也被视为王朝走向下坡路的讯号。更重要的是，同时期的欧美国家经历了工业革命、科学发展、思想启蒙以及资产阶级革命，在横向比较中，中国开始落后于西方。可以说，回答中国近代以来的诸多问题，都要回溯至这一时期。

在这个关键的时代，乾隆皇帝80多年（1711—1799）的生命之旅是人们认识当年历史大势的极佳视角，可以帮我们思考一系列命题。比如满汉关系，作为满族领袖，他却颇热衷于汉文化——文物收藏、书法绘画、诗文创作，等等，这说明满族被汉化了，还是皇帝统治策略的一部分？再如对外关系，清朝以中华文化的中心自居，视域外各国为朝贡体系的一部分，甚至英国马戛尔尼使团访问中国时，乾隆帝也没有对先进的地球仪、望远镜予以重视，更没有对贸易条约予以应对，这是单纯因为"傲慢"而耽误中国的发展吗？带着这些问题，让我们站在当下审视乾隆，参照18世纪理解当下。

在历史类主题的写作中，你还会接触到历史学科的相关内容：试着掌握历史研究的基本工具，亲自触碰一手史料；努力用理论知识，诠释具体案例，进而克服以今度古、简单化解读历史等问题，以"同情""了解"的态度理解历史的复杂性。

2. 案例概述

本案例包含了学生的四篇文章及教师的多次反馈。文章皆围绕同一话题——乾隆时期访华的欧洲使团（巴哲格使团、马戛尔尼使团），从最初选题，到短文初稿、短文终稿、长文初稿、长文终稿四篇文章，每一环节都实现了较为明显的进步，能够体现该生思考、写作能力逐步提高的过程。具体而言，有如下要点值得关注：

---

* 高策，清华大学写作与沟通教学中心教师；裴佳琪，清华大学未央书院2020级本科生。

第一，研究话题的调整。该生最初选择的话题为"马戛尔尼使团""希望更深入地了解18世纪中国的对外态度"。然而该话题研究成果颇丰，恐难提出有新意的观点。故在课下答疑时，我建议是否可以考虑研究其他类似状况、却被较少关注的案例。如此一来，则容易产生有新意的思路；还可以借鉴学界研究马戛尔尼使团的方法、路径，进行迁移；甚至可以将两个使团进行对比、参照，发现有趣的现象。之后，该生找到了前人研究较少的"巴哲格使团"作为主要研究对象，写成了短文初稿。

第二，写作基本功训练。该生短文初稿结构散乱、论点有些站不住脚、语言问题也不少。经过面批、修改，以及课堂展示环节，该生提交了一份结构清晰、语言较凝练的短文终稿。这一过程，主要凸显了论证、结构、语言等写作基本功的提升过程，"读者意识"也有所强化。不过，此时作者的论点仍较为浅显。

第三，论点深化与学术理论的应用。短文结束后，课程期待该生能够进一步深化观点，并在教学环节提出：应学会在文中应用学术理论，加深自己的观点。于是在长文初稿时，该生应用心理学中"信息茧房"理论，试图解释欧洲的使团访华为何无法打破清政府对西方国家的刻板印象。可惜的是，文章基本是在用史实套理论，略显生硬。经过交流讨论，该生再一次修改了文章，放弃生搬硬套理论，而是努力用理论解释历史，形成了长文终稿。

诚然，作为一篇历史研究，此篇习作仍嫌稚嫩，难免有所疏漏；然而在整个写作过程中体现的写作与思维的进步，实属难得。

3. 含教师修改过程的学生短文初稿

从中西交流探究巴哲格使团访华

【语言文法】题目应更为具体、明确，让读者快速把握文章的核心议题。

在乾隆朝访华的外国使团中，马戛尔尼使团访华被学术界广泛讨论，但乾隆十七年（1752年）葡萄牙派遣使臣巴哲格访华则少有学者研究，且以往学者研究以史料整理工作为主。现以部分学者发表文章时间为序，简要梳理各学者观点。

1992年，丁琼在期刊《紫禁城》上发表文章，探讨清朝期间来自葡萄牙的两位使臣——麦德乐和巴哲格。作者指出，巴哲格来访目的是变更乾隆十四年（1749年）订立的《澳夷善后事宜条例》，给出了巴哲格使团访华的简要流程，最终表示使团负责的使命并未达到。①

【语言文法】"在某某刊物发表文章"等信息，放入注释即可；"给出""表示"等措辞，须再打磨。

2014年，冯军发表《乾隆朝耶稣会士刘松龄研究》。虽然作者主要探究刘松龄这个人物，但是，其中涉及巴哲格使团访华一事。作者认为，刘松龄作为翻译官在巴哲格使团访华途中发挥了重大作用，主要体现在翻译文书、口译、调节礼仪问题、与清朝官员洽谈等方面。相较前者，冯军更加翔实地展示了巴哲格使团访华经过，并且评价此次外交是失败的。②

2015年，米加主编的《斯洛文尼亚在中国的文化使者——刘松龄》中也提及了巴哲格使团访华一事。与之前学者不同之处在于作者提及刘松龄在巴哲格使团访华前接受了葡萄牙国王遗孀的委托，并且认为葡萄牙使臣巴哲格的来华访问获得显著成功。③

【谋篇布局】这一信息对本文来说重要吗？应根据文章主线，作出信息的取舍，后文亦如此。

【谋篇布局】文献综述部分，应避免简单罗列，而应按一定方法归纳梳理。可否据"评判不一"把综述的结构加以调整？

依据以往学者研究，我们可以了解到以往学者对巴哲格使团访华的成败评判不一。从出使目的的角度出发，毫无疑问，本次访华是失败的。据现有史料，在巴哲格使团访华期间并未协商《澳夷善后事宜条例》，也没有提及传教活动。巴哲格使团在中国滞留一年左右，在京时间长达39天。在此期间，中外进行的外交活动繁多，双方和睦相处，抛去出使目的外，这次外交是成功的。首先，在访华期间中葡双方形成和平外交关系。其次，西洋人在朝廷中受到重用。1753年5月6日，刘松龄官升三品。6月1日，傅作霖被任命为钦天监监副。6月3日，又奉旨："钦天监满、汉监副，著各裁去一员，添设西洋监副一员作为定额。嗣后汉监正缺出，将汉监副及西洋左右监副一并开列请旨，钦此。"④

【逻辑论述】所据为何种史料？此为说理论证之基础。

【逻辑论述】成败不看目的，那看什么？此段论述稍嫌混乱，试着调整一下吧。

本文欲探究巴哲格使团访华期间中葡双方有和平的外交关系并达成良好外交成效的原因。

（一）语言沟通

因为各地区的文化差异，语言沟通在外交中显得尤为关键。外交是不同的地区、不同民族的对话。而语言具有民族性，每个地区

---

① 丁琼：《葡使麦德乐、巴哲格出使中国》，载《紫禁城》，1992（3）：14~15。
② 冯军：《乾隆朝耶稣会士刘松龄研究》，硕士学位论文，西北民族大学，2014年，第38~48页。
③ [斯洛文尼亚] 米加：《斯洛文尼亚在中国的文化使者——刘松龄》，朱晓柯、褚龙飞译，郑州，大象出版社，2015。
④ 中国第一历史档案馆：《乾隆朝上谕档（影印本）》（第二册），第662页，桂林，广西师范大学出版社，2008。

的语言都蕴含独特的文化。而在外交中，翻译家的任务是将一种语言转译成另一种语言，且不改变其文化意义。这就要求翻译家对双方的文化都有深入理解，能领悟语言的意义进而贴切翻译。在巴哲格使团访华过程中，有一位发挥重要作用的翻译家——刘松龄。刘松龄在到达澳门不久就开始坚持不懈地学汉语，并且在1742年就开始阅读、理解并翻译中国经典文献。① 由此看出，刘松龄拥有一定的中华文化基础知识。同时，通过巴哲格在《巴哲格大使敬呈唐·若泽一世国王报告1752年出使京廷记》中记载的："我的一些话听得他（乾隆帝）莫名其妙，在场的人也摸不到头脑。一旦明白了我的意思，立即转惊为喜、不胜欢快。"② 我们不难看出在宴席上，通过刘松龄的口译达到的效果是极好的，让中葡双方能无障碍地沟通，致使中葡双方融洽相处。而反观乾隆朝马戛尔尼使团访华时，英方主要译员李雅各汉语水平不高，对于中国官场上的文书规范和讲话方式不甚了解，有时候甚至把一些客套话误解为认真的承诺。马戛尔尼使团访华失败的原因必然是多方面的，但外交以语言交流为基础，而缺乏语言的有效交流，建立于其上的外交礼仪交涉、活动安排等都难以成功推进。通过二者的对比分析可知，语言沟通在外交中占据举足轻重的地位。

【语言文法】阐述得很仔细，但语言之于各国交流的作用或许可以更简略地表达。

【逻辑论述】这种"一旦明白"的事情很频繁吗？应当与马戛尔尼使团详加对比。

【逻辑论述】关键论据，建议详述。

【语言文法】此条脚注应补充详细来源。

【逻辑论述】此段的目的不应是论证"语言沟通"的重要性，而是用语言沟通解释使团访华的效果。换言之，要区分论证的起点与终点。

（二）礼仪问题

面对文化差异时，中葡双方对于礼仪问题的态度是坚持底线，有效协商。礼仪是为了建立和谐关系而形成的社会共识。在外交中，面对的是不同的社会文化形成的不同礼仪，所以发生礼仪冲突是很常见的。而遍观巴哲格使团访华经历，不乏礼仪问题的摩擦，但是没有发生大冲突。在此期间，为了完成各自的外交目的，中葡双方都有意促成本次外交成功进行。态度决定行为，表现在行为上是双方的多次协商、各自让步。

巴哲格刚入华的时候，广东官员不愿给他大使之称，以贡使待遇对待。巴哲格通过奏章与乾隆帝协商，于1752年11月14日朝廷发表布告，声明葡萄牙王国不向中国纳贡。凡对巴哲格以贡使相称

【逻辑论述】"大使""贡使"二者的区别，对于此处的论证很重要，应当说明。

---

① ［斯洛文尼亚］米加：《斯洛文尼亚在中国的文化使者——刘松龄》，朱晓柯、褚龙飞译，第62~63页，郑州，大象出版社，2015。
② 金国平：《中葡关系史地考证》，第221页，澳门，澳门基金会，2000。

者将受到严惩。①从上例可看出中方的让步。乾隆帝对此次外交非常重视，将其视作是一场夸耀国力的好时机，所以对巴哲格访华采取"怀柔"政策。②因乾隆的意愿，需要给使团极大的尊重，所以在这种无伤大雅的细节上能够做到让步。与此同时，葡方也在礼仪问题上作出让步。1753年当巴哲格再次到达广东时，双方对宴请礼宾单出现分歧。广东官员安排座位将两位特使安排在第一二位，巴哲格安排在第三位。巴哲格等人则认为葡萄牙大使应该坐在第一位。根据《巴哲格大使敬呈唐·若泽一世国王报告1752年出使京廷记》记载："提出座次问题后，我会在该大臣的眼中失去以往的崇高地位……我对刘松龄神甫讲，我的病是我们的最佳办法。"最终巴哲格以患疾无法安坐的理由，意图推脱宴会或缩短宴会时间来解决此次的礼仪问题。③葡萄牙为达成出使目的（将在下一部分详细分析），并保全自己作为出使国的尊严，选择回避直接冲突，通过其他手段调和礼仪问题。

中葡双方除了通过让步来化解礼仪问题外，还对对方文化保持尊重态度，进行积极的交流。以中方回礼为例，礼部官员向郎世宁、刘松龄征询回赏葡萄牙国王礼品的意见，他们回称："该国玉器甚为贵重，玛瑙、水晶器皿好者亦少。"在赏赐礼品清单中，确实加进了玉制品六件和玛瑙制品一件。④

【语言文法】标点也应注意规范。

总体来说，礼仪的冲突通过给予尊重、积极沟通、相互让步得到了妥善的解决。最终形成本次外交的和谐相处关系。

（三）出使目的

出使目的应该可谓外交的本质，因为外交不可能只是礼仪性的问好，而应该是为实现对外政策或达到出使目的而进行的洽谈。如此看来，怀有无厘头的或者触犯底线的出使目的势必得不到成功。

---

① 《巴哲格大使敬呈唐·若泽一世国王报告1752年出使京廷记》，见金国平：《中葡关系史地考证》，第214页，澳门，澳门基金会，2000。
② 《两广总督阿里衮为遵旨料理西洋贡使起程赴京事奏折》，转引自《耶稣会传教士刘松龄档案史料》，载《历史档案》，2011（1）：35。
③ 《巴哲格大使敬呈唐·若泽一世国王报告1752年出使京廷记》，见金国平：《中葡关系史地考证》，第233~234页，澳门，澳门基金会，2000。
④ 详细情况为：玉制品六件和玛瑙制品一件：白玉天鹅双卮一件、白玉诗意菱花壶一件、青玉蕉叶花觚一件、白玉龙凤双交瓶一件、白玉戟葵凤花觚一件、碧玉双环盖罐一件、红白玛瑙梅椿花插一件。《乾隆皇帝致博尔都噶尔雅国王若瑟敕谕稿》，见中国第一历史档案馆：《清中前期西洋天主教在华活动档案史料》（第1册），109号，第191~193页，北京，中华书局，2003。

总结巴哲格使团出使目的为如下几条：第一，培养中葡友谊；第二，促进在华传教团的保存与发展；第三，保证在华葡萄牙人的权益，改善《澳夷善后事宜条例》。首先，着眼于这三条目的，巴哲格使团目的的关键词是"保护权利，进而发展"。这些目的是循规的，提出的要求是可接受的。其次，巴哲格自己在《巴哲格大使敬呈唐·若泽一世国王报告1752年出使京廷记》中描述："正是未涉及宗教问题才赢得了他（乾隆帝）的欢心、受到了后来我得到的破格礼遇。""就本次出使的目的而言，我一直以为结果不尽如人意。"① 并且在清朝的文献记载中并未提到除了培养中葡友谊以外的巴哲格使团访华目的。由此推测，巴哲格使团访华期间并未谈到出使目的的第二、第三条。在清朝乾隆帝看来，巴哲格使团没有怀揣侵略目的，因而双方的交涉趋于和平友好。

而反观马戛尔尼使团，他们表面上说来华是为了给乾隆帝祝寿，实则意图打开中国市场，侵犯中国权益。那么，马戛尔尼使团又是如何向乾隆帝表达自己的真实出使目的？马戛尔尼将罗列目的的信件直接交给乾隆帝。首先，马戛尔尼使团提出了诸如"英国商人可以在舟山附近拥有一个小岛或一小块空地，以保存他们未能卖掉的商品"等触犯底线的要求。其次，运用直接阐明的方式，进一步恶化其在乾隆帝心中的形象。

通过对比巴哲格使团以及马戛尔尼使团的出使目的，我们可以看出外交目的以及外交目的的表达都影响着外交的和平进行。如果出使目的侵略性太强、表述过于直接，其导致的结果将会是巨大的外交冲突以及失败的外交结果。

【谋篇布局】结尾应对全文进行总结，回答文章开头的问题。

总体点评：

反馈意见及评价表
文章关注的是18世纪中西交流的问题，这是学术界非常热点的话题，具有很高的学术价值。作者能够从巴哲格使团这一切入点进行分析，使得文章具体可行。在比较全面地调查前人研究的基础上，分析"中葡双方有平和的外交关系并达成良好外交成效的原因"，是一篇比较优秀的短文初稿。 选题有新意，所论亦属创见，实属不易。期待更好的终稿！

---

① 《巴哲格大使敬呈唐·若泽一世国王报告1752年出使京廷记》，见金国平：《中葡关系史地考证》，第231、236页，澳门，澳门基金会，2000。

评价维度 （*为初稿基本要求）	评定	具体建议
选题与综述 *问题成立，具体可行 *掌握研究现状 明确与前人研究的关系	A	对前人研究与本文的关系可以更明晰地呈现
论证与结构 *广泛使用一手文献，论据可靠 概念明晰，逻辑严谨 结构清晰，详略得当	B	关键概念应明确界定，论证主线应该明晰。在文章的结构方面，尤其是详略布局方面仍有很大的提高空间，哪些部分可以简略说明，哪些部分应当详细论述，需要仔细思考，好好调整
行文与细节 行文通畅、凝练 用词、标点准确 *格式、注释规范	B+	行文比较规范，不过仍可以更加凝练

4. 学生的修改陈述信

高策老师：

您好！我是未央书院的裴佳琪。

本文修改后的主题是"探究巴哲格使团访华达成和平外交关系的原因"。较初稿而言，首先，我调整了文章的整体结构。将初稿中的非原因部分进行了位置调整和删除；增加了简短的结尾，总结了自己的观点并提出希望。其次，改进了段落内的议论重点。针对探究主题重新梳理了以往学者的观点，便于引出话题；在"语言沟通"部分用例子论证观点，而不是空泛地谈大道理；在"利益冲突"部分剖析每条出使目的是否可以调和，而不是初稿中给出目的、再直接给出结论的无逻辑式事实陈述。为了不让大量事例阐释让读者不知所云，在论述主体部分时，我运用了一些相同的词汇引导读者对比阅读，比如"从翻译过程来看"；并且在"利益冲突"部分将"目的本身"的对比事例和"阐述目的的方式"的对比事例分开阐述。以上是我修改的主要内容。

写"语言沟通"部分时最使我有成就感。一开始研究"语言沟通"时我只是从巴哲格使团出发去思考——翻译官非常重要。在研究过程中我发现马戛尔尼使团的失败原因之一竟然是这么基础的环节。两者如此鲜明的对比恰恰证实了我自己的思考！因此我认为这一点非常有趣，于是在课堂展示时给大家介绍了这个部分的内容。

最具有挑战性的部分是构思结构。面对以往学者的史料整理文献，我需要在烦琐的外交过程中总结原因。这是一个从看故事者转变成研究者的过程，沉下心去做一个小问题的研究真的很难。课堂展示是一个很好的整理思路的机会。我想让听者理解一个他们从未涉足的领域,于是我会不断询问自己——怎样让大家更好地理解?怎么阐述才能更明晰?按照这个思路我补齐了很多"对比点",重新构建了"语言沟通"部分的结构。

我希望能进一步探寻中间部分的深层原因。现在谈及的原因一个是"基础",一个是"根本",但左右清朝官员作态的必然有其他原因,我希望进一步剖析是否有诸如朝政腐败的原因。

感谢老师的指导和帮助,我从中受益良多!

此致

敬礼

裴佳琪
(日期略)

5. 含教师修改过程的学生短文终稿

探究巴哲格使团访华达成和平外交关系的原因

在乾隆朝访华的外国使团中,马戛尔尼使团访华被学术界广泛讨论。但乾隆十七年(1752年)葡萄牙派遣使臣巴哲格访华则少有学者研究,且以往学者研究以史料整理工作为主。阅读这些著作,笔者发现学术界对巴哲格使团访华的成败评判不一。

国内多数学者认为巴哲格使团访华失败。丁琼列举了巴哲格使团访华的简要流程,并认为使团负责的使命——变更《澳夷善后事宜条例》并未达到。[1] 冯军在研究传教士刘松龄[2]时也涉及巴哲格使团访华一事,认为刘松龄作为翻译官在巴哲格使团访华途中发挥了重大作用。相较前者,冯军更加翔实地展示了巴哲格使团的访华经过,并且评价此次外交是失败的。[3]

国外学者认为巴哲格使团访华大获成功。米加主编的《斯洛文尼亚在中国的文化使者——刘松龄》中也提及了巴哲格使团访华一事。作者分析了巴哲格访华经过以及该事达成的效果,由此认为葡萄牙使臣巴哲格的来华访问获得显著成功。[4]

从出使目的的角度出发,毫无疑问,本次访华是失败的。据《上谕档》《巴哲格大使敬呈唐·若泽一世国王报告1752年出使京廷记》等史料,在巴哲格使团访华期间并未协商《澳夷善后事宜条例》。

---

[1] 丁琼:《葡使麦德乐、巴哲格出使中国》,载《紫禁城》,1992(3):14~15。
[2] 刘松龄(1703—1774年,Augustin Ferdinand von Hallerstein),斯洛文尼亚人。
[3] 冯军:《乾隆朝耶稣会士刘松龄研究》,硕士学位论文,西北民族大学,2014年,第38~48页。
[4] [斯洛文]米加:《斯洛文尼亚在中国的文化使者——刘松龄》,朱晓柯、褚龙飞译,郑州,大象出版社,2015。

但巴哲格使团访华堪称"和平外交"并且达成"良好成效"，可谓成功。"和平外交"有两方面内涵。第一，中葡双方没有发生激烈的冲突。巴哲格使团在中国滞留一年左右，在京时间长达39天。在此期间，中外进行的外交活动繁多，双方和睦相处。第二，中葡双方形成平等的外交关系。例如，1752年11月14日朝廷发表布告，声明葡萄牙王国不向中国纳贡，凡对巴哲格以贡使相称者将受到严惩。① "良好成效"指西洋人在朝廷中受到重用。1753年5月6日，刘松龄官升三品。6月1日，傅作霖②被任命为钦天监监副。6月3日，又奉旨："钦天监满、汉监副，著各裁去一员，添设西洋监副一员作为定额。嗣后汉监正缺出，将汉监副及西洋左右监副一并开列请旨。"③

本文欲探究巴哲格使团访华期间中葡双方有和平的外交关系并达成良好外交成效的原因。

【语言文法】可以更加准确地表述，例如改成[在此意义上，也可以称为"成功"]。

（一）语言沟通

因为各地区的文化差异，语言沟通在外交中尤为关键。在外交中，翻译官需要对外交双方的文化深入理解，从而贴切地翻译。巴哲格使团在访华过程中，有一位发挥重要作用的翻译官——刘松龄。从刘松龄的个人条件来看，他非常适合做巴哲格访华的翻译官。首先，刘松龄具有良好的葡萄牙语和汉语基础。刘松龄在到达澳门不久就开始坚持不懈地学习汉语，并且在乾隆七年（1742年）就开始阅读、理解并能够翻译中国经典文献。④其次，刘松龄作为钦天监监正（清朝官职），他了解官场文化。刘松龄不仅在文书翻译上能使用恰当的格式和陈词，而且在宴会上懂得何为可言、何为不可言。这样既可以让中方欣然接受葡方的话语，也可以减少由格式变化、客套话的使用引发的歧义。从翻译过程来看，巴哲格使团的翻译流程是简洁的。以宴会口译为例，刘松龄将葡萄牙语译为汉语，再由礼部徐大人将汉语译为满语。⑤简洁的翻译流程提高了信息保留

【语言文法】在一段中，反复出现"刘松龄"，稍嫌繁冗，尝试使用代词、承前省略等方式，提升语言的凝练度。后文亦如此。

---

① 《巴哲格大使敬呈唐·若泽一世国王报告1752年出使京廷记》，见金国平：《中葡关系史地考证》，第214页，澳门，澳门基金会，2000。
② 傅作霖（1713-1781年，Felix da Rocha），葡萄牙人。
③ 中国第一历史档案馆：《乾隆朝上谕档（影印本）》（第二册），第662页，桂林，广西师范大学出版社，2008。
④ [斯洛文尼亚] 米加：《斯洛文尼亚在中国的文化使者——刘松龄》，朱晓柯、褚龙飞译，第62~63页，郑州，大象出版社，2015。
⑤ 《巴哲格大使敬呈唐·若泽一世国王报告1752年出使京廷记》，见金国平：《中葡关系史地考证》，第221页，澳门，澳门基金会，2000。

率，降低了错译的可能性。同时，翻译次数少意味着翻译耗费的时间短，使乾隆帝和巴哲格的交流更加通畅。从结果来看，在宴席上口译达到的效果是极好的。巴哲格在《巴哲格大使敬呈唐·若泽一世国王报告1752年出使京廷记》中记载的："我的一些话听得他（乾隆帝）莫名其妙，在场的人也摸不到头脑。一旦明白了我的意思，立即转惊为喜、不胜欢快。"① 由此可见，双方以翻译官刘松龄为桥梁，达成了有效的语言沟通，为和平外交奠定了基石。

【语言文法】可以更精练地表达为 [还减少了耗时]。

只谈巴哲格使团访华未免有些空洞，反观乾隆朝英国马戛尔尼使团访华经过，中英双方未能达成语言的有效沟通，最终双方发生了激烈的摩擦。英方的主要译员是李雅各神甫②。首先，李雅各不会英语。李雅各神甫通晓拉丁语和汉语，因此在翻译时需要用拉丁语进行转译。其次，李雅各多年远离中国文化。他13岁离开中国，在欧洲成长和生活。最后，李雅各不懂官话。"法国耶稣会传教士梁栋材在写给驻澳门西班牙办事处的信里谈到英使团失败的原因，说问题'可能出在李神甫身上，他对宫廷礼仪习俗全然无知，甚至不如他的英国主人'"③。由此，笔者认为李雅各不能胜任马戛尔尼使团的翻译职位。从翻译过程来看，马戛尔尼使团翻译流程冗长。例如，在礼仪照会的文书翻译问题上，英文原件先由船员译为拉丁语，接着由李雅各大致翻译为中文，再通过中国基督教徒用官话润色，最后进行誊写。④这样多次转译极容易产生歧义。比如，加入了过量官话后，英方文书以朝贡者身份自居，但这与英国人追求平等外交的心态矛盾。从翻译结果来看，乾隆帝对此翻译模式略有不满，他直接询问英使团中是否有能直接说中国话的人。⑤并且马戛尔尼使团副使斯当东也这样描述：

【谋篇布局】有过渡意识，很好！不过在过渡中，应体现每部分在整体中的作用。可考虑改为 [为了更好地理解语言沟通的重要性，可以与英国马戛尔尼使团的访华经过进行对比]。

> 皇帝同特使直接谈话的次数不多的原因，并不是由于礼节上的限制，也不是由于皇帝对欧洲事务不关心，而完全是翻译上的麻烦，使谈话无法经常进行。⑥

---

① 金国平：《中葡关系史地考证》，第221页，澳门，澳门基金会，2000。
② 神甫：罗马天主教和东正教司铎。
③ 刘黎：《一场瞎子和聋子的对话——重构英使马戛尔尼访华的翻译过程》，载《上海翻译》，2014（3）：82。
④ [英]斯当东：《英使谒见乾隆纪实》，叶笃义译，第324页，北京，商务印书馆，1963。
⑤ [英]斯当东：《英使谒见乾隆纪实》，叶笃义译，第368页，北京，商务印书馆，1963。
⑥ [英]斯当东：《英使谒见乾隆纪实》，叶笃义译，第406页，北京，商务印书馆，1963。

外交以语言交流为基础，而缺乏语言的有效交流，建立于其上的外交礼仪交涉、活动安排等都难以成功推进。通过二者的对比分析可知，巴哲格使团和平外交的最基本成因是语言的有效沟通。

（二）利益冲突

出使目的可谓外交的本质，因为外交不可能只是礼仪性的问好，而是为实现对外政策或达到出使目的而进行的洽谈。如果出使目的触犯底线，利益严重受损的一方会为己方严词相争，则容易产生不可调和的冲突。笔者总结巴哲格使团的出使目的为如下几条：第一，培养中葡友谊；第二，促进在华传教团的保存与发展；第三，保证在华葡萄牙人的权益。着眼于这三条目的，巴哲格使团目的的关键词是"保护权利，进而发展"。这些目的是循规的，提出的要求是可接受的。目的其一着眼于发展两国的良好关系，不存在利益冲突问题。目的其二是宗教目的，但这并不是不可调和的冲突。虽然康熙帝时期就有了禁止传教的意愿，雍正帝时期开始实行禁教政策，但是在京传教士仍有不少在京廷任职，并受到皇帝的喜爱。目的其三是保证本国公民在外国的权益，这是外交双方应该达成的共识，并且这与清政府的本质利益并不产生冲突。

【谋篇布局】由于叙述顺序的缘故，导致前后有些重复。考虑改为[笔者总结巴哲格使团的出使目的，皆未触及清政府的底线。其一，培养中葡友谊，着眼于发展两国的良好关系，不存在利益冲突问题；其二……]。

而反观马戛尔尼使团，他们表面上说来华是为了给乾隆帝祝寿，实则意图打开中国市场，侵犯中国权益。下列举在第二封《英王乔治三世致乾隆皇帝的信函》中英方提出的目的：

> 第一，英国商人可以像在广州一样，在舟山、宁波港及天津经商；
>
> 第二，英国商人有权按俄国人从前在中国通商之例，在北京设一所货行，以便出售商品；
>
> 第三，英国商人可以在舟山附近拥有一个小岛或一小块空地，以保存他们未能卖掉的商品；
>
> 第四，同样，他们希望在广州附近获准拥有一块同样性质、用于同一目的的地方，或至少被允许在需要时可长期住在广州；
>
> 第五，对航行在广州和澳门之间或珠江上的英国商人不必征收任何关税或捐税，至少不要比1782年前征收的税更高；

第六，对英国商品或船只不征收任何关税或捐税，除非皇帝签署的文件有所规定；

第七，允许英国在华自由传教。①

首先，目的第一条与清朝通商规则直接冲突。如果清政府同意开放其他地区经商，则构成了外夷侵入中国的可能性，这与清政府的政治利益相矛盾。其次，第二、第三、第四条涉及中国土地的使用权，清政府的统治地位会受到一定的威胁。尤其涉及北京地区，这与皇帝的安全问题相冲突。最后，第五、第六条提出直接取消关税，过大的降幅让清政府不易接受。同时，这与清政府的财政收入直接冲突，在经济层面发生利益冲突。

除了目的本身，阐述目的的方式也会影响和平外交关系的发展。巴哲格自己在《巴哲格大使敬呈唐·若泽一世国王报告1752年出使京廷记》中描述："正是未涉及宗教问题才赢得了他（乾隆帝）的欢心、受到了后来我得到的破格礼遇。""就本次出使的目的而言，我一直以为结果不尽如人意。"②并且在清朝的文献记载中并未提到除了培养中葡友谊以外的访华目的。由此推测，巴哲格使团访华期间并未谈及出使目的第二、第三条。在乾隆帝看来，巴哲格使团访华没有怀揣侵略目的，自然会用"以礼待客"的方式展现清朝的大国风范，从而使双方的交涉趋于和平友好。而马戛尔尼使团又是如何向乾隆帝表达自己的真实出使目的？马戛尔尼将直接罗列目的的信件交给乾隆帝。使团运用直接阐明的方式，乾隆帝难以接受这些与皇室利益冲突的要求不足为奇。统治阶级会用强硬的态度抵制威胁其统治地位者。在强硬态度下，双方易产生激烈的冲突。

外交目的本身以及外交目的的表达都影响着外交的和平进行。从两使团对比可知，如果出使目的侵略性太强、表述过于直接，其导致的结果将会是巨大的外交冲突。

巴哲格使团访华形成和平外交关系的原因是多样的，笔者仅分析了语言沟通、利益冲突两方面。有关巴哲格使团访华一事还有待学术界进一步研究。

【表扬】结尾简短、清晰，还指出了进一步的研究方向，很好。

---

① 高换婷：《一支别有用意的英国祝寿使团》，载《中国档案报》，2016-11-15。
② 《巴哲格大使敬呈唐·若泽一世国王报告1752年出使京廷记》，见金国平：《中葡关系史地考证》，第231、236页，澳门，澳门基金会，2000。

总体点评：

反馈意见及评价表			
看了你的陈述信和终稿，我十分欣慰；更值得开心的是，你在研究过程中，体会到了发现未知的快乐，祝贺！长文时可以把论点进一步深化。考虑引用一些语言学、社会学理论，对于语言障碍导致的心理隔膜、抵触等进行论述，增加说服力			
评价维度 （*为终稿侧重方面）		评定	进步体现与评价建议
论点与综述 问题成立，具体可行 *明确与前人研究的关系 *观点明确、有独到思考		A	问题聚焦，论点明确，而且具有一些新意，值得肯定。不过所论还较为浅显，期待长文时更深入地思考
*论证与结构 概念界定清楚 逻辑严谨，论据充分 结构清晰，详略得当		A	整体脉络清晰，删去了冗余的内容，详略得当；论证也较为清晰。局部段落、句子结构有待调整，使行文更清晰
行文与细节 *行文通畅、凝练 *用词、标点准确 格式、注释规范		A−	行文流畅，然稍嫌繁冗，见批注

6. 含教师修改过程的学生长文初稿

<u>乾隆朝中西外交中的信息茧房</u>
<u>——以巴哲格使团、马戛尔尼使团为例</u>

【语言文法】信息茧房更像是一个解读角度，故而题目可再斟酌。

摘要："信息茧房"指我们只听我们选择的东西和愉悦我们的东西的通信领域。本文将"信息茧房"概念引入乾隆朝中西外交的研究。将乾隆作为"受众"，朝廷机制作为"平台"，具有迎合心理的清朝官员作为"个性化推荐算法"。马戛尔尼使团和巴哲格使团分别是乾隆朝中西外交失败和成功的典型案例。因此，本文以这两个使团为例，通过案例解读和概念类比，从中西双方剖析乾隆皇帝和出使使臣的"信息茧房"分别是什么，为什么这两次外交不能突破"信息茧房"。乾隆帝"天朝上国"的"信息茧房"源于主体的选择性心理及客体的过滤机制。与此同时，西方使臣因为信息来源的缺失和单一以及信息传播中的错位形成了"中国无科技"的"信息茧房"。

关键词：乾隆朝、信息茧房、巴哲格使团、马戛尔尼使团、传播

【语言文法】应当有更专业的术语，比如"信息接收者"之类的。"我们"就显得不太专业了。

作为一个基于互联网时代提出来的概念，"信息茧房"指我们只

听我们选择的东西和愉悦我们的东西的通信领域。①学术界关于"信息茧房"的研究主要分为以下两个方面：理论剖析、实证分析。第一，在理论剖析领域，"信息茧房"的概念最初由凯斯·R．桑斯坦提出。之后，"信息茧房"的概念引入国内。但国内对该概念没有严格的学术阐释，多为继承桑斯坦的理论，且与"信息窄化"等概念交叉重叠。其后，学者大多剖析"信息茧房"的成因以及解决"信息茧房"的理论方法。如彭兰提出，"信息茧房"实质上来源于人们的选择性心理以及信息时代的多重过滤机制。多重过滤机制包括平台本身、社交关系网、个性化推荐算法。②第二，在实证分析领域，国内学者的研究方向分为三类——弱连接式平台、强连接式平台、③新闻平台。弱连接式平台的"信息茧房"主要分析对象是微博。彭晓晓使用内容分析和社会关系网络分析等方法证实了"信息茧房"效应存在于当前的信息交流环境中，验证了茧房内信息及其流动的固定化、封闭化；④杨慧则采用文献、文本与问卷的方法，探讨了微博中"信息茧房"的表现形式具体呈现为"我的日报"式的信息阅读模式、关注对象的同质化、圈子化现象突出。⑤强连接式平台的"信息茧房"主要分析对象是微信。石茗柯对微信信息的来源逐一分析，探讨了微信半封闭的环境使用户与社交对象形成"回音室"现象，从而造成"信息茧房"。⑥新闻平台的信息茧房主要分析对象是今日头条。如李佳音通过用户调查，探究受众接收个性化推荐信息的行为意向，进一步研究"信息茧房"形成的原因及影响。⑦

以上两个方面均涉及"信息茧房"的成因，笔者总结为以下三点：第一，受众的选择性心理；第二，平台本身导致的过滤机制；第三，个性化推荐算法导致的过滤机制。

笔者欲将"信息茧房"概念引入乾隆朝的研究。在"信息茧房"的研究中出现的主要概念均可与乾隆朝一一对应。其中，将乾隆作为"受众"，朝廷机制作为"平台"，具有迎合心理的清朝官员作为"个性化推荐算法"。由此，在日常的朝政生活中，乾隆皇帝处于一个"信息茧房"中——绝大多数的信息均是乾隆帝喜爱的。而中西外交双方有不同的文化观念，看待事物的角度、态度均有分歧，则外交中难以构成狭隘的信息边框。在此情形下，中西外交成为刺破"信息茧房"的有力途径。

---

① [美]凯斯·R．桑斯坦：《信息乌托邦——众人如何生产知识》，毕竞悦译，第8页，北京，法律出版社，2008。
② 彭兰：《导致信息茧房的多重因素及"破茧"路径》，载《新闻界》，2020（1）：30~38。
③ 马克·格兰诺维特认为，人际交往中存在极为分散的弱连接关系，如只有一面之缘的人；也存在强连接关系，即与个人交往密切的亲人、同学、朋友和同事。参见石茗柯：《媒体智能化趋势下信息茧房效应研究》，载《中国报业》，2020（20）：10~12。
④ 彭晓晓：《信息时代下的认知茧房》，硕士学位论文，浙江大学，2014年。
⑤ 杨慧：《微博的"信息茧房"效应研究》，硕士学位论文，湖南师范大学，2014年。
⑥ 石茗柯：《媒体智能化趋势下信息茧房效应研究》，载《中国报业》，2020（20）：10~12。
⑦ 李佳音：《基于个性化推荐系统新闻客户端的"信息茧房"效应研究》，硕士学位论文，中央民族大学，2017年。

【逻辑论述】有意识地论述案例代表性，很好。可以再补充一些两个案例的重要影响，突出其重要性。

巴哲格使团和马戛尔尼使团为乾隆朝中西外交的范例。前者为乾隆十七年至十八年（1752—1753年）访华的葡萄牙国使团，该次出使没有发生激烈的冲突，双方形成较为平等的外交关系，并且达成西洋人在朝廷中受到重用的良好成效。后者为乾隆五十八年（1793年）访华的英国使团，该次出使双方发生巨大的礼仪冲突，使团到京不久后被要求返航。

笔者分析巴哲格使团和马戛尔尼使团出使经历，发现这两次外交活动依旧没有挣脱"信息茧房"。乾隆皇帝依旧认为清朝是"天朝上国"，使臣对中国也存在刻板印象，这些都没有改变。笔者欲探讨乾隆皇帝和出使使臣的信息茧房分别是什么，为什么这两次外交不能突破"信息茧房"？

（一）乾隆皇帝的"信息茧房"

康乾盛世是清朝的鼎盛时期，乾隆帝所处的清朝国力强盛，国土辽阔，人口众多。论疆域，陆地国土达1 300多万平方公里；论人口，清朝拥有超过3亿的人口，占当时世界人口的2/5，是明朝最多人口数的3倍；论财力，国库财政储备充足，白银常年保持在6 000~7 000余万两，最高年份至8 000余万两，可谓"内外经费度支，有赢无绌；府库所贮，月羡岁增"①；论文化，乾隆帝时期大力推进编书修典事业，编纂了7万余卷的《四库全书》。作为清朝的最高统治者，乾隆帝的"信息茧房"是清朝在世界上的地位，也即"天朝上国"的概念。乾隆帝在敕谕英国的表文中自称"天朝"。②巴哲格的廷记报告也记载了乾隆帝的态度，巴哲格对清朝的形容是"这样一个以其强大将世界人民视为二等的国家"③。

乾隆帝的"信息茧房"带来的后果是清朝的封闭——闭关锁国。乾隆帝认为清朝是"天朝上国"，说明了在乾隆帝心中世界各国形成等级分明的差序格局，即清朝是凌驾于其他国家之上的。人们内心会认为强大的事物必然有其可取之处，于是会模仿学习强者的行为、制度等内容。在这种趋强心理的作用下，清朝作为"世界霸主"

---

① 《清高宗纯皇帝实录》卷八五〇，三十五年正月己卯条，第十九册，384页，北京，中华书局。
② 《清高宗纯皇帝实录》卷一四三五，五十八年八月己卯条，第二十七册，185页，北京，中华书局。
③ 《巴哲格大使敬呈唐·若泽一世国王报告1752年出使京廷记》，见金国平：《中葡关系史地考证》，第236页，澳门，澳门基金会，2000。

自然不必学习"低级"国家的文化、技术、制度。于是这种"天朝上国"思想在政策上就表现为"闭关锁国"。"闭关锁国"除了商业上的海禁政策，同时也减少了中西文化交流，限制了中西信息传递。"闭关锁国"政策的实行，实则是"信息茧房"的再束缚，形成恶性循环。

中西外交可作为"破茧"的有力途径，但乾隆帝却并没有在中西外交活动中打破"信息茧房"。笔者认为可以将原因按照主客观分为两类：乾隆帝（受众）的主观心理和外交活动的客观机制。

> 人们倾向于接触那些与他们既有态度和兴趣相一致的大众传播内容。如果他们接触到与原有观念不一致的内容，他们不会去注意，或者重新阐释它们以适应已有观点，或者比一致的内容更快地忘掉它们。

这种心理被美国传播学者克拉珀称为"选择性心理"。他将选择性心理分成三个环节：选择性注意、选择性理解和选择性记忆。[①]从这个角度分析乾隆帝"天朝上国"思想的形成及巩固，我们能得出如下两条原因。第一，乾隆帝选择性注意的内容是清朝农耕文明的强大。康乾盛世的农业总体情况良好，清朝农耕文明的强大有事实基础。乾隆时期荒地大量开垦，康熙二十四年（1759年），全国共有耕地6亿亩，到乾隆帝去世，全国耕地约为10.5亿亩。粮食产量增加，当时随英国马戛尔尼使团来中国的巴罗估计，中国的粮食收获率高于英国，麦子的收获率为15∶1，而当时的欧洲，粮食收获率居首位的英国也仅仅为10∶1。[②]同时，通过乾隆帝御制诗可以看出乾隆对于此等农耕文明的态度是欣慰和自豪的。如《映水兰香》诗中能体现出乾隆帝在圆明园观稻的自豪之情："园居岂为事游观，早晚农功倚槛看。数顷黄云黍雨润，千畦绿水稻风寒。"[③]第二，乾隆帝无法理解西方科学技术的强大。与其说乾隆帝对于中西方差异的态度是选择性理解，不如说乾隆帝根本不能理解西方的工业文明。乾隆帝缺少工业文明的概念，从而导致认知上出现选择性忽视的结果。概念缺乏让两大文明的比较主体缺失，使比较无法进行，更别提重视西方技术了。

---

① [美]约瑟夫·克拉珀：《大众传播的效果》，段鹏译，第13页，北京，中国传媒大学出版社，2016。
② 潘世伟：《中国模式研究》，第305页，上海，上海社会科学院出版社，2016。
③ 《圆明园四十景诗·映水兰香》，见《清高宗御制诗初集》卷二二，第319册，第353页，上海，上海古籍出版社，1971。

【谋篇布局】这应当是文章最核心的部分，着重展开为宜。

从外交活动中的客观过滤机制来看，作为"平台"的外交机制和作为"算法"的朝臣都促进了"信息茧房"进一步的形成。首先，总览巴哲格使团和马戛尔尼使团的外交流程，我们可以大致分为如下四类——呈递国书、赠送礼物、举行宴会、参观宫廷。由此可知，整体流程的设计缺少外交双方当面沟通的环节。因此，使团出使意愿或者是不表达，或者是以书信的形式阐述，或者是通过清朝官员转述。巴哲格自己在《巴哲格大使敬呈唐·若泽一世国王报告1752年出使京廷记》中描述："正是未涉及宗教问题才赢得了他（乾隆帝）的欢心、受到了后来我得到的破格礼遇。""就本次出使的目的而言，我一直以为结果不尽如人意。"① 巴哲格使团全程没有提及有实际效益的出使目的，而马戛尔尼使团将罗列出使目的的信件直接交给乾隆帝。此信件缺乏对西方工业革命成果的介绍，乾隆帝通过信件看到的只有英国扩张市场的野心。在已有流程中，也处处彰显着以清朝为首的等级观念。在国书呈递环节，需要使臣对乾隆帝行三跪九叩之礼。呈递国书之后在万树园的会面，马戛尔尼依旧向乾隆皇帝行了三跪九叩礼。不仅英国使臣的叩拜方式塑造了臣服于清朝的形象，而且地方宴会的座次安排也能看出清朝的等级观念。在广东宴会上，巴哲格被安排在第三位，位于两位朝廷派遣的特使之后。② 其次，清朝大臣向乾隆帝传递的信息是迎合"天朝上国"观念的。最初因为不承认使团"贡使"的称号，巴哲格使团未能进入广东境内。虽然在一番争论后清朝廷颁布了布告，声明葡萄牙王国不向中国纳贡，凡对巴哲格以贡使相称者将受到严惩。但是《广东巡抚苏昌为报西洋贡使起程进京日期事题本贴黄》中使用的词语仍然是"进贡方物""接取贡使"③。《广东巡抚苏昌题报西洋贡使开船回国日期题本》中描述巴哲格使团时使用的称呼依旧是"西洋贡使巴哲格"。④ 此外，清朝金大人描述马戛尔尼使团国礼为"贡礼"，他说：

---

① 《巴哲格大使敬呈唐·若泽一世国王报告1752年出使京廷记》，见金国平：《中葡关系史地考证》，第231、236页，澳门，澳门基金会，2000。
② 《巴哲格大使敬呈唐·若泽一世国王报告1752年出使京廷记》，见金国平：《中葡关系史地考证》，第216页，澳门，澳门基金会，2000。
③ 《广东巡抚苏昌为报西洋贡使起程进京日期事题本贴黄》，转引自《耶稣会传教士刘松龄档案史料》，载《历史档案》，2011（1）：35。
④ 《广东巡抚苏昌题报西洋贡使开船回国日期题本》，见中国第一历史档案馆：《清中前期西洋天主教在华活动档案史料》（第一册），109号，第200~210页，北京，中华书局，2003。

"此系英国进贡之贡品,安可唤作礼物?"① "臣""贡礼""贡使"等词汇的使用构成了一个清朝"天朝上国"的环境。这种迎合性的行为导致传达的信息窄化,强化了乾隆帝的个人偏好,进一步加固了信息茧房。

(二)西方使臣的信息茧房

18世纪,欧洲正处于激烈变革时期。政治上,欧洲开始逐步和中国、印度等地区小规模地通商,并在东南亚地区建立殖民地;学术上,启蒙运动开始打破宗教思想的禁锢,科学成果逐步影响到社会的各个方面。"18世纪的欧洲曾掀起了长达百年的'中国热',这是中世纪后期《马可·波罗行纪》问世后欧洲对中国的再认识。"②欧洲上至贵族文人,下至平民百姓,都在热烈地讨论中国的政治、风俗,对中国的茶、瓷器、丝绸进行交易,中国文化在欧洲传播的范围之广、影响之深,堪称空前。

无论在巴哲格写的廷记中,还是在马戛尔尼写的觐见纪实中,我们可以看出他们对于中国的评价有一些共同点:对中国的建筑结构、美食、瓷器等赞不绝口。巴哲格描述中国建筑时用词多为"宏伟的庄园""无一不美轮美奂""富丽堂皇"。③马戛尔尼多次称赞清朝招待他们的食物,他曾说"食必盛馔,羹味之鲜美,既为吾毕生之所未尝。"④马戛尔尼对中国瓷器评价极高,他说:"则东方之瓷业,洵有足为吾辈艳羡者也。"⑤另外,他们认为中国的科技水平并不高。巴哲格认为清朝仅"对欧洲人有些了解",神甫们希望"通过科学获得皇帝的赏识",但"皇帝只承认他们的品德的高尚"。⑥马戛尔尼评价中国的军事力量时说:"而中国目下之军队,则可决言其必无火器。既无火器,而犹故步自封。"⑦

笔者认为西方对中国的"信息茧房"是中国不懂科学、技术落 【逻辑论述】或当为"刻板印象"?应区分核心概念。

---

① [英]马戛尔尼:《1793乾隆英使觐见记》,刘半农译,第67页,重庆,重庆出版社,2008。
② 袁千懿:《十八世纪法国启蒙思想家的"中国想象"》,硕士学位论文,国际关系学院,2015年,第9页。
③ 《巴哲格大使敬呈唐·若泽一世国王报告 1752年出使京廷记》,见金国平:《中葡关系史地考证》,第225页,澳门,澳门基金会,2000。
④ [英]马戛尔尼:《1793乾隆英使觐见记》,刘半农译,第58页,重庆,重庆出版社,2008。
⑤ [英]马戛尔尼:《1793乾隆英使觐见记》,刘半农译,第30页,重庆,重庆出版社,2008。
⑥ 《巴哲格大使敬呈唐·若泽一世国王报告 1752年出使京廷记》,见金国平:《中葡关系史地考证》,第236页,澳门,澳门基金会,2000。
⑦ [英]马戛尔尼:《1793乾隆英使觐见记》,刘半农译,第111页,重庆,重庆出版社,2008。

后并且将中国与茶、瓷器、丝绸画上等号。该信息茧房造成的结果是西方的"封闭"。西方虽然没有封闭国门，但是其进行的活动是单纯的商品输出而非文化交流。西方对中国的"再认识"是通过出使使团的记载，但如上文所述，因为缺乏交流平台，西方的"再认识"并不顺利。同时使团成员对于中国的判断仅停留在事实判断的层面，并且有些事实是片面的。譬如马戛尔尼论断中国军队必无火器。实际上，在乾隆帝幼时就在南苑宫门口练习枪法。① 下文中，笔者将从信息来源和传播角度分析西方信息茧房产生的原因。

西方的信息来源极为有限，在各使团前往中国前，他们只能通过书籍、商队了解中国。中世纪后期的《马可·波罗行纪》记述了一个富饶强大的中国。之后，在门多萨笔下，中国"这个强大的王国是世界上迄今为止已知的统治最为完善的国家"②。后来，《利玛窦中国札记》记录了物产富饶、历史悠久且由"哲人"统治的中国。③在上述书籍中，描绘的中国都是富饶强大的文明之国，但都少有提及中国的科学技术发展。而在乾隆朝的对外贸易中，茶叶、丝绸与瓷器是主要的出口商品。以上两点奠定了信息茧房的主基调。

除信息来源少外，中国作为信息产出者，输出的信息是单一的。中国在两次外交中的回礼中占比最大的是丝绸和瓷器。此外还赠送了茶和中药。在赏赐给巴哲格使团的回礼清单中，丝绸布匹类占23种，瓷器漆器类占49种。④ 赏赐给马戛尔尼使团的除丝绸、瓷器、漆器外，还有茶和中药。这使得每次外交带回西方的中国产品均为丝绸、瓷器、茶叶等物品，西方了解到的中国产品的种类少之又少。中国给西方的回礼与中西贸易商品高度重合，这意味着西方并没有通过外交获得更多信息。在这个环节中，中国作为信息源提供的信息不但没有突破信息茧房，反而让信息茧房更加窄小、牢固。

【逻辑论述】这里应该才是信息茧房的含义。

从信息的传播过程分析，使臣所接触到的人群是官员和皇室，而中国真正掌控技术的人是工匠和技师。这里不免会提及中国科学技术与上层阶级的分离现象。中国知识分子学习"四书""五经"，

---

① 戴逸：《乾隆帝及其时代 插图本》，第83~84页，北京，中国人民大学出版社，2008。
② 周宁：《天朝遥远：西方的中国形象研究》，第55页，北京，北京大学出版社，2006。
③ 袁千懿：《十八世纪法国启蒙思想家的"中国想象"》，硕士学位论文，国际关系学院，2015年，第13页。
④ 《乾隆皇帝致博尔都噶尔雅国王若瑟敕谕稿》，见中国第一历史档案馆：《清中前期西洋天主教在华活动档案史料》（第一册），109号，第191~193页，北京，中华书局，2003。

其中并不涉及科学技术，他们研读的是治国的政策、为臣的准则、品行的修养标准。而皇室要精通"六艺"，"六艺"之中也不出现科学技术。技术知识的掌握者与使团成员的联系几乎为零，这种信息传播的错位导致使团难以认识中国的技术发展。使团成员看到的是中国官员对科学技术的不屑。例如，马戛尔尼多次提出为清朝官员演示火器的使用，但清朝官员的态度却是"看亦可，不看亦可，这火器操法谅来没有什么稀罕"。在另一次演示火炮的实力后，清朝官员的表态是"意态殊觉落寞，若无足轻重者"①。在马戛尔尼陈设的各类礼物中，最受欢迎的是柏尔明亨埠极尔司厂所造的刀片。②而清朝官员的此种表态让马戛尔尼使团产生了中国无技术的理念。此外，中国并不是没有西方的玩物，但中国对待这些物品的态度是放置观赏。马戛尔尼观赏万树园时写道："有藏欧洲之玩物及音乐、歌唱之器者；余如地球仪、太阳系统仪、时钟、音乐自动机以及一切欧洲所有之高等美术品，罔不俱备。"③此外，分析马戛尔尼使团赠送的大部分礼物的去向是分门别类地安置在各处宫殿内，作为永久陈设。④看见陈设在宫殿之内的火炮，使臣们在惊讶之余，是否也会产生中国竟不会使用火炮的感想呢？

在华西洋人形成的小群体产生的"回音室效应"同样促进了信息茧房的进一步形成。"回音室效应"指在封闭的环境中，意见相近的声音不断重复，并以夸张或其他扭曲形式出现，而不同的意见则会被排斥、过滤。⑤人们在交流的时候有自我存在感的需要，在小群体中，为了融入群体，谈论的内容需要符合群体价值判断，而这样的信息会被迅速且广泛地传播。使臣接触的人群除清朝相关人员外，接触最多的就是在华的传教士。上文已经论述了西方对于中国存在刻板印象，而囿于在华西洋人的小群体中重复信息的讨论，缺少异质信息和观点的输入，有可能会出现认知局限、思辨力丧失的风险。

从清朝角度来看，乾隆朝的外交活动自身形成了"天朝上国"的"信息茧房"，所以不能通过外交手段突破原有茧房。"天朝上国"的思想源于主体的选择性心理及客体的过滤机制。从西方使臣角度来看，西方因为信息来源的缺失和单一以及信息传播中的错位形成了对中国的刻板印象。然而"信息茧房"具有历史性，如西方启蒙运动对中国印象的改变等问题还有待学术界进一步地研究。

---

① ［英］马戛尔尼：《1793 乾隆英使觐见记》，刘半农译，第 51~52 页、第 111 页，重庆，重庆出版社，2008。
② ［英］马戛尔尼：《1793 乾隆英使觐见记》，刘半农译，第 82 页，重庆，重庆出版社，2008。
③ ［英］马戛尔尼：《1793 乾隆英使觐见记》，刘半农译，第 109 页，重庆，重庆出版社，2008。
④ 郭福祥：《马戛尔尼使团送乾隆英国科技文物的近代史意义》，载《中国国家博物馆刊》，2019（2）：122。
⑤ 石茗柯：《媒体智能化趋势下信息茧房效应研究》，载《中国报业》，2020（20）：11。

总体点评：

第一，文章对理论的使用稍嫌生硬，基本是把事实套进理论里，对事实的解读较为简单；应该从现象入手，提出问题，再引出理论解决问题。我们不是在用现象印证理论，而是用理论解释现象。因此，整体的逻辑链可以再清晰些。

第二，关键概念"刻板印象"与"信息茧房"要作出区分，目前有些混淆。

第三，围绕"信息茧房"为何不能突破，可以有更翔实的论据，成为文章最核心的内容。

7. 学生的修改陈述信

高策老师：

您好！我是未央书院的裴佳琪。

本文修改后的主题是"乾隆朝国家身份的认知困境——以巴哲格使团、马戛尔尼使团为例"。初稿中我的着重点放在了"信息茧房"这个概念上，在修改过程中我发现"信息茧房"给我提供了研究思路，比如从主观和客观两个角度分析，并且找出了"大臣"这一关键角色，实际上在分析过程中并不能很贴切地运用理论。老师提出了我应该改变研究思路，应该用理论去分析史实，而不是用史实去验证理论的合理性，所以我的终稿中舍去了"信息茧房"的概念，将视角放在了"天朝上国"这个概念上。

文章整体先分析了"天朝上国"提出的历史背景、以史实论述乾隆帝确实认可"天朝上国"的身份认知，再分析了"天朝上国"观念引发的严重后果以及学术界对该问题剖析的情况，以此表明文章的意义和创新性。主体部分分别从主观和客观角度论述认知困境产生的原因。比较起短文的书写，这次我加入了每个小部分的总结，将总—分结构改成了总—分—总的结构。以便读者能够清晰地掌握我的行文思路。

这一次修改让我理解了"解释"和"验证"的区别。想要去解释历史时，阅读一手史料就不再是机械化的寻找，而是发现了很多有趣的史实，比如，文章中提及的《天津报》的记载。并且我发现很多史实并不是我想象的那样，比如，清朝大臣多次打探英国的国情。虽然部分史实在本文的研究中并没有很好地得到论证，但我希望自己能进一步打破对历史的偏见，找到解释它们的理论。

最具挑战性的部分是得知了与本文相违背的史实之后，感觉进退两难。乾隆帝对英国的好奇心和戒备心，在我看来与确定"天朝上国"的身份认知并不矛盾。乾隆帝作为统治者需要安抚民心，需要百姓的信服。因此，"天朝上国"的身份认知具有一定的政治意味。可是上述观点的详细论述我不知道该怎么融入文章，于是只能放在文章末尾作为进一步思考的对象。

感谢您一学期的辛苦教诲！

裴佳琪
（日期略）

8. 学生长文终稿

乾隆朝国家身份的认知困境

——以巴哲格使团、马戛尔尼使团为例

摘要： 乾隆年间是清朝的鼎盛时期，乾隆帝继承了"天朝上国"的国家身份认知，在敕谕书中多次提及"天朝"；然而此时的世界格局正在发生变动，清朝的国家身份认知却并没有发生改变。本文以巴哲格使团和马戛尔尼使团为例，分析乾隆朝中西外交为什么不能改变皇帝"天朝上国"的身份认同。运用心理学和传播学的概念，论述了乾隆帝的选择性心理和"工业文明"概念的缺乏导致"天朝上国"身份认知的形成和巩固；外交流程的设计存在缺陷，加之大臣的迎合性行为将乾隆帝的信息空间窄化，使得改变"天朝上国"这种认知变得难上加难。

关键词： 乾隆、天朝上国、国家身份、巴哲格使团、马戛尔尼使团

康乾盛世是清朝的鼎盛时期，乾隆朝国力强盛，国土辽阔，人口众多。论疆域，陆地国土达1 300多万平方公里；论人口，清朝拥有超过3亿的人口，占当时世界人口的2/5，是明朝最多人口数的3倍；论财力，国库财政储备充足，白银常年保持在6 000万~7 000余万两，最高年份至8 000余万两，可谓"内外经费度支，有赢无绌；府库所贮，月羡岁增"[①]；论文化，乾隆帝时期大力推进编书修典事业，编纂了7万余卷的《四库全书》。

乾隆帝是清朝的最高统治者，他继承了祖辈乃至前朝"天朝上国"的国家身份认知。现代意义的国家身份可表述为群体，特别是制定政策的精英们对自己国家区别于其他国家的本质认知。[②]

> 天朝抚有四海，惟励精图治，办理政务，奇珍异宝，并不贵重。尔国王此次赍进各物，念其诚心远献，特谕该管衙门收纳。其实天朝德威远被，万国来王，种种贵重之物，梯航毕集，无所不有。[③]

[①] 《清高宗纯皇帝实录》卷八五〇，三十五年正月己卯条，（第十九册），第384页，北京，中华书局。

[②] 李开盛：《理解中国外交（1949-2009）：民族复兴进程中的国家身份探求》，第5~9页，北京，中国社会科学出版社，2011。

[③] 《清实录·高宗纯皇帝实录》卷一四三五，五十八年八月己卯条，第二十七册，第185页，北京，中华书局，1985。

乾隆帝在敕谕英国乔治三世的表文中自称"天朝",并以欣慰的口吻进一步抬高清朝的地位,贬低英国的地位。葡萄牙使臣巴哲格的廷记报告也记载了乾隆帝的态度,巴哲格对清朝的形容是"这样一个以其强大将世界人民视为二等的国家"①。从上述二例可见,乾隆帝面对西方诸国以"天朝上国"自居。这种国家身份认知带来的后果是清朝的封闭——闭关锁国。乾隆帝认为清朝是"天朝上国",说明了在乾隆帝心中世界各国形成等级分明的差序格局,即清朝是凌驾于其他国家之上的。人们内心会认为强大的事物必然有其可取之处,于是会模仿学习强者的行为、制度等内容。在这种趋强心理的作用下,清朝作为"世界霸主"自然不必学习"低级"国家的文化、技术、制度。于是这种"天朝上国"思想在政策上就表现为"闭关锁国"。"闭关锁国"这一商业上的海禁政策,减少了中外文化交流,限制了中外信息传递。清朝在世界秩序中的衰落与"天朝上国"的身份认知与"闭关锁国"有着密不可分的联系。

"天朝上国"是一种国家身份的认知,而国家身份是一种相对的概念,即与其他国家进行对比才有意义。清乾隆时期(18世纪)世界格局发生巨大变化。经济上,工业革命提高了社会生产力,经济水平显著提高;思想上,启蒙运动开始打破宗教思想的禁锢,科学成果逐步影响到社会的各个方面。后人回顾历史时发现,清朝的国力已经不能与"天朝上国"的身份认同匹配,因此学界着力于研究世界格局下的清朝身份认知。例如,叶新建先生总结"天朝上国"的概念起源于上古时期,因为华夏地区建立了比其他群体较高的文明,产生了最初的自群体优越感,形成"天朝"与"四夷"的观念。其后,随时代逐步发展,"天朝上国"的身份认知外在体现为"宗藩制度"和"朝贡制度"。②

不过,前人关于乾隆朝国家身份认知的研究偏少。正如上文所述,乾隆朝正处于世界变革的初期,此时应该是清朝改变观念的绝佳时机,但乾隆帝并未改变其"天朝上国"的身份认同。因此本文致力于从一个角度研究乾隆时期国家身份的认知困境——访华使团为什么不能改变"天朝上国"的身份认同?

中西外交有助于打破身份认知困境。在海关较为封闭的情况下,外交手段是清朝认识世界格局、认清自己的好机会。并且,中西外交双方有不同的文化观念,看待事物的角度、态度均有分歧,理论上难以构成狭隘的信息边框。在众多中西外交使团中,巴哲格使团和马戛尔尼使团是乾隆朝中西外交的范例。前者为乾隆十七年

---

① 《巴哲格大使敬呈唐·若泽一世国王报告 1752 年出使京廷记》,见金国平:《中葡关系史地考证》,第 236 页,澳门,澳门基金会,2000。
② 叶新建:《历史概念解读中的"历史味道"——以"天朝上国"的解读为例》,载《江苏教育研究》,2015(34):78。

至十八年（1752—1753年）访华的葡萄牙国使团，该次出使没有发生激烈的冲突，双方形成较为平等的外交关系，并且达成西洋人在朝廷中受到重用的良好成效。后者为乾隆五十八年（1793年）访华的英国使团，该次出使双方发生巨大的礼仪冲突。因此，本文以巴哲格使团和马戛尔尼使团为例，从中西外交的角度对身份认同问题进行初步剖析。

（一）主观判断

"天朝上国"是将清朝位于世界第一的身份认同。而这个"第一"可以指向政治、经济、文明、科技等各个方面。在乾隆朝时期，西方世界的许多国家，在政治、经济、科学等层面的发展，大有超过清朝之势。那么乾隆皇帝固守的"第一"是从何而来的呢？笔者认为，乾隆皇帝的"天朝上国"观念源于清朝农耕文明的强大。首先，从客观上来讲，康乾盛世的农业总体情况良好，清朝农耕文明的强大有事实基础。乾隆时期荒地大量开垦，康熙二十四年（1759年），全国共有耕地6亿亩，到乾隆帝去世，全国耕地约为10.5亿亩。粮食产量增加，当时随英国马戛尔尼使团来中国的巴罗估计，中国的粮食收获率高于英国，麦子的收获率为15∶1，而当时的欧洲，粮食收获率居首位的英国也仅仅为10∶1。①

其次，从主观上来讲，乾隆皇帝只注意到了清朝农耕文明的强大，而忽视了西方工业文明的优点。通过乾隆帝御制诗可以看出乾隆对于此等农耕文明的态度是欣慰和自豪的。如《映水兰香》诗中能体现出乾隆帝在圆明园观稻的自豪之情："园居岂为事游观，早晚农功倚槛看。数顷黄云黍雨润，千畦绿水稻风寒。"②

> 人们倾向于接触那些与他们既有态度和兴趣相一致的大众传播内容。如果他们接触到与原有观念不一致的内容，他们不会去注意，或者重新阐释它们以适应已有观点，或者比一致的内容更快地忘掉它们。

这种心理被美国传播学者克拉珀称为选择性心理。③乾隆帝在注意"农耕文明"的基础上，因为选择性心理的效应，他倾向于接触有关清朝强大的农耕文明的传播内容，接受的信息大部分是清朝的强盛。我们尚不否认乾隆帝知道农耕文明的不足，但笔者以为，乾隆帝面对这些问题的态度是要么不甚注意，要么认为问题并不

---

① 潘世伟：《中国模式研究》，第305页，上海，上海社会科学院出版社，2016。
② 《圆明园四十景诗·映水兰香》，见《清高宗御制诗初集》卷二二，第319册，第353页，上海，上海古籍出版社，1971。
③ [美]约瑟夫·克拉珀：《大众传播的效果》，第13页，北京，中国传媒大学出版社，2016。

严重，清朝强大的实力并不因此受到影响。在此种情况下，轻则沾沾自喜，重则自矜自满；加之自古就有的"天朝上国"概念，乾隆帝形成这样的身份认同也就不足为奇了。

在选择性认知清朝强大的基础上，乾隆帝无法理解西方科学技术的强大。科学技术的强大正是工业文明的基石。首先，乾隆帝缺少工业文明的概念，从而导致认知上出现选择性忽视的结果。知识＝经验×敏感性。一个人看待问题的敏感性一定程度上取决于概念的多寡。比如，非洲纳米比亚辛巴族的土著人语言中没有"蓝色"，因此他们分辨不出蓝色和绿色的差别。乾隆帝面对"农耕文明"和"工业文明"，如同辛巴人面对"蓝色"和"绿色"，概念缺乏让两大文明的比较主体缺失，使比较无法进行，更不要说重视西方技术了。其次，清朝对西方的了解并不多，并且将其定格于蛮夷未开化之地。马戛尔尼夸赞康熙帝开创热河的奇功时，和中堂（清朝官员）大奇，并认为"英人不必具有学问知识，有之亦不能令华人肃然起敬"[1]。从和中堂的反应来看，清朝认为英国并不具备高级文明，英国对于清朝的了解应该全部来自于清朝灌输给他们的东西。另外，天津公报对英国人的描述也极为有趣。

> 报中言英国钦使带来礼物，悉系怪物，其中有小人数名，长不及12英寸，然作军装，勇气知识与长大之人无异；有一象，大不逾猫、一马其形如鼠；一唱歌之鸟，其大如鸡，食木炭为活，日需50磅；此外则有一魔枕，卧之可得奇梦，远至广东、台湾、欧洲等处均可于梦中至之，不劳跋涉。[2]

清朝报刊对英国人进行了妖魔化描述，虽然其中有戏谑的成分，但是仍然可以得出两点——第一，清朝人不了解英国人。妖魔化的描述对象一般是新鲜事物，如果清朝人极其了解英国人，那么妖魔化的传言不可能兴起，也不可能流传到英国使臣马戛尔尼耳中。第二，清朝人并没有将英国人以平等的身份对待。"怪物""小人"等形象是将人视作令人嫌弃的妖怪，显然是对英国人的贬低。

由上述内容可知，"天朝上国"的身份认知着眼于农耕文明，并因为乾隆帝的选择性心理进一步巩固。同时，因为"工业文明"的概念缺失以及"西方是蛮夷之地"的主观判断，所以"天朝上国"的认知在主观上难以被突破。

---

[1] ［英］马戛尔尼：《1793乾隆英使觐见记》，刘半农译，第110~111页，重庆，重庆出版社，2008。
[2] ［英］马戛尔尼：《1793乾隆英使觐见记》，刘半农译，第89页，重庆，重庆出版社，2008。

(二)客观机制

国家身份的主要制定者是群体的政治精英阶层,对于清朝而言,即清朝皇帝。因此,除了乾隆皇帝的主观判断外,皇帝身边的"客观机制"也会对其造成影响。以下笔者将客观机制分为两方面——外交流程和朝臣影响。

首先,外交整体流程的设计缺少外交双方当面沟通环节。巴哲格使团的主要外交流程为参加广东宴会、入京、举行觐见仪式、观赏祭天仪式、游园、呈送礼物、参加圆明园宴会、参加送别宴。马戛尔尼使团的主要外交流程为入住圆明园、游圆明园、前往热河、举行觐见仪式、观万树园、参加万寿宴、再游万树园、观戏、回京、被驱逐出京。使臣和乾隆帝面对面沟通只能在宴会上进行。可是"宴会时,除皇帝先自启口与他人谈话,他人逐语回答外,其余与宴之人均不能自由谈话"①。即使是在宴会上,使臣也不能凭自我意志与乾隆帝交谈,这无疑是阻塞了中西文明的交流。中西双方外交意图的表达应该面对面交流、磋商。我们选取"表达外交意图"进行进一步分析。两使团出使意愿或者是不表达,或者是以书信的形式阐述,或者是通过清朝官员转述。巴哲格自己在《巴哲格大使敬呈唐·若泽一世国王报告1752年出使京廷记》中描述:"正是未涉及宗教问题才赢得了他(乾隆帝)的欢心、受到了后来我得到的破格礼遇。""就此次出使的目的而言,我一直以为结果不尽人意。"②巴哲格使团全程没有提及有实际效益的出使目的,因此在该点上并未与乾隆帝面对面沟通。而马戛尔尼使团将罗列出使目的的信件直接交给清朝大臣,进而转交给乾隆帝。通过信件的方式,缺乏对西方工业革命成果的介绍,乾隆帝看到的只有英国扩张市场的野心、英国作为"蛮夷之地"对清朝的逆反之心,更无从谈及"天朝上国"身份认知的转变。

在当时设定的流程中,也处处彰显着以清朝为首的等级观念。在国书呈递环节,需要使臣对乾隆帝行三跪九叩之礼,呈递国书之后在万树园会面,马戛尔尼依旧向乾隆皇帝行了三跪九叩礼。不仅英国使臣的叩拜方式塑造了臣服于清朝的形象,而且地方宴会的座次安排也能看出清朝的等级观念。在广东宴会上,巴哲格被安排在第三位,位于两位朝廷派遣的特使之后。③总而言之,外交流程的设计缺乏面对面沟通的机会,减少了乾隆帝了解西方文明的可能性;在外交流程中呈现出的等级制度也在无形之中向乾隆帝传递"天朝上国"的观念。

---

① [英]马戛尔尼:《1793 乾隆英使觐见记》,刘半农译,第 106 页,重庆,重庆出版社,2008。
② 《巴哲格大使敬呈唐·若泽一世国王报告 1752 年出使京廷记》,见金国平:《中葡关系史地考证》,第 231、236 页,澳门,澳门基金会,2000。
③ 《巴哲格大使敬呈唐·若泽一世国王报告 1752 年出使京廷记》,见金国平:《中葡关系史地考证》,第 216 页,澳门,澳门基金会,2000。

其次，清朝大臣如同"个性化推荐算法"，其向乾隆帝传递的信息是迎合"天朝上国"观念的。第一，清朝大臣作为中介，传递使臣和乾隆帝的信息。也就是说，清朝大臣有机会选择和修饰呈现在乾隆帝面前的信息。由上文论述可知，乾隆帝与使臣间缺乏面对面交流的机会，因此大部分信息实则由大臣进行传递。他们重视一切即将呈现在乾隆帝面前的信息。例如，面色冷峻的金大人，在听到马戛尔尼阐述如何向乾隆帝进献礼物时，表现出来的态度是——"忽趋至余前，若有急迫之事，与吾商榷，不复顾及仪容礼貌者。其言曰：贵使之言须重加讨论，即如礼物一项……交与皇帝阅看不可"①。再如"其（相国）所以必欲先观英皇书信内容者，盖鉴于两国礼节上既有不同之点，恐书信中存问皇帝之语，亦有不甚合宜者，故必先为仔细斟酌可也"②。从该例子看出，清朝大臣不仅传递信息，并且有意识地想要进行修饰。

第二，大臣在暗中调整使臣的行为举止。我们以马戛尔尼使团的礼仪争执问题为例进行分析。首先，清朝大臣告知马戛尔尼需要身着中国服饰，并且用中国的三跪九叩礼仪觐见。③在马戛尔尼拒绝双膝跪地的叩拜方式后，朝臣未表态，改谈他事。这种不表态的行为一是否认马戛尔尼用英礼觐见，二是保全清朝大国身份，不强迫刁难使臣。之后，负责接待马戛尔尼的金大人再次与马戛尔尼谈论觐见礼仪问题，"复问觐见在即，仪节如何？请贵使速为预备，且宜先期练习。聆其语气，似急欲吾承认其改用中国礼节之说者"④。后来马戛尔尼主动让步，提出"贵国派一大臣，职位与敝使相若者，至馆舍中向吾英皇帝、皇后两陛下肖像行一觐见中国皇帝之礼，则敝使无不如命。"但是金大人却"一观此帖，立即摇头"⑤。此时清朝大臣拒绝马戛尔尼提出的让步行为，依笔者拙见，如让清朝大臣向英皇行礼，则是将英国地位等同于清朝地位，这是对"天朝上国"身份认知的否认。清朝大臣不接受这样的让步实则是对乾隆帝"天朝上国"思想的维护。在觐见仪式之后，某位华官对马戛尔尼说："此种争执（礼仪之争），乾隆皇帝一点儿也不知道，患在其左右之人，欲借此邀功固宠耳，其然岂非然耶？"由此看出，大臣为了迎合乾隆帝"天朝上国"的身份认知，暗中调整使臣的行为，使其符合乾隆帝思想。

第三，大臣的信息输出是符合"天朝上国"身份认知的。最初因为不承认使团"贡使"的称号，巴哲格使团未能进入广东境内。在一番争论后清朝廷颁布了布

---

① ［英］马戛尔尼：《1793乾隆英使觐见记》，刘半农译，第37~38页，重庆，重庆出版社，2008。
② ［英］马戛尔尼：《1793乾隆英使觐见记》，刘半农译，第93页，重庆，重庆出版社，2008。
③ 彼等（华官）曰：敝钦差等以为觐见皇帝之礼，各国必同，敝国觐见皇帝时，例当双膝跪下，磕响头九个，想贵国亦必如此。出自马戛尔尼：《1793乾隆英使觐见记》，刘半农译，第44~45页，重庆，重庆出版社，2008。
④ ［英］马戛尔尼：《1793乾隆英使觐见记》，刘半农译，第68页，重庆，重庆出版社，2008。
⑤ ［英］马戛尔尼：《1793乾隆英使觐见记》，刘半农译，第72页，重庆，重庆出版社，2008。

告，声明葡萄牙王国不向中国纳贡，凡对巴哲格以贡使相称者将受到严惩。但是其后《广东巡抚苏昌为报西洋贡使起程进京日期事题本贴黄》中使用的词语仍然是"进贡方物""接取贡使"。① 《广东巡抚苏昌题报西洋贡使开船回国日期题本》中描述巴哲格使团时使用的称呼依旧是"西洋贡使巴哲格"。② 此外，清朝金大人描述马戛尔尼使团国礼为"贡礼"，他说："此系英国进呈之贡品，安可唤作礼物？"③ "臣""贡礼""贡使"等词汇的使用构成了一个清朝"天朝上国"的客观环境。

通过以上分析，笔者认为乾隆帝实际处于"信息茧房"之中。"信息茧房"指我们只听我们选择的东西和愉悦我们的东西的通信领域。④ 互联网时代，造成"信息茧房"的主要成因是"个性化推荐算法"，而在乾隆朝中西外交中，具有迎合性行为的大臣就充当了此算法。大臣们不断获取信息、调整信息、输出信息，将乾隆帝的信息空间窄化。而缺少异质信息和观点的输入，有可能会出现认知局限、思辨力丧失的风险，那么想要转变"天朝上国"的身份认知便变得难上加难。

从主观判断来看，乾隆帝的选择性心理和"工业文明"概念的缺乏导致"天朝上国"身份认知的形成和巩固。从客观机制来看，外交流程的设计本来就有缺陷，加之大臣的迎合性行为将乾隆帝的信息空间窄化，使得改变"天朝上国"这种认知变得难上加难。但是，笔者在研究过程中发现乾隆帝实则想要了解英国，并对英国产生了防范心理。为什么这种好奇心和防备心没有改变"天朝上国"的国家身份认知还有待学术界进一步研究。

9. 教师对学生长文终稿的反馈信

裴佳琪同学：

你好！

很高兴能够相识。在课堂讨论中，你总是表现得很好，积极参与，同时有自己的想法。讲课时看到你的反馈，常能给我很多鼓励。

说到文章，和两个使团打了一学期交道，相信你对说理性写作以及历史研究都有了自己的体悟。短文到长文，你首先引入了"信息茧房"概念，尝试使用观念工具，深化论点，已属不易；长文初稿到终稿，还能再次放下对某个理论的套用，关注历史实际，去解释复杂的历史，更是难能可贵！

---

① 《广东巡抚苏昌为报西洋贡使起程进京日期事题本贴黄》，转引自《耶稣会传教士刘松龄档案史料》，载《历史档案》，2011（1）：35.
② 《广东巡抚苏昌题报西洋贡使开船回国日期题本》，见中国第一历史档案馆：《清中前期西洋天主教在华活动档案史料》（第一册），109号，第200~210页，北京，中华书局，2003.
③ [英]马戛尔尼：《1793乾隆英使觐见记》，刘半农译，第67页，重庆，重庆出版社，2008.
④ [美]凯斯·R.桑斯坦：《信息乌托邦——众人如何生产知识》，毕竞悦译，第8页，北京，法律出版社，2008.

主题：乾隆皇帝与18世纪的中国

长文最后，你谈到进一步研究的可能："笔者在研究过程中发现乾隆帝实则想要了解英国，并对英国产生了防范心理。为什么这种好奇心和防备心没有改变'天朝上国'的国家身份认知还有待学术界进一步研究"，这是非常有见地的看法。历史的复杂性，或许就在于，既有如文中所说阻碍乾隆认知的因素，也有突破阻碍的力量。如果借由一学期的努力，让你看待历史乃至社会的态度更为审慎，就实在好极了！

你在自我介绍中说希望写出真正有意义的东西，我想，这几次对文章的改进，就是在朝这个方向努力。希望你能记得这学期或苦或甜的感受，继续前行，成为更喜欢的自己。

祝好！

高策

（日期略）

主题：唐宋

为何活字印刷在古代中国不如雕版印刷流行？
——从印刷品、印刷工艺与印刷成本的角度分析

指导教师：李成晴　学生：唐枭[*]

1. 主题概述：唐宋

清华先贤陈寅恪先生曾评价唐宋曰："唐代之史可分前后两期，前期结束南北朝相承之旧局面，后期开启赵宋以降之新局面，关于政治社会经济者如此，关于文化学术者亦莫不如此。""华夏民族之文化，历数千载之演进，造极于赵宋之世。"

唐宋两朝，山断云连，学术上从汉学到宋学、文学上从唐诗到宋词、书法上从碑到帖、绘画上从宗教政治画到山水花鸟画……这些变革赋予了唐宋两个朝代不同的气质：一则雍容，一则精致；一则丰神情韵，一则筋骨思理；一则是"中国版图和文化的真正奠基人"，一则是"现代的拂晓时辰"。英国的科学史家李约瑟曾精辟地指出："深奥的散文代替了抒情诗，哲学的探讨和科学的描述代替了宗教信仰。在技术上，宋代把唐代所设想的许多东西都变成为现实。"日本学者内藤湖南则昌言："唐代是中世纪的结束，而宋代则是近世的开始。"这便是著名的"唐宋变革论"。

唐宋文化之渊雅、民气之舒展，引发后世知识分子持久的探研兴趣，近代以降更有日本、欧美的汉学家孜孜以求，看花寻果。在"唐宋"主题的写作课课堂上，可以带着问题意识，以思想、文化、科学、政治四个向度为主轴，去探研两个斯文在兹的时代。可以依循学术原典的史料和近人的研究成果一起走入唐宋的山林亭台、街衢巷陌，去体会文明的细节；也可以把视线拉近，一起寻找石头上的"唐宋"，纸上的"唐宋"，以及时时闪现在身边日常的"唐宋"。

2. 案例概述

本案例为2021秋季学期"唐宋"主题写作课的长文。作者在进入大学后，课业之余喜欢篆刻印章，并希望在"唐宋"主题写作课上进行与之相关的专题研究。经过前期的文献综述、资料长编，作者提出了一个在中国书籍史上问题意识颇为聚焦的选题：为何活字印刷在古代中国不如雕版印刷流行？

---

[*] 李成晴，清华大学写作与沟通教学中心教师；唐枭，清华大学未央书院2020级本科生。

这个问题在之前已经被学人提及，其探讨价值甚至可以说是亟待回应的"书籍史之问"。在资料长编的调研过程中，可以基于材料从各个维度去寻找突破口，例如，经济成本角度、工艺美术角度、社会文化心理角度，等等。本文作者在初稿撰写阶段着墨重点落在了雕版印刷和活字印刷的优劣对比层面——这样的思考当然是有意义的，但还未能很有针对性地回应本文所拈出的"书籍史之问"。有见于此，在面批时，教师与学生着重就为什么活字印刷术没有超越雕版印刷成为首选进行了探讨。同时，教师指导学生通过查阅资料，获取更多的实物证据和图片资料。关于雕版、活字印刷的"书籍史之问"，既有的探讨多聚焦于技术、汉字特点、行业竞争等分层式分析，但这样的分析过于程式化，反而形成框架套路，影响了作者的独立思考。通过office hour和面批，教师鼓励学生从印刷品、印刷工艺与印刷成本等更加实证的角度展开探讨。有关雕版、活字印刷的社会文化心理探讨应该是很有空间的研究角度，不过在写作过程中，学生发现梳理出一个脉络的难度较大，因此对这一角度的探究仍留下一定的阙如。

本案例较为典型的特色在于论题的选择来源于作者自身的成长经历，因此，研究的过程与思考对作者也有着独特的意义。作者在写给教师的电邮中曾说："活字印刷这个专题对我自己还是有些不一样的意义。我自己小时候学习了七八年书法，在练习毛笔字之余，也对篆刻有一些涉猎。篆刻艺术也是我们书法艺术的重要组成部分，但是大家对这门技艺也似乎是渐行渐远了。特别是刻章机器的出现，让这门手工技术更多地失去了实用价值，但这门技艺不应该在我们手中断代，它应该受到人们的重视。幸运的是，清华现在开设了一些相关课程，这让我们看到了人们对于这门文化遗产的传承。千年前的活字印刷与雕版印刷，表面上来看是印刷工艺，实际上也是中国人书法与雕刻情结的延伸。这也给了我更多的动力来完成这篇写作。除此之外，在选题之后，我也开始了废弃四年之久的篆刻。感谢这样的写作课堂，感谢这样的写作经历，能够让我重拾真正喜欢的事。"

在这种偏向证据整合型写作的过程中，作者需要的是将各种证据整合的耐心与逻辑细致的归纳梳理。在这之中，写作课上讲授的资料长编的写作预备手段就显得十分必要——它可以让文章确定一个思维脉络。以此文为例，写作前，作者就确定了行文的关键：在对比中突出活字印刷术相比于雕版印刷术的劣势。在整理资料长编后，作者便将这些劣势大致分为了制作工艺、成品质量和成本差异三个方面进行探讨。在最后部分，也适当地结合西方活字印刷术发展的历史轨迹，对于中国古代活字印刷术截然不同的历史命运作出了一些评价。在这种双重对比的逻辑中，我们想要深究的原因可以说是已经浮出水面了。

3. 含教师修改过程的学生初稿全文

活字印刷在古代中国推广的困难
——从印刷品与印刷工艺的角度分析

【语言文法】标题宜呈现明确的问题意识,可以考虑提炼成一个问句。

【语言文法】副标题一般用仿宋字。
印刷成本也是重要的影响因素之一,宜单列。

摘要: 从活字印刷术与雕版印刷术的对比出发,分析在印刷品质量(准确性、可读性、其他)与印刷工艺(劳动力素质、复杂度、成本)两大方面上中国古代活字印刷术的劣势。与文艺复兴时期的西方进行简要对比,略析活字印刷术在西方得以盛行的部分原因。

【语言文法】摘要是对文章观点、主体内容的概括提炼,不宜有背景性闲笔(如第一句),不宜摘抄正文中的句子。摘要应避免出现"我""本文"等描述性话语,尤其不宜出现对文章意义、价值的评价(评价留给读者)。
关键词乃一篇说理文的舍利子,尤其注意其可检索性,不宜有偏僻之词(文献查阅者可能未必想到,遑论查阅)。

关键词: 活字印刷术;雕版印刷术;中国古代书籍;古德堡活字印刷机

印刷术,作为中国古代人民智慧的结晶,千百年间为中外人类文化的传承作出了重大贡献。自从隋唐年间雕版印刷术的发明与北宋毕昇开创活字印刷术的新纪元,到近代中国为止,印刷事业在中国一直蓬勃发展。其中,在我们现代人看来技术更加优越的活字印刷术,在宋代发明之后并没有占据古代中国印刷业的主流。相反,雕版印刷术作为印刷业的先祖经久不衰,直到清代才渐渐退出人们的视野。①而作为对比的中古欧洲,它们的活字印刷技术在引入后,经过古德堡改良,很快扩散开来,并成为印刷业的主流,助力了轰轰烈烈的文艺复兴运动。甚至是在当时的西夏以及朝鲜等地,活字印刷术的使用量也最终超过了雕版印刷术。在这其中,人们不禁要思考这样一个问题:为什么活字印刷术在发源地——中国,反而没有引起类似的轰动呢?

【语言文法】"两"改为"三"。

【逻辑论述】原因是什么,需要在"摘要"部分予以撮述。

【语言文法】插入"与发展"。

【语言文法】插入"的"。

【语言文法】插入"刷"。

【谋篇布局】这是提出本文核心问题意识的关键句,可斟酌表达,将核心问题更明确地呈现出来。

【语言文法】改为"清末民国时期"。

要回答这个问题,我们暂且抛开中外印刷量需求的差异不谈,从印刷业自身来看,并从活字印刷术的"对手"——雕版印刷术出发,来分析在中国古代人们为什么更倾向于选择雕版印刷而不是活字印刷。这实际上可以从多个角度进行分析,而在本文中,我们将研究的时间线主要集中于活字印刷术发明前后的宋元时期,重点从印刷品的差异与印刷工艺流程的差异两方面来分析,为什么相比之下,雕版印刷术比活字印刷术更受中国古人的追捧。

【谋篇布局】探讨这一问题,哪些因素在视域之内,哪些可以摒除在外,需要有所交代。

【语言文法】插入",同时参考明清相关记述"。

【语言文法】删除"两";插入"、印刷成本三"。

【逻辑论述】正文理顺结构后,此处重新组织表达。

---

① 佟春燕:《典册流芳——中国古代印刷术》,第57页,北京,文物出版社,2017。

主题：唐宋

印刷品质量——读书人的迫切需求

【逻辑论述】以下重新理顺各级标题层次与格式，一级标题用黑体字，二级标题用宋体字。

书籍的受众是广大知识分子。每个知识分子当然都希望自己买到的书干净整洁，排版工整，字体秀丽，能够承载自己对书籍的期望。而活字印刷的书籍相比于雕版印刷的书籍，可以说在很多方面质量都有可能逊色。如《水经注》序注所云：

【谋篇布局】此处为第一节总起部分，不宜细化到具体材料。当然，这则材料很有价值，可融入到后文的具体探讨之中。

"昨夜江南所进之书有《鹖冠子》，即活字版，字体不工，且多讹谬。"①

一、印刷品的准确性

【语言文法】酌改。

古今圣贤以笔传书有千百年，谬误难免。但是，在这种新的技术——印刷术上，如果谬误太多，难免使得书籍的价值大打折扣。

【逻辑论述】"但是"前后的逻辑联系不明确。

雕版印刷术自隋唐之际发明以来，工艺已经逐渐成熟。其主要流程是：首先将需要打印的文段用特定的墨水正写在特定的纸上（写样），将纸覆盖在雕板上，未干的墨迹粘留在雕板上，形成反字，雕版工匠根据雕板上留下的反字雕刻出相应的阳文。雕刻完成后，将雕板上的阳文上墨，覆之以纸张印刷。在整个印刷过程中，写样出来的纸张一般要进行两次校对，雕刻后的雕版一般也会接受一次校对。如果在校对过程中发现有错误，就要修补纸张上的错误，或者是用一块木块置换雕板上的错字。②在这三重校对中，能够产生的错误可以说非常少了。

【语言文法】此为文言语词，径用可能引起歧义，会有读者理解为是现代的"打印"语意。

【语言文法】删除"在"。

而相比之下，有的活字印刷的书籍就不那么严谨了。就如明代陆深在《金台纪闻》中所言："近日昆陵人用铜铅为活字，视板印尤巧便。而布置间讹谬尤易。"③我们要注意到活字印刷的工艺流程：其中一个步骤（寻字）需要从数以万计甚至十万计④的活字方块中选取一个活字块，并放置进字盘，排列组成类似于刻好了阳文的雕版的一块字板。在此之中，有很多容易产生疏漏的地方：首先，在数以万计的汉字中选取一个正确的字，非常容易选错；其次，对照原文的时候，也有可能会产生字的漏选、多选等情况；再者，由于

【语言文法】删除"中"。

【逻辑论述】补充说明：原因何在？

---

① （北魏）郦道元：《水经注》《四部丛刊初编52册》，上海，上海书店，1989，引自张立明：《中国封建时期雕版印刷术与活字印刷术的范式》，载《大观周刊》（昆明），2013（10）：1~2。
② 佟春燕：《典册流芳——中国古代印刷术》，第17页，北京，文物出版社，2017。
③ 陆深：《金台纪闻丛书集成初编》，上海，商务印书馆，1937。引自张立明：《中国封建时期雕版印刷术与活字印刷术的范式》，载《大观周刊》，2013（10）。
④ 潘吉星，《中国、韩国与欧洲早期印刷术的比较》，第61页，北京，科学出版社，1997。

汉字本身的属性，加之为了排列整齐，活字一般制作成方块形状，这样，排列活字的时候，横放或倒放的可能性都存在。而且，这样的错误都由考古学家和史学家在文物中找到了不少例证，甚至于这些错误成为了人们区别活字印刷品与雕版印刷品的重要依据。如果有人狡辩说错、缺、漏三种错误在雕版印刷中同样也不能避免，那么，活字印刷的谬误有很多是如横放和倒放这样放置在书中非常明显的错误。这样的错误难免成为活字印刷品在中国社会——特别是知识分子中推行的阻碍。特别是在活字印刷刚刚问世的宋代，技术十分不成熟，这样的讹误难免更多。

【语言文法】改为"文献学家"。

【逻辑论述】这一点切中要害，可以此为中心展开分析（突出：这一特点也是辨析某些古籍是刻本还是活字本的关键点所在）。

在温州出土的北宋文物《佛说观无量寿佛经》的左上角处，金刚二字左上方"色"字横放（见图3）。而1991年在宁夏贺兰山拜寺沟方塔废墟出土的西夏文印本《吉祥遍至口和本续》中也有汉文数字反放的现象①（由于西夏与宋代时间相近，且其印刷技术是由中原传入的，故可以从侧面反映当时的中原印刷品质量）。即使在活字印刷技术趋近成熟的明代，其印制出的活字印刷品也难免产生这样的错误（见图1、图2）。再如《太平御览》中"死"字横放，《诗经质疑》中"质"字反放。②这或许说明这样的错误并不是由工匠的粗心等局部因素导致的，而是一种结构性的问题，是一种从根本上难以避免的。

【谋篇布局】置于下段之后，起总结的作用。

【语言文法】此句删除。

【逻辑论述】其原因值得探究，不过对原因的分析显得笼统，可再查阅资料予以深化。

二、印刷品的可读性

印刷品的印刷效果同样是其印刷水平的评价标准之一。字迹清晰工整、字体统一、大小相同，应该是一份优秀的印刷品的基本要求。但这对活字印刷的要求就非常高了。

【语言文法】插入"、横平竖直"。

在墨迹方面，了解篆刻的人都会知道，如果印章在雕刻之前本身不平，那么盖章的时候纸张上会有颜料的深浅变化。同样的道理，如果活字排成的版面本身不平，印刷出的字迹必然也存在墨迹深浅不同的现象。但是，要想严格统一成千上万个活字块的高度是非常困难的。特别是中国古代所使用的活字大多都是雕刻而成，而非金属铸就，这样的问题就更加明显了。另外，活字非铸却雕，这

【谋篇布局】建议配图，更加直观。

【逻辑论述】实际印刷，一版字数在500字左右。

---

① 陈力，《中国古代活字印刷术新论（上）》，载《中国图书馆学报》，2019（2）：9。
② 张秀民著，韩琦增订：《中国印刷史（下）》，第536页，杭州，浙江古籍出版社，2006。

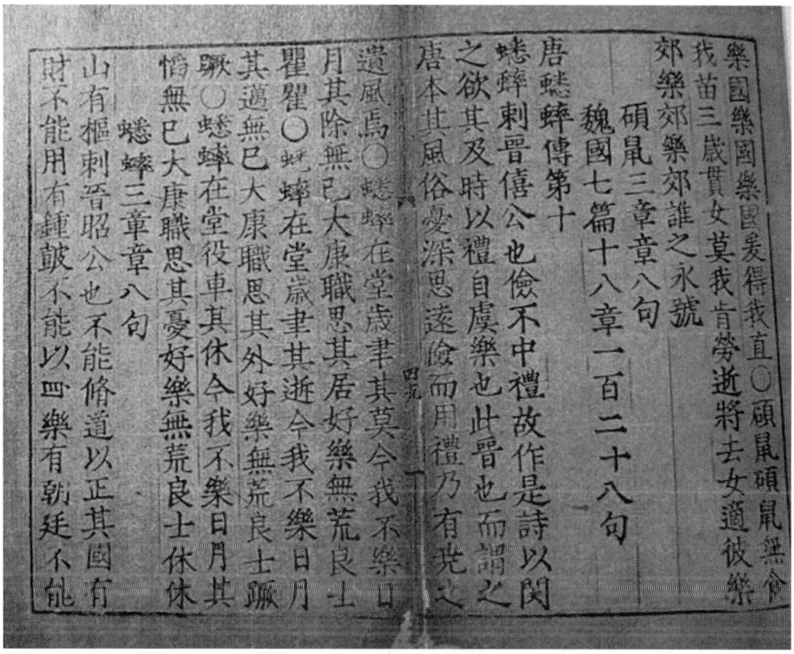

图1　明　木活字本《毛诗》①

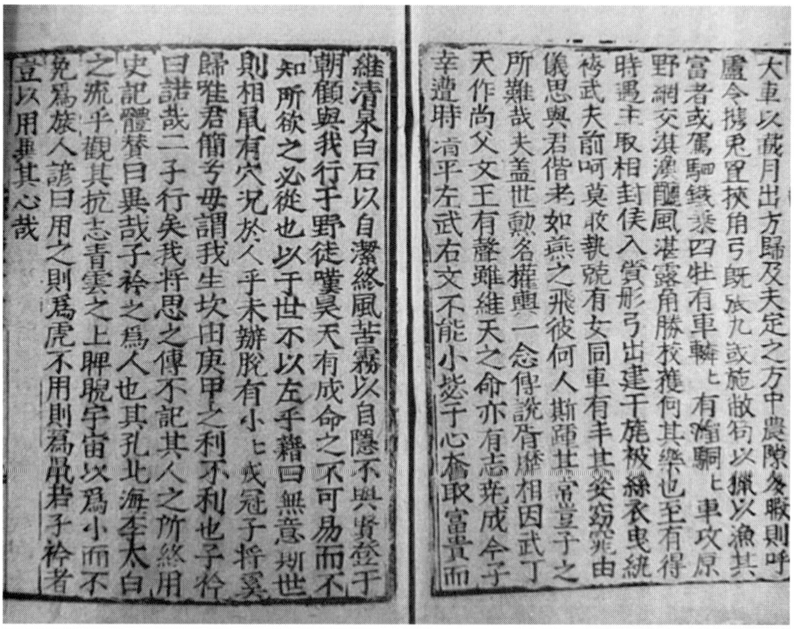

图2　明　木活字本《鹤林玉露》②

---

① 引自张秀民著, 韩琦增订：《中国印刷史（下）》, 第538页, 杭州, 浙江古籍出版社, 2006。注意末列"自"字横放。
② 引自张秀民著, 韩琦增订：《中国印刷史（下）》, 第539页, 杭州, 浙江古籍出版社, 2006。注意右起第三列"驮"字倒放。

图3 北宋 回转式佛经《佛说观无量寿佛经》①

使得数以万计的活字本身的整体风格、笔画粗细难免产生区别，这也加剧了上述问题的凸显。但是相比之下，雕版印刷中，人们只需要保证书写的时候笔画匀称工整，而且雕版本身是平整的即可，而这对于老练的书法家与木匠（中国古代雕版印刷通常使用木板制作雕版）来说没有太多操作难度。

【逻辑论述】可考虑雕版印刷的制版过程中，往往多名刻工同步并行刻版。因此，每位刻工只需将自己负责的版面雕镌清整即可，不必顾虑整部书的风格统一问题。

在排版方面，要将文字排列整齐也是一个不容忽视的因素。活字若是制作的时候就良莠不齐，不注重文字在方块中知否对正，那么印刷的时候就会产生文字的歪斜。这与雕版印刷相比同样是一个巨大的劣势。如果想要避免这种情况，恐怕又得在活字制作的时候下狠功夫，花足成本。

【语言文法】"知"改为"是"。

【逻辑论述】此处评论仍显浮泛，未切入内核和具体方案的提出。

这两个方面，同样成为了早期活字印刷品的鉴定依据之一。孙寿岭先生就曾指出：西夏佛经印本《维摩诘所说经》"印墨有轻有重，经背透墨深浅有别""有的字体歪斜，还有的字因字模放置不

【语言文法】插入"的特点"。

---

① 图片引自网站：
http://baike.baidu.com/cms/s/museum/v2/uploads/2%E5%8C%97%E5%AE%8B%E4%BD%9B%E8%AF%B4%E4%A7%82%E6%97%A0%E9%87%8F%E5%AF%BF%E4%BD%9B%E7%BB%8F%E6%B4%BB%E5%AD%97%E5%8D%B0%E6%9C%AC%E5%8E%9F%E5%B0%BA%E5%AF%B8.png，图片左上角处，"金刚"二字左上方"色"字似为横放之谬。

平，印出的字一半轻，一半重。”[①]史金波先生也指出该印本一部分字的笔画不甚流畅，边缘不齐整，笔端圆钝，缺少尖锋，有断残现象；有些字行列不直，有明显弯曲现象，印刷墨色不匀等特点。[②]要避免这样的问题，雕版印刷只需要书写的人有一些书法的排列布局意识（见图3），且让木匠将雕版打磨平整即可。但活字印刷则不然，要么降低印刷品的质量，要么将活字的制作工艺提升，但后者又会使得活字的制作难度增大，制作成本上升。

【谋篇布局】宜单独另起一段。

宋代的雕版印品字体优美、版式疏朗、简洁美观、插图设计精美，达到了很高的艺术水平[③]，成为中国古代印刷品的典范。事实上，我们基本上很难看到笔画粗细、墨迹浓度有很大差别的雕版印刷品。现展示两幅宋代雕版印刷品如下（见图4、图5）：

【逻辑论述】宋代以前雕版印刷的情况也交代几句。

【逻辑论述】此句表意不明，且与事实不尽相符。实际上，宋刻本也有颇多坊刻本，雕版工艺较为粗糙。

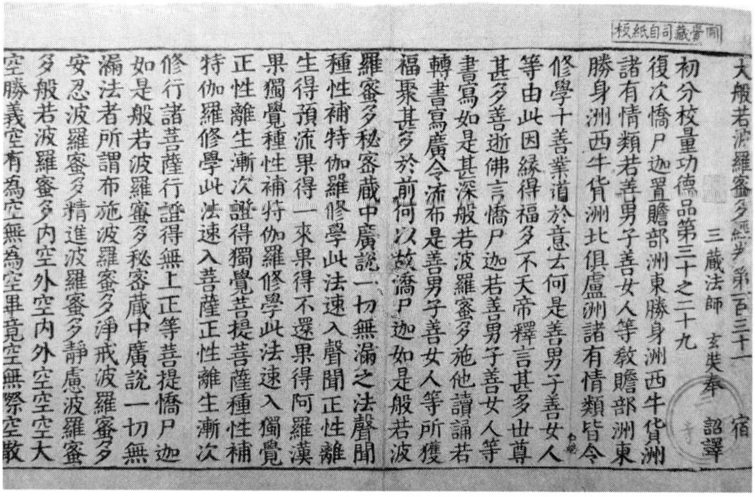
開覺藏司自紙板
大般若波羅蜜多經卷第一百三十一　宿
三藏法師　玄奘奉　詔譯
初分校量功德品第三十之二十九
復次憍尸迦置贍部洲東勝身洲西牛貨洲
諸有情類若善男子善女人等教贍部洲東
勝身洲西牛貨洲北俱盧洲諸有情類皆令
修學十善業道於意云何是善男子善女人
等由此因緣得福多不天帝釋言甚多世尊
甚多善逝佛言憍尸迦若善男子善女人等
書寫如是甚深般若波羅蜜多施他讀誦若
轉書寫廣令流布是善男子善女人等所獲
福聚甚多於前何以故憍尸迦如是般若波
羅蜜多秘密藏中廣說一切無漏之法聲聞
種性補特伽羅修學此法速入聲聞正性離
生得預流果得一來果得不還果得阿羅漢
果獨覺種性補特伽羅修學此法速入獨覺
正性離生漸次證得獨覺菩提菩薩種性補
特伽羅修學此法速入菩薩正性離生漸次
修行諸菩薩行證得無上正等菩提憍尸迦
如是般若波羅蜜多秘密藏中廣說一切無
漏法者所謂布施波羅蜜多淨戒波羅蜜多
安忍波羅蜜多精進波羅蜜多靜慮波羅蜜
多般若波羅蜜多內空外空內外空空空大
空勝義空有為空無為空畢竟空無際空散

图4 《大般若波罗蜜多经》卷第一百三十一，宋 湖州思溪圆觉禅院刻大藏本[④]

而存在相应问题的活字印刷品却不在少数，我们仅举以下三例（见图6至图8）。

【逻辑论述】三例可根据时间顺序排布。

① 孙寿岭：《西夏泥活字版佛经》，载《中国文物报》（北京），1997（1）。转引自方晓阳、吴丹彤：《印刷》，第64页，郑州，大象出版社，2009。

② 史金波：《现存世界上最早的活字印刷品——西夏活字印本考》，载《北京图书馆馆刊》，1997（1）。转引自方晓阳、吴丹彤：《印刷》，第64页，郑州，大象出版社，2009。

③ 佟春燕：《典册流芳——中国古代印刷术》，第35页，北京，文物出版社，2017。

④ 图片引自：张秀民著，韩琦增订：《中国印刷史（上）》，第112页，杭州，浙江古籍出版社，2006。

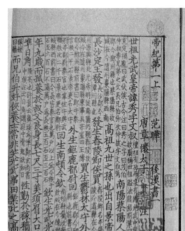

图5　钱塘王叔边刊前,后《汉书》牌子①

图6　1490年华燧铜活字印本《宋诸臣奏议》②

【语言文法】删除","。

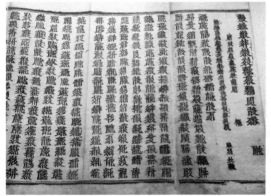
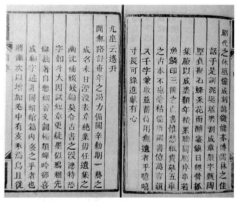

图7　西夏《华严经》③

图8　道光甲辰(1844)泾县翟金生《泥版试印初编》④

三、知识分子对于印刷品的其他诉求

书本到了唐宋时期及之后,印刷术迅速发展,书籍的内容也逐渐变得丰富,而不再只是单纯的文字记录。字体和字号的多样性、各式各样的小字疏注,以及鱼尾、句读等独具特色的各种标记和佛

【语言文法】改为"以"。

【逻辑论述】可在此处补充古今学者对雕版印书书法美学特性的论述。

---

① 图片引自:张秀民著,韩琦增订:《中国印刷史(上)》,第125页,杭州,浙江古籍出版社,2006。
② 引自网站:https://zh.wikipedia.org/zh-cn/%E6%B4%BB%E5%AD%97%E5%8D%B0%E5%88%B7%E6%9C%AF,注意印品中"朝"字,"会"字和"修"字墨迹浓重,"成功"二字歪斜等特点。
③ 引自网站:https://www.douban.com/note/681141587/?type=collect,注意印品墨迹不匀,行列歪斜等特点。
④ 引自张秀民著,韩琦增订:《中国印刷史(下)》,第584页,杭州,浙江古籍出版社,2006。注意印品墨迹不匀,行列歪斜等特点。

经中文字的不同排列方向，都是提升书籍审美价值的加分点。这样的特点在雕版印刷中很容易实行——只是给书写的人增添了一点点工作量而已，但是对活字印刷可谓是噩梦。毕竟，如果活字制作多一套字体，或是多一套字号，制作成本就要翻倍。

【语言文法】本句斟酌润色，使表意更清晰。

更加凸显雕版印刷优势的是，雕版印刷可以通过字与字之间的连笔和文字整体排版的布局将书法的连贯美与气势美展现出来，这便是雕版印刷品更深层次的书法价值；当读书人署名时想要写"小字"①的时候，雕版印刷也可以办到；雕版印刷品上的插图和版画制作也不是一个难题。但是如上种种特点，在活字印刷看来是一个个难以逾越的鸿沟，甚至有的困难（比如，列中字与字之间的连笔）是无法通过任何可行的手段来解决的（见图9）。这些都让活字印刷品看上去更加生硬呆板。

【逻辑论述】需要思考，竖排文字之间的连笔是否是雕版印刷公认的品质或标准之一。

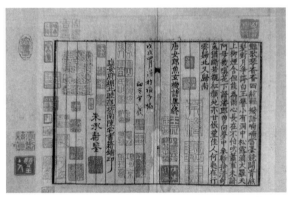

图9　南宋后期临安府陈宅书籍铺刊《唐女郎鱼玄机诗》②

印刷的工艺流程——成本与可行性的逼迫

【语言文法】删除"成本与"这三个字。

一种先进的工艺就算是拥有独具匠心的想法，如果难以实行，也会沦为纸上谈兵。这时我们就需要考虑到两种印刷术在可行性以及成本上的对比。

【语言文法】删除"以及成本上"。

一、对劳动力素质的不同要求

书法艺术与雕刻技术在中国盛行已久，并作为一种文化深深根植在中国人的血脉里，中国也不缺少技艺精湛的书法家与雕刻工。

---

① 如：古人书写自己名字时常将其写得很小，字与字之间笔画重叠交错，以示谦意。
② 引自：张秀民著，韩琦增订：《中国印刷史（上）》，第130页。注意此雕版印刷品中不同种类的字体，单鱼尾以及书写者对"印"字的豪迈写法（这样的特点展现的是雕版印刷品的魅力所在）。

恒慕义言：

> 中国人比西欧人重视雕刻所能保存的优秀的书法。因为在各城市里，都有精巧的写工与刻工；想刻书的人，尽可选择他所喜爱的字体，请他们雕刻印行出来。那雕板上能刻出各种不同的风姿，使印出来的每页书都能有区别而独具作风。这是只求一律的活字印刷所不能有的。①

【谋篇布局】调整到后文"知识分子对印刷品艺术追求处"单列。

虽然雕刻的活不轻松，但它并不需要任何文化基础，人们只要勤加练习就能掌握，故普适性很广。相比之下，活字印刷最复杂的流程——排字，明显需要读书人来做，因为在成千上万种汉字、数十万个活字中寻找对应的字，实属不易。人们想出了一定的办法：毕昇的办法是将活字按韵的顺序贴在纸上存于木格内②；而元人王祯发明了按韵律检字的转轮排字架③。不管怎么样，从找字的方法原理来看，这找字的苦差事，总得要一个会认得大多数字的文化人来干。但我们难以想象，古代的读书人会放下自己的架子去专注于这样的累活。毕竟，在印刷术的祖宗——雕版印刷中，刻工的社会地位就如同其他手工业工匠一样，非常低下。④相比之下，他们应该更愿意做为雕板书写文字，借此留下自己墨宝的工作。换句话说，活字印刷对劳动力教育素养的需求更高，且工作内容不太招劳动力喜欢，因而会遇到更多的困难。

【语言文法】插入"则"。

【逻辑论述】斟酌表述。

【逻辑论述】可概括为"以韵寻字"之法。

【语言文法】插入"士人"。

【语言文法】改为"鼻祖"。

二、工艺流程的复杂度

活字印刷比雕版印刷流程更加复杂。我们在之前已经提到，雕版印刷的流程思路非常清晰简单，概括起来就是将阳文在纸上写好转贴至雕板上，然后雕刻出对应的阳文，再刷墨，覆之以纸张印刷。但是活字印刷就不同了：

【谋篇布局】可以将此论断安排在本节的末尾，与征引朱琴之说相照应。

活字印刷的工序多，操作要比雕版烦琐。按金简《钦定武英殿聚珍版程式》的记载，印刷的工序计有：摆书、垫版、校对、印刷、归类、逐日轮转。其中尤以摆书、校对、归类最繁，要求也最严，稍有不慎，就会造成重大损失。⑤

---

① 朱琴：《试论中国古代活字印刷发展滞缓的原因》，载《中国出版》，2002（5）：41~42。
② 罗树宝：《中国古代印刷史》，第273页，北京，印刷工业出版社，1993。
③ 张秀民著，韩琦增订：《中国印刷史（下）》，第549页，杭州，浙江古籍出版社，2006。
④ 罗树宝：《中国古代印刷史》，第180页，北京，印刷工业出版社，1993。
⑤ 朱琴：《试论中国古代活字印刷发展滞缓的原因》，载《中国出版》，2002（5）：41。

其中,最烦琐的工序无疑是摆书和归类。这两项工序不仅理论方法复杂,需要掌握在几万个活字中查字的方法,而且工作量极大。正如之前所说的,这两项工序对精力和文化的要求比较高,稍不留神就会出错。这样的工作如果用机器代替,可谓是事半功倍。可惜,限于当时中国的社会文化环境,实现这样伟大创造的却是欧洲人。

三、不同的工艺原理和一定的社会背景带来的成本差异

活字印刷的短期成本要比雕版印刷更高。活字印刷成本上的主要困难在于活字的制作,它既费时,又费力,还费财。况且在中国古代,活字通常是用雕刻制成而不是铸造而成,这就使得制作活字的时间成本与金钱成本更加高昂。事实上,制作活字的古人付出了自己很大的心血。

元代王祯请工匠刻制木活字3万个,竟用了2年时间;清代翟金生"以30年心力造泥字活版数成10万";清代福州林春祺花费20多万两银子,辛苦20多年,才制成铜活字40多万个,他感叹说:"为之实难,成更不易,中间几成而不成者屡矣!半生心血消磨殆尽,岌岌乎甩勉成此"。①

我们可以看出,由于中国汉字的特殊性,如何凑够资金制作数以万计的活字块成为了活字印刷的一大难题。事实上,在乾隆时期,武英殿集中国家力量进行了一次大规模的木活字印刷,用时3年之久,制得大小木活字共计25万多个,试印图书30余种。虽然木活字相比铜活字便宜了不少,但是制作活字等基础工作还是花去了朝廷2 000多两白银(要知道,当时一两白银可换数百乃至数千斤米),②这样的开支绝不是普通民间作坊能够承受的。相比于汉字,西方的拉丁文属于字母文字,人们如果想印刷字母文字的书籍,所需要的活字种类也就几十种,只要保证数量充足即可,活字的制作成本自然要低很多。

另外,中国古代的社会文化环境本身也决定了一本书籍发行量的上限。对于经典古籍,人们有保存完好的雕版可以随时付诸印

---

① 邓亚萍:《我国古代活字印刷术发展缓慢原因探析》,载《广东印刷》,1998(4):18。
② 罗树宝:《中国古代印刷史》,第386~394页,北京,印刷工业出版社,1993。

刷,且印刷出来的书籍质量往往很高,而新书往往发行量不大。沈括自己都说:"若止印三二本,未为简易。若印数十百千本,则极为神速。"①这样,活字印刷在印刷量大时独有的优势被难以体现出来。而西方的《圣经》几乎成为了每个基督徒的必备书籍,且雕版技术并没有形成一种强有力的垄断,这样的特性就给了活字印刷术在西方发展的动力。

【语言文法】插入"如'四书''五经'"。

【逻辑论述】实际上,中国古代"四书""五经"的社会需求量也很大,但中国文化里有一种影响深远的"抄书"的文化理念,使得手抄本一直与雕版印刷本并行。

中外文明对于活字印刷术的态度——文明兴衰的轨迹

关于活字印刷术在中国与在欧洲的不同命运,有一点值得指出的是,活字印刷本身带有一种机械化和工业化的思想。这样的技术明显更适合在西方生根发芽、发展壮大,而不是在古代中国。在西方印刷机发明者——古登堡年代,欧洲已经有许多机械雏形产生。古登堡印刷机的先进,正如下文所言:

> 它(古登堡发明的印刷机)从一开始就是一台精密的仪器。它的冲压机制可能得益于欧洲更早被葡萄酒酿造业采用的螺旋冲压机。金匠出身的古登堡自己发明了易铸且耐用的铅活字作为字模,还发明了专门的印刷油墨。这一整套设备使得整套印刷流程省力且高效。②

【逻辑论述】本段征引很重要,可在引文之后简要说明中国古代活字印刷的手工属性和古登堡印刷机的机械化属性。

如果说拉丁文字的特殊性决定了它是一种易于活字印刷的文字,那么古登堡所在年代的机械化和工业化的浪潮,以及新式技术的创新氛围,是进一步推动铅活字印刷机械出现的外因。如果还要指出一些原因,那可能与《圣经》的需求量之大、雕版印刷在欧洲没有达到同古代中国一样先进的高度、文艺复兴带动的书籍需求量增加,以及欧洲开始渐渐萌芽的资本原始积累有关吧。

【语言文法】删除。

总之,对比地来看,汉字本身已经限制了活字印刷在中国能够达到的高度,加之当时社会"重农抑商"的政策,以及雕版印刷技术的成熟,中国古代社会中活字印刷不敌雕版印刷似乎是历史的必然。古代中国小农经济的基本体系,已经决定了社会生产力所能达到的上限。而历史上正是由于隋唐五代的中原战乱,江南一带和四川盆地一度成为天下繁华之地,两宋的文化事业也空前昌盛,这样看来,活字印刷的出现似乎也是历史的必然。然而,我们中国人,

---

① 沈括著,胡道静校证:《梦溪笔谈校订》,第447页,上海,上海人民出版社,2016。
② 胡翌霖:《人的延伸——技术通史》,第38页,上海,上海教育出版社,2020。

似乎总是有着一种"尚古"的情结，这种情结最直接的结果就是人们似乎更倾向于接受既有的东西，而非新鲜的事物。这何尝不是绵延数千年的传统封建制度对整个民族思想的僵化？老祖宗开创的社会制度，自秦以来，传承至清两千多年岿然不动。制度稳定性的背后，暗藏着的是其僵化与落后的危机。反映在具体事实上，便是国力渐衰。中西文明兴衰的轨迹，也就此发生改变。

现在我们站在一个新的时代关口，我们的社会制度是一种实践历史仅一百年出头（未考虑巴黎公社）的新制度。而西方的那一套体系已经实行了两三百年甚至四百多年，它们的这一套制度曾经将它们推向了所谓人类金字塔的顶尖。然而，新的时代意味着制度衰退的加快。在这个特殊的大背景下，它们的制度看上去是否也已经有"礼崩乐坏"之势？150年前那位伟人的预言是否将成为事实？这是一个值得我们深思的问题。

【谋篇布局】删除。研究性写作不同于文化散论，不宜"曲终奏雅"。

总体点评：

总体评价及修改建议
选题与问题意识（1~5分）：4
本文在选题过程中能够结合其他课程学习背景，将所获移到本课程的写作中，这本身是一种知识整合、信息交叉的能力。所聚焦的问题意识十分敏锐，我们大都了解宋代的活字印刷术，但何以在漫长的近古中国没有得到推广，这是一个值得探讨的真问题。对涉及的研究对象进行"知识考古"，进而明确自己的看法在学界已有的知识图谱中处于怎样的位置，这其实是以后从事专业论文、公共知识写作，都可以引入的一种问题视域。
结构与论证（1~5分）：3
（1）本文结构清晰，能够抓住主脉络展开论述。问题在于对每个角度进行分析时平均用力，涉及论证的关键之处蜻蜓点水，观点不够凸显。 （2）论证很重要的方式是征引材料和对材料进行解析。有的征引没有充分利用材料所透露的信息进行逻辑论述，需要深入之处已以批注形式标明。
学术规范与格式规范（1~5分）：4
（1）字体字号没有统一。注意各级标题层次与格式，一级标题用黑体字，二级标题用仿宋字。 （2）摘要部分需要参考要点，打磨修改。
语言表达（1~5分）：4
（1）整体表达清晰流畅。有个别字词的使用不够准确、精到。文中多有表述宽泛处，需要具体思考，落到实处，注意炼字、炼意。 （2）推敲相应论述部分的逻辑和论证方式，对段落内部句子的组织方式加强思考，修改某些明显具有错误或错乱的表述。
后续可深入研究方面
本文近似于总结前人观点、参酌己见的集成性研究，如追求研究深度，可从文本"物质性""物质文明"等层面去考虑。

4. 学生的修改陈述信

李成晴老师：

您好！我是未央书院唐枭。

- **立题过程**

本次长文我原本的想法有二：一是以篆刻艺术为主要探讨对象（兴趣使然）；二是研究遣唐使在唐宋的一些情况。之后一天突然有了关于活字印刷术的想法。自己其实一直对这个问题有一些想法，但是没有查阅相关的资料了解情况。恰好自己在"科技史专题讨论"这门课上了解了一些关于西方印刷术兴起的知识，所以自己就这样确定了大致的方向：为什么活字印刷术在中国没有发展得很好。因为课程主题毕竟还是唐宋，所以说，自己还是希望能多讲讲与中国古代相关的东西，于是科技课上与西方对比探讨的小方向就被我舍弃了。后查阅资料，了解到了一些关于雕版印刷术的情况。

想好了主题之后，原本的题目是：《为什么宋代发明的活字印刷没有成为中国古代印刷界的主流——从印刷品质量与印刷工艺的差异角度来分析》。查阅相关资料后，相应的提纲如下：

观点一：活字印刷所需的汉字方块极多，除非印刷篇幅非常大，印制成本也不会小。（工艺）

观点二：由于汉字方块种类的繁多，每个方块不可能做到笔画粗细、汉字风格完全相同。所以活字印刷的时候，整体的统一感没有雕版印刷那么好。（质量）

观点三：雕版印刷可以随意插入各种各样的注释、符号、插画。但是活字印刷不能。（质量）

观点四：活字印刷排字需要读书人（懂得文言），但是一般的工匠都不是读书人，而读书人又不愿意做这样的差事。（工艺）

观点五：活字印刷中活字放错、放反都有可能产生各种各样的讹误（虽然说，雕版印刷也有可能产生讹误，但是如果刻工对刻板"二审"，是否会使得错误的概率大大降低？）。（质量）

观点六：活字印刷时活字需要做得大小一致，否则排字的时候就有可能出现放不进去的现象。但这在工艺上是容易实行的吗？（工艺）

观点七：活字印刷相比雕版印刷更复杂，工艺流程更多，成本更高。雕版印刷只需要"书写—雕刻—印刷"即可，而活字印刷首先需要制字（这是一项非常麻烦的工作，包含众多程序，且成本不菲）—排字（在几万个字中找到想要的字，确实不是一个轻松的活，又累，又需要文化）—印刷。（工艺）

观点八：活字印刷一套字只能印刷出一种字体。而在书中往往需要多种字体，这可能还需要人为添加。（工艺/质量）

观点九：在没有标准字体（因为当时的技术做不到印刷出来的每个相同的字都完全一样）时，书写中字与字之间如果有着一定的关联，整体有着一种气势，这样的作品想必更受读书人喜欢。但是活字印刷明显就做不到这一点。

观点十：在印刷量很大的时候，活字印刷术的优势才能体现出来。但是在中国，并没有一部像西方《圣经》一样的书可以达到如此之高的印刷需求。

观点十一：活字印刷在机械工作的时候省时、省事的优点体现得淋漓尽致，但是在中国，不存在像西方那样的机械制造氛围。

活字印刷术的优点：

首先，如果能解决排字人的问题以及活字成本的问题，那么如《梦溪笔谈》中所言，转瞬可成。

其次，活字可以重复使用，一套活字可以印刷不同的书籍，从长远来看成本更低（但是从当时来看，并不能产生像西方那样的资本原始积累，有能力造一套活字的人还是少数）。

· **写作与修改历程**

在写作过程中，自己发现这个题目有些文不对题。自己尝试写了一下之后，发现文章讲的主要是活字印刷术与雕版印刷术的对比与区别（从提纲来看也正是这样），所以说，原先的题目拟成了《为什么宋代发明的活字印刷术没有成为中国古代印刷界的主流》，此标题应该改成活字印刷术与雕版印刷术的对比方面的内容会更好一些。

顺着这个思路写了一些文字，考虑到字数限制与能力限制，我没有去考虑所讨论问题更深层次的社会因素、经济因素和政治因素等，而是从印刷品、印刷工艺、印刷成本来考虑，这可以说是自己写文章的一些遗憾吧。如果有充足的才力，从社会角度等方面来分析问题必定会更加深刻，更加有意义。

另外一点遗憾是，文章中的很多观点并不是自己首创的（即使是自己想到的，前人也已有研究），所以说文章就有些像是观点拼凑了。但是，这也是确定主题后查阅资料才发现的，甚是无奈。不过，前人似乎没有就文章中所提出的几个方面作出系统性的原因分析与归纳，所以说这篇文章看上去更像是一种总结归纳性的文章。如果能添加进对社会性因素的分析，想必会好很多（而且前人对于社会性方面因素的研究似乎不是很充分，因此从这方面出发应该能够使文章原创性大大提升）。

李老师在面批的时候跟我提了一些问题，其中一个是"为什么活字的错误会更多？"我当时只能根据已有的一些文物证据以及一些推理证据（思想实验）给出解释。后来，李老师又给我提供了一些推理证据的提示。回过头来，我意识到我们的一些推理证据（思想实验）如果没有文物的印证，其实也是难以站住脚的。但是文物的印证对我们来说实际上也很难做到，所以也只能这样作罢。另外，李老师也提到了士大夫对于印刻书法的批评，以及经济因素方面的原因，这些都是之前讲到的人文社会方面的因素，这些因素同样是需要实证才能肯定的。但限于篇幅与时间，当时没有能把这些给一起写进去。

面批之前，我对自己的文章做了一些修改，虽说之前写得还算比较流畅，但是口语化现象和语病还是不少，改动了很多处。面批完之后，我将文章的层次进行了一些调节。原本成本分析是放在工艺部分里面的，但老师提出了经济考量的重要性，而且全文读完还是感觉成本单独成一个部分比较好。于是就进行了相应的调整。

· **最后的总结**

这篇文章算是有些偏向于考证的写作吧。自己立题的时候没有意识到，写作的时候才发觉，文物或古籍的印证是非常重要的。如果提出了一种想法，最好能有一些实物资料加以印证。但是这些证据实际上很难找到，这让我第一次认识到了考证型写作的困难之处。毕竟这不是一次特别成功的尝试，我自己对这篇文章的评价也不如短文好。如果有精力，很希望之后能够将自己想补充的部分完善（这可能需要我对相关知识有进一步的补充吧）。

能够查阅众多资料写成一篇文章，本身就是一件很不容易的事情，但是写作课给了我们这样一次督促自己完成相应任务的机会。这样的写作之旅，也是对我们之后撰写别的论文的一种指导。此外，这学期我也借"写作与沟通课"和"《史记》研读"课的机会看了很多人文方面的书籍，（上个学期都没有怎么看书，很是惭愧）充实了一些人文知识。

小时候，我其实并不是特别喜欢语文，虽然家里人总是要我多看书，但我却一点也没听。到高中时接触到了几位很好的语文老师，加之其他各种因素，我对于人文才有了更深的感情（除了小时候不喜欢语文之外，我其实对历史一直比较感兴趣）。但当时学习时间紧张，没有时间充实自己对人文的知识。到了大学，非常感谢老师的课程，能够让我在清华继续感受到高中语文老师讲诗词、讲古散文的那种美妙感觉，也让我对人文有了更深厚的感情！我也能够在"写作与沟通"课和"《史记》研读"课上感受到清华传承百年的人文情怀。

非常感谢李老师的指导,衷心祝老师身体健康,工作顺利!

此致

敬礼!

唐枭
(日期略)

5. 学生终稿全文

为何活字印刷在古代中国不如雕版印刷流行?
——从印刷品、印刷工艺与印刷成本的角度分析

摘要: 从活字印刷术与雕版印刷术的对比出发,分析在印刷品方面(印刷品准确性更低、易读性不够及艺术审美价值不如雕版印刷品强)、印刷工艺方面(所需的劳动力素质和工艺的复杂度更高)和成本方面(一些因素造成小规模印刷成本更高)这三大方面上中国古代活字印刷术的劣势。将古代中国与文艺复兴时期的西方进行简要对比,分析得出,雕版印刷没有形成垄断、《圣经》的需求量很大、字母文字更便于印刷与机械化生产雏形环境等是活字印刷术在西方得以盛行的一部分原因。

关键词: 活字印刷术;雕版印刷术;书籍印刷;古登堡活字印刷机

印刷术,作为中国古代劳动人民智慧的结晶,千百年间为中外人类文化的传承与发展作出了重大贡献。自隋唐年间雕版印刷术发明与北宋毕昇开创活字印刷的新纪元,到近代中国为止,印刷事业在中国一直蓬勃发展。其中,在我们现代人看来技术更加优越的活字印刷术,在宋代发明之后却并没有占据古代中国印刷业的主流。相反,雕版印刷术作为印刷业的先祖经久不衰,直到清末才渐渐退出人们的视野。[①]而作为对比的中古欧洲,它们的活字印刷技术在引入后,经过古德堡改良,很快传播开来,并成为印刷业的主流,助力了轰轰烈烈的文艺复兴运动。甚至是在当时的西夏以及朝鲜等地,活字印刷的使用量也最终超过了雕版印刷。在这其中,人们不禁要思考这样一个问题:为什么活字印刷术在其发源地——中国,反而没有引起类似的轰动呢?

我们从活字印刷术的"竞争对手"——雕版印刷术出发,来分析在中国古代为什么人们更倾向于选择雕版印刷而不是活字印刷。这实际上可以从多个角度进行分析,而在本文中,我们将研究的时间线主要集中于活字印刷术发明前后的宋元时

---

① 佟春燕:《典册流芳——中国古代印刷术》,第57页,北京,文物出版社,2017。

期，辅之以明清时期的一些史料，并将分析的重点放在印刷品质量的差异、印刷工艺流程的差异以及时间成本与金钱成本上的差异这三个方面。在文章的最后，我们将对活字印刷术在中外的不同反响作出一些评价。

一、印刷品质量——读书人的迫切需求

古代书籍的受众是广大知识分子。每个读书人当然都希望自己买到的书干净整洁、排版工整、字体秀丽，能够承载自己对一本书的期望。而活字印刷的书籍相比于雕版印刷的书籍，可以说在很多方面上质量都可能有些逊色。

1. 印刷品的准确性

读书人以笔传书已有千百年，谬误难免，最终沦落得各家抄本不知谁为原文，为一大弊病。而对于印刷术这种创新性的技术，如果谬误太多，难免使得书籍的价值大打折扣。

雕版印刷术自隋唐之际发明以来，工艺已经逐渐成熟。其主要流程是：首先将需要刻印的文段用特定的墨水正写在特定的纸上（写样），将纸覆盖在雕板上，未干的墨迹粘留在雕板上，形成反字，雕版工匠根据雕板上留下的反字雕刻出相应的阳文。雕刻完成后，将雕板上的阳文涂上墨，覆之以纸张印刷。在整个过程中，写样出来的纸张一般要进行两次校对，雕刻完成的雕板一般也会接受一次校对。如果在校对过程中发现有错误，就要修补纸张上的错误，或者是用一块木块置换雕板上的错字。[①]在这三重校对中，能够产生的错误可以说非常少了。

而相比之下，有的活字印刷的书籍就不那么严谨了。就如明代陆深在《金台纪闻》中之言："近日昆陵人用铜铅为活字，视板印尤巧便。而布置间讹谬尤易。"[②]我们要注意到，活字印刷的工艺流程中一个关键步骤——寻字，需要工匠从数以万计乃至数十万计[③]的活字方块中选取一个正确的活字块，并放置进字盘，排列组成一块字版。

在此之中，有很多容易产生疏漏的地方：首先，在数以万计的活字块中选取一个正确的字块，容易选错；其次，对照原文的时候，也有可能会产生字块的漏选、多选等情况；再者，活字一般制作成方块状，这样，在排列活字的时候，横放或倒放的可能性都存在。

如果有人辩难说错、缺、漏这三种错误在雕版印刷中同样也不能杜绝，那么，

[①] 佟春燕：《典册流芳——中国古代印刷术》，第17页，北京，文物出版社，2017。
[②] （明）陆深：《金台纪闻丛书集成初编》，上海，商务印书馆，1937，引自张立明：《中国封建时期雕版印刷术与活字印刷术的范式》，载《大观周刊》，2013（10）。
[③] 潘吉星，《中国、韩国与欧洲早期印刷术的比较》，第61页，北京，科学出版社，1997。

活字印刷的谬误有很多是如横放和倒放这样，放置在书中非常明显的错误。这样的错误难免成为活字印刷品在中国社会，特别是知识分子圈子中推行的阻碍。尤其是在活字印刷刚刚问世的宋代，活字印刷技术不成熟，检校工艺没有完全确立，这样的讹误难免更多。

对于活字印本文物中的横放、倒放现象，我们略举几例如下：除了下面三张图片所展示的谬误之外，1991年在宁夏贺兰山拜寺沟方塔废墟出土的西夏文印本《吉祥遍至口和本续》中也有汉文数字反放的现象。[①]即使在活字印刷技术趋近成熟的明代，其印制出的活字印刷品也难免产生这样的错误（见图1、图2）。又如《太平御览》中"死"字横放，《诗经质疑》中"质"字反放。[②]

2. 印刷品的易读性

印刷品的印刷效果，同样是其印刷水平的评价标准之一。字迹清晰工整、字体统一、字块大小基本一致、横平竖直，应该是一份优秀的印刷品的基本要求。但这对活字印刷的要求就非常高了。

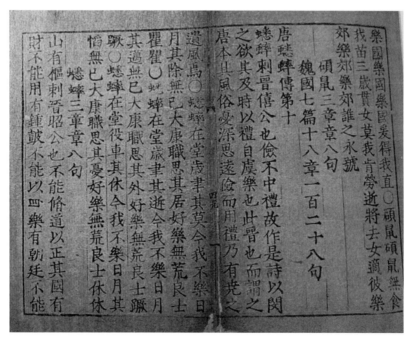

图1　明　木活字本《毛诗》[③]

[①] 陈力：《中国古代活字印刷术新论（上）》，第9页，由于西夏与宋代时间相近，且其印刷技术是由中原传入的，故可以从侧面反映当时中原印刷品的质量。
[②] 张秀民著，韩琦增订：《中国印刷史（下）》，第536页，杭州，浙江古籍出版社，2006。
[③] 引自张秀民著，韩琦增订：《中国印刷史（下）》，第538页，杭州，浙江古籍出版社，2006。注意末列"自"字横放。

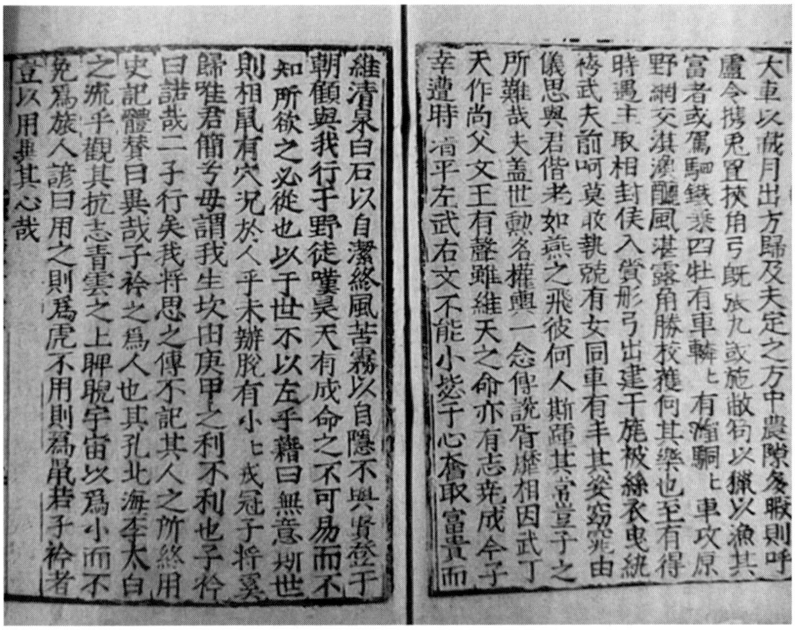
大車以蔵月出方歸及夫定之方中農隙多暇則呼
盧令携兎罝挾角弓既張九或施罭罟以獵以漁其
富者或駕駟鐵䮐四牡有車轔々有騆々車攻原
野網交淇澳醴風湛露角勝校獵何其樂也至有得
時遇主取相封侯入賞彤弓出建干旄被綠衣曳絖
傍武夫前呵莫敢執䖍有女同車有美其姿窈窕由
儀思與君偕老如燕之飛彼何人斯躡其當豈子之
所難哉夫盖世勳名權輿一念傳說脊膂相因武丁
天作尚父文王有聲雖維天之命亦有志竟成今子
幸遭時清平左武右文不能小毖于心奮取富貴而
維清泉白石以自潔終風苦霧以自隱不與貴登于
朝顧與我行于野徒嘆昊天有成命之不可易而不
知所欲之必從也以于世不以左手籍曰無意期世
則相鼠有穴况於人乎未辦脫有小々戒冠于將冥
歸唯君簡兮母謂我生坎由庚甲之利不利也子衿
曰諾哉二子行矣我將思之傳不記其人之所終用
史記體贊曰異哉子衿之爲人也其孔北海李太白
之流乎觀其抗志青雲之上睥睨宇宙以爲小而不
免爲旄人諺曰用之則爲虎不用則爲鼠君子衿者
豈以用棄其心哉

图2　明　木活字本《鹤林玉露》[①]

在墨迹方面，如果活字排成的版面本身不平，印刷出的字迹则会存在墨迹深浅不同的现象。但是，要想严格地统一成千上万个活字块的高度是非常困难的。需要特别指出的一点是中国古代所使用的活字块大多都是雕刻而成，而非金属铸就，这样的话，此类问题就更难以避免了。另外，活字块非铸却雕，这使得数以万计的活字块本身的整体风格、笔画粗细难免产生区别，这也加剧了上述问题的凸显。

在排版方面，将文字排列整齐也是一个不容忽视的因素。活字块若是制作时就良莠不齐，文字在活字块中不能够完全对正，那么印刷的时候就会造成文字的歪斜。这与雕版印刷相比同样是一个巨大的劣势。

这两个特点，同样成为了早期活字印刷品的鉴定依据之一。孙寿岭先生就曾指出：西夏佛经印本《维摩诘所说经》“印墨有轻有重，经背透墨深浅有别”“有的字体歪斜，还有的字，因字模放置不平，印出的字一半轻，一半重。”[②]史金波先生也指出该印本一部分的字笔画不甚流畅，边缘不齐整，笔端圆钝，缺少尖锋，有断残现象；有些字行列不直，有明显弯曲现象，印刷墨色不匀等特点。[③]

① 张秀民著，韩琦增订：《中国印刷史（下）》，第 539 页，杭州，浙江古籍出版社，2006。注意右起第三列“駁”字倒放。
② 孙寿岭：《西夏泥活字版佛经》，载《中国文物报》（北京），1997（1），转引自方晓阳，吴丹彤：《印刷》，第 64 页，郑州，大象出版社，2009。
③ 史金波：《现存世界上最早的活字印刷品——西夏活字印本考》，载《北京图书馆馆刊》，1997（1），转引自方晓阳，吴丹彤：《印刷》，第 64 页，郑州，大象出版社，2009。

要避免这样的问题,雕版印刷只需要让写工有一些书法的排列布局意识(见图3),且让木匠将待书写的雕版打磨平整即可。但活字印刷则不然,人们要么降低印刷品的质量,要么将活字块的制作工艺精细化,但后者又会使得活字的制作难度增大,制作成本上升。

图3 北宋 回转式佛经《佛说观无量寿佛经》[①]

相比之下,雕版印刷经过唐与五代的发展,到宋代已经成为了一门熟练的印刷技术。宋代的雕版印品字体优美、版式疏朗、简洁美观,插图设计精美,达到了很高的艺术水平,[②]成为中国古代印刷品的典范。现展示两幅宋代雕版印刷品如下(见图4、图5):

但是,存在相应问题的活字印刷品却不在少数。我们举三例如下(见图6至图8):

---

① 图片引自网站:
http://baike.baidu.com/cms/s/museum/v2/uploads/2%E5%8C%97%E5%AE%8B%E4%BD%9B%E8%AF%B4%E8%A7%82%E6%97%A0%E9%87%8F%E5%AF%BF%E4%BD%9B%E7%BB%8F%E6%B4%BB%E5%AD%97%E5%8D%B0%E6%9C%AC%E5%8E%9F%E5%B0%BA%E5%AF%B8.png,图片左上角处,"金刚"二字左上方"色"似为横放之谬。
② 佟春燕:《典册流芳——中国古代印刷术》,第35页,北京,文物出版社,2017。

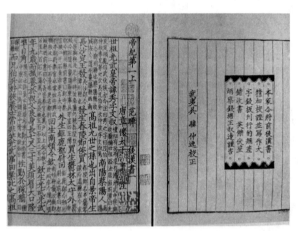

图4 《大般若波罗蜜多经》卷第一百三十一，宋 湖州思溪圆觉禅院刻大藏本①

图5 钱塘王叔边刊《后汉书》牌子② 图6 1490年华燧铜活字印本《宋诸臣奏议》③

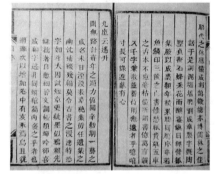

图7 西夏《华严经》④ 图8 道光甲辰（1844年）泾县翟金生《泥版试印初编》⑤

---

① 图片引自：张秀民著，韩琦增订：《中国印刷史（上）》，第112页，杭州，浙江古籍出版社，2006。
② 图片引自：张秀民著，韩琦增订：《中国印刷史（上）》，第125页，杭州，浙江古籍出版社，2006。
③ 引用网站：https://zh.wikipedia.org/zh-cn/%E6%B4%BB%E5%AD%97%E5%8D%B0%E5%88%B7%E6%9C%AF，注意印品中"朝"字，"会"字和"修"字墨迹浓重，"成功"二字歪斜等特点。
④ 引用网站：https://www.douban.com/note/681141587/?type=collect，注意印品墨迹不匀，行列歪斜等特点。
⑤ 引自张秀民著，韩琦增订：《中国印刷史（下）》，第584页，杭州，浙江古籍出版社，2006。注意印品墨迹不匀，行列歪斜等特点。

3. 知识分子对于印刷品的其他诉求

雕版印刷之精美，亦正如美国研究中国史学的学者恒慕义所言："中国人比西欧人重视雕刻上所能保存的优秀书法。因为在各城市里，都有精巧的写工与刻工；想刻书的人，尽可选择他所喜爱的字体，请他们雕刻印行出来。那雕版上能刻出各种不同的风姿，使印出来的每页书都能有区别而独具作风。这是只求一律的活字印刷所不能有的。"①

到了宋代及以后，印刷术迅速发展，书籍的内容也逐渐变得丰富，而不再只是单纯的文字记录。字体和字号的多样性、各式各样的小字疏注，以及鱼尾、句读等独具特色的各种标记和佛经中文字的不同排列方向，都是提升书籍审美价值的加分点。这样的特点在雕版印刷中很容易实行，只是给写工增添了一些工作量而已，但对活字印刷可谓是困难重重。毕竟，如果活字块多制作一套字体，或是多制作一套字号，制作成本就要翻番。

更加凸显雕版印刷优势的是，雕版印刷可以通过字与字之间的连笔和文字整体排版的布局将书法的连贯美与气势美展现出来，这便是雕版印刷品超越文字记载功能而存在的更深层次的书法价值；当读书人署名时想要写"小字"②的时候，雕版印刷也可以办到；雕版印刷品上的插图和版画制作也不是一个难题。但是，如上种种特点在活字印刷看来却是一个个难以逾越的鸿沟，甚至有的困难是无法通过任何可行的手段来解决的（见图9）。这些都让活字印刷品看上去更加生硬呆板，难以具有像雕版印刷品那样更深层次的艺术审美价值。

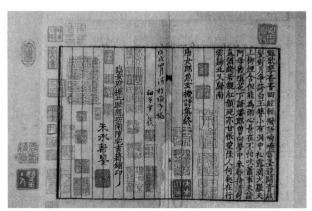

图9 南宋后期临安府陈宅书籍铺刊《唐女郎鱼玄机诗》③

---

① 转引自朱琴：《试论中国古代活字印刷发展迟缓的原因》，载《中国出版》，2002（5）：42。
② 如：古人书写自己名字时常将其写得很小，字与字之间笔画重叠交错，以示谦意。
③ 图片引用自：张秀民著，韩琦增订：《中国印刷史（上）》，第130页。注意该雕版印刷品中不同种类的字体、单鱼尾以及书写者对"印"字的豪迈写法，这样的特点展现的是雕版印刷品的魅力所在。

二、印刷的工艺流程——可行性的逼迫

一种先进的工艺就算是拥有超越时代而独具匠心的想法，如果难以实行，也会沦为纸上谈兵的理论。所以说，我们也需要考虑到两种印刷术在可行性上的对比。

1. 对劳动力素质的不同要求

书法艺术与雕刻技术在中国盛行已久，并作为一种文化深深根植在中国人的血脉里，正如前文所引的恒慕义先生所言，中国也不缺少技艺精湛的写工与雕刻工。

虽然雕刻的活不轻松，但它并不需要任何文化基础，人们只要勤加练习就能掌握，故普适性很广。相比之下，活字印刷最复杂的流程——排字，则明显需要读书人来做。因为在数十万个活字块中寻找对应的活字块的工作非读书人做不可。即便人们想出了一定的办法：毕昇的办法是将活字按韵的顺序贴在纸上存于木格内，[①]而元人王祯发明了按韵律检字的转轮排字架[②]。不管怎样，找字的方法原理都是以"韵"寻字，这就要求寻字工匠必须要认得每个字怎么读，换句话说，他得是个会认得大多数字的读书人。

但我们难以想象，古代的读书人会放下自己的书生架子去干这样的累活。毕竟，在印刷术的鼻祖雕版印刷中，刻工的社会地位同其他手工业工匠一样低下。[③]在"万般皆下品，唯有读书高"的社会环境中，读书人应该更愿意为雕版书写文字，借此留下自己墨宝的工作。一言以蔽之，活字印刷对劳动力教育素养的需求更高，但工作内容却不太受所需要的劳动力喜欢，因而会遭遇到更多的困难。

2. 工艺流程的复杂度

我们在之前已经提到，雕版印刷的流程思路清晰简单，概括起来就是将阳文在纸上写好，转贴至雕版上，然后雕刻出对应的阳文，再刷墨，覆之以纸张印刷。但是，活字印刷就不同了：

活字印刷的工序多，操作要比雕版烦琐。按金简《钦定武英殿聚珍版程式》的记载，印刷的工序计有：摆书、垫版、校对、印刷、归类、逐日轮转。其中尤以摆书、校对、归类最繁，要求也最严，稍有不慎，就会造成重大损失。[④]

其中，最烦琐的工序无疑是摆书、校对和归类。摆书与归类两工序不仅理论方法复杂，需要工匠掌握在几万个活字中按韵查字的方法，而且工作量极大。正如前文所言，这两项工序对精力和文化的要求非常高，稍不留神就会出错。而校对工

[①] 罗树宝：《中国古代印刷史》，第273页，北京，印刷工业出版社，1993。
[②] 张秀民著，韩琦增订：《中国印刷史（下）》，第549页，杭州，浙江古籍出版社，2006。
[③] 罗树宝：《中国古代印刷史》，第180页，北京，印刷工业出版社，1993。
[④] 朱琴：《试论中国古代活字印刷发展滞缓的原因》，载《中国出版》，2002（5）：41。

作虽说理论上不需要很高的文化基础，但是一个字一个字地审校亦不是一件轻松的事。这样的工作如果用机器代替，可谓是事半功倍。可惜，限于社会文化环境，这样的伟大创造没有出现在中国。

三、不同的文字形式和一定的社会背景带来的成本差异

活字印刷成本上的主要困难在于活字的制作，它既费时，又费力，还费财。况且在中国古代，活字块通常是用雕刻制成而不是铸造而成的，这就使得制作活字块的时间成本与金钱成本更加高昂。事实上，很多制作活字的古人付出了自己很多的心血：

元代王祯请工匠刻制木活字3万个，竟用了2年时间；清代翟金生"以30年心力造泥字活版数成10万"；清代福州林春祺花费20多万两银子，辛苦20多年，才制成铜活字块40多万个，他感叹说："为之实难，成更不易，中间几成而不成者屡矣！半生心血消磨殆尽。"[①]

中国汉字作为一种象形文字，在书写文字中，本身就有数量庞大的单字。于是，如何凑够资金制作数以万计的活字块成为了活字印刷的一大难题。事实上，在乾隆时期，武英殿集中国家力量进行了一次大规模的木活字印刷，用时3年之久，制得大小木活字共计25万多个，试印图书30余种。虽然木活字相比铜的便宜了不少，但是制作活字等基础工作还是花去了朝廷2 000多两白银（要知道，当时一两白银可换数百乃至数千斤米）。[②]这样的开支绝不是普通民间作坊能够承受的。相比于汉字，西方的拉丁文属于字母文字，人们如果想印刷字母文字的书籍，所需要的活字种类也就几十种，只要保证数量充足即可，其制作的时间成本与金钱成本自然要低很多。

另外，中国古代的社会文化环境本身也决定了一本书籍发行量的上限。对于经典古籍，如"四书""五经"之类，人们往往有保存完好的雕版可以随时付诸印刷，且印刷出来的书籍质量往往很高，但新书往往发行量不大，沈括自己都说："若止印三二本，未为简易。若印数十百千本，则极为神速。"[③]这样，活字印刷在印刷量大时独有的时间成本和空间成本的优势难以被体现出来。在西方，《圣经》几乎成为了每个基督徒的必备书籍，且雕版技术并没有形成一种强有力的垄断，这样的特性就给予了活字印刷术在西方发展的活力。

---

① 邓亚萍：《我国古代活字印刷术发展缓慢原因探析》，第18页，《广东印刷》，1998（4）。
② 罗树宝：《中国古代印刷史》，第386~394页，北京，印刷工业出版社，1993。
③ （北宋）沈括著，胡道静校证：《梦溪笔谈校订》，第447页，上海，上海人民出版社，2016。

四、中外文明对于活字印刷术的态度——文明兴衰的轨迹

关于活字印刷术在中国与在欧洲的不同命运，有一点值得指出的是，活字印刷本身带有一种机械化和工业化的思想。这样的技术明显更适合在西方生根发芽、发展壮大，而不是在古代中国。在西方印刷机发明者——古登堡所处的年代，欧洲已经有许多机械雏形产生。有关古登堡活字印刷机的，正如下文所言：

> 它（古登堡发明的印刷机）从一开始就是一台精密的仪器。它的冲压机制可能得益于欧洲更早被葡萄酒酿造业采用的螺旋冲压机。金匠出身的古登堡自己发明了易铸且耐用的铅活字作为字模，还发明了专门的印刷油墨。这一整套设备使得整套印刷流程省力且高效。①

如果说拉丁文字的特殊性决定了它是一种易于活字印刷的文字，那么古登堡所在年代的机械化和工业化的浪潮，以及新式技术的创新氛围，是进一步推动铅活字印刷机械出现的外因。

总之，对比地来看，汉字本身的象形特性已经限制了活字印刷术在中国能够达到的高度，加之当时社会"重农抑商"的政策，以及雕版印刷技术的成熟，中国古代社会中活字印刷术不敌雕版印刷术似乎是历史的必然。古代中国，小农经济的基本体系已经决定了社会生产力所能达到的上限。但是，历史上正是由于隋唐五代的中原战乱，江南一带和四川盆地一度成为天下繁华之地，两宋的文化事业也空前昌盛，这样看来，活字印刷的出现似乎也是历史的必然。然而，我们中国人，似乎总是有着一种"尚古"的情结。这种情结最直接的结果就是，人们似乎更倾向于接受既有的东西，而非新鲜的事物。这何尝不是绵延数千年的传统封建制度对整个民族思想的僵化？老祖宗开创的社会制度，自秦以来，传承至清两千多年岿然不动。制度稳定性的背后，暗藏着的却是其僵化与落后的危机。反映在具体事实上，便是国力渐衰，逐渐落后于世界潮流。中西文明兴衰的轨迹，也就此发生改变。

6. 教师对学生终稿的反馈信

唐枭同学雅鉴：

写作课自春徂夏，我们共同经历了一段"一舸凌太虚，悠然近唐宋"的寻问时光。在回稿信这样具有仪式性的文本中，要郑重地说：感谢我从教以来收到最详尽的一封改稿信。

首先要充分肯定的是，你的问题意识是非常敏锐的，我们大都了解宋代的活

---

① 胡翌霖：《人的延伸——技术通史》，第38页，上海，上海教育出版社，2020。

字印刷术，但何以在漫长的近古中国没有得到推广，这是一个实实在在值得探讨的问题。你将长文有关印刷术的研究定位成考证性写作是很有道理的，此文确实需要大量的实证，诚如你所说，"如果提出了一种想法，最好能有一些实物资料加以印证"，我自己在进行学术研究时，也对此理念多有应用，并总结了一句心得："对文物保有温情，对学说秉持理性。"

长文终稿对长文初稿进行了超过300处修订，诸多学术写作的关键部件都有较大的改进提升：标题改为一个问题意识聚焦的提问，效果不错；摘要整体修改后，能够比较雅洁地概括出全文的主要研究内容。如果要正面回应这个"书籍史之问"，在每个角度的分析时，需要纵向深挖、掘井及泉，在每一分支方向都分析出"实锤"般的观点，而不宜平面散点地铺开。例如，倘要分析雕版印刷的艺术性效果，就需要考虑宋代士大夫对书法美的讲究，进而比较雕版和活字版在每页印刷中的笔意连贯问题（显然，单个活字拼版而成的印刷并无笔意连贯可言）。再如，在分析到中国古代活字印刷技术始终未臻成熟时，可深入到活字印刷所要求的高技术含量因素（比如油墨的局限、金属汉字活字无法铸造只能雕刻，等等）。

就学术写作的选题定位而言，本文近似于总结前人观点、参酌己见的集成性研究，对我们走进并思考这一"书籍史之问"有很好的参考价值。本文如果追求提升的话，可以深入到文本"物质性""物质文明"层面去考虑。在宋代，雕刻而成的书版，会被看作是重要的物质性遗产，在官方库序、私家宗庙书塾中保存并继承。相比较而言，活字印刷在一版印完后便拆散，文本传播的"母文本"就此消失，这在古代重实物、重传承的文化心理层面，也是很难被接受的。另外，有一些重要的书籍史研究专著，如张秀民的《中国印刷史》、苏精的《铸以代刻》等，可以继续参酌思考。

后面如有一些人文类的写作，甚至文学创作，我期待一直做你的读者。我每学期也都会组织一些课后的活动，比如诗钟、文字写生、掩卷游学、现地访古，等等，期待着你的加入，再得浮生半日闲。永葆理性与诗心，前路珍重！

专此奉复，并祝

夏日安好

李成晴
（日期略）

主题：从《聊斋》到《山海经》
同人文化中妖怪形象的二次重构
——以东方Project为例

指导教师：晏冰　学生：刘天晟[*]

1. 主题概述：从《聊斋》到《山海经》

也许《聊斋》电视剧曾经是你的"童年阴影"之一，也许你还记得每年寒暑假电视里循环播放的《西游记》，也许你看过近年来的电影《姜子牙》、漫画《狐妖小红娘》……

妖怪在中国文化中有着悠久的历史。《聊斋志异》和《西游记》也许可以被视为中国妖怪文学的两部巅峰之作，但古代有关妖怪的描述远远不止于此，唐传奇、六朝志怪等都不乏名作，而早期的妖怪记载更是可以追溯到《山海经》这部"古今语怪之祖"。如今，接受过良好的科学教育的人们也许不再相信世间真有传说中的妖怪，可有关它们的故事仍然能引起许多人的兴趣。同时，现代科技的发展也给妖怪形象、妖怪故事的创作和传播提供了更多可能。游戏、影视、网络小说……在许许多多地方都能找到妖怪们的身影。

什么是妖怪？它们是人类对未知事物的理解和想象，还是人类自身精神世界的投射？"妖怪"的概念是无可争议、一成不变的吗？文人们"谈狐说鬼"是对现实的逃避吗？究竟是什么在吸引他们，他们又究竟在谈论什么？透过妖怪故事，我们能看到人们的哪些欲望与恐慌？这些故事又是如何被传播、接受、又重新演绎的？从《封神演义》到《王者荣耀》，妲己形象的演变能引发我们哪些有关性别的思考？在这门课上，我们将一起回顾、思索和探讨有关妖怪的历史与文化。

2. 案例概述

本案例属于写作课的短文，是学生在课程前半程完成的"早期写作"。作者能够结合课程主题，从自己的兴趣出发，选择一个有一定新意的话题和不太常见的研究对象。这样的选题是值得鼓励的。作者对于同人文化以及所涉及的作品有一定的了解，并且有自己的思考和见解。这为写成一篇言之有物的文章提供了一个较好的基础。

然而，在初稿阶段，文章在执行方面并不十分成功。这主要有两方面的原因。首先是读者意识的不足。读者意识要求我们能够跳出作者中心的思维方式，关

---

[*] 晏冰，清华大学写作与沟通教学中心教师；刘天晟，清华大学航天航空学院2018级本科生。

注读者是否能够清楚、准确地理解文章内容，以及是否能被文章说服。而本文初稿在这两点上都有欠缺。在选择了相对新颖的研究对象后，作者意识到了同人文化以及所涉及的具体案例可能并不为所有目标读者所熟悉，因此需要文章提供必要的介绍、说明和铺垫。然而在实际写作的过程中，作者看似提供了不少信息，却讲得重点模糊、不得要领，表达上也不够讲究，于是，虽然做了介绍，却仍然有可能把读者搞得云里雾里。究其根本，作者在这一阶段具备了一定的读者意识，知道"需要给读者提供信息"，但还没有真正转换视角、设身处地地为读者着想，没有真正思考"为了理解我接下来的讨论，读者需要掌握哪些信息"，以及如何帮助读者快速、准确地从文中获取这些信息。此外，作者对所写话题有兴趣，想要和读者分享自己的想法，但在初稿中，存在一定的论断积极而论证不足的情况，进一步体现出读者意识的欠缺。说理文最为重要的功能之一是说服，而说服必须是面向读者的。作为作者，我们需要认识到，"我说了"不一定等于"读者懂了"，"我说了"也不一定等于"读者信了"。

其次是结构思维的不足。文章在谋篇布局方面尚不够完善，不同段落的写作目的、前后文之间的逻辑关系都存在着一些不够明确之处，这使得文章整体在均衡、紧凑、连贯上仍有进步空间。一篇文章的结构背后是作者的写作思路。在打磨结构时，仍应回到对研究问题和写作动机的再次明确上，并由此出发，考察文章中各部分内容如何服务于对所研究问题的分析。

经过初稿反馈和与教师一对一的面谈，作者对文章作出了一些相应的调整。在修改过程中，作者对说理文写作，尤其是说理文写作中的读者意识有了更清晰的认识，对自己的写作能力也有了更强的信心。虽然文章在理论性以及与学术界的深入对话方面仍有更多可以做的工作，但考虑到短文阶段时间、篇幅等方面的限制，相对于初稿，终稿在质量上仍有较为明显的提升。

3. 含教师修改过程的学生初稿全文

同人文化中妖怪形象的<u>二次重构</u>
——以东方Project为例

【逻辑论述】对于文章来说，这看起来应该是一个重点。"二次重构"具体指什么？文章是否帮助读者快速、准确地理解了这一点？正文中对"二次重构"这一重点是否有明确的强调或体现？

妖怪故事是当代日本动漫文化一大素材来源。在日本动漫作品中，九尾狐、河童、天狗等妖怪形象不胜枚举，且备受读者青睐。①日本地处东亚文化圈,是我国一衣带水的邻国,因此日本妖怪文化受到了中国妖怪文化的显著影响。相当多作品直接取材于《山海经》《西游记》等中国志怪、神魔作品。②③针对日本动漫作品中妖怪形象的形象特征、文化基础、加工方式等已有较为充分的研究,④⑤⑥具有较强的拟人化、世俗化、本土化倾向。

【逻辑论述】【谋篇布局】这句话出现在这里是否有明确的目的?

【谋篇布局】选择这样的开头方式有怎样的目的?

同人文化是日本动漫文化的重要组成部分。同人创作是指某原创作品的粉丝依托该作品背景、人物等为基础,对原作进行的改编与再创作。同人文化是包含同人创作者、受众和作品的文化圈子。同人文化的特征目前已经有较多研究。⑦⑧总体来说,互联网是同人文化产生的基础。论坛、群组、贴吧等平台使得粉丝交流成本显著下降,为同人文化创造了物质条件。与其他粉丝群体显著不同的,除了讨论原作剧情外,同人圈内粉丝对创作有高涨的热情,乐于在原作世界观上构建新的作品,并在圈内传阅。同人圈内大量粉丝既是创作者,又是欣赏者,在创作中,粉丝会有意无意地将自己对作品的理解融入同人作品中去,并在同人文化圈中进行活跃、充分的交流、评价、讨论。这一行为改变了围绕原作进行讨论的单极格局,使得创作与欣赏都趋于多极化,最终铸就了同人文化圈一致的群体意识。同时,由于同人文化本质上是基于原作的二次创作,因此阅读原作是进入文化圈的必要条件,造就同人文化的内闭性。一言以蔽之,同人文化圈是一种以二次创作为主要活动,具有丰富创造力和统一群体意识的亚文化圈子。

【逻辑论述】为什么?可能需要更多解释。

【语言文法】具体指什么?如何帮助读者准确理解?

当今的动漫文化借用了妖怪的形象,为妖怪文化带来了新的生机,而同人创作作为动漫作品基础上的二次创作,是同人文化圈群体意识的直接体现。同人文化圈粉丝对于妖怪形象的创作,促进了妖怪形象在从历史传说转化为原作形象后的二次重构。妖怪形象的

【逻辑论述】这里想要表达的是什么?重点关注的是动漫文化、妖怪文化,还是同人文化?这一段主要想谈什么?是否在谈同一件事?

---

① 刘克华、郑琳:《日本动漫作品中的狐妖形象》,载《新美术》,2018(9):127。
② 郭晓晓:《试论日本动漫的中华文化元素》,载《华夏文化》,2014(1)。
③ 吴弋斐、于仰飞:《中国〈山海经〉与日本动漫妖怪文化研究》,载《视听》,2020(12)。
④ 刘苑熙:《日本动画作品中〈山海经〉妖怪形象的艺术特征探析》,载《大观(论坛)》,2019(11)。
⑤ 王晶:《日本动漫中妖怪造型设计的应用研究——以人形类妖怪造型为例》,硕士学位论文,山东师范大学,2015。
⑥ 秦琼、胡婷婷:《日本动漫形象的文化基础探源及启示——以妖怪形象为例》,载《黄冈师范学院学报》,2013(2)。
⑦ 王敏:《网络同人文化解读》,载《东南传播》,2010(8)。
⑧ 尤静芳:《动画同人创作的传播研究》,硕士学位论文,苏州大学,2012。

变迁是妖怪研究的主要脉络,研究同人文化圈中妖怪形象的二次重构,是对当代人妖怪印象的直接还原,对于研究妖怪形象在当代变迁的规律、全面了解妖怪文化在当代印象的构建有重大的意义。而目前该方面研究较为匮乏,故笔者通过分析著名同人创作集体"东方Project"中妖怪上白泽慧音形象的变迁,尝试归纳同人文化对妖怪形象二次重构的偏好。

东方Project原作是由太田顺也(ZUN)主导的日本同人社团"上海爱丽丝幻乐团"所制作的一系列以弹幕射击游戏为主的游戏。其主要剧情为主角在架空世界"幻想乡"与引起"异变"的妖怪战斗,并最终化敌为友的故事。①由于世界观较为自由、人物众多而设定适当留白、制作方对同人创作限制较少、管理宽松等原因,有众多平台进行二次创作。又因为本作品大部分角色均为妖怪,因此在此作为案例加以研究。

本文讨论的角色"上白泽慧音"是以中国传说中的瑞兽"白泽"为原型的妖怪,是初登场于《东方永夜抄》的高人气角色。

图1　北京南苑苇子坑明墓出土的白泽补纹样复原图②

白泽在中国古代神话中的形象是较为简单的。白泽早期记载大体相似,其特征为"能言语,通万物之情,知鬼神之事",知晓天下万物、所有鬼神之事,贤君执政时出现。黄帝托其绘画一切鬼怪,后人假托该神话作《白泽图》。③④自唐代以降,白泽被形象化,作为官方认定的纹样,其形态不一,但均为具角兽。⑤

---

① 朱子冉、李荣发:《浅析我国当代同人文化的重构现象——以"东方Project"为例》,载《牡丹》,2019(23)。
② 黄能馥、陈娟娟:《中国服饰史》,第434页,上海:上海古籍出版社,2004。
③ 孙文起:《〈白泽图〉与古小说志怪渊源》,载《哈尔滨学院学报》,2007(10)。
④ 周西波:《〈白泽图〉研究》,载《中国俗文化研究》,第一辑,成都,巴蜀书社,2003。
⑤ 何凌霞:《"白泽"考论》,载《云梦学刊》,2013(6)。

图2　上白泽慧音人物立绘，左侧为兽人状态，右侧为人类状态

而在东方Project中，角色"上白泽慧音"是拥有渊博知识和聪颖头脑的角色，具有吞噬和创造历史的能力，这是对于白泽"同万物之情，知鬼神之事"能力的演绎。而在形态上，上白泽慧音可以在人类和兽人形态间进行切换，兽人形态头顶生有牛角。性格上，上白泽慧音非常喜爱人类，虽然有些固执和不近人情，但内心善良。总而言之，原作中上白泽慧音继承了白泽知晓万物的特点，并进一步成为具有改变历史能力，继承了角的外观和瑞兽的设定，并赋予了角色近人的性格。【语言文法】句子是否足够通顺清晰？主语是否统一？文中语言表达方面类似这样的问题可在修改时更仔细地检查。

而在同人作品中，二次创作充分地丰满了角色的性格。由于其能力为改变历史，该形象具有了研究和教授历史的爱好，每日编撰历史。从喜欢人类延伸出了平日居住在人类村庄内教授历史。而在人类和兽人形态之间切换也有了在满月变成兽人状态，一口气完成积攒的工作的演绎，这显然借鉴了西方狼人的传说。牛角也有了实在的功能，被粉丝设定为会在愤怒时对其他角色使用冲撞。总体上对原作和古籍的设定进行了进一步的完善利用。【逻辑论述】是否同人作品都有这样的设定？

上白泽慧音与其他角色的关系网络也被极大地强化了：与同样爱护人类的角色"藤原妹红"关系良好，甚至暗生情愫；教导幻想乡中脑子不灵光的妖怪，但时常发火，这些联系对人气的提升有明显的帮助，使得她在各类同人作品中成为了常客。【语言文法】【逻辑论述】对谁人气的提升有明显帮助？为什么？

总体来说，上白泽慧音这一角色原型"白泽"的设定是单薄的，仅有寥寥数字和简单的形象。中国妖怪形象往往出现于以《山海经》为代表的博物类古籍，而丰富于后世以《聊斋志异》为代表的志怪小说，白泽这一形象因为种种原因，并未被文人作为创作的蓝本，因此并未成为怪谈故事的主角。而东方Project原作完成了对这个角色的重新挖掘，并加以一些有新意的设定。而其热度的上升则要归功于同人创作。

【语言文法】连续使用了"而"。用词可以更加讲究。

事实上，上白泽慧音的人气与其二次创作的成功是分不开的。喜爱人类这一源于瑞兽的设定，为这个角色与其他角色之间产生联系提供了可能性，这是二次创作的好基础。而二次创作的功能就是为这个角色添加骨肉：爱好、日常工作、人际关系，使得这个角色具有更多个性。妖怪文化当代印象构建的特点就在于此。妖怪从博物古籍中的奇物变成了可以交流的对象，被赋予了更多的人性。妖怪，从怪物到人，正与从《山海经》到《聊斋志异》的历史发展脉络不谋而合。而二次创作在很短的时间内走完了这一过程，这要归功于同人文化圈的活跃和网络空间交流的便利性。

【谋篇布局】似乎一再重复这一点多次后才作出解释。

【语言文法】指什么？

从结果上来说，一个在中国传说中人们颇为陌生的形象，成为了动漫、同人作品中的高人气角色，这本质上是有助于保存传统妖怪文化的，虽然范围只限于同人圈子内。虽然一些声音会指责这种现代化会破坏传统文化和其严肃性，但笔者并不认同这种观点。确实二次创作会消解作品的严肃性，如在本文中，白泽有了狼人满月变身的特点，和来源于日本民间故事、西方故事的妖怪打得火热，这未免有些滑稽。但是传统文化从不应该是存在于博物馆中的，被人们了解和欢迎显然更加重要。而且志怪小说风靡的原因正是其娱乐性，对于妖怪文化的发掘和二次创作，是应该理性判断的。

总体点评：

文章的思路还可以进一步梳理。我们可以回到"这篇文章具体想要做什么？为什么要做？"这个问题，一个清晰、明确、具体的答案是打磨思路的根本，它决定我们的文章需要怎样的开头、应当落在何处。文章的每一部分也都应该是为文章整体的研究问题服务的，所提供的信息也应当是必需且重点突出的——我们可以常问自己"我为什么写这一段"。此外，围绕着对研究问题的分析，我们还应多问自己前后文之间的关系是怎样的，注意结构、顺序的安排以及与思路的匹配。

另一个需要注意的问题是读者意识。一方面，介绍的目的是让读者能够理解文章在讨论什么、跟上作者的思路，因此应当注意有目的、有重点地提供阅读本文确实需要的信息和给出必要的解释，并且做到表达的准确、清晰；另一方面，说理文的重要功能之一是说服，不仅仅要告诉读者我们是怎么想的，更要让读者看到"为什么我应当信任作者"。这首先需要我们自己清楚文章重点想要说服读者什么。例如，如果"二次重构"是文章的重点，那么作者需要让这一重点在正文中清晰突出，有足够的"存在感"，且让读者在阅读文章时能够清楚地理解文中的"二次重构"是指什么、是否应当与"二次创作"等说法混用。其次，我们也需要注意文章中思路的连贯、逻辑的清晰，注意为我们的观点提供足够可靠的支撑。需要注意的是，一些想法在我们脑子里，不等于读者一定能够看清楚，也不等于读者一定会相信我们。

4. 学生的修改陈述信

晏冰老师：

您好！我是航天航空学院的刘天晟。

我短文修改后讨论的主题不变，但在行文逻辑上和论证方法上进行了较大幅度的调整。与老师讨论后，我的初稿存在如下问题：详略不当、论证思路跳脱、语言描述具有歧义。在背景描述部分对思路进行了调整，增强了段间的逻辑联系，并对语言进行了精简。在案例分析部分，我进行了更深入的分析，使得得到的结论更加完善。确实，我的写作技巧比较欠缺，但这次修改我尝试解决了一些问题，尤其在段间逻辑联系上进行了较大的调整，至少不像在写初稿时有在撰写学术垃圾的感觉，也对于把终稿交给老师有了一点信心。但目前我的终稿对于最后价值判断的引入仍觉得逻辑上不够连贯，例证阶段后的总结论证还可以具有更加清晰的结构。希望能有机会再跟老师交流一次，对这次修改作出评价，再次打磨文章。

此致

敬礼

刘天晟

（日期略）

5. 学生终稿全文

同人文化中妖怪形象的二次重构
——以东方Project为例

当今的日本动漫作品大量地从妖怪故事中寻找灵感。在日本动漫作品中，取材自九尾狐、河童、天狗等的妖怪形象不胜枚举，且备受读者青睐。① 为了满足受众的需求，创作者往往选择对妖怪故事在当代背景下进行某种程度的重构，使之更加拟人化、世俗化、娱乐化和本土化。②③④

同人创作是指某原创动漫作品的粉丝依托该作品背景、人物等为基础，对原作进行的改编与再创作。同人文化是包含同人创作者、受众和作品的文化圈子，是日本动漫文化的重要组成部分。动漫作品是同人创作的原料，取材自妖怪故事的动漫作品，在其基础上的同人创作中必然出现对妖怪形象的二次重构。

原作形象二次重构的方式是同人文化圈群体意识的直接体现。对于同人文化的研究表明，同人圈内大量粉丝对创作有高涨的热情，他们既是欣赏者，又是创作者。⑤⑥在创作中，粉丝会将自己对作品的理解融入作品中去，并在同人文化圈中进行活跃的交流、评价、讨论，而受圈内粉丝广泛欢迎的同人作品将被作为创作的蓝本。在这种集体创作、评价、借鉴的快速迭代中，最符合同人文化圈内粉丝共同期望的故事模式逐渐被提出并固定，最终铸就了同人文化圈一致的群体意识。

妖怪在当代形象与未来形象的变迁是妖怪研究的重要部分，而同人文化圈中妖怪形象的二次重构反映的是圈内粉丝对妖怪形象的共识，对粉丝妖怪印象的塑造有不可忽视的作用。但目前，对于同人文化中妖怪形象的二次重构研究较为匮乏，故笔者希望通过一次实例研究，分析妖怪形象二次重构的一些特征。同时，对于妖怪形象的世俗化、娱乐化，学者往往从文化传承角度出发进行批评，笔者也希望通过这一研究，给出自己的价值判断。

出于上述目的，笔者选择动漫作品"东方Project"中的妖怪"上白泽慧音"形象进行分析。东方Project是由太田顺也制作的一系列弹幕射击游戏。其主要剧情为主角在架空世界"幻想乡"与引起"异变"的妖怪战斗，并最终化敌为友。⑦由于

---

① 刘克华、郑琳:《日本动漫作品中的狐妖形象》，载《新美术》，2018（9）：127。
② 刘苑熙:《日本动画作品中〈山海经〉妖怪形象的艺术特征探析》，载《大观（论坛）》，2019（11）。
③ 王晶:《日本动漫中妖怪造型设计的应用研究——以人形类妖怪造型为例》，硕士学位论文，山东师范大学，2015。
④ 秦琼、胡婷婷:《日本动漫形象的文化基础探源及启示——以妖怪形象为例》，载《黄冈师范学院学报》，2013（2）。
⑤ 王敏:《网络同人文化解读》，载《东南传播》，2010（8）。
⑥ 尤静芳:《动画同人创作的传播研究》，硕士学位论文，苏州大学，2012年。
⑦ 朱子冉、李荣发:《浅析我国当代同人文化的重构现象——以"东方Projec"为例》，载《牡丹》，2019（23）。

世界观较为自由、人设适当留白、制作方对同人创作管理宽松等原因，是目前同人创作最为火爆的妖怪动漫作品之一。

"上白泽慧音"是以中国传说中的瑞兽"白泽"为原型的妖怪，具有很高的人气。

图1　北京南苑苇子坑明墓出土的白泽补纹样复原图①

白泽在中国古代神话中的形象较为简单。白泽早期记载大体相似，其特征为"能言语，通万物之情，知鬼神之事"，知晓天下万物与所有鬼神之事，是只在贤君执政时出现的瑞兽。黄帝托其绘画一切鬼怪，后人假托该神话作《白泽图》。②③自唐代以降，白泽被形象化，作为官方认定的纹样。白泽图像总体而言大同小异，如图1北京南苑苇子坑明墓出土的白泽补纹样复原图所展示的，为具角四足兽形象。④在历史中，白泽逐渐成为一类符号，其形象没有被很充分地丰富。

而在东方Project中，上白泽慧音的角色形象如图2所示，她继承了白泽的原始形象，并进行了一定程度的娱乐化重构。上白泽慧音与白泽有明显的共性：在能力上，她拥有渊博知识和聪颖的头脑，具有吞噬和创造历史的能力，与白泽"通万物之情，知鬼神之事"的能力相同；在形态上，她头顶生有一对牛角，也与白泽一致。上白泽慧音的娱乐化演绎具有日本动漫的典型特点。首先，按照作品惯例被设定为女性，外形也从四足兽变为人形兽角的兽人形态，这两点是日本动漫角色改造的常见范式，迎合了作品受众的喜好。同时，上白泽慧音相比原始形象也有了近人的性格。她喜爱人类，虽然有些固执但内心善良，也如同其他妖怪形象一样具有变

---

① 黄能馥、陈娟娟：《中国服饰史》，第434页，上海：上海古籍出版社，2004。
② 孙文起：《〈白泽图〉与古小说志怪渊源》，载《哈尔滨学院学报》，2007（10）。
③ 周西波：《〈白泽图〉研究》，载《中国俗文化研究》，第一辑，成都，巴蜀书社，2003。
④ 何凌霞：《"白泽"考论》，载《云梦学刊》，2013（6）。

成人类的能力。总体来说,这些演绎是按照动漫作品的常规进行的,和东方Project中其他角色差异不大。

图2　东方project中上白泽慧音人物立绘,左侧为兽人状态,右侧为人类状态①

东方Project挖掘了白泽这一冷门妖怪,而在同人创作中,粉丝充分利用了上白泽慧音在原作中的设定,细致地补充了她的日常行为。由于其能力为吞噬和创造历史,在同人创作中该形象具有了研究历史的爱好,每日忙于编撰幻想乡的历史。因为喜爱人类,所以平日居住在人类村庄内,以教授历史作为消遣。白泽的特征——牛角也有了实在的功能,被粉丝设定为会在愤怒时对其他角色冲撞,甚至与不懂变通的性格产生了联系。粉丝还借鉴了西方狼人的传说,做出了"在满月变成兽人状态,一口气完成积攒的工作"的死线战士式的设定。生活日常细节的补充,使得粉丝集体印象中的上白泽慧音的形象具有了更浓的人性,更加令人感到亲近。

在同人创作中,上白泽慧音与其他角色的关系网络更是被富有创造性地强化了。喜爱人类的原作设定使她与很多角色信念一致,催生了一大批同人作品,例如,她与同样爱护人类的角色"藤原妹红"关系良好,甚至在一部分作品中暗生情愫。她通晓历史,爱好教书,同人作者便让她作为历史老师,教导幻想乡中的各类妖怪,但因为固执的脾气时常发火。粉丝对日常行为的丰富也为她与其他角色创造了更多的交集,使角色间的联系进一步加强。东方Project每一代作品都要引入新角

---

① 萌娘百科：上白泽慧音 https://zh.moegirl.org.cn/%E4%B8%8A%E7%99%BD%E6%B3%BD%E6%85%A7%E9%9F%B3,
2021年1月10日。

色，只有与其他角色产生紧密联系的才会不至于被遗忘，保持较高的关注度。同人粉丝创造的联系，正是上白泽慧音维持高热度的关键。

上白泽慧音的原型"白泽"的设定较为单薄，仅有寥寥数字和简单的形象。东方Project完成了对这个角色的重新挖掘，并按照作品惯例进行了程式化的重构，提升了其娱乐性。而同人创作真正地为其添加了灵魂。粉丝在原作设定的基础上充实其日常，增强其与其他角色的联系，最终在粉丝群体内形成了栩栩如生的新形象。

在同人创作中，上白泽慧音的形象二次重构的特征，其实可以归纳为拟人化与故事性。充实日常赋予妖怪人性，增强联系催生新的故事，二者的相辅相成，将角色立在了同人粉丝心中。而这与妖怪文化中妖怪形象的丰富，本质上具有相同的途径。中国的妖怪形象往往出现于以《山海经》为代表的博物类古籍，而丰富于后世以《聊斋志异》为代表的志怪小说。妖怪形象的变迁，也是从吃人怪物狐妖成为与人相伴的狐女，从语焉不详的奇闻变成委曲详尽的故事。只不过由于同人文化圈的活跃和网络空间交流的便利性、故事的迭代速率大大加快，使得这一过程在短短几年内就已经完成。

同人文化中妖怪形象的二次重构，实质上是历史上妖怪形象演变的快速重现。当我们得到这一结论时，关于妖怪形象的娱乐化重构导致妖怪文化严肃性消解的批评就失去了其合理性。当今妖怪形象的重构与历史上妖怪形象的丰富别无二致。重构后的妖怪形象，将会伴随着故事一同传承，而未成为故事的妖怪形象反倒有随着古籍散佚而消失的风险。因此，以同人文化中妖怪形象的二次重构为代表的妖怪形象的娱乐化重构，对于妖怪文化传承的积极作用应当得到合理的重视。

6. 教师对学生终稿的反馈信

刘天晟同学：

你好！

对比你的短文初稿和短文终稿，可以看出你在短文修改阶段做了更多、更细致的思考。在你的陈述信中，你主要提到了思路的梳理、逻辑的打磨和语言的精简。这些在终稿中都有较为明显的体现。此外，我认为另一个很重要的进步是你在终稿中能够更多地照顾到读者的阅读体验，文章中思路的流畅、重点的突出和语言的清晰某种意义上也是和读者意识相辅相成的。

当然，文章中仍有一定的提升空间，如个别地方的表达可以更加严谨、开头部分仍可再作一些精简等。此外，你在陈述信中提到，你感觉文章最后的部分仍然不够连贯。一方面，文章在开头介绍和同人作品中人物形象特点总结后，留下的篇幅和空间不太大，某种程度上导致了分析、讨论部分总体有些仓促；另一方面，文章结尾部分写道"关于妖怪形象的娱乐化重构导致妖怪文化严肃性消解的批评就失去了其合理性"，但这点在前文没有特别清晰的铺垫。事实上，你在文章开头部分曾经提到过与之相关的情况，但基本是一带而过，没有真正点明。这就导致了读者在读到结尾部分时，对这一话题并没有预期，也就在一定程度上产生了"不连贯"的感受。当我们说"对开头部分再做些精简"时，这样的精简应当是有目的的：突出我们需要突出的重点，让文章前后有呼应。如果这个问题确实是我们所关注的，在文章主体部分也可以有意识地将同人创作与古代妖怪题材故事的继承和演变做一些更具体的对比。

此外，很高兴看到你能够克服一开始的紧张或不习惯等情绪，以积极、开放的心态面对与朋辈之间的交流。相信这样的心态在未来也能帮助作为作者、读者的你不断成长。

专此奉复

并祝学安

晏冰
（日期略）

二、时代棱镜

主题：游戏

抗日根据地的儿童游戏是怎样作用于历史创伤的？
——基于"仪式感"的理论研究视角

指导教师：程祥钰　学生：王馨裕[*]

1. 主题概述：游戏

游戏既存在于神话、祭祀、宗教、战争当中，也渗透于日常的生活娱乐当中。它也与艺术、哲学、教育、体育、风俗等诸多事物密不可分。游戏的变化发展充分体现了人类的社会形态、科学技术和生活方式等诸多方面的变迁。从更为宽泛的角度来说，游戏甚至被认为可以涵盖除却基本的生存与发展行为之外的所有人类活动。这也正如哲学家维特根斯坦所言："什么东西仍然算作游戏，什么东西不再是游戏呢？你能说出界限来吗？"

游戏，无疑是人的一面镜子。有趣的是，人们对游戏的理解和看法从来都充满了变化和争议。唐人韩愈云："业精于勤，荒于嬉。"德国思想家席勒却说："只有当人游戏的时候，他才是完整的人。"有人视无孔不入的游戏为末日洪水，有人则提出世界的游戏化乃是未来之光。在中国，十多年前因网游而起的"网瘾战争"余烟尚在，如今电子竞技却已成为摘金夺银的国家级项目。游戏对个体与群体的影响和意义受到越来越多的关注和讨论，但关于结论，人们莫衷一是。可见，游戏既是一个丰富有趣的话题，同时也是一个严肃复杂的话题。

以游戏为主题的写作教学，意在引导同学们在整理自身经验的基础上，以更为开阔和更具深度的视野，步入历史与现实的复杂交错地带，对游戏的本质、游戏的意义，以及游戏与人的关系作出更为理性、辩证的思考。

2. 案例概述

本案例属于写作课的短文，是学生在前半学期完成的"初窥门径"之作。在众多以当代电子游戏为讨论对象的选题中，这位作者的选题可谓独树一帜。她找到了一个非常与众不同的研究对象——抗日根据地的儿童游戏。作者在课上的汇报分享中告诉我们，她能够发现这一对象（和一些相关材料）得益于高中时一段研究性学习的经历。在为了研学课题走访多处、翻阅诸多历史材料并向老师、前辈们求教的过程中，她注意到了藏身于史料中的这样一类事物。令作者意想不到的是，这些

---

[*] 程祥钰，清华大学写作与沟通教学中心教师；王馨裕，清华大学经管学院2020级本科生。

原本孤鸿只影般的材料和记忆，在进入大学后却立刻有机会成为带来惊喜的一把钥匙。

当然，仅有与众不同的研究对象是不够的，能否处理它和如何处理它更为关键。本文作者对于学术说理中"学术""学理"的重要性有着高度的自觉。在如何处理研究对象方面，作者的想法是从某种普遍的游戏理论视角出发来理解对象和分析其中意义。因此，作者在写作过程中有意识地从经验性的感知与积累跨越到学理性的整合与梳理，甚至直接借鉴一些理论的知识框架来谋篇布局。这使得作者早早摆脱了初学者常见的"只有讲述、没有探究"的毛病。

然而，作者虽然在一开始具备了一些令人羡慕的"先手优势"，却有些物极必反地犯了"理论先行"的错误。这种错误在初稿中主要表现为：（1）仅仅是将一套学说知识系统地应用在了"抗战时期根据地的儿童游戏"上，但分析之后的出口在哪里，所得是什么，并不清晰；（2）研究对象仿佛成了无名的实验对象，没有得到聚焦和必要的勾勒，始终给人雾里看花之感。如果说这两点是思路，是内因的话，第三点则是内因的必然外显，即不合理的谋篇布局。作者非常积极地想从阅读到的一些学术文章当中借鉴结构安排。初稿最终选择了看上去纲举目张、条分缕析且具有"理论完整性"的多层分点结构，但这种面面俱到的结构实际上却导致了削足适履的问题。在面批时的交流中，作者自己也坦言，在初稿写作过程中已感受到这样一个形同表格的僵化框架结构对自己造成了很大的束缚，一方面，冲淡了原本应当突出聚焦的论述要点；另一方面，又迫使自己不得不去"填满"许多并没有多少写作价值的"空格"。更重要的是，由于这种刻板的结构安排，原本极具新鲜感和分析空间的研究对象反而遭到了严重的遮蔽和肢解。用作者自己的话来说，"原本想写的没写出来，想使劲的地方没使上劲"。

经过讨论和总结，作者形成了明确的修改思路：首先理清哪些是方法、工具，哪些是目的，重新明确这次写作的目标和问题意识；在此基础上，以回答问题作为串联思路，突出在探究过程中发现的对象身上更为独特和更为重要的方面，以逻辑的主次分明取代形式的面面俱到。经过这番修改后的文章，尽管还留有一些不足，甚至产生了新的问题，但已明显渗透了"有问有答""文质兼备"的学术说理写作色彩。

3. 含教师修改过程的学生初稿全文

怎样用"仪式感"解读抗日根据地的儿童游戏？

近年来，国内抗战影视作品出现的一种扭曲的创作趋向备受热议——被观众戏称作"抗日神剧"的电视剧类型。之所以称呼其"神",很大一部分原因在于这类影视作品往往将抗日战争创作为一种"游戏化的战争"①,具体表现在主角行为往往不符合生理学、物理学规律,武器也超脱了时间背景的约束。如此一来,"神化"了中国士兵、却淡化了抗战的艰苦与历史伤痛,其本身暗含的历史虚无主义受到观众和业界的强烈抨击。由此引发的战争"游戏化",却在另一个视角下具有一定的合理意义,那就是抗日根据地中的儿童游戏。

游戏本身具有强烈的模拟性质,在人为地对规则的设计下参与者可以自由构造其本身与游戏世界的属性。这一特点与学者在研究中对"仪式"的定义十分类似:仪式通过"符号设计",建构"个体互动的场域",从而"构建新的自我与他者的关系"。②由此延伸开来,关于游戏与仪式的相关性,不同于休闲游戏与严肃仪式应该对立的传统思维,赫伊津哈认为"真正发自内心的游戏同样可能是非常严肃的(仪式)"并且"仪式从属于游戏的范畴"。③从这个角度出发,赋予游戏以"仪式感"的解读便在理论上成为可能。将理论映射到现实,我们发现抗日根据地的儿童游戏可以从以下几个关乎"仪式感"的方面进行解读。

一、特殊年代下"仪式感"的应时而生

心理学家曾通过建立控制补偿模型(Compensatory Control Model,缩写为CCM)来研究约束感知理论,发现当人们控制自我生活的约束感知降低时,会增加对自我以外的控制源的依赖④。也就是说,当人们的自我意识受到威胁时,某些可提供秩序的外部资源便可以用来补偿个体约束感的缺失。对于抗日战争这个特殊的年代,认知水平与能力相对不足的儿童面对敌人的残暴与战争的血腥,极易处于恐慌惧怕、茫然无助的状态之中,掌控个人生活的自我约束意识在外界冲击下骤然削弱,由此便会对能够提供秩序的资源产生

---

① 叶骏强:《媒介的新与旧》,第131页,上海,上海世纪出版有限公司学林出版社,2017。
② 刘伟兵、龙柏林:《仪式感如何生成——仪式发挥文化功能的运行机理研究》,载《西南民族大学学报(人文社会学版)》,2020(2)。
③ [荷兰]约翰·赫伊津哈:《游戏的人:文化中游戏成分的研究》,何道宽译,第21页、第27页,广州,花城出版社,2007。
④ StevenShepherd, Aaron C.Kay, Mark J.Landau, Lucas A.Keefer: "Evidence for the specificity of control motivations in worldview defense: Distinguishing compensatory control from uncertainty management and terror management processes", *Journal of Experimental Social Psychology*, Vol.47, Issue 5 (September 2011), PP.949-958.

向往与依赖。此时，由中共负责组织开展的学校教育活动无疑给予了他们一份依靠感。而这份"依靠感"与"安全感"的构建，势必离不开众多能够带来秩序的仪式性活动，通过仪式性活动带来"一种能够帮助个体充分融入仪式的心理状态，产生于仪式结束中或仪式结束后，能够促使自身认知、行为与思想这三者达到高度一致的感受"①——即我们所说的"仪式感"。譬如，晋察冀边区的军事游戏课，除了基本的体育训练，还大量开展抓汉奸、防空、爬山演习等活动②。在诸如此类的活动中，"仪式感"便开始运行起其独有的影响机制。孩子们"在文化规定下继续实践活动，从而形成对文化的参与性建构"③。在特定的时空下，特定的游戏"仪式感"应运而生，并对根据地儿童产生多方面综合的影响。

【逻辑论述】"仪式性活动"到底是什么，缺少交代。

二、"仪式感"与根据地儿童游戏的内在关联

（一）规则性：仪式感的外在表征手段

究竟什么是仪式？从古老传统的祭祀仪式与宗教圣礼，到婚礼、葬礼、就职与毕业典礼，再到各项重大事件的开闭幕式，不同领域的专家都曾以不同视角试图对"仪式"给出定义。尽管各界均认可的共识尚未达成，目前的文献中有相当大比重的研究者都同意将"秩序性"作为仪式的主要特征之一。譬如，有学者认为仪式指的是"一系列活动涉及的手势、文字及对象等，在一个特定地方并按设定的顺序执行"④，它们"需要遵守传统的法规规定，执行象征性行动"⑤。由"仪式"类推到"仪式感"，不难发现仪式感也时常伴有引发秩序性的规则性。以华北根据地的"一把米运动"游戏为例，游戏流程大致如下：将儿童列成圆圈，面向圈里，先有一人两手合捧，表示捧着一把米，绕圈外而行。在一开始进行时，口中高唱："一把米，黄又黄，捐出来，救灾荒，运输队，快运粮"，一边走，

【逻辑论述】这里的问题是，这一点是对几乎所有游戏都成立的，它并不构成抗日根据地儿童游戏的独特性。同时，下文中举例的内容也没有表现出不同于一般儿童游戏的特别之处（似乎只有唱的词是独有的，但它并不构成这里的要素）。这样分析就显得没有意义了。事实上，这种求全求完整的想法在一篇短文中是不合理的，甚至会让写作变得有些刻板。

【谋篇布局】由此也引发进一步的思考：是用教科书式的要点分类来设计文章核心部分的论述架构，还是以对对象的具体研究和实际发现来设计这一部分？

---

① 周丹萍：《仪式感对个体创造力的影响机制研究》，硕士学位论文，上海交通大学，2018年，第19页。
② 王星慧：《华北抗日根据地的儿童抗战游戏》，载《河北学刊》，2017，37（3）。
③ 刘伟兵、龙柏林：《仪式感如何生成——仪式发挥文化功能的运行机理研究》，载《西南民族大学学报（人文社会学版）》，2020（2）。
④ 周丹萍：《仪式感对个体创造力的影响机制研究》，硕士学位论文，上海交通大学，2018年，第16页，转引自 Bell C M.: *Ritual: Perspectives and Dimensions*. Oxford: Oxford University Press, 2009, pp.873–874.
⑤ 周丹萍：《仪式感对个体创造力的影响机制研究》，硕士学位论文，上海交通大学，2018年，第16页，转引自 Kyriakidis E.: *The archaeology of ritual*. Los Angeles, Cotsen Institute of Archaeology UCLA publications, 2007, pp.289–308.

一边唱,声音不许中断,念完一遍便反复念"运输队,快运粮"二句。在反复念唱时,用手撞任何一个人的臂膀,被撞的那个人便须马上捧起双手,口里接着唱"一把米,黄又黄",代替第一个人去绕圈子,第一个人站到他的空位子上,这样一个个交替着去做,如有一人唱声中断,就算他输了,罚他唱歌或献技,如果接米的人接唱迟了,或捧手迟了,就是把米捧了也算输,照样受罚。①通过规则的建构,儿童完成了由日常生活到游戏情境下的过渡,搭建起日常之外的游戏仪式,从而使"仪式感"的影响机制有了外在的形式保证,并为其文化作用的发挥奠定基础。

(二)象征性:仪式感的实现过程辅助

在开篇中提到,根据地儿童游戏中也存在"神化"主人公的因素——因为在游戏中,只要是规则所允许的,在游戏世界里没有什么不可能。真实的战争与孩童的游戏势必天差地别,却并不妨碍孩子们用属于自己的认知符号建构一个模拟战争的"场域"——"在各种位置之间存在的客观关系的一个网络或构型"②,通过象征符号构成一个又一个仪式的基本单元。譬如,在《学打仗》游戏中,孩子们"拿上木刀和木枪",以"八路军"自居;③在《行军》游戏中,孩子们直接模仿军队行进的过程,"防空袭""口令""尖兵""埋伏圈"④都成为游戏中的默认符号,从而使整个游戏与游戏的参与者构成统一的整体。如果说规则是仪式感产生的先决条件,那么象征性则是仪式感实现的过程辅助。在象征性的参与下,仪式得以"发挥文化功能并生成仪式感",同时借助这一过程"实现了文化的'不证自明'和仪式自身的'合乎逻辑'"⑤,有利于仪式感更好地发挥其功效。

【逻辑论述】相比于上一点,这个点倒是具有一定程度的独特性,当然独特性首先来自于其内容——所以很重要的是要从对象自身的内容当中发现独特的东西,然后以具有理论深度的思考来理解它,而不是先用理论搭建起一个体系,再撕扯原本鲜活有机的对象内容来填充。另外,这个点是可以进一步挖掘的,甚至有作为全文主心骨的潜力。

(三)目的性:仪式感的初始创设意图

倘若回到中国古代最初的仪式,譬如祭祀天地和鬼神,譬如皇帝的"封禅"礼制,不难发现这些历史上肃穆而庄重的仪式,以及

---

① 王星慧:《华北抗日根据地的儿童抗战游戏》,载《河北学刊》,2017,37(3)。
② [英]维克多·特纳:《象征之林:恩登布人仪式散论》,赵玉燕、欧阳敏、徐洪峰译,第27页,北京,商务印书馆,2006。
③ 石鸥:《百年中国教科书论》,长沙,湖南师范大学出版社,2013。
④ 童友:《抗战游戏教学之实际》,载《教育与文化》,1941(8)。
⑤ 刘伟兵、龙柏林:《仪式感如何生成——仪式发挥文化功能的运行机理研究》,载《西南民族大学学报(人文社会学版)》,2020(2)。

其所带给世人——无论是参与者还是围观者——的仪式感，都是出于祈祷风调雨顺、显扬君威的政治目的。抗战时期的游戏大多由中共组织教育部门开展，其中自然含有希望通过游戏达到的一定政治目的。在当时的时代背景下，"游戏动员是中共唤醒儿童、动员儿童抗战的有效方法"。同时，还希望通过游戏潜移默化地开展教育，"培养儿童或民众的民族意识，提高抗战必胜的信心"①。虽然有的学者认为"一开始就预设游戏的实用性，那犯了把待解决之问题当作原因来论证的错误"②，但是从抗战的大背景和游戏发起人的属性来看，根据地儿童的游戏很大程度上具有政治意图。这也是时代特殊性下，组织者通过游戏——或者深层而言，游戏中的仪式感，所希望达到的目的。

（四）情感性：仪式感的治愈与激励效用

抗战时期，儿童的情绪容易恐惧与无助，此时的游戏仪式感一方面体现在相对轻松愉悦的满足感上，通过参与的快乐一定程度上舒缓了其情绪的焦虑；另一方面，则体现在训练与竞赛的紧张感上，通过集体性的、互动性的游戏凝聚起仇敌爱国的民族情感。通过情感性的激励，抗战游戏的目的性也能更好地实现。现代社会，人们越来越强调"生活要有仪式感"的认真生活的理念，其主要考虑角度就是仪式感的"感性逻辑"。提出这一逻辑的研究者认为"情感是互动仪式的核心"③，通过参加仪式获得的仪式感发挥着特定的情感功能。

【逻辑论述】3、4.两点通过分析，都可以与"抗日根据地"这个独特情境联系起来，因此也都具有可写之处。但目前这种"按理论分配"的结构其实是肢解了原本可能的连贯论说，变成了每个点分别轻轻踩一脚的散点式写法。并且，可能正是因为这种分散，你在论述过程中甚至还会忘了文章是要解读根据地儿童游戏，转而去证明某种属性的普遍存在（比如这一段的后半部分），但这其实并不是这篇文章应该做的。

三、历史创伤时期游戏"仪式感"带来的价值启示

从逻辑意义上审视"仪式感"这个词语，可以发现它强调了一种从具象到抽象、从客观到主观的传导过程——由"仪式"到"感"。在当时时代下的社会动荡时期，或是说如今视角中的历史创伤时期，游戏在特定历史背景下发生异变，从而导致"仪式"变了，"感"也变了。然而二者具体内容的改变却不会导致其内在传导机制的改变，外在的"仪式感"如何生发、又如何对人产生内在影响，

---

① 王星慧：《华北抗日根据地的儿童抗战游戏》，载《河北学刊》，2017，37（3）。
② [荷兰] 约翰·赫伊津哈：《游戏的人：文化中游戏成分的研究》，何道宽译，第9页，广州，花城出版社，2007。
③ 刘伟兵、龙柏林：《仪式感如何生成——仪式发挥文化功能的运行机理研究》，载《西南民族大学学报（人文社会学版）》，2020（2）。

是一个可以抽象出的、普遍适用的规律。如今，在经济社会不断发展的当下，越来越多的人强调"生活要具有仪式感"，其实也正是对这种传导规律的重视。将此种规律聚焦在"游戏"的特定仪式中，同时又着眼于特殊的历史时期，能够让这种规律更加清晰且放大地被感知——休闲游戏同样具有认真而隽永的色彩，"仪式感"的影响机制潜移默化地发生着，也影响着人们。

站在这个角度上，我们发现一点有趣的价值在于，倘若我们意指游戏的功能，其深层解读则来自于蕴含在游戏中的仪式感的影响机制。历史创伤时期这种机制起到了巨大的作用，无论是在政治战略上、还是在人心情感上，都在一定程度上对动荡年代产生了积极的影响。由此推广开去，这种强大而不易引人发觉的机制，对于当代同样具有珍贵的启示作用。

【语言文法】有病句之嫌。

【逻辑论述】由于大方向上的偏差，全文并未能落实到聚焦个案的分析上，这种情况下，高度理论化的结尾也无法发挥更上一层楼的作用，反而让文章显得更加空洞。

总体点评：

评价表
选题与问题意识（1~5分）：3
选题找到了一个非常独特的探讨对象，并且也掌握了一些重要的资料，但可惜的是实际写作中却没有真正走近这个对象本身。 问题从题目就显露出来。这个命题直接表达出你要做的事情是用理论来"套"对象，这是不合理的。理论是方法，是放大镜，重点是看对象，以及借此看出了什么。 写作过程中，你的问题意识似乎早早地被替换成如何将对象的内容放进预置的理论框架里，而不是借由游戏的理论来深化对现象的理解。
结构与论证（1~5分）：3
与上面提到的问题互为表里的是，本文的结构偏于零碎，呈现为松散的多点探讨，而"点"的选择则是源于理论框架自身，而非放在研究对象身上得出的结果。这样的结构安排自然是难以符合此处具体分析论证的实际需要的，所以出现了两种"尴尬"情况：一方面，是不得不"填"一些对研究对象而言讨论意义不大的"空"；另一方面，则是真正具有独特性的、值得深挖的点又囿于结构层级和篇幅分配而无法痛快深入地展开。 论证中一个明显的问题是读者意识缺位。你很多时候沉浸在自己的完整逻辑之中，却忽略了读者连你的论述对象的基本内容都不了解这一事实，这甚至会导致读者听不懂你在说什么。你的写法仿佛是在一个讨论抗日根据地儿童游戏的读书会上进行发言，默认了大家知道大体的轮廓、基本的史实，甚至是掌握了你所掌握的材料，但情况显然不是这样。对本文的修改而言，读者意识首先表现为对"信息不对等"要有清楚的认识，从而知道在进行你的分析之前要做哪些必需的工作。
学术规范与格式规范（1~5分）：3
注释的表达上没有区分直接引用和间接引用。 注释缺少页码。 部分英文文献作者的姓与名的次序没有调整过来，直接沿用了 APA 格式。 注释中对"转引"的理解有误，表达上刚好弄反了原始文献和二手文献。

语言表达（1~5分）：3
讲理论性的内容时，文字表达较为清晰；但在开头的引入部分，以及分析与描述相结合的时候出现了一些混乱。
修改提示
思考以上各项以及批注中提出的问题。 你的研究对象对于大多数人来说是非常模糊的，因此文章非常有必要在一开始就描述一下它是什么，有哪些具体的例子。这个部分完全可以替换现在开篇的那段并不合理的话题引导文字。 把关注点放回到对象自身，以你的发现为核心重构文章的思路和架构。

4. 学生的修改陈述信

程祥钰老师：

您好！我是经管学院学生王馨裕。

经过修改后，我的短文主题为《抗日根据地的儿童游戏是怎样作用于历史创伤的？——基于仪式感的理论研究视角》。初稿的题目《怎样用仪式感解读抗日根据地的儿童游戏》体现出我要用理论来"套对象"，而不是关注对象本身。因此在修改后的题目中，我选择将"仪式感"作为一个研究的工具，将其放在副标题中；主标题则直接以我的研究对象作为主语，以此来探究对象的意义。

由于我的文章引入了"仪式感"的概念，相对较为抽象和理论，所以"怎样让读者明白我在说什么"就成为了初稿写作中的难点。然而由于忽视了研究对象本身（即游戏和"仪式感"有什么关系），导致整篇文章缺乏读者逻辑，后续的拔高则更显空洞。因此，在对短文修改的过程中，除了点明并解释我的研究对象是什么、游戏与仪式感怎样联系在一起之外，对于相关的较为抽象的理论，在定义之后我通常会"简单来说"，或者将上文略难懂的论述具体概括，以便让读者更好地理解。

除此之外，在修改中我遇到的最大挑战就是，由于初稿是以小标题的形式行文，整篇文章相对割裂和破碎。为了保持研究对象的完整和行文的流畅，由"割裂"走向真正的"统一"，而不是只是单纯删除小标题，我搭建起了一个相对流畅连续的逻辑框架，将仪式感的理论分析贯穿在这个逻辑框架之中。该逻辑框架为：探究抗日根据地的儿童游戏是怎样作用于历史创伤的，实则是通过游戏→儿童→历史创伤的三步传导过程，即将游戏者作为研究的中间过渡环节，同时引入仪式感的四个作用机制，最终探求题目的问题。相对而言，最有成就感的部分就是从"割裂"的文章走向"统一"的过程。

如果有更加充裕的条件，我还希望进一步提升文章的读者意识。一方面，我认为学术性文章不能写得太过通俗；另一方面，满篇都是新且难的定义又确实让人难以看懂，这里的尺度我还无法精准把握。此外，就是如何让"仪式感"的理论更好地、更自然地与研究对象相契合。最后，我的行文存在烦琐和啰唆的问题，应该提升用词的合理性和精准度。

不足之处请老师批评指正，谢谢老师！

此致

敬礼

王馨裕
（日期略）

5. 学生终稿全文

抗日根据地的儿童游戏是怎样作用于历史创伤的？
——基于"仪式感"的理论研究视角

抗日战争是一场全民抗战，在长达14年的时间里，中国社会的每个群体都曾以自己的方式感受到战争的刺激并作出反应与回馈——即使是力量相对容易被忽视的儿童群体亦是如此。作为全民抗战的一个独特切入点，对于儿童群体的研究，不论是抗日时期还是当今学术界，研究相对集中在关于儿童团体组织、动员儿童抗战的政治性活动上，有关此时期儿童游戏的研究则相对较少。游戏作为儿童生活的一个重要组成部分，在抗战的特殊时期出现异变，并通过独特的影响机制作用于战争的历史创伤。在此论述基础上，将"仪式感"的相关理论作为研究工具，可以进一步感受到抗战时期的儿童游戏对于历史创伤的独特作用机制。

"仪式感"是怎样与儿童的游戏产生联系的呢？这一点需要回到战时游戏最初的起源。事实上，20世纪三四十年代抗日根据地的儿童游戏并不是"九一八事变"之后立即改变的，其异变的发生经历了一段反应时间。抗战初期，"抗日根据地儿童喜欢的大多还是祖辈玩惯了的丢带、玩球、跑旗、跳绳之类传统游戏，这些游戏和抗战毫无关系"①。然而随着战争局势的进一步紧张，一方面，日军侵略不断扩大；另一方面，中国共产党在敌后根据地的工作更加成熟。在此条件下，"控制补偿模型"（Compensatory Control Model，缩写为CCM）的约束感知理论得以有条件发生。该理论发现，当人们控制自我生活的约束感知降低时，会增加对自我以外的控制源的依赖。②简而言之，该模型可以被理解为，当人们难以约束自己的时候，会向外界寻求被约束的手段。对于抗日战争这个特殊的年代，认知水平与能力相对不足的

---

① 王星慧：《华北抗日根据地的儿童抗战游戏》，载《河北学刊》，2017, 37（3）: 220。
② 参见Steven Shepherd, Aaron C.Kay, Mark J.Landau, Lucas A.Keefer: "Evidence for the specificity of control motivations in worldview defense Distinguishing compensatory control from uncertainty management and terror management processes", *Journal of Experimental Social Psychology*.Vol.47, Issue 5（September 2011）, pp.949-958.

儿童面对敌人的残暴与战争的血腥，极易处于恐慌惧怕、茫然无助的状态之中，掌控个人生活的自我约束意识在外界冲击下骤然削弱，由此便会对能够提供秩序的资源产生向往与依赖。此时由中共负责组织开展的学校教育活动无疑给予了他们一份依靠感。而这份"依靠感"与"安全感"的构建，势必离不开众多能够带来秩序的仪式性活动，通过仪式性活动带来"一种能够帮助个体充分融入仪式的心理状态，产生于仪式结束中或仪式结束后，能够促使自身认知、行为与思想这三者达到高度一致的感受"①——我们所说的"仪式感"。本文所指的"仪式性活动"，就是指抗日根据地儿童进行的游戏。譬如，晋察冀边区的军事游戏课，除了基本的体育训练，还大量开展抓汉奸、防空、爬山演习等活动。②由此，儿童游戏与仪式感得以相互联结，使得用仪式感解读抗战根据地儿童的游戏成为可能。

考虑到人是游戏的主体，也是"仪式感"的接收对象，在研究游戏对历史创伤的作用时，应该将儿童视为游戏与历史创伤的中间环节。那么儿童是怎样受到战时游戏影响的——或者说，在战争背景下诞生的仪式性活动及其中的仪式感是怎样成功地与儿童的认知逻辑相匹配的？这其中具有象征性的文化符号充当了桥梁的作用。虽然孩子们在游戏中无法真正意义上体验战争，却并不妨碍其用属于自己的认知符号建构一个模拟战争的"场域"——"在各种位置之间存在的客观关系的一个网络或构型"③，通过象征符号构成一个又一个仪式的基本单元。譬如在《学打仗》游戏中，孩子们"拿上木刀和木枪"，以"八路军"自居④；在《行军》游戏中，孩子们直接模仿军队行进的过程，"防空袭""口令""尖兵""埋伏圈"⑤都成为游戏中的默认符号，从而使整个游戏与游戏的参与者构成统一的整体。通过以上此类战时特有的文化符号，仪式得以"发挥文化功能并生成仪式感"，同时借助这一象征性的过程"实现了文化的'不证自明'和仪式自身的'合乎逻辑'"⑥，有利于仪式感更好地作用于儿童。

与上述例子类似，华北根据地的"一把米运动"游戏中"运粮"也是一种具有战争象征意义的文化符号，在游戏进程中，"儿童列成圆圈，面向圈里，先有一人两手合捧，表示捧着一把米，绕圈外而行。在一开始进行时，口中高唱：'一把

---

① 周丹萍：《仪式感对个体创造力的影响机制研究》，硕士学位论文，上海交通大学，2018年，第11页。
② 王星慧：《华北抗日根据地的儿童抗战游戏》，载《河北学刊》，2017，37（3）：220。
③ [英]维克多·特纳：《象征之林：恩登布人仪式散论》，赵玉燕、欧阳敏、徐洪峰译，第27页，北京，商务印书馆，2006。
④ 石鸥、曾艳华：《小课本大宣传——根据地教科书研究之一》，《湖南师范大学教育科学学报》，2010（5）。
⑤ 童友：《抗战游戏教学之实际》，载《教育与文化》，1941（8）。
⑥ 刘伟兵、龙柏林：《仪式感如何生成——仪式发挥文化功能的运行机理研究》，载《西南民族大学学报（人文社会科学版）》，2020（2）：29。

米，黄又黄，捐出来，救灾荒，运输队，快运粮'，一边走，一边唱，声音不许中断，念完一遍便反复念'运输队，快运粮'二句。在反复念唱时，用手撞任何一个人的臂膀，被撞的那个人便须马上捧起双手，口里接着唱'一把米，黄又黄'，代替第一个人去绕圈子，第一个人站到他的空位子上，这样一个个交替着去做，如有一人唱声中断，就算他输了，罚他唱歌或献技，如果接米的人接唱迟了，或捧手迟了，就是把米捧了也算输，照样受罚。"①在分析以上相对复杂的游戏规则之后，不难发现，除了文化符号的内在逻辑匹配，游戏对儿童的影响还外在表现为在游戏规则约束下的游戏行为。事实上，这种规则也是仪式得以建立、仪式感得以发生的必要前提之一。这里要提及的一点是，尽管各界对于"仪式"的定义尚未达成共识，但在目前的文献中，有相当大比重的研究者都同意将"秩序性"作为仪式的主要特征之一。譬如，有学者认为仪式指的是"一系列活动涉及的手势、文字及对象等，在一个特定地方并按设定的顺序执行"②，它们"需要遵守传统的法规规定，执行象征性行动"③。在抗战根据地的语境下，通过规则的建构，儿童完成了由日常生活到游戏情境下的过渡，从而使"仪式感"的影响机制有了外在的形式保证，并为其文化作用的发挥奠定了基础。

正是在仪式感的意义下，通过内在象征符号与外在规则秩序的建立，抗日时期的儿童游戏，一方面从一个侧面反映出抗战时期全民共同经历的历史创伤；另一方面，又使得儿童作为载体为游戏影响历史创伤提供了可能。然而仅仅从战时游戏作用到儿童，并没有完成游戏对历史创伤的作用机制，下一个链条则应该考虑进行游戏的儿童是怎样对历史创伤作出回应的。

抗战的全民性使得这份历史创伤给不同的群体都带来一定程度上的痛苦，儿童的情绪更是容易恐惧与无助，此时的游戏带来了相对轻松愉悦的满足感，参与其中的快乐一定程度上舒缓了其情绪的焦虑。有研究者认为"情感是互动仪式的核心"④，主张仪式具有"感性逻辑"，即通过参加仪式获得的仪式感发挥着特定的情感功能。这种"仪式感的特定情感功能"在抗战期间则体现为一种满足感与宣泄感。因此可以说，通过对儿童这个中间环节的影响，游戏在面对历史创伤时，能够起到

---

① 王星慧：《华北抗日根据地的儿童抗战游戏》，载《河北学刊》，2017，37（3）：221。
② C.M.Bell, *Ritual： Perspectives and Dimensions*.Oxford： Oxford University Press, 2009, pp.873-874. 转引自周丹萍：《仪式感对个体创造力的影响机制研究》，硕士学位论文，上海交通大学，2018年，第16页。
③ E.Kyriakidis. *The archaeology of ritual*. Los Angeles： Cotsen Institute of Archaeology UCLA publications, 2007, pp.289-308. 转引自周丹萍：《仪式感对个体创造力的影响机制研究》，硕士学位论文，上海交通大学，2018年，第16页。
④ 刘伟兵、龙柏林：《仪式感如何生成——仪式发挥文化功能的运行机理研究》，载《西南民族大学学报（人文社会学版）》，2020（2）：28。

"缓解疼痛"的作用。

另外，仪式感的情感性还体现在训练与竞赛的紧张感上，通过集体性的、互动性的游戏凝聚起儿童仇敌爱国的民族情感。值得一提的是，正是这种凝聚感与民族感体现出文章最初提到的"能够带来秩序感的仪式性互动"的创设目的。虽然有的学者认为"一开始就预设游戏的实用性，那犯了把待解决之问题当作原因来论证的错误"①，但是考虑到抗战的大背景和游戏发起人的属性——中国共产党领导下的教育部门，根据地儿童游戏的设立很大程度上具有政治意图，即对儿童所作出的"回应"本身具有一定政治期望。在当时的时代背景下，"游戏动员是中共唤醒儿童、动员儿童抗战的有效办法"②。同时，中国共产党还希望通过游戏潜移默化地开展教育，"培养儿童或民众的民族意识，提高抗战必胜的信心"③。这也是时代特殊性下，组织者通过游戏——或者深层而言，借助游戏中的仪式感，所希望达到的目的。这里要表达的一个观点是，游戏对于历史创伤而言，除了上文中提及的"缓解疼痛"的功能之外，还有"加速去病"的作用。这种"加速去病"，简单而言就是通过动员儿童群体，使得抗战更具有全民性，也从某种意义上加速了抗战胜利的到来。

总而言之，从游戏到儿童再到历史创伤，仪式感的影响机制贯穿其中——通过符号象征、规则设定、情感激励、目的导向等仪式感的影响机制，抗日根据地的儿童游戏完成了仪式感的构建与传导，并在战争背景下对历史创伤发挥了独特的作用。

6. 教师对学生终稿的反馈信

王馨裕你好！

你的短文终稿对初稿做了重要且有效的修改。正如你在陈述信中所说，你对整体结构进行了大刀阔斧的改动，使得文章真正成为了一个流畅的整体。特别重要的是，你的框架是从分析对象的需要来设计的，而不再是依照宏观理论的"面貌"来设计，这就使得文章结构的合理性大大地提升了。这种改进是你对学术说理的理解明显加深的体现。相比于文章本身而言，我相信这种认识上的提升对你会更有意义。

当然文章还有一些可以改进的地方，例如：

（1）标题，确切来说是主标题，还可以再改进。特别是"作用于"这个说法不准确，听起来有儿童游戏在制造历史创伤之嫌。

---

① [荷兰] 约翰·赫伊津哈：《游戏的人：文化中游戏成分的研究》，何道宽译，第9页，广州，花城出版社，2007。
② 王星慧：《华北抗日根据地的儿童抗战游戏》，载《河北学刊》，2017，37（3）：223。
③ 王星慧：《华北抗日根据地的儿童抗战游戏》，载《河北学刊》，2017，37（3）：223。

（2）此前无暇顾及的"历史创伤"这一词的不足开始体现。这个词本身没有错，但一直将其笼统地使用，就会产生问题，特别是使得当时当地的儿童所面临的具体情境和实际的焦虑、创伤不甚清晰。这自然会影响你对游戏的应对作用的分析。

（3）文中一些问句的使用稍显刻意。虽然你的用意是出于读者意识的考虑，但其实只要思路清晰，论述铺排合理，在写作当中仅凭文字本身的逻辑连贯性是可以让读者跟上并正确理解的。这种问句提示可能更适用于口头汇报和演讲。

（4）你对仪式感的反复提及固然有助于读者理解这一相对抽象的概念，但也在一定程度上影响了你对本文根本目的的掌握。本文不是在论证仪式感的存在，而是想用它来分析特定儿童游戏所具备的功能。功能，应该是本文的落脚点，但你在论述过程中似乎没有去凸显这一点。很多时候，你的注意力放在了彰显分析工具（仪式感）的存在上，却有些忽略了分析目的。这多少有些本末倒置。

（5）当然，我能够感觉到，你发现单纯指出那几点功能显得很单薄，有种"无须分析便可想而知"的感觉，这一判断是准确的。因此，本文应该做的其实是去分析当地的儿童游戏如何通过，或者说是如何借助仪式化的力量来起到甚至是强化那些作用、功能的。你在一定程度上是在这样去作分析，但由于整体思路上还不是特别明白这一点，所以出现了一种有趣的情况，即你的写作直觉有时候已经走到了更为合理的地方，但又不得不被有所偏失的预设框架拉回来。这种内在的分离也在一定程度上干扰了文章。

（6）对于上面提到的问题，解决之道是将对象充分历史化，即在历史语境中来理解和分析儿童所遭受的外部压力而引起的内部紧张，以及游戏所体现的应对。相比于你的各种理论介入，这个方面你的处理是有不足的。当然，在这么短的时间内要求历史化地理解研究对象是比较困难的，不过这确实是正途。这次写作经历也恰好可以帮助你理解理论范式和语境化分析各自的作用。

相信在理解和疏通这些问题的过程中，你会有更大的收获。期待你在长文写作中更进一步。

祝学业顺利！

程祥钰

（日期略）

主题：消费

明知用不完，还是不停买：部分女大学生口红消费现状及原因探寻

指导教师：贺曦鸣　学生：艾苡米[*]

1. 主题概述：消费

人类进入商品社会以来，关于消费的话题无处不在。消费不仅是一种经济现象，也是一种复杂的社会、心理和文化现象。从计划经济时代商品凭票供应、全民勤俭节约，到双十一购物节消费纪录屡创新高，中国社会经历了巨大的变化。改革开放40多年来，中国经济的持续快速增长带动了商品生产的扩张，商品供给得到了极大的丰富。经济的快速发展重塑了人与消费的关系，消费创造了崭新的生活方式并且持续、深入地影响着我们的社会与生活。初入大学校园的大一新生，刚刚离开父母的庇护，成为一个真正独立自主的消费者。对于同学们而言，消费是一个贴近生活、触手可及的话题，与消费有关的话题和困惑无处不在。

以消费为主题的写作教学，意在引导同学们整理自身经验、关注社会生活，立足现实提出真问题、好问题。在消费这一主题下，学生作者可以从多个方面入手，选择自己熟悉或者感兴趣的话题。经济学、社会学、心理学等学科都可以为消费话题的探讨提供扎实而丰富的学理支持。对消费话题的思考不仅对同学们的个人成长有所助益，也能够帮助同学们有效完成兼具学理性和思辨性的训练。

2. 案例概述

本案例属于写作课的短文。在写作课的前半学期，特别是短文初稿的构思和写作阶段，学生对于如何选题、如何提出问题的认识通常是非常模糊的。他们通常都不知道要写什么、什么可以写，以及如何写下去。这一案例很好地体现了作者在选题阶段选题和组织文章内容方面的挣扎。

这一选题来源于作者对于身边现象的观察：上了大学以后，身边的很多女生开始有意识地购买，甚至是囤积口红。更有趣的是，大多数女生购买口红并不是出于使用口红的需求或者对口红的喜爱，而是受到同伴或者是父母的影响。虽然买来的口红大多难逃闲置的命运，但购买的行为完全不会因此而停止。这种敏锐的观察和反思无疑是难能可贵的，但从初稿完成的情况来看，作者对于如何细化并且回答这

---

[*] 贺曦鸣，清华大学写作与沟通教学中心教师；艾苡米，清华大学致理书院2020级本科生。

个问题仍然没有头绪，对于如何与学术共同体展开对话、挖掘现象背后的"学理"更是毫无准备。

作者最终选择从营销的角度来探讨这一现象产生的原因，但由于思路不够清晰，而且缺少合理的分析框架，文章呈现出来的说理结构非常零散，最后也只给出了一些似是而非的结论，甚至没能回答自己想要尝试回答的问题。该生对短文初稿的自我评价也印证了这一点，她认为自己对研究对象和研究现状的掌握程度远远不够，自评只有2分（满分10分）。文章内容庞杂、角度繁多，缺乏问题意识，也没有体现出特别的研究价值。

经过批改反馈和一对一面谈，作者重新反思了自己关注的现象，调整和明确了自己的关注点和侧重点。在此基础之上重新组织了文章的内容结构和阐述思路，真正做到了从现象出发，正面回应自己提出的问题。虽然终稿在学理深度方面仍有一定的欠缺，但作为写作课上的第一篇习作，作者在观察生活、主动反思、发现问题和回答问题方面的进步无疑是值得肯定的。

3. 含教师修改过程的学生初稿全文

从营销的角度看：女生为什么爱买口红？

生活中，我们发现：部分女性，包括但不限于经济条件不很优渥的女大学生和初入茅庐的上班族等，对口红有着近乎狂热的追求。①据统计数据，2020年上半年，全网高奢美妆销量与销售额最高的品类均是口红/唇膏，占比分别为35.43%、26.67%。由此可见，口红行业发展态势将持续向好。②这其中不乏一人就买了上十支甚至上百支口红的消费者。女生为什么这么爱买口红呢？本文将从营销角度分析原因。

我们先探讨口红作为彩妆有哪些特别之处。口红作为一款基础彩妆，上手简单，装饰效果显著，价格又相对低廉，本身就是很受女性欢迎的化妆品。除此之外，由于口红可以承载着较高的品牌价值且本身价格又不高，它还可以作为"廉价的非必要物"，即总价格相对较低的奢侈品，带给消费者附加的精神意

【谋篇布局】从题目来看，作者是从现象出发提出问题的，这是一个很好的开始，也应该能够写出非常有趣的内容。但主标题和副标题之间的关系还值得商榷。因为营销的主体一般是商家，从营销的角度看的对象应该是销售的一方，而不是购买的一方。这是标题里体现出来的矛盾之处。

【语言文法】开篇第一句话非常关键，这样的写法未免太随意了。用平实朴素的语言陈述事实即可。

【逻辑论述】注意前后文衔接。这里存在明显的不对应。销量高是过去的情况，不能说明未来的发展态势，更不能根据过去的销量来预测未来的发展速度——"态势持续向好"。

【逻辑论述】分析漏掉了一环。

【逻辑论述】看不出是营销的哪个角度。分析需要遵循一定的理论框架。不能漫无边际，想到什么角度就从什么角度去分析。理论框架可以从以往的文献里找，也可以依从能够言之成理的逻辑自己搭建。

---

① 朱雪阳：《基于口红消费之上的当代审美消费效应解读》，载《戏剧之家》，2020（6）。
② 《2021年中国口红行业分析报告——市场深度调研与发展前景预测》，2021-01-11，http://baogao.chinabaogao.com/huazhuang/356815356815.html。

主题：消费

义。①与这一性质有关的是经济学中的"口红效应"，即经济萧条、金融危机时，出现了以口红为代表的带有足够附加价值的廉价消费品销量不降反升，利润增加的有趣现象。②

我认为主要有以下三大营销手段助力了口红消费。

一是精美且有影响力的广告诱导女性群体传染消费。

如今，口红广告多采用精美惊艳的图片或视频等形式，而且随着网络传媒的发展，同一品牌的广告往往会投向不同的平台，如微信、微博、小红书等，这就使广告被更多受众所知晓并给消费者留下了深刻印象，大大增加了影响力。除此之外，口红广告多会找一些世界范围内都审美认同的知名女性，一方面，以惊艳感给广告受众带来印象深刻的情感体验；另一方面，又冲击了粉丝向爱豆看齐的心理。比如，2016年迪奥、兰蔻、纪梵希的口红广告中的女主都是当前大热的国际影星、模特，整个广告反映出来的效果就是使用产品后会让女人们变得更美丽、更优雅、更淑女。③阿玛尼美妆还与朋友圈广告、QQ音乐平台合作，为品牌建立形象与产品的多重曝光。④这背后其实是有着理论依据的。麦克卢汉曾经提出了媒介延伸论，在现在这样一个读图时代，图片、视频的广告形式能引起更多人的关注。⑤口红广告对其形象的展示正是通过视频和图片的形式，刺激人的视神经，使受众产生模仿和改变。古斯塔夫·勒庞提到过群体内部存在着传染性，一个人的情绪，尤其是感性的情绪特别容易传染。⑥当一个女生为广告中的口红所痴迷时，她的情绪往往会带动她身边的同学或同事，她本身也会向身边的人大力推荐令自己愉悦、幸福的口红，从而就产生了群体性的情绪传染。这些女明星代言的口红广告激发了女性对口红的情感认同，营造了一种传染性的氛围，从而吸引很多消费者尤其是天性爱美的女性来购买。

二是直播带货助力口红经济。

---

① 沈家琦：《从效用层面浅析口红效应》，载《经贸论坛》，2020（12）。
② 常云鹏：《经济危机中的机会——口红经济》，载《经贸实践》，2017（18）：123~123。
③ 张芳、石小月：《消费主义语境下女性形象的建构——以口红广告为例分析》，载《电视指南》，2017（16）。
④ 裴丽婷：《浅析彩妆类化妆品女性消费心理——以阿玛尼品牌广告为例》，载《营销界》，2021（5）。
⑤ [加] 马歇尔·麦克卢汉：《理解媒介：论人的延伸》，何道宽译，第78、96、100、226页，北京，商务印书馆，2000。
⑥ [法] 古斯塔夫·勒庞：《乌合之众》，李隽文译，南京，江苏凤凰文艺出版社，2017。

浅层次地讲，动态的直播口红试色为口红做了生动的宣传，效果确实比静态的广告还要好；而且直播过程中网红可与粉丝互动，这种积极互动能提高粉丝热情度，增加粉丝黏性；再加上网红个人的魅力……这些都带动了女生口红消费的热潮。据淘宝公开数据显示，李佳琦在双十一预售首日直播间观看人数达1.62亿次，GMV（成交额）约39.11亿元；而薇娅当日达到的GMV为38.66亿元。两位主播的GMV总和近80亿元。①其中，口红等美妆占了很大一部分。深层次地讲，在全球经济下行的大背景下，直播带货应运而火，口红等美妆热销，无论是看直播买货还是买口红，本质上我们都在消费那些"廉价的非必要之物"。众所周知，直播带货的客单价普遍不高，这其实是人们不再把目光只放到房子车子等大型消费品上，转而关注这些能提高生活体验，本身价钱相对前者又不贵的物品，口红正是其中很好的代表，这正是"口红效应"。随着时间的推移，"口红效应"这个首次提于20世纪30年代美国的经济理论，正从"口红"变成大品类护肤彩妆的"口红们"，不变的是，它们都可以对消费者起到一种"安慰"作用。正如《人民日报》时评所言，"直播带货正在创新消费方式"②。我们也期待着，直播带货给消费市场带来更多的活力。

【逻辑论述】这一点非常有趣，或许值得深挖。但从逻辑上来讲，它和前面两点都不在同一个层次上，因此不能并列。

三是商家正在营造不具有任何持续性的审美品位，从而创造了更多的消费需求。

长久以来，女性消费者的特点之一是喜新厌旧的善变特质。而商家正利用了这一点。例如，生产者为口红推出了"季节性更新"的概念。还有强调，不同场合要用不同色号口红的理念……诸如此类营销使得口红虽然是消耗品，但消费者购买的目的并不在于物理上的消耗用尽，而更多地在于风格的变换、收集、对丰富的追求。③明白了这一点就很好理解为什么女生要拥有那么多口红了。每一种色号与质地的口红搭配不同的妆容，不同的场景，不同的服饰……而拥有每一种新品是对时尚的回应。商家努力营造这些不具有任何持续性的审美品位，并称之为精致、潮流、有品位等。

【逻辑论述】可能不只是利用。也有推波助澜。

【谋篇布局】完全可以以此为起点，写成一个个案研究。

【逻辑论述】消费者也在主动参与意义营造的过程。

---

① 鲁曼：《由直播带货到口红效应》，载《中国品牌》，2020（12）。
② 鲁曼：《由直播带货到口红效应》，载《中国品牌》，2020（12）。
③ 朱雪阳：《基于口红消费之上的当代审美消费效应解读》，载《戏剧之家》，2020（6）。

这本质上就是商家在不断创造新的需求。在当今消费社会，总需求有限，商家为了获得更大的收益，就会设计诸如此类的理念来扩大需求。

当然，这里难免挂一漏万。对口红受众进行精准定位，强调口红品牌意识等也是很重要的营销手段。值得在未来的研究中再作深入讨论。

【语言文法】说理文应该尽量避免口语化的表述。

最后，我们对口红大火进行一些思考。一方面，广大女性消费者要考虑到自身的经济能力和自身的实际需求，看清营销背后的商品究竟能为自己带来什么。如果购买，是否因为冲动会后悔。在营销的热潮中多听听自己内心的声音，尽量避免冲动型消费。这里要稍加解释，通过购物来愉悦心情这无可非议；通过购买较为奢侈的口红来提升对自己的自我和社会认同也无可非议。开放包容的社会尊重每一个人的购物习惯，这里只是给想要改变自身消费习惯的朋友们提供一些参考。

【逻辑论述】不要着急教育其他消费者以及为其他品类的经营者指明道路，先把问题回答好。

另一方面，口红经济的营销模式也可以推广到整个化妆品产业：消费欲望在得到满足的同时又会开始萌生新的欲望，这就要求商家要去创造需求。如此，才能不断诱导消费，加速资本运转，以带来更大的经济效益与更高的品牌价值。①这里引入一个概念：狄德罗效应。丹尼斯·狄德罗是18世纪法国一位著名的哲学家，当狄德罗穿上朋友赠送的一件质地优良、精妙绝伦的红色长袍后，他便觉得他家里的一切家具都太廉价了，不能够和精美的长袍相互匹配。所以狄德罗换了家里的家具等来适应晚礼服。简而言之，"狄德罗效应"就是人们继续寻求与他们的新项目相匹配的新项目，以实现心理平衡。②如今口红销售形势大好，消费者购买高档口红后，也会因"狄德罗效应"而渴望购买其他彩妆产品。这正是其他美妆产品营销的大好时机。商家可以把握机遇，借鉴口红热销的营销手段去创造整个美妆产业的销售辉煌。

总体点评：

选题：作者有非常敏锐的观察力，关注的现象其实非常有趣，

---

① 朱雪阳：《基于口红消费之上的当代审美消费效应解读》，载《戏剧之家》，2020（6）。
② 李雪丛、张瑜、曾淑真、蓝依婷：《基于狄德罗效应的化妆产品网络营销策略研究》，载《现代商业》，2019（9）。

但遗憾的是没有把真正有趣的点挖掘出来,既没有透彻地描述现象,也没能很好地回应自己关注的问题。

文献:可能是因为没有找准研究问题,所以文章与学术共同体的对话显得比较吃力。标题是要从营销的角度来看,但对营销科学领域的文献引用得却很少。部分文献注释格式有误,还需要再作调整。

结构:文章在结构方面的缺陷比较明显,具体表现为内容零散、缺少清晰的架构和脉络。松散的多点探讨导致前后文衔接不畅,这一点也对观点的说服力造成了很大的影响。

语言:作者的表达较为清晰,但风格仍有口语化的倾向。开头和结尾都还有很大的进步空间。

4. 学生的修改陈述信

尊敬的贺老师:

您好!我是致理书院数学方向的艾苡米。

感谢老师深入浅出的讲授和耐心细致的指导!我修改后的主题是探寻部分女大学生"明知用不完却还不停买"这一口红消费现象背后的原因。我是从初稿的大主题中提取了一个矛盾点,然后围绕这一具体问题展开叙述。

在修改过程中,最有成就的是把初稿中罗列的事实变成了有逻辑关系的论据,从而一步步回答了我要解决的问题。

在写初稿的时候,我觉得选题最有挑战性,最后,通过与室友和同学交流而确定了一个我觉得比较小的问题。但是,在和老师的交流中我发现,初稿的主题确实太大了,不仅如此,它还本身矛盾但却不构成问题。终稿选题仍然具有挑战性,我是通过阅读各种文章而发现灵感的。

如果有更充裕的条件,我会强化一下论据,添加一些更为精准和具体的例子与数据。

最后,真的很感谢有这样一门必修课,有这么美丽温柔又有才华而且还耐心负责的老师!我花在这门课上的时间很多(当然有我自己效率低下的原因),但我觉得这很值得。目前为止,我了解了选题的标准和文献注释的基本规范;明白了要提纲挈领、结论先行,要把大问题拆解成几个小问题;也学习到了一些查找文献的技巧和引用文献时可选择的立场。期待以后会学习到更多,写出让自己更满意的文章!

艾苡米
(日期略)

短文初稿自我分析

我的短文初稿题目是： 从营销的角度看，女生为什么爱买口红	
短文初稿中我的研究对象是： 人：女生 事：口红营销 时间：近年来	
短文初稿中我研究的具体问题是： （1）口红有哪些特点？ （2）口红广告流行的背后有哪些原理，又是如何诱导女性群体消费的？ （3）直播带货对口红的营销有哪些促进作用？ （4）商家宣传的理念对女性购买口红有何影响？	
这几个问题之间存在合理的逻辑关系吗？能在一篇文章中充分回答吗？ 第一个问题是对选题原因的回应，后三者成并列关系。 感觉确实回答得不够充分。	
我的选题是否存在以下问题：（存在请打勾√，不存在请画叉 ×） × 使用了过于抽象的概念 × 使用了过于宽泛的概念，特别是领域级的、话题级的概念，如"经济学分析等"	
× 追求"大一统"的答案 / "一言以蔽之" × 缺乏明确的研究对象 / 个案 √ 内容庞杂，角度繁多 √ 缺乏问题 × 题目不成立 / 不是一个真实存在的问题 √ 其他（没有体现出特别的研究价值）	
我的研究问题具备研究价值吗？有学理深度吗？有讨论空间吗？按照1~10（1最低，10最高）的计分方式，给以上三个方面评分，分别简述原因。 研究价值：8　这个问题背后蕴藏着很多经济理论，并对消费者和彩妆营销者都有相应的参考意义。 学理深度：5　在人们常见的现象背后，有种种和消费心理有关的理论，值得去研究。 讨论空间：8　有很多值得研究的角度	
我在短文当中与之对话的研究领域是：（不超过3个） 彩妆营销　消费心理	
列出短文初稿最重要的参考文献（不少于5个），规范注释并简略概括每个文献发挥的作用（提供事实 / 认识理论 / 提供新的研究视角 / 完全回答或包含了我的研究问题）： （1）常云鹏：《经济危机中的机会——口红经济》，载《经贸实践》，2017（18），123~123。 作用：认识理论 （2）裴丽婷：《浅析彩妆类化妆品女性消费心理——以阿玛尼品牌广告为例》，载《营销界》，2021（5）。 作用：提供事实 （3）鲁曼：《由直播带货到口红效应》，载《中国品牌》，2020（12）。 作用：提供新的研究视角 （4）朱雪阳：《基于口红消费之上的当代审美消费效应解读》，载《戏剧之家》，2020（6）。 作用：包含了我的研究问题 （5）李雪丛、张瑜、曾淑真、蓝依婷：《基于狄德罗效应的化妆产品网络营销策略研究》，载《现代商业》，2019（25）。 作用：提供新的研究视角	
按照1~10（1最低，10最高）的计分方式，给自己的现状打分（可以附上文字说明）： 对研究对象的掌握程度：2 对研究现状的掌握程度：2 文章的结构安排情况：6 引用规范和格式规范：6 文章的语言和风格：6	

5. 学生终稿全文

明知用不完，还是不停买：
部分女大学生口红消费现状及原因探寻

2019年3月4日发布的《天猫2019年颜值经济报告》显示：口红仍是美妆领域最畅销的单品，消费者平均每人每年在天猫购买3.3支口红；且在过去的一年里（2018年），至少有300万女性消费者通过天猫平台购买了5支以上的口红。5支，是一个普通口红使用者一年很难消耗的用量。即便如此，2019年口红的人均购买数量仍在继续上升，消费者年均购买数量上升至4支，增速达到了21.2%。[①]这表明，很多消费者在明知口红用不完的情况下还是会继续购买新的口红，而这其中，女大学生是很重要的口红消费群体。这里的女大学生指的是正在接受高等教育，包括本科、硕士和博士的学生。她们现在生活在校园这个特定的社会中，若干年后又将成为消费的主流人群，她们的消费观念将产生很大的影响力。本文中我们将通过探究部分女大学生"明知用不完，还是不停买"这一口红消费现象背后的原因，来揭示部分女大学生的消费心理和口红消费背后的丰富意义。

一、缘起与入迷

一部分女生天性爱美，在结束了崇尚"艰苦朴素，一心向学"的中学时代后，迫不及待地购买了人生中属于自己的第一支口红。接着，她们会对不同色号不同质地的口红都产生极大的兴趣，尝试着不停地变换风格，于是购买更多口红。对于她们而言，这是充分释放以前被压抑的欲望，是弘扬个性、享受生活的一种方式。包装精致、色泽美妙、风格多样的口红不断满足着她们追求事物美和自身美的心理，这种满足感和愉悦感成为了她们持续消费的动力。

还有一部分女生开始时并不像前者一样热情，她们原本并不擅长打扮。但由于社会舆论的期待，如女大学生要注重形象管理、提升求职面试的筹码，以便内外兼修成功步入职场等，[②]于是决定走出自己的舒适区，尝试不一样的自己。化妆有一定的技巧和难度，穿搭更是一条需要不断学习和实践的漫长之路。而涂口红是相对而言操作简单，又能快速提升气色的方式。所以，很多女生会以买口红作为自己改变之旅的开始。在这种意义下，一支口红代表着部分女生对过去稚嫩的自己的告别，和对未来更强大、更成熟的自己的迎接。热衷于买口红的小郑回忆起自己第一次涂

---

① 华经产业研究院：《中国口红行业发展现状分析，高端品牌大多属于国外》，2020年12月31日，https://zhuanlan.zhihu.com/p/340817611。
② 白晓玲、李重阳：《高校女大学生形象自我管理》，载《办公自动化》，2017（23）。

口红时表示:"涂上口红之后感觉整个人都不一样了,这让我更加自信!"这种新奇又美妙的体验让很多女生感受到了快乐,从而爱上了购买口红。

二、沉迷

在初步成功地尝试口红后,女大学生开始有意识地关注更多有关口红的方方面面。本部分将通过描述三个环节来解释为何部分女大学生沉迷口红消费,出现明知用不完,但还是不停买的原因。

首先是商家不断设计出种类极多的口红产品。这主要体现在以下三个方面。从消费需求上看,商家正在营造不具有任何持续性的审美标准,从而创造更多的消费需求。如推出口红"季节性更新"的概念,[①]这使得消费者潜意识里觉得口红就是该不断更换的。不同的穿搭、不同的天气和不同的心情都应该搭配不同色号和质地的口红。从商品命名上看,商家为很多色号取了温柔而有吸引力的名字,很多名字本身与女生喜爱的事物相关,这种爱屋及乌的心理,会使女生对有着动听名字的口红产生好感和购买欲望。如完美日记推出的珍珠奶橘色、温柔肉桂奶茶色等其实是利用了女生喜欢奶茶的心理。这些名字既美,又能直观地突出商品属性。从销售形式上看,商家会设计出套装,以整体形式出售多支口红。比如,本土美妆品牌玛丽黛佳从两三年前便开始推出口红套装,一个套装里通常有几支到十几支不同的口红,而它的创始人崔晓红发现,以这种形式出售的口红销量正在增加。[②]还有推出限量款、盲盒营销、销售小样组合等,这些都使消费者可能购买的口红数量大大增加。

接着是多形式广告的大力宣传。广告一方面让消费者了解商家创造出的这些种类丰富的口红产品;另一方面,又用精心设计的内容激起人们的购买欲望。小红书、淘宝、直播间带货、微信朋友圈广告、闺蜜同学的互相推荐等都是传播口红广告的重要途径。这里以阿玛尼的广告为例,除了它的朋友圈广告为消费者带来超强视觉体验之外,阿玛尼的唇釉之红更是扩散到了QQ音乐平台。阿玛尼通过闪屏广告在用户打开 App 的第一时间制造"惊艳一刻",加强版的视觉体验为品牌建立了形象与产品的多重曝光,让难以超越的红管唇釉经典更加令人难忘。[③]这些形式多样、覆盖面极广的广告为消费者展示了关于口红消费的大量选择空间。而广告内容又在制造女生向往、模仿的镜像他者,并同时告诉我们买它就会缩小与"她"的差距,甚至成为向往的"她"。法国哲学家吉拉尔提出的"欲望模仿理论"指出:人的欲

[①] 朱雪阳:《基于口红消费之上的当代审美消费效应解读》,载《戏剧之家》,2020(6)。
[②] 李牧姗,黄瀚玉:《明知用不完,为什么还不停买口红?》,2018 年 7 月 23 日,http://www.brandvista.com/2018/07/2018-7-23-3/。
[③] 裴丽婷:《浅析彩妆类化妆品女性消费心理——以阿玛尼品牌广告为例》,载《营销界》,2021(5)。

望不是来自内在，而是永远指向"他者"，这个"他者"暗示着某种地位归属，成为"他者"是各人深层动机的欲望。①所以，广告中涂着绚烂口红的女明星们激发了女生向她们看齐的欲望，从而使女生产生了购买的欲望。除此之外，广告还会为我们营造一种要追求"颜值至上"的"精致生活"理念。这是因为，随着自媒体时代信息量尤其是图片的猛增，我们受"图片—审美"逻辑的支配更重。这就首先要求广告追求审美化，继而逐渐影响了人和人对物的看法。也就是说，人们看待自己时会更看重身体作为消费主体的观赏价值；看待商品时，人们比以前更加看重商品的审美属性，甚至优先于商品的实用属性。②这就导致一些女生买某些口红只是因为它本身的颜值很高，甚至不去考虑涂到自己嘴唇上的实际效果。这进一步激发了女生的另一种购买欲望。

第三个环节是这些广告宣传和舆论引导、作用到女生们身上，让女生对口红的热爱逐渐从使用的快乐变成了购买的快乐和拥有的快乐。这就使本是消耗品的口红成为了部分女生的收藏品。此时，消费者购买的目的并不在于物理上的消耗用尽，而更多地在于风格的变换、收集、对丰富的追求，包括对口红色号和口红外观设计的追求。当生活压力大时，部分女生会下意识地通过购买口红来解压；平日里看着梳妆台上摆满的各式各样精致美好的口红就会觉得心情愉悦。这就导致她们即使明知用不完，但仍会选择不停地购买新口红。

三、反思

关于这个现象，我们需要辩证地来看待。一方面，这是广大女青年追求美好生活的一种体现。曾经的美妆市场，口红和粉底的色号都较少，黄皮肤的我们涂上适合肤色偏白的人的"芭比粉"色号口红并不能为我们带来气色的提升。而如今，口红色号的丰富其实也是广大女性自我意识的觉醒：不是只有白才是唯一的美丽，肤色偏黄的我们也可以通过找对色号来彰显属于我们自己的美丽，还可以通过不断变换色号、变换风格来探索不一样的自己，实现不一样的美丽。同时，我们也可以发现，当代女大学生并不一味追求所谓的"大牌"奢侈品，而是会根据自己的审美与需求选择相应的产品。这表明，她们更自信、更自主，不需要用大牌来提高身价，她们更看重分辨率，也更追求体验和品质。③但另一方面，我们也要看到口红不同于其他收藏品的地方：它会因过期变质，继而失去那些美好的属性，所以很可能会

---

① 徐先艳：《当代青年"精致生活"的表现、成因及引导》，载《中国青年社会科学》，2021（2）。
② 裴丽婷：《浅析彩妆类化妆品女性消费心理——以阿玛尼品牌广告为例》，载《营销界》，2021（5）。
③ 邢海燕：《"国潮"与"真我"：互联网时代青年群体的自我呈现》，载《西南民族大学学报（人文社会科学版）》，2021（1）。

造成一种浪费。

总而言之，这种消费现象是女大学生探索自我、实现自我成长过程中的一个表现，也是女大学生对于消费社会制造的种种理念的一种回应。女生自我意识的觉醒让商家有信心精心地创造与推广各种口红产品，媒体与舆论强化了女生们对于口红的需求感。这样，就形成了这种消费现象。

6. 教师对学生终稿的反馈信

艾苡米同学：

你好！

短文终稿与初稿相比有非常多值得肯定的进步，能够明显感受到作者修改的用心。从现实中的矛盾出发提出问题是一个很好的思路，祝贺你终于摸索出了自己的方向。相信通过修改和打磨，你对说理文写作有了更为清楚和深刻的认识。选题绝非易事，选题的过程需要大量的阅读和思考作为依托。研究问题是研究的基础和起点，有了研究问题才能真正明确究竟要研究什么、研究对象究竟是什么。写作的确是艰苦的工作，但好在向前一步就有向前一步的欢喜，相信你已经从挑战中找到了自己的乐趣。

短文终稿写得别致有趣，但仍然存在一些有待改进的不足。从整体结构上来看，几个节标题之间的联系还不够紧密。从"入迷"到"沉迷"，实现了从现状描述到原因分析的过渡，这两个部分的衔接是流畅自然的。但相较之下，"反思"一节的出现就显得比较突兀，内容上也有强行总结拔高的嫌疑。从小节内部结构来看，"沉迷"一节中作者对于沉迷原因的分析还不够完备。如果能有理有据地说明为什么能够得出这样的结论，以及为什么要重点关注这几个环节，同时突出几个环节之间的逻辑关系就更好了。另外值得注意的是，终稿虽然很好地体现了作者对现象和原因的洞察，但参考文献的质量仍然不太理想，这也在一定程度上影响了文章的学理深度。

希望修改和打磨短文终稿的过程帮助你更好地认识和练习了说理性写作。期待你在长文中有更大的进步！

祝学业顺利！

贺曦鸣

（日期略）

主题：隐秘战争

侘寂、物哀与武士道：日本动画"和魂洋才"的文化输出

指导教师：刘天骄　学生：雾野[*]

1. 主题概述：隐秘战争

大约从18世纪起，全球资本主义体系加速推进，人类社会开始经历跃迁式的嬗变与融合。在政治、经济、文化等领域逐渐一体化的同时，世界格局也在曲折中不断变迁与发展。不论是资源的有限、秩序的不公，还是领土分化和地缘对峙的固有逻辑，各国的矛盾并未消减。战争在历史之中，战争也正在发生。

而技术在改变生活的同时，也改变了战争的维度。全球化背景下的现代战争不止发生在两军对垒的前线，更发生在金融、贸易、科技、网络乃至意识形态等没有硝烟的战场。金融家、程序员、科研工作者、企业雇员、媒体人卷入其中，战争的形式更为隐秘，甚至"合法"。

回顾历史，在布雷顿森林的故事里，美国如何以一场会议、一纸合约终结了英镑对世界贸易和金融体系的控制权？文化冷战中，好莱坞推出的系列电影扮演了怎样的角色？数十年来，包括西门子、巴黎银行、阿尔斯通在内的欧洲企业为何会接受美国司法机构的长臂管辖和巨额罚款？为什么世界各国向空气中排放多少二氧化碳都要开会制定协议，甚至引发全球政治的博弈？人类天生偏好分享信息和传播知识，为何创造出知识产权制度去限制分享、保护争夺？

以隐秘战争为主题的写作教学，意在引导同学们带入自身的思考，也带入"百年未有之大变局"下对中国的关切，以扎实的文字、影像、数据等材料为依据，从更广阔的历史维度和世界视野中考察"看不见的战争"，理解它的特殊与普遍，批判性地反思过去与当下，并在审慎中走向未来。

2. 案例概述

本案例是写作课的长文，是学生在完成短文，即相近主题的文献综述之后尝试展开分析论证的写作。学生在隐秘战争的话题下结合自己的兴趣爱好，找到了一个非常有趣的研究对象，即作为日本文化输出代表的日本动画"和魂洋才"。整体而言，文章想讨论的问题意识是日本动画主要输出了怎样的日本文化（"和魂"），以及是通过什么具体的方法（"洋才"）在全球范围内，尤其是在异于日本的地域中实

---

[*] 刘天骄，清华大学写作与沟通教学中心教师；雾野（化名），清华大学软件学院2020级本科生。

现良好文化输出效果的。这是一个既从自己的日常爱好出发，又同时具备现实关注和思考敏锐度的选题。

具体到写作过程，案例的问题集中体现在如何对自己感兴趣的"现象"进行"学理化"转变，从而通过材料聚焦观点、展开分析与论证。其一，"描述"的部分偏多，但"着力点"不够集中。由于作者选择了自己感兴趣的动漫作为研究对象，从积极的一面看，作者对其中的情节剖析得非常细致，但另一方面，也正是这种兴趣带来的过分热情，导致写作容易陷入与核心观点并不直接相关的细节说明之中，讲故事之余忽视了材料要服务于观点的要求。其二，一头一尾掺杂的与核心观点不相关的内容较多，结构上可以更加优化。作者在开篇花了相当的篇幅去介绍侘寂、物哀与武士道这三种具有代表性的日本文化的内涵，迟迟未进入文章重点。而在结尾又泛泛给出了指点江山式的建议，在尚未把问题"解释"清楚之前，有些着急地想"解决"问题，导致出现一些并不真正"落地"的套话。以上两点其实也是学生们在进入大学后初步尝试准学术论文写作时常出现的问题，具有一定的代表性，同时也是教学的难点。

也正因如此，在批改反馈的过程中，教师并未采取让学生往"一口吃个胖子"的方向修改，即大幅更换材料、深入剖析一部动画作品，以符合更为严格的学术研究规范，而是选择尽量保留现有材料，通过调整结构和修改论证的方式，"渐进式"地让学生体会究竟如何说理，如何通过材料的分析论证，清晰地传递观点。经过修改，学生基于原本丰富的材料与细节，调整了分析重点与论证结构，更聚焦和有针对性地回答了自己提出的问题，为日后更进一步的研究打下了基础。

3. 含教师修改过程的学生初稿全文

侘寂、物哀与武士道："洋才"动画中的日本文化

摘要： 动画在发展过程中发挥了文化输出的重要作用。在"和魂洋才"的思想理念下，日本动画通过全球在地化（Glocalization）的方法减小与海外市场的文化差异，输出了包括以侘寂、物哀与武士道为代表的日本传统文化和从武士道衍生出的以军国主义、历史虚无主义为代表的右翼思想。文章尝试借助具体案例，分析在文化

【语言文法】建议修改为：[作为日本文化战略的关键一环，是日本文化输出的重要载体与手段。]

【语言文法】建议修改为：[日本动画如何通过结合当地文化包装、人物无国籍化处理、融入全球共识理念、模糊意象内涵等技法隐秘地进行文化输出，并提出……]

包装下通过故事情节、人物塑造等方法进行文化输出,并且提出需对右翼思想等衍生文化保持警惕。我国文化产业处理好政策、文化与技法三者之间的关系。

【语言文法】建议修改为:[我国文化产业要批判性地借鉴日本动画文化输出方法。]

关键词: 日本动画;文化输出;和魂洋才;武士道;右翼思想

【语言文法】
(1)标题可以再打磨,尤其双引号中为何是"洋才",而非文章中提及的"和魂洋才"?
(2)摘要中涉及文章关键信息的内容尽量避免用笼统、含糊的词句概述。
(3)语言表达有些粗糙,可以更加简练,正文中仍有不少类似问题,注意通读精修几遍。

日本动画作为日本文化战略中的关键一环,承担着向外输出日本文化的重任。2009年,日本知识产权战略本部在《日本品牌战略——将软实力产业作为成长的原动力》报告书中强调,要"将产生日本软实力的动画、漫画、电影、电视剧、音乐、游戏等内容产业……综合性地振兴和向海外拓展"①。在安倍上台后,其进一步明确日本文化外交的目的之一是将"日本之美"传播到世界各地。②所谓"日本之美",一方面,指自然和人文风景;另一方面,指日本想要向外输出的某些传统文化和其衍生文化。

在之前的研究中,作者重点论述了日本动画通过与当地文化相融合、人物无国籍化处理、融入全球共识理念、变更形式等方式进行"全球在地化",缩小日本动画和海外观众之间的文化距离,以达到文化输出的目的。而对于动画作品中究竟通过全球在地化输出了怎样的日本文化则分析较少,因此在本文中会借助案例对动画输出的精神内核进行分析。

【逻辑论述】这一概念界定的出处是哪?对其进行阐释与文章主体的关联是什么?

【逻辑论述】文章不仅讨论了日本动画输出了"怎样的"日本文化,是不是还讨论了具体"如何"输出的方法?

一、日本传统文化与文化包装

在明治维新时期,日本提出了"和魂洋才"的口号,最初希望能够学习西方的先进技术,类似中国清朝的"中体西用"。而在使团考察归来后,日本的启蒙思想家福泽谕吉认为,日本不仅在工艺上落后于西方,还应该学习西方的教育制度、社会体制等,以改善国民的精神面貌。③之后,"和魂洋才"这一思想深刻地影响了日本的经济、社会、文化发展,在音乐、文学等文艺作品的创作中也始终贯穿这一理念。对于动画产业,全球在地化的思想也是"和魂洋才"的一种体现,但对于这样一个具有文化输出特殊使命的行业来说,

【谋篇布局】开头的引入非常好,只是该部分收尾时涉及最重要的内容,即对文章问题意识的提炼部分,有些草率。试试看,你这篇文章想要讨论的问题究竟有哪些?重新组织语言和补充相关信息。

【逻辑论述】补充对"和魂洋才"的解释。

---

① 知的财産戦略本部(コンテンツ・日本フラント専門調査会)「日本フラント戦略—ソフトハワー産業を成長の原動力に—」http://59.80.44.99/www.kantei.go.jp/jp/singi/titeki2/houkoku/090310_nihonbland.pdf 2021-07-10。
② 崔世广:《21 世纪初期日本的文化战略探析》,载《日本文论》,2019(1):58~101。
③ 苏燕平:《日本历史变革中的坚守与抉择:"和魂洋才"——日本两次改革成功的历史经验》,载《改革与开放》,2018(5):58~60。

主题：隐秘战争

一系列手段的最终目的都是为了对其输出的文化进行包装，潜移默化地进行文化输出。而侘寂、物哀与武士道正是其中最为重要的三种传统文化。

【逻辑论述】该句主观性是不是偏强了？

【逻辑论述】为什么这三种是最重要的传统文化？

1. 侘寂

"侘寂"来源于日语中的"侘び寂び"（Wabi-Sabi）一词。其思想源于"大化改新"后传入日本的小乘佛教和中国文化，强调以"物"为表象载体，通过"物"呈现出独特的美学面貌。① "侘び"和"寂び"原本是两个词，也代表了侘寂中的两个理念。"侘び"的意为"恬静"，它代表着一种寂静、素雅、自然中透露着古香古色的美，追求的是事物本身所展现出的美，也即"本源之美"。同时，追求本源之美也就意味着对事物本身的包容性，因而"侘寂"也是一种不执着完美的审美意识。② 而"寂び"除此之外还多了一层意思，即"旧化，生锈"之意，表现出一种经过岁月洗礼而带来的斑驳、沧桑之美。③

【语言文法】这段表述可以更简练。

2. 物哀

"物哀"源于"物哀れ"（Mono-Aware）一词，最早可以追溯到江户时期本居玄长所著的《紫文要领》一书。本居玄长认为文章需要通过"将万事万物都放到心中来品味"，以写出人情世态，让人通晓事情，并领悟其中感悟兴叹的情致。④ 物哀所表达的就是一种日本文化中对于"无常"与"美"的深层次架构。何谓无常？日本诗人吉田兼好认为："人皆知生必有死，然而总以为死是很久以后之事，殊不知死总是在人意想不到之时到来。"此即为无常。日本对于无常与美的理解深受其孤悬海外的地理条件和佛教"虚无""轮回"等观念的影响。正因为无常，任何所谓"美好"的事物都有可能在下一个瞬间凋零，只有死亡才是永恒的，因此"物哀"也往往蕴涵着悲愤、忧郁、恋心等凄美的情感。而"物哀"也使得日本的文化作品中总是带有或浓或淡的"日式悲伤"。

【逻辑论述】这一部分关于物哀、佛教等方面的论述出处？

【语言文法】可以更简练。

---

① 何磊：《论日本"物"之"侘寂"美学》，载《艺海》，2017（1）：63~65。
② 罗崇蓉：《侘寂（Wabi-Sabi）：回到美学的诗性传统》，载《美术大观》，2016（1）：110。
③ 范文豪：《侘寂词义辨析及其美学应用》，载《艺术科技》，2016，29（3）：215。
④ 姜文清：《"物哀"与"物感"——中日文艺审美观念比较》，载《日本研究》，1997（7）：71。

3.武士道

"武士道"可谓是日本最为重要、影响最为深远,也是日本战后向全世界大力宣传和输出的文化价值观之一。武士道精神与日本封建时期的武士阶层有着密不可分的关系。从本质上来说,封建时期的武士道与封建时期儒家思想的作用相当,都是统治阶级用于稳固统治,加强控制的手段之一。日本武士道正是吸收和发展了儒家思想,将儒家思想强调的"仁、义、礼、智、信"发展为"忠、勇、礼、智、信",特别强调武士阶层对于君主的忠诚。① 武士道就是"死狂",认为名誉重于生命,甚至把死亡看作一种实现"名"的途径,提倡"常驻死身",即为求死之道。

日本战后30年的高速发展震惊了西方世界,也引发了西方对于日本的解读热。时势造英雄,新渡户稻造抓住机会,在《武士道》一书中将武士道奉为大和魂,将日本的发展奇迹归功于武士道,并且希望将其作为日本民族精神在全世界推广。

日本动画正是通过各种技法的使用,用世界人民喜闻乐见的方式将这些传统文化及其衍生文化向外输出。

二、文化包装下的传统文化输出

不可否认的是,在绝大多数优秀的日本动画作品中,在包装技巧下包裹和输出的是独特的日本传统文化和审美。通过全球在地化的手段,让世界各地的观众得以近距离接触对他们而言颇为神秘的日本文化,而也正是因为某些日本传统文化的优美,才使得作品进一步地受到观众们的追捧。因此,笔者选取了三部作品,分析作品在文化包装下的上述三种传统文化的输出。对于每一部作品,也将从故事情节、人物设定、画面与配乐等几个方面进行分析。

1.《少女终末旅行》与侘寂

《少女终末旅行》是白狐社(White Fox)在2017年制作的动画作品,改编自つくみず原作的同名漫画。故事的背景设定在人类文明毁灭的很久之后,城市高楼完全沦为废墟,得不到维护的机构也逐渐停止了运行。一切的生物、包括人类都已经灭亡,只剩下两名少女在这样看起来只剩下绝望的世界中驾驶着半履带摩托车四处徘

---

① 高小岩:《浅析日本的武士道精神》,载《日本问题研究》,2006(2):51~56。

徊。这样的反乌托邦式的背景设定本身就已经体现出侘寂中"寂静"的部分——这个庞大、死寂、沧桑的世界和两条鲜活的生命形成强烈的对比，热烈和具有生活气息的温馨氛围只存在于由两个人形成的小小圈子里，而在这之外的只有已经死亡的世界。作者没有展现世界是如何毁灭的，也没有告诉读者两名少女为何会生存在这个世界，这不重要，重要的只是把她们都扔进了虚无之中。

【语言文法】可以更简练。

作品中处处可见利用欧美文化进行的包装。两位少女的日常着装是美国陆军的墨绿色军装，驾驶的车也是德国式的半履带车"Kettenkrad"。而据作者在采访中的表述，两位少女的形象和半履带车的创作灵感来源于电影《拯救大兵瑞恩》。① 在故事中，两位少女进入了一座废弃的巨大塔型建筑物中，而少女们的愿望就是走到塔的最上层，寻找生命的希望。这样的叙事方式将美国的公路文化融入了日式的末日废土文化。

【逻辑论述】分析围绕两部分展开：一是这部作品具体的故事、人物、情节输出了什么日本文化，二是究竟如何实现输出的。你提到的"利用欧美文化包装"实现文化输出恰恰是日本动画具体的全球在地化手段，是否更值得作为分析的重点？

塔的每一层都有各具特色的建筑——或是排列整齐的火柴盒房屋，或是神秘而荒凉的神庙，或是年久失修的巨型机械。无论形式如何，这些建筑无不体现出岁月的沧桑之感。而作品第二集的《雨声》最能体现出在寂寞无助、孤独漂泊的世界中升发出的小小的幸福与满足，表现出了具有积极价值的侘寂的精神内核。② 天降大雨，少女们在破旧的输水管道边倾听雨点击打地面所发出的空灵曼妙的声音，寻得内心的宁静和愉悦。而场景的描绘虽然依托于废墟这一"物"，却能够展现出其本源的空灵、荒凉和与心灵产生的共鸣。此之谓"侘寂"。

【逻辑论述】这一部分的第二段很好地体现了"全球在地化"，但第一、第三段均是在分析该作品如何体现了侘寂。更为关键的问题是，这部作品究竟是如何通过具体的技法实现文化输出的论述较少。

2.《紫罗兰永恒花园》与物哀

《紫罗兰永恒花园》是京都动画在2018年制作的动画作品，改编自同名小说。故事的设定很好地采用了"无国籍化"的策略，将舞台设定在了某个发生战争后的架空世界。剧中的人物虽然没有现实中的国籍，但是其样貌和着装都有浓烈的欧洲中世纪风格。甚至在外传中，在战后经济重新发展的国家修建起了一座形似埃菲尔铁塔的通信发射塔，并且从战争细节的刻画中可以看出作者隐喻的是第

---

① http：//www.anitama.cn/article/32ac344c52d916bf. 2021-07-12。
② 王向远：《日本的"侘""侘茶"与"侘寂"的美学》，载《东岳论丛》，2016，37（7）：148~156。

二次世界大战。

作品也从主人公的身世中传达出反战理念。主人公是一名在战争中失去了双亲的女孩，被军中的大佐所救，并被军方当作战争机器进行培养。而在一次关键作战中，大佐为了保护主人公不幸牺牲，少女也失去了双手，只能安装上机械手臂，战争的残酷被体现得淋漓尽致。主人公的身世本就充满着悲情色彩，少女"薇尔莉特"的名字也取自紫罗兰，象征着永恒的美与爱。

"美"与"爱"也成为贯穿整部作品的精神主线。少女在战争结束后成为了"自动手记人偶"，也就是信件代写员，而少女也通过帮助各式各样的顾客代写信件，体会到刚刚经历了战争的人民的爱恨情仇，一步步理解何为"爱"。作品想要传达出的不仅仅是简单的悲伤或者哀愁，在此基础上更包含着对生命以及世界的感动、怜惜之意，表现了人们对于人性、自然风光、世间万象等强烈的审美意向和唯美追求。①作品也随着少女追寻自我的脚步将这样无常的物哀审美传递给观众。围绕少女这一线索人物展开，作品为观众展现了数个独立的故事，而这些故事往往与亲情、爱情相关，并且每个故事中都会有一到两个与之相关的意象。作品的第七集讲述了一位作家和已经过世的女儿的故事，其中作家女儿常打的雨伞成为了这一段充满悲剧色彩的亲情的象征。在故事的最后，作家将雨伞送给薇尔莉特象征着放下了对女儿的执念，同时，薇尔莉特对于"爱"的理解也增加了一层。这些故事无一例外都体现出"无常"的思想，以生死别离居多，而京都动画也通过细腻的作画，将这种物哀的无常以唯美主义的形式展现出来。②

【逻辑论述】问题与上一部分类似，文章分析的重点不应仅仅落在某部动画作品体现了什么传统文化，而是要讲清楚究竟通过怎样的具体方法使得这种原属于日本的文化能够被外国观众接受，达到了文化输出的效果。

【谋篇布局】在结构布局上也要注意清晰的逻辑关系，即"输出了什么"与"如何输出"两部分。避免第一段谈输出内容，第二段谈方法，第三段又绕回到输出内容。

3.《Fate/Zero》与武士道

《Fate/Zero》是飞碟社（ufotable）在2011年制作的动画，改编自著名小说家、编剧虚渊玄的同名小说。作为一部魔幻战斗类作品，"Fate"系列的故事非常简单，几乎都是讲述红蓝两方通过魔法召唤历史上著名人物的"英灵"，作为战士争夺可以实现任何愿望的大圣杯的故事。但是，正是因为这样的故事设定得以让这部作品融合世

---

① 唐瑾:《日本世界系动画电影的主题构建与表达——以〈天气之子〉〈企鹅公路〉为例》，载《视听》，2021（7）：91~92。
② 王向远:《论日本美学基础概念的提炼与阐发——以大西克礼的〈幽玄〉、〈物哀〉、〈寂〉三部作为中心》，载《东疆学刊》，2012，29（3）：1-7、111。

界各地的文化，并在作品中加以改造。例如，作品中出现最多的有巴比伦神话、凯尔特神话、希腊，罗马神话人物。

召唤"英灵"进行战斗的方式也就自然而然地在作品中形成了两个等级——象征武士阶级的英灵们和象征统治阶级的御主们。御主甚至可以通过消耗"令咒"以命令英灵们做任何事，体现的就是武士道精神对统治阶级绝对的忠诚和彻底的服从，是身为武士必须具有的美德。① 在《Fate/Zero》中最能体现武士道"服从"精神的场景便是作为反派之一的肯尼斯先是用令咒命令其侍从凯尔特神话中的迪卢木多·奥迪那作出违反骑士精神之事，而后又在其即将失势时命令奥迪那自杀，体现的就是以无条件的、绝对的"忠"为核心的中世纪武士道的思想特征。②

除此之外的另一典型人物是作为英灵的亚历山大大帝，他在《Fate/Zero》中几乎唯一的对手就是巴比伦史诗中的吉尔伽美什。而在最终决战时，吉尔伽美什所展现出的实力已经远在大帝之上，但是为了保护御主，大帝明知是赴死，也带头冲向敌人，在生命结束的那一刻绽放出最耀眼的光芒。通过这一悲壮的场景，武士道中"向死而生"的"献身精神"竟然在一个马其顿神话中的人物身上得到了体现。

【逻辑论述】
（1）问题与前两部分类似，都出在分析论证的侧重点上。（2）相较于前两部作品，对这部动画和武士道文化的分析恰恰遗失了全球在地化技法的部分，有些只专注于作品本身的内容解读。换言之，为什么它输出武士道，西方观众们更能够接受？

三、文化包装下的陷阱——右翼思想

日本通过动画向世界输出的不仅仅有优秀的传统文化，动画的制作者也会将某些由传统文化衍生出的扭曲的文化观念夹杂在作品之中。其中最为典型的就是右翼思想，而这对于当今右翼政党势力一步步扩大的日本政府来说，也是十分乐意看到的。

【语言文法】建议修改为："也会有传统文化衍生出的扭曲文化，其中最为典型的就是右翼思想。"

与右翼思想有最直接联系的就是武士道。武士道从产生开始经历了三个主要的发展阶段，分别是江户时代前的旧武士道、江户时代的新武士道以及明治维新后近代军人精神的武士道。③ 也可以说，武士道精神在近代的转型成为了日本军国主义的根基，而武士道与

【逻辑论述】这里过渡地比较有些突兀。建议把对右翼思想，即动画输出内容的介绍移到文章前面。

---

① 高小岩：《浅析日本的武士道精神》，载《日本问题研究》，2006（2）：51~56.
② 王志：《日本武士道的演变及其理论化》，载《东北师大学报（哲学社会科学版）》，2007（4）：25~32.
③ 宋成有：《江户、明治时代武士道异同刍议》，第243~254页，北京，中国社会科学出版社，1993。

当代社会的结合则产生了政坛中掌握一定话语权的右翼政党。在明治维新时，日本政府将武士道精神转化为近代军人精神伦理和国民普遍道德伦理，并且成为转移国内矛盾，实现侵略战争合理化的基石。在侵华战争时，日本军队直接对天皇负责，是为"皇军"，对于天皇下达的一切命令都要无条件服从，并且死亡被视为一种为天皇献身的高尚行为。而这些所有为天皇而死的人，最终都会被供奉在靖国神社，以死来换得名誉。这就是武士道精神最直接的体现。而日本的右翼团体自20世纪初产生以来，就鼓吹皇国至上，忠君尚武，打压和限制日本境内的社会主义思想传播，与军国主义同流合污。① 在很多动画作品中，作者也会将这些右翼思想刻意包装，在不知不觉中进行输出。

1.《机动战士高达》与军国主义

在1979年播出的《机动战士高达》可谓是日本机战动画的集大成之作。在正史UC系列中，地球资源几乎消耗殆尽，人类为了避免被毁灭的命运组建了联邦政府向太空进行移民，并且在太空中建立了六颗殖民卫星，而由于近百年的统治，联邦政府内部腐败滋生、派系林立。位于地球背面的殖民卫星SIDE 3中掀起了独立热潮，国父吉翁·戴肯在宇宙纪元0058年建立了穆佐自治共和国。但是在0079年，奉行军国主义思想的扎比家上台，将共和国改名为吉翁公国，并与联邦展开了长达一年的"一年战争"。在这场战争中，整个地球圈有一半的人口死亡，最后以吉翁公国的失败而告终。所谓的吉翁公国，实际上影射的就是纳粹德国，"一年战争"也是第二次世界大战的演绎。

表面上看，作品确实宣扬的是反战甚至是反法西斯思想，但这样的看法是片面的。在UC系列的很多部作品中，吉翁是以"反抗强权""追求自由"的形象出现的，甚至在"一年战争"之后，作者仍然花费了大量笔墨描写世界各地的吉翁残党如何险些死灰复燃。而且作品中最有魅力的男主角之一夏亚·阿兹纳布尔也是吉翁公子，虽然在战争前期表现出与吉翁、联邦似乎都不相同的理想主义色彩，但是在后续的作品中也走上了摧毁地球以推行宇宙移民的极

---

① 林晓光：《日本右翼思潮与右翼团体史考》，载《抗日战争研究》，2002（1）：179~204。

端道路。"高达"系列作品的高明之处在于，他没有在这些"政治话题"上花费太多笔墨，而是将重心放在炫酷的机器人大战中。观众有些时候只会被帅气的机甲和畅快的打斗所吸引，而忽略了角色背后代表的价值。并且，由于机战动画的动作场面实在过于吸引人，以至于观众们追求的都是更激烈、更炫酷的战争，并且这样的战争是以数以万计的平民百姓的性命为代价的——一部似乎想要宣传"反战"主题的作品却调动起了观众的战争情绪，这是不可否认的军国主义思想。更严重的是，有部分粉丝反而以吹捧动画中的军国主义思想为荣，在上海的高达基地中甚至售卖印有"SIEG ZEON"①的挎包，售价高达800元。

【逻辑论述】很好地抓到了重点，可以展开分析。

2.《我的英雄学院》与历史虚无主义

动画作品中的历史虚无主义可谓数不胜数。其中最为典型的就是否认日本"二战"时犯下的罪行和对"二战"历史进行戏谑玩弄。在近几年，也频频有作品被曝出"辱华"，也就是因为这样的右翼思想泛滥的结果。

【逻辑论述】这部分对作品的分析与前面的问题类似，一方面要讲清楚输出了什么，另一方面要将重点放在如何通过具体手段完成了文化输出，输出的效果如何。

以《我的英雄学院》这部曾经在国内有非常高人气，但是在近期被曝出"辱华"，随后遭到抵制的作品为例，如果我们没有及时发现其中夹杂的右翼思想，而让作品的一保持原来的高人气，那便是一件非常危险的事情。而且需要补充的是，作品中出现对"二战"历史戏谑调侃的这一细节最初还是由韩国网友先发现的。整部作品有非常浓厚的美式漫画风格——粗线条、大眼睛的人物，其中的线索人物欧鲁迈特的形象则直接取材自美国的《超人》。而正如《超人》，这部作品所宣扬的也是美式主旋律的个人英雄主义，并且将这种个人英雄主义用一个典型的日系"废柴主角逆袭"的方式展现出来，在中国收获了大量的人气。

【逻辑论述】这里包含了一个非常强的因果关系的观点，依据是什么？如何得出的？

【语言文法】读一读，有语病和口语化的问题。

【逻辑论述】何以得出？

但是，作者将扭曲戏谑历史的右翼思想掺杂进了作品中：作者将最新反派的名称定为"志贺丸太"。这个名字看上去似乎没有什么问题，但是"志贺"就是造成细菌性痢疾的罪魁祸首之一的"志贺杆菌"的缩写，而"丸太"就是中国人所熟知的"马路大"。不仅如此，这个反派还是作品中"蛇腔综合医院"的创始人。这个人物形

---

① "吉翁万岁"，源自德语"Sieg Heil"，为纳粹德国时期常用口号，意为"胜利万岁"。

象本身就是在暗示731部队和其进行的细菌人体试验,而作者却以一种戏谑、轻浮的态度将如此严重的历史问题以"夹杂私货"的方式放入作品中,可谓居心叵测。

因此,这一系列事件也在警醒我们,对待日本向世界进行输出的文化一定要采取谨慎的态度,需要认真仔细地加以甄别,以提防右翼思想对我们的渗透,避免踏入日本政府为我们设置好的"文化陷阱"。

四、对中国文化产业发展的启示

尽管日本文化产业中有很多需要甄别和取舍的地方,但是它文化输出的成功发展经验也是值得我们借鉴的。笔者认为,中国文化产业发展应该处理好政策、传统文化和世界文化三者之间的关系,而在这一点上,我们可以部分参考日本的发展模式。

首先要重视政策引导和扶持的作用,积极营造动画产业生态环境的政府推动模式。日本政府早在2002年就正式介入日本动画行业,并且在同年发布的《知识财产战略大纲》中为动画发展制定了详细的战略规划。① 而对于中国而言,目前国家对于文化产业的发展虽然重视程度一直在增加,但是产出优秀作品,特别是优秀动画作品的比率仍然较少。因此,我们在制订详细的发展规划的同时,也可以借鉴日本动画"和魂洋才"的思想,对外国文化进行批判吸收,并且使用贴近世界人民的叙事方法讲好中国故事。而在向外输出的文化中,传统文化是最容易讲好,也是最容易被接受的,因此可以作为政策突破口。

中国的文化产业需要形成政策、传统文化、世界文化三位一体的格局。通过制定政策保护和挖掘优秀传统文化,同时批判性地引进世界性的文化和技法,学习日本的文化包装,将二者相结合,借助全球在地化的方法讲好中国故事。

---

① 刘海波、倪昊、邹祖烨:《日本动画产业的发展模式及其对我国的政策启示》,载《中国软科学》,2008(4):16~22。

总体点评：

评价表
选题与问题意识（1~5分）：4
很好的选题，但在提炼问题意识时有一些模糊，文章想讨论的不仅仅是日本动画输出了什么（"和魂"），还包括究竟通过什么具体的方法（"洋才"）完成了输出，因此可在原有基础上重新修订题目。
结构与论证（1~5分）：3
（1）本文的结构比较清晰，但在论证上将80%的力气都放在了这些动画作品体现了怎样的日本文化，反而弱化了日本如何通过这些作品+全球在地化的具体方法完成了文化输出。要记得你在文章一开始的定位，日本动漫作为日本文化战略的关键一环，是日本文化输出的重要载体与手段； （2）"历史虚无主义"部分的写作像是振臂批判，客观的分析说理较少，主观性的口号偏多； （3）几种文化的介绍和最后的启示部分可以酌情压缩。
学术规范与格式规范（1~5分）：4
遗漏了几处概念解释和网络讨论的引用。
语言表达（1~5分）：3.5
有表达烦琐和语句不通的情况； 最后一部分口语化较多，说理性较弱。
修改提示
思考批注中提出的问题； 修改重点放在结合作品的分析论证与结构调整部分； 注意文章标题和节标题的修改； 通读一遍，避免再出现语病和烦琐的情况。

4. 学生的修改陈述信

刘天骄老师：

您好！我是软件学院的雾野。

我觉得在写作和修改的过程中，文章问题意识的提炼和把握是很有挑战性的部分。首先，如何在这么多可选择的题材范围内选择一个自己感兴趣而且有意义的问题，是比较考验我的想象力的。其次，想象力一张开，又会遇到刹不住车的情况。在写作中我有时会沉浸在对自己感兴趣的动画作品的内容细节分析之中，而忘记了一开始想要集中探讨的问题。更何况要围绕问题展开、组织出有逻辑的内容，也是较为困难的。最后，选择题目是一个"想"的过程，因为很多时候从"想"到真正去"写"实际上是有很大的障壁，常常不敢轻易落笔，害怕犯错，畏首畏尾。正是通过这次写作，我也真正意识到抱着手空想是没有用的，而是要不断地查阅资料，边看边想、边想边写。

而在整个的修改过程中，不断调整分析重点与文章结构，使之更加符合论证逻辑，是让我最有成就感的。在很多时候，文章的内容与材料是足够的，但是读起来总感觉怪怪的，不知道问题出在了哪里，不是很流畅。这个时候往往就是结构不对，需要对内容进行合并，调整顺序。就像您面批时反复强调的要我注意文章的"主线"，在这个过程中，我自己的逻辑思维和写作能力也真切地得到了提高。

此外，在查阅资料和进行写作思考的过程中，我也对所写的领域有了更深入的了解，特别是对全球在地化和动漫文化输出有了更系统的认识。如果有机会，我希望着重写一写其中关于右翼思想的内容，因为我觉得这个问题很有意义。而且《机动战士高达》可以分析的问题太多了，这个IP实在是太成功，不仅仅是动画内容，包括动画监督的出身都很有意思。

最后非常感谢老师的批阅，您辛苦了！
此致
敬礼

雾野
（日期略）

5. 学生终稿全文

侘寂、物哀与武士道：日本动画"和魂洋才"的文化输出

摘要： 动画作为日本文化战略的关键一环，是日本文化输出的重要载体与手段。在"和魂洋才"的思想理念下，日本动画通过全球在地化（Glocalization）的方法减少与海外市场的文化差异，输出了包括以侘寂、物哀与武士道为代表的日本传统文化和从武士道衍生出的以军国主义、历史虚无主义为代表的右翼思想。文章尝试借助具体案例，分析日本动画如何通过结合当地文化包装、人物无国籍化处理、融入全球共识理念、模糊意象内涵等技法隐秘地进行文化输出，并提出需对右翼思想等衍生文化保持警惕。中国文化产业发展要批判性地借鉴日本动画文化输出方法，处理好政策、文化、技法三者之间的关系。

关键词： 日本动画；文化输出；和魂洋才；武士道；右翼思想

日本动画作为日本文化战略中的关键一环，承担着向外输出日本文化的重任。2009年，日本知识产权战略本部在《日本品牌战略——将软实力产业作为成长的原动力》报告书中强调要"将产生日本软实力的动画、漫画、电影、电视剧、音乐、游戏等内容产业……综合性地振兴和向海外拓展"[①]。在日本，人们普遍认为日本传

[①] 知的財産戦略本部（コンテンツ・日本ブラント専門調査会）：《日本ブラント戦略—ソフトパワー産業を成長の原動力に—》，2009年3月，http://59.80.44.99/www.kantei.go.jp/jp/singi/titeki2/houkoku/090310_nihonbland.pdf，2021年7月10日。

统文化艺术、艺能、饮食以及动画、漫画、游戏具有丰富的美感，把"美"作为日本文化的一大特点。安倍晋三担任首相后，进一步明确日本文化外交的目的之一是将"日本之美"传播到世界各地。①

曾有学者梳理过日本动画的角色设定及其对应的文化内核，认为大体可以分为以下几个典型：大眼睛、高鼻梁、身材修长的人物反映的是日本人对自身民族身体素质不满的幻想型满足；仙、魔、鬼等则反映了现代文化与传统文化的双重确认；科幻和机器人则表达了对现代工业化的反映与反思。②可以看出，日本动画的内容既包含传统文化，也有其衍生文化；既有本土化的特征，也有与全球化结合的色彩。笔者尝试借助代表性的案例，分析日本动画输出的文化内涵及如何通过与当地文化相融合、人物无国籍化处理、融入全球共识理念、模糊意象内涵等"全球在地化"（Glocalization）的方式，实现文化输出的效果。

一、日本动画输出的文化内涵

明治维新时期，日本提出了"和魂洋才"的口号，主张形而上的内容应采取东方的传统观念，即"和魂"、东洋道德；形而下的东西应吸收西洋的技艺，即"洋才"、西洋艺术。③这类似我国清朝的"中体西用"。动画产业"全球在地化"的战略正是"和魂洋才"思想的一种体现。对于这样一个具有文化输出特殊使命的行业来说，"洋才"更是一种进行文化包装的手段，帮助其潜移默化地进行文化输出。侘寂、物哀与武士道是日本具有代表性的三种传统文化，其中，武士道又派生出一系列右翼思想，构成了文化内涵的另一面。

1. 传统：侘寂、物哀与武士道

"侘寂"来源于"侘び寂び"（Wabi-Sabi）一词，吸收了部分小乘佛教思想和中国文化。它强调以"物"为表象载体，通过"物"呈现出独特的美学面貌。④"侘び"和"寂び"原本是两个词，也代表了侘寂中的两个理念。"侘び"的意为"恬静"，它代表着一种寂静、素雅、自然中透露着古香古色的美，追求的是事物本身所展现出的美，也即"本源之美"。而"寂び"除此之外还多了一层意思，即"旧化、生锈"之意，表现出一种经过岁月洗礼而带来的斑驳、沧桑之美。⑤

"物哀"源于"物哀れ"（Mono-Aware）一词，最早可以追溯到江户时期本居玄长所著的《紫文要领》一书。本居玄长认为文章需要通过"将万事万物都放到心中

---

① 崔世广：《21世纪初期日本的文化战略探析》，载《日本文论》，2019（1）：58~101。
② 熊涛：《寻找梦幻岛：日本动画电影的文化特质研究》，载《北京电影学院学报》，2006（5）：53~60。
③ 顾明远：《教育大辞典》，第146页，上海，上海教育出版社，1998。
④ 何磊：《论日本"物"之"侘寂"美学》，载《艺海》，2017（1）：63~65。
⑤ 范文豪：《侘寂词义辨析及其美学应用》，载《艺术科技》，2016（3）：215。

来品味"，以写出人情世态，让人通晓事情，并领悟其中感悟兴叹的情致。[1]物哀所表达的就是一种日本文化中对于"无常"与"美"的深层次架构。何谓无常？日本诗人吉田兼好认为："人皆知生必有死，然而总以为死是很久以后之事，殊不知死总是在人意想不到之时到来。"日本对于无常与美的理解深受其孤悬海外的地理条件，以及佛教"虚无""轮回"等观念的影响，因此"物哀"也往往蕴涵着悲愤、忧郁、恋心等凄美的情感。

"武士道"可谓是日本最为重要、影响最为深远，也是日本战后向全世界大力宣传和输出的文化价值观之一。武士道精神与日本封建时期的武士阶层有着密不可分的关系。从本质上来说，封建时期的武士道与封建时期儒家思想的作用相当，都是统治阶级用于稳固统治、加强控制的手段之一。日本武士道正是吸收和发展了儒家思想，将儒家思想强调的"仁、义、礼、智、信"发展为"忠、勇、礼、智、信"，特别强调武士阶层对于君主的忠诚。[2]武士道就是"死狂"，认为名誉重于生命，甚至把死亡看作一种实现"名"的途径，提倡"常驻死身"，即为求死之道。

2. 派生：军国主义与历史虚无主义

军国主义的思想源头之一就是武士道。武士道经历了三个主要的发展阶段，分别是江户时代前的旧武士道、江户时代的新武士道以及明治维新后近代军人精神的武士道。[3]可以说，武士道精神在近代的转型奠定了日本军国主义的根基，而武士道与当代社会的结合则产生了在日本政坛中掌握一定话语权的右翼政党。明治维新时期，日本政府将武士道精神转化为近代军人精神伦理和国民普遍道德伦理，使其成为转移国内矛盾、实现侵略战争合理化的手段。在侵华战争中，日本军队直接对天皇负责，是为"皇军"，对于天皇下达的一切命令都要无条件服从，而死亡被视为一种为天皇献身的高尚行为，为天皇而死的人最终都会被供奉在靖国神社，以死来换得名誉。这就是武士道精神最直接的体现。

日本的右翼团体自20世纪初产生以来，就鼓吹"皇国至上""忠君尚武"，打压和限制日本境内的社会主义思想传播，与军国主义同流合污。[4]同时，右翼政党对于日本在第二次世界大战中犯下的罪行持否定态度，通过修改教科书等方法扭曲、隐瞒历史，将战争的责任推给上一代人，以让民众逐渐淡忘战争的历史，进而发展为历史虚无主义。在很多动画作品中，作者也会将这些右翼思想刻意包装，在不知不觉中进行输出。

---

[1] 姜文清：《"物哀"与"物感"——中日文艺审美观念比较》，载《日本研究》，1997（7）：71。
[2] 高小岩：《浅析日本的武士道精神》，载《日本问题研究》，2006（2）：51~56。
[3] 宋成有：《江户、明治时代武士道异同刍议》，第243~254页，北京，中国社会科学出版社，1993。
[4] 林晓光：《日本右翼思潮与右翼团体史考》，载《抗日战争研究》，2002（1）：179~204。

二、"全球在地化"下的传统文化输出

不可否认的是，绝大多数优秀的日本动画作品，在包装技巧下包裹和输出了独特的日本传统文化与审美。通过全球在地化的手段，世界各地的观众得以近距离接触对他们而言颇为神秘的日本文化。不同的作品往往会通过不同的文化包装输出不同的传统文化，同时也取得了不同程度的反响。

1.《少女终末旅行》与侘寂

《少女终末旅行》讲述的是人类文明毁灭之后，两名少女在末日废土中驾驶着半履带摩托车寻找生命的故事。这样的反乌托邦式的背景设定本身就已经体现出侘寂中"寂静"的部分——庞大、死寂、沧桑的世界和两个人具有生活气息的温馨氛围形成强烈的对比。同时，少女们所探索的高塔中每一层都有各具特色的建筑，无论形式如何，这些建筑无不体现出岁月的沧桑之感。而该作品第二集的《雨声》最能体现出在寂寞无助、孤独漂泊的世界中升发出的小小的幸福与满足，表现出了具有积极价值的侘寂的精神内核。[①]

在作品中处处可见利用欧美文化进行的包装。在人物形象方面，虽然作品采用了日式的Q版人物画风，但能够辨认主角中的一位是金发碧眼的典型欧美形象。此外，为了贴近"末日"的主题，两位少女的日常着装选择了美国陆军的墨绿色军装，驾驶工具也选择了德国式的半履带车"Kettenkrad"，使得人物形象更加接近于欧洲陆军士兵。据作者在采访中的表述，两位少女的形象和半履带车的创作灵感正来源于电影《拯救大兵瑞恩》。[②]在故事情节的安排上，作者也将美国的公路文化与日式的末日废土文化进行了结合：在故事中，两位少女进入了一座废弃的巨大塔型建筑物，少女们驾驶着半履带车向顶楼前进，随着楼层的变换，主角们也遇见不同的人物和景色，在此过程中推进故事主线。此外，作品中还有一个较为有趣的细节：主角们写日记时所使用的文字虽然看上去像是象形文字和楔形文字的结合，但仔细辨认便可以找到与日本假名的对应关系，因此也在动画播出时掀起了一阵解读热。

2.《紫罗兰永恒花园》与物哀

《紫罗兰永恒花园》是京都动画在2018年制作的动画作品，故事背景是一位战争孤儿少女在战争结束后成为"自动手记人偶"，即信件代写员，帮助不同的客户收发信件。"物哀"就围绕少女这一人物线索展开，作品为观众展现了数个独立的

---

① 王向远：《日本的"侘""侘茶"与"侘寂"的美学》，载《东岳论丛》，2016（7）：148~156。
② 《末世生存教科书：漫画原作つくみず谈〈少女终末旅行〉的创作历程》，2017年11月6日，http://www.anitama.cn/article/32ac344c52d916bf，2021-07-12。

故事，而这些故事往往与亲情、爱情相关，并且无一例外体现出"无常"的思想，以生死别离居多。而京都动画也通过细腻的作画，将这种物哀的无常以唯美主义的形式展现出来。①

故事设定很好地采用了"无国籍化"的策略，将舞台设定在了某个发生战争后的架空世界。剧中的人物虽然没有现实中的国籍，但是其样貌和着装都有浓烈的欧洲中世纪风格。甚至在外传中，战后经济重新发展的国家修建起了一座形似埃菲尔铁塔的通信发射塔。在这样的背景下，作品中书写"无常"的故事不仅仅有唯美小清新的日式风格，也有"罗密欧与朱丽叶"式的欧洲宫廷风格。作者在人物塑造方面也下足了功夫，例如，将日本少女动画中常见的"傲娇"等元素融入一位欧洲贵族式的大小姐身上，通过无国籍化的处理让这样兼具了各国文化特色的人物形象不显得杂糅，反而具有自己的特征，也利于观众接受。更重要的是，作品通过反战思想的引入提高了不同文化之间的共识度。从战争细节的刻画中可以看出作者隐喻的是第二次世界大战，主人公的身世本身也传达出作品的反战理念：少女不仅在战争中失去了双亲，被军方当作战争机器进行培养，在一次关键作战中更是失去了双手，只能安装上机械手臂，战争的残酷被体现得淋漓尽致。来寻找少女代写邮件的客户也正是因为经历了战争，才会上演一出出感人至深的生死离别。可以说，作品在很大程度上将"物哀"与反战思想相捆绑：一方面，战争给人们带来了无尽的苦痛，需要人们进行反思；另一方面，也带来了"无常"，作品也才有机会借此传达出"物哀"的审美观念。

作品在播出后取得了巨大的成功，并且举行了全球巡回上映活动，在美国、德国、新加坡等地都举办了先行上映会，几乎每一场都座无虚席，这在近年来的动画业界中是颇为罕见的。随后，作品与网飞达成合作，举行全球配信。其监制在采访中也表示，紫罗兰希望通过这样的方式吸引更多的西方观众，让日本动画从亚洲走向世界。

3.《Fate/Zero》与武士道

《Fate/Zero》是飞碟社（ufotable）在2011年制作的动画，改编自著名小说家、编剧虚渊玄的同名小说。作为一部魔幻战斗类作品，"Fate"系列的故事非常简单，几乎都是讲述红蓝两方通过魔法召唤"英灵"，作为战士争夺大圣杯的故事。但作品最大的特点就是这些"英灵"要么是历史上的著名人物，要么是某个神话体系中广为人知的神明，例如，巴比伦神话、凯尔特神话、希腊/罗马神话。正是这样的故事设

---

① 王向远：《论日本美学基础概念的提炼与阐发——以大西克礼的〈幽玄〉、〈物哀〉、〈寂〉三部作为中心》，载《东疆学刊》，2012（3）：1~7。

定得以让作品融合世界各地的文化并加以改造。

在作品中，作者刻意混淆了欧洲中世纪的骑士精神和日本的武士道精神。以作品中最受欢迎的角色阿尔托利亚·潘德拉贡，也就是不列颠的亚瑟王为例，作为十三圆桌骑士的王，在很多细节中体现出典型的骑士精神——拒绝使用阴险的计谋，渴求公平的、一对一的决斗以赢得骑士的名誉。在骑士精神中本就有名誉和忠诚的内核，而作者为了将武士道融入其中，又刻意设置了"令咒"这一元素。御主可以通过消耗"令咒"以命令英灵们做任何事，这样的设计便将骑士的"忠诚"收束为武士道精神中"对于统治阶级绝对的忠诚和彻底的服从"这一身为武士必须具有的美德。[①]在作品的最后，亚瑟王在御主的命令下亲手毁掉了苦苦追求的"名誉"——大圣杯，这一幕正是两种精神交汇和冲突的顶点，但是武士道无条件的、绝对的"忠"取得了胜利。[②]同时，作者也将武士道"向死而生"的思想投射到了骑士对"名誉"的追求之中。"死"被当作了一种体现骑士尊严的手段，尽管没有达到典型武士的"求死"，但也足够模糊这两种精神之间的界限。

"Fate"系列的文化输出是相当成功的，以至于尽管作品对历史人物进行了相当程度的修改，但也能够收获观众们的追捧。作品甚至将亚瑟王设定为一个喜欢吃蛋包饭、玩老虎机的少女形象，但是这样的形象并没有遭到英国观众的反感，反而在英国网友评选的"最受欢迎的本国角色"中排名第一。[③]

三、文化包装下的陷阱——右翼思想

日本通过动画向世界输出的不仅仅有优秀的传统文化，也会有传统文化衍生出的扭曲文化，其中最为典型的就是右翼思想。

1.《机动战士高达》与军国主义

在1979年播出的《机动战士高达》可谓是日本机战动画的集大成之作。在正史UC系列中，地球资源几乎消耗殆尽，人类为了避免被毁灭的命运组建了联邦政府向太空进行移民，在这样的背景下，奉行军国主义思想的吉翁公国，与地球联邦展开了"一年战争"。在这场战争中，整个地球圈有一半的人口死亡，最后以吉翁公国的失败而告终。所谓的吉翁公国，实际上影射的就是纳粹德国，"一年战争"也是第二次世界大战的演绎。

表面上看，作品确实宣扬的是反战甚至是反法西斯思想，但这样的看法是片面

[①] 高小岩：《浅析日本的武士道精神》，载《日本问题研究》，2006（2）：51~56。
[②] 王志：《日本武士道的演变及其理论化》，载《东北师大学报（哲学社会科学版）》，2007（4）：25~32。
[③] 無名の宮きん：《骑士文学和Fate系列中亚瑟王形象的对比》，2019年1月24日，https://www.bilibili.com/read/cv1923772，2021年7月12日。

的——在反战思想的外壳下是尚武好战的军国主义思想。反战思想保证了每一次军国主义的反抗都是失败的，但是这样一次次的失败和抗争，反而将吉翁塑造成为了一个"反抗强权""追求自由"的形象。此外，所谓"反战思想"，其实是用"以暴制暴"的方式来进行体现的。历代主人公都有一个共同的特点：在战争中受到了深刻的伤害，之后选择走向战场，欲求亲自结束战争，但是在故事的最后又化身为战争中的恶魔，反战思想反而成为了这种极端战争思想的挡箭牌。"高达"系列作品的高明之处在于，作者没有在这些"政治话题"上花费太多笔墨，而是将重心放在炫酷的机器人大战中。机战动画作为一种融合了蒸汽朋克风格的动画类型，在20世纪日本动画进入欧美市场时便受到了观众们的追捧，借助这种受众颇广的题材，作者也为军国主义一方设定了一系列机甲和武器，因此观众往往会被帅气的机甲和畅快的打斗所吸引，而忽略了角色背后代表的价值。并且，由于机战动画的动作场面实在过于吸引人，以至于观众们追求的都是更激烈、更炫酷的战争，但这样的战争是以数以万计的平民百姓的性命为代价的——一部似乎想要宣传"反战"主题的作品却调动起了观众的战争情绪，这是不可否认的军国主义思想。

"高达"系列在全世界都收获了大量的粉丝，甚至在饱受"二战"伤害的欧洲和中国也出现了以吹捧动画中的军国主义思想为荣的部分粉丝。不仅如此，在上海的高达基地中甚至售卖印有"SIEG ZEON"①的挎包，售价高达800元。其原因就在于经过了文化包装，这些粉丝不一定能够意识到自己赞赏的是军国主义，只是被吉翁帅气的机甲和反抗精神所吸引，被反战思想的外壳所蒙蔽。

2.《我的英雄学院》与历史虚无主义

《我的英雄学院》曾是一部在全世界都有很高人气的作品。作品在中国和欧美市场都采用了很好的全球在地化策略。作品讲述的是一个少年成长为英雄的故事，所以在故事中存在着大量美国主旋律式的个人英雄主义色彩。更为直接的是，作品的线索人物之一欧鲁迈特的人物形象则直接取材自美国的《超人》。与超人一样，欧鲁迈特采用的是美式粗线条、高阴影的绘画方式，并且身披星条旗，穿着红短裤，肌肉发达——这是美国动画爱好者颇为熟悉的形象。

除此之外，作品中人物的姓名也是特色之一。人物的姓名往往与人物的超能力有直接联系，作者在选择人物姓名的汉字时，精心选择了一些即使是中国人也能立即理解意思的汉字。例如，"轰焦冻"这个人物，从名字就能看出他的能力是使用冰与火。这样的命名选择很好地拉近了与中国文化的距离，也正是因为名字中蕴涵

---

① "吉翁万岁"，源自德语"Sieg Heil"，为纳粹德国时期常用口号，意为"胜利万岁"。

了大量信息，作者也才有机会借此输出历史虚无主义。后来，作品中新登场了一位名为"志贺丸太"的反派角色。按照作者的一贯风格，这个名字一定是有意义的。如果注意到在设定中这个反派角色是一家名为"蛇腔综合医院"的创始者，再结合作者以往起名字选择汉字的逻辑进行分析便可以发现，"志贺"是造成细菌性痢疾病原体之一的"志贺杆菌"的缩写，而"丸太"就是中国人所熟知的"马路大"，[①]因此几乎可以断言这个人物与"731部队"有着紧密的联系。作者以这样的方式在作品中加入了对"二战"历史的戏谑，以淡化反法西斯人民，特别是中国人民对于战争痛苦的记忆。

通过这样包装进行的输出非常隐秘，可以说如果对作者的创作逻辑不太了解，或是对日语掌握不够深刻，极有可能在观看作品的同时受到这种右翼思想的影响。由于各国审查机制的漏洞，直到作品发布近一天后，才由韩国网友首先发现夹杂其中的历史虚无主义思想。

四、对中国文化产业发展的启示

中国文化产业的发展不可能独立于世界文化产业的发展潮流之外，而日本动画的文化输出也给了我们两条启示：第一，警惕其他国家文化输出中的陷阱；第二，借鉴其他国家文化输出的成功经验，处理好政策、文化、技法三者之间的关系。

首先要重视政策引导和扶持的作用，通过政府推动模式积极营造动画产业生态环境。日本政府早在2002年就正式介入日本动画行业，并在同年发布的《知识财产战略大纲》中为动画发展制定了详细的战略规划。[②]就中国而言，虽然目前国家对于文化产业发展的重视程度一直在提高，但是产出优秀作品、特别是优秀动画作品的比率仍然较低，因此还要加大政策支持的力度。对于政策的制定策略，则需要注重文化和技法两个方面。"文化"包括传统文化和世界文化。传统文化是文化产业发展的主心骨，也是讲好中国故事的关键所在。同时，外国的部分优秀文化也需要进行批判性的吸收，化为己用，减小与海外市场的文化差异。而在"技法"方面，可以借鉴日本动画"和魂洋才"的思想，通过政策帮助引进先进的技法，或是用西方社会的表达方式进行文化作品的创作，从而形成以传统文化为内核的全球在地化格局。通过这样的方式，在一定程度上实现政策、文化、技法三位一体的发展格局，为中国文化事业的国际化发展增添动力。

---

① "丸太"的中文音译，本意为"圆木"，在731部队中用来代指被用来进行活体实验的俘虏。
② 刘海波、倪昊、邹祖烨：《日本动画产业的发展模式及其对我国的政策启示》，载《中国软科学》，2008（4）：16~22。

6. 教师对学生终稿的反馈信

雾野同学：

你好！很高兴看到你对文章中结合动画作品进行分析论证的部分做了重要的修改，现在的说服力大大提高了。即便作为一个没有看过相关日漫的读者，也能够明确地捕捉到你想传递的观点：第一，这部动画输出了什么日本文化（"和魂"），第二，它通过哪些隐秘的技法（"洋才"）实现了良好的输出效果。相信你在这次写作和修改的过程中，也初步体会到了构建一篇说理文的思维全过程。

正如你在陈述信中所说，提炼文章的问题意识很有挑战。一方面，从身边感兴趣的现象切入需要你打开想象力；另一方面，真正聚焦问题展开分析，又需要你严密的逻辑。二者看似矛盾，实则也是最考验功夫的地方。不着急，慢慢来。也相信你提到的"不断调整分析重点与文章结构，使之更加符合论证逻辑"这一让你"最有成就感"的部分，可以帮助你在以后的学习和科研过程中更有信心地向前迈进。

回到文章本身，修改后的新题目《侘寂、物哀与武士道：日本动画"和魂洋才"的文化输出》很好地凸显了你想讨论的主要内容，然而在以下这些地方，还有较大的提高空间，与你商榷：

（1）引言中新增加的部分，即学者梳理日本动画角色设定及其对应的文化内核，稍显突兀。我理解你想借此引出文章的问题意识，然而却与主题有所偏差。尤其是它们和正文中触及的侘寂、物哀与武士道文化并不具备明显的关联，也看不出全球在地化技法在其中的体现。相反，或许可以补充的是学界对日本动画全球在地化研究现状的简要综述，也就是你上一篇文章，即短文（文献综述）的部分。对其进行评价后，顺势引出你这篇文章"独特"的问题意识和材料选取的陈述。

（2）第一部分文化内涵的阐述是不是还可以再压缩一些？重点放在围绕作品的分析论证上。第四部分启示也可再精简，作为结语的一小部分，点到为止即可。正如课上所说，指点江山式的建议初衷是好的，然而到真正的"落地"还有很大距离，别着急"解决"问题，先把问题"解释"清楚。

（3）文章各部分之间的过渡可以更好。调整结构后，与初稿相比，整体的论证逻辑尽管更为流畅，但第一、第二部分的衔接较为突兀，第二、第三部分之间虽然是并列关系，但在首尾处处理得有些草率，读起来很割裂，最后的第三、第四部分更是如此。注意适当的小结以及上下文呼应的着墨。

4.在语言的精简与引用的规范性等细节上依然有改进的空间，仔细再读一读，是不是依然有烦琐的地方？是不是有忘记标明文献出处和引用不规范的地方？

相信在厘清这些问题后,你会有更大的收获和进步。最后,正如你在陈述信中谈到的,想进一步研究"高达"系列动画中右翼思想的输出,老师也更期待你聚焦一部作品(而不是像现在这篇文章中有五部),更为细致和深入地展开分析与论证,期待你的文章!

祝努力精进,一切都好。

刘天骄

(日期略)

主题：《清华周刊》

当代大学在新知识生产模式中的实践
——以清华大学强基计划为例

指导教师：毛君　学生：杨明宇[*]

1. 主题概述：《清华周刊》

《清华周刊》创刊于民国初期，上至总编，下至发行，大都由学生担任。正如黄延复先生在《清华周刊及其价值》一文中写道："清华教授和著名校友中，凡毕业于清华的，几乎全部都担任过《周刊》的各种职务。"[①]汤用彤、罗隆基、浦薛凤、闻一多、潘光旦、蒋南翔……这些在清华大学百年历史长河中熠熠生辉的名字，都能在这本刊物中寻得踪影。

课程将围绕《清华周刊》，透过文本中的学生视角，亲近100年来清华园的日常生活，观察彼时的校园文化、国内局势和社会环境，尝试理解构成现代中国社会精神气质的历史基因，进而反思本科学习在自我终身发展和社会团结中的价值。

这门课程旨在帮助学生完成以下三个任务：首先，通过阅读与对话深化思考，学会提出有价值、有深度的原创性问题。其次，练习进入相关的学术领域，通过不同学科（例如社会学、教育学、伦理学和传播学）的理论滋养，获得理解文本背后的事件和观点的视角。最后，形成一篇具有独立观点、专业视角和分析论证的说理性文章。

2. 案例概述

本案例属于写作与沟通课的长文。在长文阶段，我通过初稿批注，师生面谈和反馈信等一系列手段和学生交流。交流时，主要体现为提问者，引导者和无知者三种"读者"身份。身份的转换以学生现阶段还需磨炼完善的心智倾向为依据，进一步提升心智的判断力、控制力和想象力，即有针对性地培养学生的辩证思考、批判反思和创新能力。

这位同学受《清华周刊》文章和潘光旦先生[②]的启发，短文写作时就展现了自己对学术观的浓厚兴趣。该生在短文阶段围绕"纯学术观"这一概念的中西学演

---

[*] 毛君，清华大学写作与沟通教学中心教师；杨明宇，清华大学未央书院2020级本科生。
① 黄延复：《〈清华周刊〉及其价值》，http://166.111.120.154:8080/Tsinghua_Journal/value.html, 2022-03-03。
② 潘光旦曾于1920年代就读于清华大学（时称清华学校）。他不仅是《清华周刊》的主要撰稿人，还成立了"上社"，组织当时的清华学生探讨学术问题。

变，尝试讨论纯学术观如何在中国的学术场域生根发芽，体现了较强的理性思辨能力。其属于思维能力和思辨基础较好的学生。

当他的长文仍然聚焦纯学术观和大学理念与实践问题时，我尝试以提问者的身份，通过批注的方式，甚至抛出有挑战性的尖刻疑问，促使他拓展思路，甚至激发出该生愤愤不平想要证明自己的心态。这样，有助于让心智已经形成自洽逻辑的他意识到开放视野的重要性。例如，"是中西之别还是古今之变？""为何聚焦罗家伦校长的观点？"等批注。

在批注和面谈时，我主要以支持者的身份，补充理论视角，引导学生走出自己的"舒适圈"，在写作课上勇敢地尝试自己把握不大的视角和分析思路。例如，我在批注中，帮学生补充了知识生产模式的理论视角，并引导他从自己擅长的理念辨析转向锻炼对经验材料进行分析归纳的能力。

在面谈时，我还注重观察学生自己对短文写作思路的反思，通过扮演某一领域不甚了解的无知者，请学生更加深入浅出地阐述观点。和学生探讨后，我发现他的长文初稿仍然体现出一贯擅长的概念梳理能力。于是我们达成共识，希望能在长文修改的最后阶段，大刀阔斧地尝试其他的思维模式。简言之，向外看，让学生更注重观察个人亲身经历的现实世界，针对具体问题和真实材料锻炼分析归纳能力。这样一来，学生就能够将理性思考和感性关怀、思辨和分析、抽象理念和丰富经验进行整合。

他虚心地接纳了我们面谈时的结论，选择在初稿的理念辨析基础上，结合个人的经验处境，改为聚焦清华大学强基书院的培养方案文本和书院组织架构，从实践中归纳和比较纯学术观在新型知识生产模式下的教育教学改革与探索。

简言之，长文写作、批改和面谈的过程不是为了让学生用一个学期的时间真正写出一篇专精和有创新精神的专业论文，而是重在考量、完善和深化学生的思维能力、以及学术关怀、读者意识、理性思辨、批判精神和创新能力，最终帮助学生形成完整的人格和完善的心智。

3. 含教师修改过程的学生初稿全文

纯学术观怎样融入中国文化

一、背景：偏重还是兼通？

1. 中国传统学术观——学以致用

中国传统文化历来重视学以致用。儒家一直倡导知识的实用性①。孔子本人强调"躬行"，认为书上的道理须用来解决实际问题。②

自汉朝统治者独尊儒术起，儒家思想中的"入世"观念广为盛行。明清之际，随着国家危亡、清军入侵，儒学中的"实学"思想澎湃而起，顾炎武、黄宗羲等人明确提出"经世致用"，即反对空谈心性，强调为学要拨乱世、兴太平。③

虽然清政府的思想高压政策让学者离开朝堂，闭门治学，但"经世致用"思想一直生生不息。在清末救亡图存运动中，实用思想又迸发出了新的生机。

2.西方学术观——为学术而学术

西方学术起源于希腊文明的科学精神。希腊人在契约文化中产生自我意识，开始追求"自由"。对于希腊人而言，思考完全脱离实际、毫无用处的科学，能显示出自己的思想不为现实所扰，体现出人格的自由、灵魂的纯粹。④

虽然在一段时间内，西方学界对"无用的科学"产生过怀疑，⑤但康德重构了纯学术的合法化，重新明确了"非功利性是终极价值的条件""学术仅关注真理本身"。在康德的纯学术观下，学术独立于宗教、政府和功利主义，学术自由与学术非功利性达成了自洽的闭环。⑥

德国大学因此形成了"为学术而学术"的学术伦理，学者养成了专于学术的职业道德。这样的大学观逐渐走出德国，传向整个西方。

---

① 蔡德贵：《实用是儒学的优秀传统》，载《孔子研究》，2006（2）：29~37。
② 袁礼辉、戴如莲：《儒家"学以致用"教育观的当代解读》，载《遵义师范学院学报》，2016，18（6）：106~110。
③ 孙晶晶：《论顾炎武经世致用思想及历史影响》，载《科教导刊（电子版·下旬）》，2019，（6）：286~288。
④ 吴国盛：《什么是科学》，第21~52页，广州，广东人民出版社，2016。
⑤ [美]默顿：《十七世纪英国的科学、技术与社会》，范岱年译，第133、170页，北京，商务印书馆，2002。
⑥ 沈文钦：《何谓"为学术而学术"——纯学术观的类型学考察》，载《北京大学教育评论》，2007，5（1）：66~80。

【语言文法】
初稿的脚注引用格式，目前是新国标格式，建议终稿可以尝试一下《清华大学学报》（哲学社会科学版）的格式。

【谋篇布局】
建议在开启正文的探讨之前，用总起段落交代篇章结构，或者引发你思考的现象。前者有助于给读者明确的逻辑论述，后者有助于唤起读者的兴趣或共鸣，将问题逐步聚焦到民国时期学术观的变化之中。
例如：通过与《清华周刊》中崔学攽的《中西学术宜兼通还是偏重》一文进行对话，从民国时期清华学生讨论中西学术观的文章说开去，再引入对纯学术观古今流变的讨论。
参见：《中西学术宜兼通不宜偏重》《清华周刊》1918年153期：第1~2页。

【谋篇布局】
这段文献从历史流变的角度，先梳理民国新文化运动之前的学术观，再通过述评其他学者对"民国时期学术观"的看法，分析中西比较背后的原因。
其实民国时期有一批学者，均长于从中西观念差异的角度比较论述。例如，钱穆、梁漱溟和潘光旦。可以参考阅读。

【逻辑论述】
引用经典还需更加谨慎规范，尽量查阅一手文献之后再引用。规范的参考文献既有利于感兴趣的读者溯源，又能保护作者自己的原创性。

【逻辑论述】
德国的洪堡曾指出德国大学精神是修养、科学、自由和寂寞。感兴趣的话可以补充阅读。

3.西方纯学术观进入中国前后

清末，面对亡国危机，仁人志士开始吸收日本、欧美的大学办学经验，在这片古老土地上兴办高等教育。从清廷制定的《奏定大学堂章程》来看，此时的大学教育总体强调"西体为用"，即用西方科学技术来"制夷"。事实上，这仍是学以致用的实用主义体现。

"辛亥革命"后，民国政府教育部起草了《大学令》。作为规范大学的法案，《大学令》通过调整科目、建立学位制度和更新治理模式等条例，明确了"学术本位"的宗旨①。《大学令》正是蔡元培将西方大学观引入国内的结果。它指出，中国大学应以学术为中心，而非急切追求教育的实用价值。

然而，民国时期，理工科受到强烈追捧，而文法等科目则受到冷落甚至是限制，②这实质上仍是源于"文学无用论"等实用主义的盛行。

二、学者的讨论

【逻辑论述】
进一步思考，这些学者围绕纯学术观的讨论是中西之别还是古今之变？

虽然《大学令》将"学术本位"思想引进中国，动摇了两千年来"学以致用"的传统教育观基石，但中国追求纯学术的道路仍然道阻且长。

一方面，"学以致用"思想长期根植中华文化，中国学者的潜意识转变并不容易；另一方面，无论是清末还是民国，中华民族都处于危难之中，中国学者若选择背对现实、潜心纯粹学术，似乎是置社会责任于不顾。

在反复的徘徊中，学者试图寻找到符合中国实际情况的学术之路。

【语言文法】【谋篇布局】
此处不必单句成段。可在后面概述民国学人对纯学术观的论争从哪几个方面展开，为读者描绘清晰的论述脉络。

1. 民国学者的思想差异

民国时，学者们大致都认同"学术至上"。但具体细化来看，不同学者对"学术"与"现实"这一矛盾的认识程度其实有所不同。

学者对"学术独立"一般有三种认识：其一，国家在学术地位上独立；其二，学术不受经济、政治等因素的干预；其三，学术自

---

① 鲁幽、周安平：《民国初期"学术本位"现代大学观——基于《大学令》的法律表达》，载《复旦教育论坛》，2017（6）：46~52。
② 佚名：《教育专家昨日召开会议》，载《民国日报：教育新闻》，1932-05-21。转引自张太原：《20世纪30年代的文实之争》，载《近代史研究》，2005（6）：165。

有价值，并非工具。

首先，"国家学术地位独立"是当时一众致力于为中国教育谋出路的学者的共同目标。

其次，"避免学术受到政治等因素的影响"也是得到普遍认同的理念。这一方面是由于民国时期社会动荡，若是不稳定的政治介入学术，将使学术秩序陷入混乱；另一方面，教育界许多人士明确提出"教育是国家万年大计"，他们认为政治将有失教育纯粹①；自由派学人更是从思想自由等角度对"政治对教育的钳制"进行了尖锐抨击②。

但是，"学术的非工具性"就没有那么多共识。

萧公权等人强调为学术而学术。他们认为"'学术独立'即相信学术'本身就是目标'"，而非"实现另外目标之工具"。③进一步，萧公权明确指出"科学救国"并没有真正培养笃实求真的求知风尚，而这股风尚是涵养出真正卓越的科学家的必要条件。只有在大学教育中浸润以"学以求知"的科学精神，学术才会真正进步。

胡适并没有强烈主张"纯学术"。事实上，不知胡适本人是否察觉，他谈论科学时有较强的实用气息（如增加国家收入等）。④在胡适看来，学者的责任是研究学术以贡献于国家，且国家学术地位独立的标准之一正是国内学者能解决国内外的问题。⑤他产生这样的思想，主要因为他深受杜威实用主义和梁启超教育救国论的影响。⑥且作为北大校长，为国家培养学术人才的目标始终贯穿他的思想。

也有学者更明确地将学术与国家发展联系。贺麟在明确提出学术文化强国、救国之效用时，更是直接指出学术、科学发展与国家军事政治发展的相互促进作用。他虽然也认为学术与政治不应混

【逻辑论述】
这里总结的三类学术独立观，是否都有相应的学者及观点支撑？
【谋篇布局】
第一类学术观与下文的代表人物及观点相对应，建议在写作中简要提及，再做一一论述。

---

① 陶行知：《中国教育政策之商榷》，见董宝良：《陶行知教育名篇选》，158~160页，北京，人民教育出版社，2011。
② 胡适：《我们要我们的自由》，见欧阳哲生：《胡适文集》（第11册），130~132页，北京，北京大学出版社，1998。
③ 张伟：《问学与致用之间——萧公权教育思想刍议》，载《北京社会科学》，2016（11）：50~56。
④ 胡适：《学术救国》，见欧阳哲生：《胡适文集》（第12册），402~405页，北京，北京大学出版社，1998。
⑤ 胡适：《争取学术独立的十年计划》，见欧阳哲生：《胡适文集》（第11册），744~747页，北京，北京大学出版社。
⑥ 胡晓：《胡适教育思想述论》，载《安徽教育学院学报（哲学社会科学版）》，1995（3）：76~80。

淆，但更认为学术不应与政治脱节。①贺麟的思想影响了部分解读者。一些研究者对"纯学术观"缺乏了解，提出"学术的功用"这一自身就与纯学术观相违的论题，而又未对这一矛盾加以阐释。②但无论如何，贺麟的学术观其实最为普遍。

胡适、贺麟等人注重用学术解决社会问题，相比之下，"为学术而学术"似乎已与社会脱节。但纯学术派认为：教育并不必须服务社会。他们认为，在"不完善"的社会里，教育不应跟随社会需求"亦步亦趋"，而应领先于社会，指导其发展。

虽然如此，但国家的现状、"实用"传统与中国文人骨子里的家国情怀相叠加，让萧公权等人仍无法避免"学术、教育救国"等态度。这也正是追求纯学术的学者们难以逃避的普遍矛盾。

2. 民国学者的学术实践解决思路

由于过分注重"实用"，民国时期的大学教育常被看作是"实用教育"、高等"职业教育"。为了避免实用主义的潜在弊病，又兼顾社会实际，学者们提出了折中的解决思路：学用分离。

首先需要明确，纯学术派学者并非轻视实用技术，但他们认识到了实用与学术的差异。如陈序经认为，研究学术的教育和钻研技艺的教育都不可或缺，但求知不一定为了应用，应用却一定需要求知，求知是应用的前提；③萧公权也并不否认"实用"对于中国社会的重要性，而是强调"中国社会始终缺乏一种'求知'的科学精神"④。

在纯学术派看来，"训练技术人才"的职业教育与"培养学者"的大学教育⑤应当分别发展，不可混为一谈。民国政府也有相关的举措，如与《大学令》并行的还有以"养成专门人才"为旨的《专门学校令》。进一步，萧公权提出："治学之才"应与"治事之才"共生，在"治事"盛行的社会环境下应对"尚学"风气给予认可和帮助。

【逻辑论述】
民国学者关于学术的理念与实践。
这部分谈学者的实践，如果聚焦到大学这一场域之中，则可以反思"通"与"专"的问题。补充史实：可以进一步探索，民国时期大学学制的内在丰富性（例如，培养健全人格的大学与培养实用人才的专门学校在制度建设上就有区别）。

【逻辑论述】
本节从实践角度讨论纯学术观的中国化体现在学用分离。那么，文中用以论证这一观点的论据，分别从哪些角度入手？
假设《大学令》是制度层面的，那么罗家伦校长的举措是什么层面的？可以更凝练地指出这两类论证的关系。

---

① 韩柱：《贺麟文化观的多维解读——以《文化与人生》为例》，载《山东科技大学学报（社会科学版）》，2008（5）：73~79。
② 马翠英、李化树：《贺麟大学教育思想初探》，载《牡丹江大学学报》，2012，21（10）：124~125、128。
③ 陈序经：《论发展学术的计划》，载《观察》，1947（17）：5~7。
④ 张伟：《问学与致用之间——萧公权教育思想刍议》，载《北京社会科学》，2016（11）：50~56。
⑤ 君衡：《如何整顿大学教育（一）》，载《独立评论》，1933（58）：6~10。

作为大学校长，罗家伦则是从大学管理的角度来促成"学术"的核心地位。他通过加强考核教师学术水平、兴建图书馆和实验室等学术研究设备设施、院系改革等管理举措来推动大学的学术发展，确立大学的学术独立。① 罗家伦还积极倡导学校成立学术社团、发行学术期刊来增强大学里的学术风尚，从某种程度上看，这也是对萧公权推崇弘扬"治学风气"的一种呼应。

【逻辑论述】
这里为何使用罗家伦的案例呢？他作为民国时期众多大学校长中的一位，典型性如何体现？还需论证得更审慎。

3. 同期西方的讨论

就在民国学者们在求知和实用间矛盾纠结时，同期的西方社会其实也存在这样的争议——"为学术而学术"还是"为功用而学术"。在西方，1930年以来，纯学术也遭到一些指责。有人质疑纯科学的存在性，认为任何学术的目的最终都是为了实践；也有人怀疑纯学术学者的社会责任感。但仍有西方学者再次捍卫了"为学术而学术"这一理念，认为其永不过时。②

【谋篇布局】
这部分可以加大论证的篇幅，将民国时期纯学术观的理念和实践，与西方进行比较。

【逻辑论述】
注意：如联系我们课上阅读的涂尔干《教育思想的演进》巴黎大学诞生部分，就会发现，学术与皇权和教权，即知识－权力－信仰是影响西方学术观念演变的三个方面。同时也能体现在大学制度建设、管理和人才培养等实践领域。

4. 当代中国学者的思考

新中国成立之后，一段时间以来，中国大学一直偏重培养工科人才，注重教学与生产结合等，③ 这也符合新中国成立伊始急需提高生产力的客观需求。改革开放后，随着中国开始对现代大学的探索，越来越多的学者开始思考学术与实用的关系。

有学者指出，由于"知识生产方式"正在发生革命性变化，现在"问题导向""需求导向"的研究日趋重要。④

但也有学者认为，在当今时代，学术自由面临的最大威胁是"商业主义文化和实利主义的急功近利文化"，大学的学术研究应该处于"不受任何急功近利目的影响的自由状态"。但正如波兰尼在《自由的逻辑》中所指出的："以大学自身的方式、以学术创新的方式服务于国家目的和社会需要"。事实上，无论以何种方式，服务国家社会需要的学术都不是完全自由的，因为研究者在进行这类学术研究时，总离不开"是否有用"这把标尺。对于这样的矛盾，作者

【逻辑论述】
这部分从新中国成立以来的学者观念入手，分析大学作为学术生产、知识创新的场域，如何应对市场导向。观点梳理上注重包含多方面的声音，不过和上节相比，理念和实践两个层面的区分不甚明显。

【逻辑论述】
你的论述让我想到，在教育学领域，从知识生产的角度出发，认为在"知识生产模式1"中，大学是学术发展和知识创新的中心；而到了你关注的这个时代，即知识生产模式2的时代，企业和市场需求成了知识生产的主要推动力，反而开始带动大学投入到相应的知识创新领域中。
如果感兴趣，可以查阅英国学者吉本斯（M. Gibbons）和陈洪捷教授的相关研究。

---

① 李玉胜：《学术救国：浅谈罗家伦的核心教育理念》，载《现代教育科学》，2016（8）：137~143。
② Polanyi, M.（1998）. *The logic of liberty*. London：Routledge, 3~7.
③ 张应强：《新中国大学制度建设的艰难选择》，载《清华大学教育研究》，2012, 33（6）：25~35。
④ 姜凡、李雨潜：《如何推进高等教育创新和世界一流大学建设？——"高等教育创新发展与世界一流大学建设"高峰论坛综述》，载《复旦教育论坛》，2016, 14（4）：83~88。

也未作出阐释。从此看出，一部分学者仍然存在思想上的矛盾，或者有意无意地回避纯学术与实用之间的真正矛盾。

当代学者也有类似于民国时萧公权等人解决问题的思路。他们认为，应当让关心现实的学者专于如何用所学解决社会问题，而深潜于纯粹学术的学者则不受外界干扰地向前开拓科学疆界。二者混在一起，只会互增阻力，"谁也无法做自己应该做的事"①。

一些研究则显得更为中立。他们认为在实践哲学背景下，知识与实践不再对立，"'为学术而学术'与'一切从实际出发'在生活实践中得到了统一"。针对中国的具体国情，他们提出了具体的标准：只要学术研究在宪法等法规界定的范围内活动，国家就不应凭"是否有用"等标准来评判它。②

总之，在百年未有之大变局下，越来越多学者结合世界、中国的实情，思考纯学术如何在中国落地。

总体点评：

文章聚焦纯学术观在近现代中国学术再生产场域的演变，列举了多个代表人物和观点，并有意识地从中西方理念和实践这几重逻辑展开论述。

你展现了较强的文献阅读和梳理能力。不过在评述多方观点时，还可以加强对观点背后的语境，以及观点之间联系的比较和反思。这样既可以让文章的论述逻辑不被观点本身带跑，也能让你的论述线索更加清晰。

此外，我发现，你的短文和长文讨论话题都聚焦在纯学术观的概念辨析上，在长文修改时，如有精力，可以有意识地加强对具体史实或经验材料的分析能力和比较归纳抽象能力的锻炼。

据此，我想到两条可以探索的分析路径：

一是从中国纯学术观的历史流变角度梳理晚清—民国—新中国成立初—改革开放这四个阶段大学实践和知识人的指责使命有怎样的变化，作为你聚焦中西学术场域内部的知识人和大学职责的史实基础。

二是从微观实践角度入手，将纯学术观作为我们看待经验世界的"问题意识"，聚焦大学这一知识生产的具体"场域"（参见：布迪厄《国家精英》）。通过分析我们熟悉的具有极强丰富性的经验材料，反思学术观在当代大学的实践状态。

---

① 刘士林、周晴：《学术研究与批评的中国话语》，一点资讯，[2015-08-26]，https：//www.yidianzixun.com/home%3Fpage%3Darticle%26id%3D0ATPpgXU。
② 赵异：《论实践哲学背景下的"为学术而学术"》，载《中共贵州省委党校学报》，2013（1）：34~38。

前者，重在以史为鉴、历史材料的梳理和归纳，有助于我们辩证地看待学术观念的中西之别和古今之变。

后者，则需要带着强烈的问题意识，反观具体的社会政治制度、大学"通"与"专"的人才培养目标、微观的大学内部学科设置以及师生与社会的关系，等等。让我们将根本性的问题和个人经验世界进行勾连。

另外，你的文献注释采用的是国标体，请按照课程要求，改成《清华大学学报（哲学社会科学版）》的注释体例。

4. 学生的修改陈述信

毛君老师：

您好！

首先，感谢您阅读我的长文和这封陈述信！

长文初稿面批后，根据您的宝贵建议，我将写作话题转向清华。进行资料搜集时，看到了很多有趣的话题，都想把它们写下来。于是，在第十五周课堂的长文展示中，我的文章重点不突出。

最后，经过仔细思考，"忍痛割舍"费了不少功夫做了资料搜集，我决定将问题聚焦于与我息息相关的强基计划。一方面，作为强基计划的学子，置身其中，我有其他学者没有的独特视角与深刻体验；另一方面，通过与非强基计划的同学交流、阅读他人文献，我又可以置身于计划之外，对强基计划进行思考。这两方面使得我在确定这一写作重心后有了更多的信心。

在写作中我也遇到了一些困惑。其一，我写作时很想在正文就引入知识生产模式三，但担心内容过杂，遂最终放弃。其二，在写作过程中总感觉文章的学术性不足。无论是倾听同学们的长文展示，抑或是反观自己的长文，我总觉得我们用了很大力气、付出很多心血进行的研究与分析最后的结论却总是略显"平凡"（trivial），无法给人以醍醐灌顶的新颖度、透彻感与深刻性。这种"高举轻落"的矛盾感总是让我有些迷茫。此外，由于写作本文时强基计划刚推出仅一周年，很多培养方案仍在不断完善、调整和改进，也使得我在分析时难以做到尽善尽美，无法准确预测未来的强基计划会有怎样的新改变。

虽然如此，分析和写作的过程却是值得回味与怀念的。印象最深的莫过于在WebArchive上看到2000年的清华大学网站界面与里面的信息时，我既有柳暗花明又一村的愉悦与成就感，也深深感叹于时代变迁、科技发展对清华这所大学的影响与改变。

一页纸竟就要写满了，那就就此打住吧。站在2021年的开头，祝您新年快乐！感谢您这个学期的陪伴与教导！

敬颂教祺！

杨明宇

2021年1月2日

5. 学生终稿全文

当代大学在新知识生产模式中的实践
——以清华大学强基计划为例

摘要： 面对新的知识生产模式的转变，大学似乎遇到了挑战，其任务与职责需要被重新明确。面对新的形势与挑战，清华大学以实施强基计划为契机，进一步推动教育改革，发挥多学科交叉的优势，更加重视为国家战略需求服务，培养国家社会需要的人才。它在坚持知识生产模式1的基础科学研究和纯学术观的基础上，进一步将自己更深地融入知识生产模式2的时代浪潮中，正在达成大学的价值体现。

关键词： 大学；知识生产模式；强基计划；人才培养

一、背景与问题提出

大学作为人类社会重要的文化器官，肩负着知识生产的责任，其起伏枯荣都对整个社会有着极大的影响。自博洛尼亚大学成立以来，很长一段时间里，大学内的学术共同体主导着并几乎垄断了全社会的知识生产，且共同体里的学者们践行着源起于古希腊的纯学术观——以生产"无用"知识为业、以"为学术而学术"为荣。学术研究发生在一个个独立的学科建制内部，学科之间界限分明。这样的模式被概括为知识生产模式1。

然而，随着社会的发展，来自社会的实用性需求越发强烈，亟待解决的问题也越发复杂，仅凭单一学科知识难以解决。同时，知识生产变得大众化，科技企业、科研院所如雨后春笋般不断涌现。在这样的新环境下，知识生产模式1不足以再很好地描述世界的知识生产，于是新的知识生产模式2便应运而生（见表1）。相较于传统的模式1，模式2的发生场域更广——知识生产发生于大学、政府、产业共同组成的三重螺旋里，[①]来自产业的知识需求者占据上风，主导了知识生产的方向。因此，这一模式下的知识生产显著地更重视学术成果的应用性和

---

① 卓泽林：《大学知识生产范式的转向》，载《教育学报》，2016（2）：9~17。

社会责任。此外,多个知识生产方共同合作、相互竞争,多学科领域交叉融合、界限模糊。①

表1 两种生产模式的比较

	知识生产模式1	知识生产模式2
知识生产者	大学学术共同体	大学、政府、产业
涉及学科	单一学科	跨学科
学术观	纯学术观,为学术而学术	应用学术观,注重实用性
主导者	知识生产者	知识使用者

在新的知识生产模式下,大学需要注意"两个平衡"。第一个平衡是教学与科研的平衡。200年前,洪堡指出,现代大学应当是教学与科研相统一的实体,且以科研为主业,教学是科研的延伸。然而对于当今的现代大学而言,由于丧失了学术研究的垄断地位,大学的身份认同与自我职责有些模糊。作为回应,目前大学普遍在教育上投入更多。以清华大学为例,近年来在高等教育方面的支出远高于其科研支出(见图1),且高等教育支出连年走高,而科研支出维持在一个较稳定的状态。

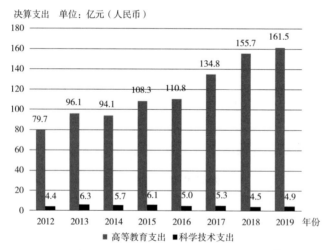

图1 清华大学近年来高等教育决算支出与科学技术支出②

---

① [英]迈克尔·吉本斯等:《知识生产的新模式——当代社会科学与研究的动力学》,陈洪捷、沈文钦等译,北京,北京大学出版社,2011。
② 清华大学财务处:《清华大学2012—2019年部门决算》,2020年7月,https://www.tsinghua.edu.cn/publish/newthu/openness/cwzcjsfxx/cwjsxx_all2020.htm,2020年12月29日。

第二个平衡是纯学术与实用的平衡。追求纯学术观的学者认为大学不应被政治、经济所左右，强调大学自治、学术自由。①然而，在模式2下，纯学术观的合法性被动摇，大学需要对社会负责。当今时代的社会问题、社会需求很大程度上导向了大学的学术发展。

因此，基于第一个平衡，既然当今的大学如此重视教学与人才培养，那么在模式2下，当代大学是如何通过人才培养来回应第二个平衡的呢？2020年新出台的强基计划正是从人才培养的角度对第二个平衡的回应与行动。由于相关研究者、解读者的身份与视域不同，不少对强基计划的研究只聚焦于宏观的方针、具体的招生录取过程，而对各高校想培育怎样的强基学子、如何培养的细致探讨还较少。因此，本文以清华大学为具体的研究对象，旨在考察清华大学是怎样通过实施强基计划体现它在新知识生产模式下的实践。

二、文献综述

面对新的知识生产模式2，有一部分学者对大学的发展失去了信心。

一种观点是，知识生产模式2宣告着"知识的消亡"②。有学者认为，知识生产者与社会关系的转变与学科间关系的转变导致了知识高尚性的丧失③。因为知识不再超越于社会而存在、不再是学术共同体所孜孜矻矻的抽象概念，而是弱化成了广大生产者共同竞争得出的结果。也有学者认为，在西方，国家资金在大学学术研究中的作用减弱，大学必须寻找更多资助方来完成费用高昂的科学研究。④

另一种观点是大学的科研与教学这两大职责正在分离。在洪堡时代，许多教授的授课教材与其科研内容密切相关。然而当今的研究过于专业化，以至于与教学的需求无关。⑤此外，在学术研究上作出杰出成果的大学教师在教学方面却没有受过专门训练，⑥其教学水平也不完全与其科研水平正相关⑦。教学与科研的不相关使得大学的职责不清，背离其本心。

即便如此，也有学者认为，在这样的新模式下，大学也可以变得更加强大。

---

① 张应强：《新中国大学制度建设的艰难选择》，载《清华大学教育研究》，2012, 33 (6): 25~35。
② Ronald Barnett. "Knowing and becoming in the higher education curriculum". *Studies in Higber Education*, 34: 4, 2009, pp.429~440.
③ I. Wallerstein. *Open the social sciences*: *Report of the Gulbenkian commission on the restructuring of the social sciences*, Stanford. Stanford University Press, 1996.
④ E. Crawford. *Denationalizing science*: *the contexts of the international scientific practice*, Dordrecht. Kluwer, 1993.
⑤ [英] 杰勒德·德兰迪：《知识社会中的大学》，黄建如译，北京，北京大学出版社，2010。
⑥ Fuller, S: "Putting people back into the business of science: constituting a national forum for setting the research agenda". In J.H.Collier (Ed.), Sceientific and technical communication: Thecry, practice, and Policy SAGE Publications, Inc., 1997, pp.233~266.
⑦ [德] 马克斯·韦伯等著，李猛编：《科学作为天职——韦伯与我们时代的命运》，北京，生活·读书·新知三联书店，2018。

他们也认可模式2意味着部分知识的消亡，但只限定于那些起源于古希腊纯粹理性的相关知识概念。另外，虽然在模式2中大学的知识生产垄断地位被打破，但它仍是"重要的证书授予者和文化资本的裁决者"。由于大学能将产业需求、市场和科学技术相关联，大学就可以通过把自己打造成来自各方的知识使用者的"论坛"来实现自我的不可替代性。①

关于大学如何在知识生产模式转型背景下调整自己，基于两种模式在三个维度上的特性与矛盾——学科的封闭与开放、学术的纯粹与应用、知识的专业与普及，有学者提出了一些思路。他们认为，在学科结构设置上，要让单一学科、跨学科、超学科等多种学科结构并存；在学科建设方面，应以需求为导向，以普及性作为目标②。

关于清华大学在新模式下如何行动，清华大学前校长顾秉林指出大学在科研中的作用："高水平研究型大学是基础研究的主力军、应用研究的重要方面军和高技术产业化的生力军。"③清华大学校长邱勇则认为，相较于其他机构，高校的独特优势在于悠久的历史与丰富的学科，需要好好利用，既可以催生创新企业，又能与广大科研企业展开合作。同时，他也指出大学应当放眼长远，重视基础研究。④

三、分析与讨论

强基计划由教育部推出指导意见，再由试点高校具体实施。不同于以往的自主招生，对于大学生而言，强基计划不仅仅是一种招生政策，更是高校高等教育人才培养的新尝试、新思路。本文主要分析清华大学在强基计划培养目标和具体实施方法上体现出的模式2学术实践。

1. 澄清误区

关于强基计划，长期以来存在一个理解误区——"基"指什么。首先要明确，何为基础学科，何为应用学科。不同标准下，人们对一门学科是"基础"还是"应用"有不同的认识。广义来讲，根据联合国的分类，基础学科分类包含数学、逻辑学、天文学和天体物理学、地球科学及空间科学、物理学、化学、生命科学；应用学科则包含应用科学、工程技术，等等。那么强基计划"强"的到底是什么呢？

根据教育部的精神，关于人才培养，强基计划的核心目标是"为国家重大战略

---

① [英]杰勒德·德兰迪：《知识社会中的大学》，黄建如译，北京，北京大学出版社，2010。
② 马廷奇、许晶艳：《知识生产模式转型与学科建设模式创新》，载《研究生教育研究》，2019（2）：66~71。
③ 科技部：《促进科技创新与人才培养的结合——清华大学校长顾秉材》，载《人民日报》，2006-01-18。http://www.most.gov.cn/ztzl/jqzzcx/zzcxmtbd/20060/t20060119.28062.html. 2022-03-04。
④ 俞陶然：《清华大学校长邱勇：研究型大学应致力于基础科研和创新型人才培养》，载《解放日报》，2017-09-24。https://www.jfdaily.com/staticsg/res/html/web/newsDetail.html?id=66089 & sid=67 2002-03-04。

领域输送后备人才",其主要选拔培养"有志于服务国家战略需求"且"综合素质优秀或基础学科拔尖"的学生。关于专业设置、培养方向,文件指出:要"聚焦高端芯片与软件、智能科技、新材料、先进制造和国家安全等关键领域"以及"国家人才紧缺的人文社科领域"。从这些我们可以看出,强基计划的真正精神并非完全强调纯粹的"为学术而学术"的基础学科研究,而是更聚焦于更具应用性的重大科技领域。之所以命名为"强基",可能是因为该计划全名为"基础学科招生改革试点工作",且文件中在后文还指出:"要突出基础学科的支撑引领作用,重点在数学、物理、化学、生物及历史、哲学、古文字学等相关专业招生。"[1]然而,考虑到前文对应用性的重大科技领域的强调,这一句话则值得试点高校反复品读。

事实上,教育部于2009年开始推行、于2018年更新升级的"基础学科拔尖学生培养实验计划"(即"珠峰计划")是专门针对基础学科人才培养的计划,而与之不同的强基计划并非专门针对基础学科的培养计划。文件中也强调:具体实施强基计划的高校需要将两个计划统筹协调与衔接,"形成改革合力"[2]。

总之,强基计划既重视基础学科,更重视与国家战略紧密相关的应用学科。

2. 清华大学的强基计划培养

2.1. 总体分析

作为一所综合性研究型大学,清华在具体实施强基计划时,提出了"为国选材、厚植强基、拔尖领军、创新未来"的强基人才选拔培养定位,目标是为"国家基础学科"和"重大战略领域"输送后备人才。

为达到这个目标,清华大学设置了基础理科学术类专业、基础理科工程衔接类专业和基础文科类专业,其中,基础理科学术类专业与基础文科类专业都是针对基础学科研究而设置的专业,旨在选拔并培养在这些基础学科领域有特长且有志于从事相关基础研究的人才。而基础理科工程衔接类专业则不同,旨在选拔并培养在基础理科领域有特长,且有志于从事国家重大关键领域研究的学生。可以看出,清华大学凭借其丰富的校内多学科资源,将强基计划蕴含的两个目标都一并涵盖,兼顾了模式1纯学术研究的理论纯粹性与模式2应用学术研究的应用性及社会责任感。

此外,清华大学还指出,在强基计划培养过程中"不仅使学生在学术上有所收获,更重要的是激发学生报效国家的使命感、责任感""学校将加强就业教育和指

---

[1] 中华人民共和国教育部:《关于在部分高校开展基础学科招生改革试点工作的意见》,2020年1月14日,http://www.moe.gov.cn/srcsite/A15/moe_776/s3258/202001/t20200115_415589.html,2020年12月29日。
[2] 中华人民共和国教育部:《关于在部分高校开展基础学科招生改革试点工作的意见》,2020年1月14日,http://www.moe.gov.cn/srcsite/A15/moe_776/s3258/202001/t20200115_415589.html,2020年12月29日。

导,积极为国家重大战略领域输送高素质后备人才"①。这充分体现了清华大学在强基计划上践行模式2中社会责任感的决心。

2.2. 对理工结合的分析

清华大学设置了5个书院来践行上述培养目标。其中最具特色的无疑是基础理科工程衔接类专业的三个书院——未央书院、探微书院、行健书院。对于这三个理工衔接类书院而言,一方面,要培养学生未来投身重大战略领域;另一方面,则突出了基础学科的"支撑引领作用"——扎实的理科基础对应用类工程学科研究的促进作用。

以其中规模最大的未央书院为例。该书院的专业是数理基础科学+工程衔接方向,其培养方案中指出:"数学、物理和其他科学技术领域的交叉将会产生新的学科生长点,将有更广阔的发展前景"②。此外,该书院还开设了一门通识类工程导论课,将12个不同工程衔接方向的导论内容逐一向全书院不同工程衔接方向的同学进行介绍,以促进他们对不同专业方向的理解,有利于未来从事工程应用类学术研究时进行跨学科,乃至超学科的交互。探微书院也有类似的课程。理科基础与工程衔接方向、工程方向与工程方向之间的交叉,正体现了知识生产模式2的多学科性和异质性,反映了清华正通过强基计划中的基础理科工程衔接类专业着力培养适应模式2的学术人才。

再以行健书院为例。此书院的专业是理论与应用力学+工程衔接方向,书院中还包含一个与清华大学"基础学科拔尖学生培养实验计划"——"学堂计划"合作的班级,即"钱学森力学班"。此班级不包含工程衔接方向,主要从事理论力学研究和应用力学研究,属于偏基础研究的领域。而将这样一个班级置于从事应用性研究的书院里,则体现了清华大学试图使基础性研究与应用性研究相互结合、互为阐释与启发,希望在模式1中引入贴近实际的应用责任、在模式2中带来潜心基础科研的沉静。

理工结合其实是在模式2下"交叉"人才的进一步升级——从"学科"交叉升级为"思维"交叉。在传统的高等教育中,理科和工科的思维方式在进入大学后开始逐渐分化,分化后的思维带来的巨大惯性在今后的研究与工作中不自觉地发挥作用。思维定势既带来便利与熟练,也带来狭隘与限制。反之,若多一种思维,则多

---

① 清华大学招生办公室:《清华大学2020年强基计划招生简章》,2020年5月7日,http://www.join-tsinghua.edu.cn/info/1007/1055.htm,2020年12月29日。
② 清华大学招生办公室:《清华大学强基计划招生专业培养方案——数理基础科学(未央书院)》,2020年5月7日,http://www.join-tsinghua.edu.cn/__local/4/96/D4/43BEB22C4E671DD9E9FC5FB8388_81E09F24_3D049.pdf?e=.pdf,2020年12月29日。

一个看待事物的视角，多一条解决问题的道路。

究其根本，理科思维与工科思维的差异正部分反映了纯粹的学术追求、理性思维与重视实际的问题导向、实用主义的差别。模糊两种知识生产模式的边界、实现思维与学术观念的融通，是新知识生产模式下培养复合人才的指导精神之一，理工结合即是这一精神下的一种具体尝试。

不过，理工结合早已不是新概念，但之所以至今仍在探索尝试，背后的原因正是两种思维融合的难度——怎样避免理工思维互相干扰，进而实现1+1>2的效果。目前，清华的尝试主要体现在培养方案的线性叠加：将理科课程加入工科培养方案。作为一所工科见长的综合性大学，如何更好地将理与工有机融合仍然是清华面对的重要课题。

2.3. 对书院制培养的分析

清华大学强基计划的学生全部编入五大书院进行培养，五个书院总人数约为全校该年级学生人数的1/4。可见，书院制培养的改革举措是清华大学强基计划的一大重点。

目前来看，与历史上、国内外，甚至清华既有的书院相比，这五个新设立的书院最显著的特点在于：它们没有学科特征，不承担教学与科研任务。从建制上来看，一方面，五个书院独立于其他院系，属于实体单位；另一方面，除了专职的书院管理中心人员外，书院的行政组、班主任、学业导师、辅导员都来自其他院系，整合了其他院系的优质资源。行健书院院长李俊峰指出："五个书院唯一的使命、意义和价值就是协调最好的资源培养好本科生，有效地打破院/系之间的壁垒，做好学科交叉""书院的主要目标有且只有一个，那就是聚焦本科人才培养，形成书院氛围中的育人共同体。"[①]清华大学副校长彭刚也强调："从学生的管理、学术规划、志趣养成等方面来看，书院都是主体；另外，书院与特定学科群、特定院系之间也有着紧密的联系。"[②]

此外，不同于清华其他院系，强基计划的5个书院并不以班级为单位安排住宿，而是书院内混合编排，同一寝室的学生来自书院内的不同专业方向。与其他院系相比，书院内不同专业的同学经常交流，有着更高的对多学科的熟悉与理解程度。这既能加强书院内部学生的荣誉感与凝聚力，更是清华大学为了促进不同学科间交叉交流所作出的尝试。

---

① 张晓鸽：《清华大学强基计划报考必读 | 李俊峰：每天都在期待行健书院首届学子》，2020年5月22日，https://mp.weixin.qq.com/s/9zncqVLL3LQPXfROyjHdiA，2020年12月29日。
② 书院管理中心：《从游气象 | 加强书院人才培养工作交流：副校长彭刚访问澳门大学》，2020年11月18日，https://mp.weixin.qq.com/s/9HGSeY8olqZmQ8ZmcgCUiA，2020年12月29日。

独立于原有院系，成立新的机构来培养强基计划学生，最直接的原因是理工结合导致了新的培养方案，但本质上是作为一个整体，为了更便捷地聚合资源，更集中地实施改革。这也就解释了清华强基书院更简洁的组织架构——书院是一个学生的聚合体。总之，在新知识生产模式下，清华对于大学的职责进行了新的思考，在强基计划中，通过书院制将教育这一核心职责置于最高地位。

3. 多方比较

为了更好地展示清华大学强基计划的特征，考察清华在实施强基计划时体现的应对知识生产模式转型的新尝试，我们将清华大学强基计划所有专业的培养目标进行了词频分析（见图2）。作为比较，我们还将其与清华大学2020年全体招生本科专业（见图3）、清华大学学堂计划（基础学科拔尖学生培养实验计划）的8个学堂班（见图4）进行了比较。

图2　清华大学强基计划所有专业培养目标词云①

图3　清华大学2020年全体本科招生专业培养目标词云②

---

① 数据来源：清华大学致理书院、未央书院、行健书院、探微书院、日新书院培养方案。
② 数据来源：2019—2020学年度清华大学本科专业设置及各院系、专业培养方案。

图4 清华大学学堂计划全体学堂班培养特色词云①

从清华大学的强基计划培养目标词频分析中可以看出：强基计划和学堂计划都更注重以"学生"为中心，更重视"交叉"与"创新"，然而强基计划却没有学堂计划那么强调"国际""世界"，因为它虽然重视国际交流，但主要服务的是国家重大战略。强基计划和其他全部本科专业相比，又都强调"社会"责任，却不如其他专业特别强调"工程"，因为它注重基础学科的"支撑引领作用"。强基计划还特别突出了"基础"，这自然是源于清华大学的强基计划对"基础"的两重理解——一是基础学科研究人才的培养；二是为服务于国家重大战略领域的应用型人才打好扎实的理科基础。这两重理解，分别蕴含着清华大学对两种知识生产模式中的两种不同学术观的态度与实践，也大致从远景上勾勒出强基之清华版的轮廓。

作为横向比较，我们还简要地将清华版强基和北大版强基进行了对比。北京大学在实施强基计划时，结合自身的文理优势，其强基计划所设置的专业均为文理类基础学科（数学、物理、力学、化学、生物科学、历史、考古、哲学、中文及基础医学）及其延伸，如从纯数学延伸至信息与计算科学，从物理延伸至地球与空间物理、应用物理等。北京大学在强基计划培养方式的特殊设置上，则是与其既有的"3+X"计划相衔接，即本科生可申请提前进入研究生阶段。②不过与清华思路类似的是，北大也加强了对学生扎实的理科基础的培养，如对信科方向的强基学生进行数学分析、高等代数等难度更高的基础课授课。③总之，和北大相比，清华大学的

---

① 清华大学教务处：《清华学堂人才培养计划》，2020年1月5日，https：//www.xtjh.tsinghua.edu.cn/info/1019/1090.htm，2022年3月4日。
② 北京大学招生办公室：《北京大学2020年强基计划招生专业培养方案》，2020年5月9日，https：//www.gotopku.cn/index/detail/1191.html，2020年12月29日。
③ 北京大学招生办公室：《北京大学强基计划培养方案（数学类）》，2020年5月9日，https：//www.gotopku.cn/index/detail/1191.html，2020年12月29日。

强基学科设置更偏应用性、更强调对国家重大战略领域的投入，而且更重视跨学科交流。这背后一定程度地反映了两所学校优势学科的不同与底层精神文化价值上的差异。

四、结论与展望

本文主要基于文件、资料，研究清华大学对强基计划的实施，分析清华大学对适应新知识生产模式的态度与实践。清华大学作为一所具有雄厚工科基础与优势的综合性研究型大学，在新知识生产模式转型背景下，借由强基计划的实施，不断地进行着自身的改革与探索。面对社会的需求，清华积极响应国家重大战略的召唤，凭借着多学科交叉的优势和培养人才的独特职责，进一步把自己融入社会中去，为国家与社会培养急需的人才。正如德兰迪所言，越融入模式2的、越全面服务于社会目标的大学，也越被社会所需要。在这样的良性循环里，清华大学作为高校的价值与独特性也在新变革的迷雾中逐渐清晰起来。

大学的建设与改革永不止步，如同知识生产模式的进化一样，如奔涌之浪永不停息。模式2提出之后，不少学者一直试图进行超越模式2的分析。目前逐渐得到认可的理论，是由卡拉亚尼斯等人提出的知识生产模式3。这一模式加入了公民社会这一第四螺旋，更强调网络、媒体等对知识生产的影响。更进一步，在四重螺旋里还可以加入"自然环境"这一第五重螺旋①。基于这一更新的知识生产模式，我们又需要怎样一份系统、完善的讨论来指导大学的前进呢？这些都值得我们进一步思考。

6. 教师对学生终稿的反馈信

杨明宇同学：

见信如晤。

从2020年9月到12月，我们的写作与沟通课程从初秋走到严冬。回首这一个学期的写作课，你一直是个很淡定的男生，每周的小作业也会非常认真地思考。

作为一个学期以来的忠实读者，我能从你的长文终稿里看到你对《清华周刊》的兴趣起点，看到我们课上研读讨论过的经典文本，看到你心心念念的纯粹学术观，也看到了你对自己的大学生活既有客观的反思、冷静地分析，也有热切的期待。

问题缘起部分，对大学地位的古今比较，对教学—科研和纯粹—实用两种平衡

---

① 武学超：《知识生产范式转型及对大学学术职业的影响》，载《科技进步与对策》，2018，35（1）：149~153。

的论述，巧妙地借鉴了我们课上研读过的经典文本，文笔凝练，和短文时期你梳理观点的论述能力相比，有了显著的进步！

文献述评部分，和短文相比，长文在构建学术地图上问题边界更加清晰，也更聚焦问题背后的多重观点论争，体现了多元视角和权威论述兼顾的特征，为读者逐步过渡到清华大学强基计划这一具体案例，做了很好的铺垫。当然，如果这部分论述能够补充古今演变这一维度，则会更为立体。

在分析部分，你聚焦清华大学强基计划和强基书院，从人才培养目标文本和现行的组织架构两个方面分析纯学科在大学实践中的培养模式，并且做了简要的横向比较。

这一分析思路是比较清晰的，并且你尝试做了词频分析，应该投入了非常多的精力吧。不过词频分析只能看到表象的形式结构，文本本身还有很大的辨析空间，这也是你的长处，囿于时间的原因，这部分比较缺乏，可以进一步挖掘。如果你感兴趣的话，可以和志同道合的同学一起申请本科生科研项目，为我们的强基计划作出更多智识上的贡献。

此外，和培养目标一样，对于书院组织架构的分析，目前还是以描述为主，其内在的逻辑和机制、实然和应然的关系，是我们需要辩证审慎思考的，也是你在结论部分欠缺的地方。

其实，写作课的习练，在我看来只是给大家埋下了一颗让自己的心智开放且有判断能力的种子，我相信在未来的本科学习和研究中，在你的专业领域，你会有更长足的进步。

你很有学术潜力，但是不要让自己太累哦！希望你能够在繁忙的学业之余努力发现生活中的美好，发展自己多方面的兴趣，尽快找到志愿献身的事业！

最后，衷心希望你在回首自己第一个学期的清华生活时，觉得这段与同学们一起探索清华故事的经历是值得的！以后我们就是学友啦，欢迎遇到学习和写作的困惑随时和我交流！

祝好！

毛君

（日期略）

主题：健康

从农村合作医疗衰落之因看新农合的兴起

指导教师：苏婧　学生：傅恒[*]

1. 主题概述：健康

健康不仅是个体的生命状态，也与政治、经济、文化、生态等多元要素相互影响。譬如，世界各国会制订有关健康的战略规划及公共政策，人均可期寿命反过来也反映着一个国家的公共治理能力和社会发展水平。再比如，人口结构会显著影响经济结构和发展速率，但经济发展水平和人均可支配收入也会影响人们的生育意愿。还比如，世界各国的文化氛围、主流价值观和宗教信仰等有差异，因此全球医疗体系也并不是铁板一块，如中国的中医、南亚的阿育吠陀医学、中亚的阿拉伯医学，具有文化差异和族群特色。

与健康类似，疾病也不仅是个人的肉体体验。苏珊·桑塔格在《疾病的隐喻》一书中揭示了疾病（尤其是肺结核、癌症与艾滋病）是如何一步步从仅仅是身体的一种状态，转换成为一种道德评判或者政治态度。隐喻赋予疾病超越生理之外的意涵，恰如《茶花女》的主人公玛格丽特，肺病于她是一种上层社会的气质，也是一种潜在的道德罪罚。

如果把视野进一步放大到社会和历史的高度，会发现人与疾病的斗争也书写着整个人类文明演进的历史。贾雷德·戴蒙德在《枪炮、病菌与钢铁》中指出，"不同民族之间相互作用的历史，就是通过征服、流行病和灭绝种族的大屠杀来形成现代世界的历史"。威廉·麦克尼尔在《瘟疫与人》中也指出，在欧洲人征服美洲的过程中，由其带入的瘟疫"在摧垮美洲印度安人的信念与社会结构方面，远甚于武力等人为因素"。

面对健康与疾病，既可以关注个体，也可以聚焦群体；既可以探讨不同疾病的隐喻及其产生的缘由，也可以研究如何改变人们的心理模式与行为习惯促进公共健康；既可以在历史书写中挖掘被边缘化的疾病叙事，也可以在医学科技高度发展的今天探讨临床伦理与生命伦理；还可以比较不同国家的不同医学体系和卫生政策，以及讨论那些发生在你我身边有关医生与患者的故事。

---

[*] 苏婧，清华大学写作与沟通教学中心教师；傅恒，清华大学建筑学院2020级本科生。

主题：健康

2. 案例概述

本案例的作者是一名大一的建筑学院学生，该生的知识结构比较均衡，基础素养不错。在短文写作阶段，已经可以阅读和引用英文文献，并能够使用诸如自我效能、风险认知之类的专业术语。但是，该生短文写作的最大问题是，缺乏明确的问题意识，只是把有关新冠疫情公众风险认知和自我效能的相关发表文献简单地综述在一起，逻辑结构也比较混乱。有鉴于此，教师鼓励学生在长文阶段，能够提出明确的研究问题，并作出原创性的思考和发现，不一定非要使用最前沿的学术文献，不妨多看一看经典的历史文献和历史材料。

在教师的启发下，该生长文将研究视野锁定到中国特色的农村合作医疗制度，具体的研究题目是《从传统合作医疗衰落之因看新型合作医疗的兴起》。汲取短文写作的教训，作者在长文初稿的最开始便明确提出了两个递进的研究问题，并基于对研究问题的回答，构建了文章的主体结构，将新型农村合作医疗制度兴起的原因建筑在对传统农村合作医疗制度如何衰落的解释上，即对传统农村合作医疗制度衰落的原因的分析——对应上了新型农村合作医疗制度兴起的分析，整篇文章有较为明显的构思痕迹，不再是一边想一边写的即兴发挥。

不过，该生的长文初稿也依然存在明显的问题，除了关键概念不统一（合作医疗制度的各种表述不一致）、文献引用不规范、个别语病等之外，最为关键的是，其实文章并没有对传统农村合作医疗制度为何在20世纪80年代后迅速衰落、新型农村合作医疗制度为何在千禧年之后不断完善的根本原因进行探讨，文章的分析比较浮于表面，缺乏更深层次的洞察。

在面批阶段，教师并没有跟学生一一讲文章的批注，而是通过启发式的提问，如"农村的医疗保障制度为什么与城镇不同？""医保到底是应当政府出钱为主，还是居民自筹为主？""实施合作医疗制度的目的是什么？""新型农村合作医疗制度还有没有明显的问题？""你认为当前我国农村最突出的问题是什么？"等等，希望激活他更深层次的问题意识；同时，希望他能将文章与更为广阔的社会背景产生联系，将我国农村合作医疗制度的兴衰放置在我国农村问题的整体框架下进行理解和应答。通过面批的启发，该生能够逐渐意识到我国医改一度出现的市场化陷阱，也能够意识到取消农业税、恢复农村合作医疗、建设美丽乡村等一系列政策之间的内生联系，并进一步理解了三农问题于我国的重要性，是体现中国特色社会主义制度建设的核心一环。

在长文终稿中，作者体现了面批的成果，通过"为什么新农合会作出这些应答农村合作医疗衰落原因的改变？或者说，在这些改变背后，支持新农合兴起的根本动力是什么?"的提问方式,他将初稿中原有的分析逻辑和面批中受到的启发有机结合,能够更进一步提出,"合作医疗的发展史、我国医改的发展史和我国经济社会的发展史实际上是难以割裂的""支持新农合兴起的根本动力实际上是党和政府对农村问题的重视,反映了中国特色社会主义共同富裕的本质要求"。这些表达,不是喊口号式的强行升华,而是对研究主题深度剖析后的结果。因此在陈述信中作者坦言,"这个选题的根本原因才是这个选题最有价值的地方"。

就健康主题而言,学生往往有较为直接的人生体验,因此进入主题较快,找到想做的选题并不是十分困难的事情。但是,恰恰是因为对健康和疾病过于熟悉,很多同学无法启动深度思考和批判性思维,不仅选题扎堆于朋克养生、青少年抑郁、同性恋污名化等他们耳濡目染的事例,观点的提出也容易过于主观、随性和经验主义,无法跟宏观的社会政治经济背景相结合。相对而言,本篇文章的选题所折射出的问题意识和人文关怀都是值得认可的,从初稿到终稿,作者能够不断推进思维的深度,体现了写作课写作训练的要义。当然,该选题对于大一新生而言依然稍显宏观,如果切口可以缩小,将更有助于深入的思考与研究。

3. 含教师修改过程的学生初稿全文

从传统合作医疗衰落之因看新型合作医疗的兴起

【逻辑论述】标题表述是否准确?

摘要: 中华人民共和国成立以来,合作医疗制度在我国经历了传统农村合作医疗和新型农村合作医疗两个发展阶段。本文研究了传统合作医疗衰落的原因及新型合作医疗兴起的原因,研究发现,新型合作医疗的兴起可视为对传统合作医疗衰落原因的应答,揭示了合作医疗在实践中遭遇和克服阻碍的发展规律。

【逻辑论述】发展规律后文提了吗?

【逻辑论述】摘要将主要研究发现说清楚了吗?

【逻辑论述】后文有提到"制度变迁"这个词吗?

关键词: 合作医疗、制度变迁、基层卫生、农村医疗保障

【逻辑论述】农村医疗保障和农村合作医疗是什么关系?

一、问题的提出

传统农村合作医疗制度(下文简称"传统合作医疗")是我国农民在自愿互助的基础上建立的一种集体医疗保健制度,在我国主要运行于20世纪50年代到80年代。传统合作医疗的运行方式是:由群众个人和集体筹措一定的资金,用这笔资金对参与合作医疗的农民看病的开销给予部分报销。具体的个人缴纳金额、报销项目、报销

【逻辑论述】这个简称学术界通用吗?你的表述统一吗?

【逻辑论述】这是谁的定义?

【语言文法】这句话不顺,请修改

主题：健康

比例在不同时期、地区、公社、大队中有所区别，但是总体的思路是一致的。基层医疗人员通过在生产大队记工分的方式获得报酬，且常常采取半农半医的工作方式，也因此得名"赤脚医生"。①

【语言文法】这个脚注对应的是哪句话的注释？

传统合作医疗于20世纪50年代在我国初现，在60年代得到政府的大力推广并逐渐普及，在70年代发展达到鼎盛。

截止到1976年，实行传统合作医疗制度的生产大队的比例高达93%，覆盖了我国85%的农村人口。②同期，合作医疗制度还在国际上受到了高度评价，被誉为多个"典范"：传统合作医疗制度的重要组成——赤脚医生制度成为1978年世界卫生组织《阿拉木图宣言》关于"全民健康"的典范③、联合国妇女儿童基金会1980—1981年报中关于发展中国家提高医疗水平的典范；合作医疗制度成为世界银行发展中国家解决卫生经费问题的典范、世界卫生组织在全球范围内推广初级卫生服务运动的典范。④

【逻辑论述】不是简称传统合作医疗吗？

【语言文法】注释中，英文作者请用中文译名。

【语言文法】这个脚注对应的是哪个典范的出处？

【语言文法】有数据的地方应当有对应的出处。

但是在此之后，我国的传统合作医疗制度却走向了与其受到的高度评价相反的方向，出现了大幅度的萎缩。1982年，村庄合作医疗覆盖率迅速下降至53%；1983年人民公社制度取消，当年年底合作医疗的覆盖率跌至11%；1989年降至4.8%的历史最低水平。80年代末至90年代初，政府对整个国家的医疗卫生事业都未能给予足够的财力支持，农村居民的参保比例始终没有超过10%。⑤因此，农村传统合作医疗制度基本以失败告终。正如李玲教授在《改革开放背景下的我国医改30年》一文中所指出的一样，1983年后占我国总人口数70%的农民在医疗保障上出现了20年的"空档"，直到21世纪初新型农村合作医疗的推广才……⑥

【逻辑论述】农民的合作参保，和政府的经费投入之间是什么关系？

【语言文法】为什么"推广才"后面的语言省略了？

1996年全国卫生工作会议指出要恢复、发展、完善合作医疗制度，肯定了传统合作医疗的方向，评价其是"符合中国国情、符合农民愿望"的民心工程。2002年10月党中央和国务院提出建立和完善新

---

① 夏杏珍：《农村合作医疗制度的历史考察》，载《中国当代史研究》，2003，10（5）。
② 王绍光：《学习机制与适应能力：中国农村合作医疗体制变迁的启示》，载《中国社会科学》，2008（6）。
③ Pratik Chakrabarti：《医疗与帝国：从全球史看现代医学的诞生》，李尚仁译，第3页，北京，社会科学文献出版社，2019。
④ 王绍光：《学习机制与适应能力：中国农村合作医疗体制变迁的启示》，载《中国社会科学》，2008（6）。
⑤ 翁凝、孙梦洁：《中国农村基本医疗保障制度变迁》，载《管理现代化》，2020（1）。
⑥ 李玲、江宇、陈秋霖：《改革开放背景下的我国医改30年》，载《中国卫生经济》，2008，27（2）。

型农村合作医疗制度的目标（以下简称"新型合作医疗"），随后新型合作医疗逐渐走向普及，到2010年已经基本覆盖全国各地区。①

80年代，传统合作医疗为何在得到高度评价之后走向了衰落？在衰落之后合作医疗是如何在20年后得到复兴的？本研究将首先回答第一个问题，然后再以第一个问题为基础给出第二个问题的回答。

二、合作医疗衰落之因

首先可以明确的是，合作医疗的衰落是诸多因素共同导致的结果，学术界的解释主要有以下三种： 【逻辑论述】为什么不加传统两字？

第一是经济原因。学术界主流观点谈及合作医疗衰落时通常将其归咎于家庭联产承包责任制度的推行与人民公社的解体，或称二者为导致合作医疗萎缩的直接原因，认为其削弱了农村合作医疗制度的经济基础。② 【逻辑论述】这是经济原因吗？

传统合作医疗制度的稳定存在依托于集体经济制度，这主要是由于集体经济下的分配制度为集资打通了"绿色通道"。合作医疗的公益金由集体和个人共同承担，其中个人承担的部分并非由农民个人主动缴纳现金，事实上，生产队一般在进行个人收入分配之前，便可扣除社员一定的工分，或在社员的收入中扣除其所应缴纳的合作医疗经费。③这样一来便克服了向农民征收合作医疗经费时可能遇到抵触和困难的情况，使得合作医疗资金拥有了稳定、畅通的来源。 【逻辑论述】经济制度和经济原因是两回事。

因此，当1983年人民公社制取消之后合作医疗制度的覆盖率在一年间骤然由53%降低至11%。而这11%中的部分地区的合作医疗没有在人民公社制瓦解之后销声匿迹，是由于其集体经济并没有完全瓦解。如在集体经济实力较强的苏南地区，乡镇拥有集体所有的乡镇企业，因而那里的合作医疗在80年代仍能够保持着85%以上的覆盖率；但是在90年代苏南地区对集体所有的乡镇企业进行了所有制改革，削弱了其集体经济基础，导致合作医疗的覆盖率遭遇几年来最大滑坡。④ 【逻辑论述】那其他部分地区是怎样的呢？

---

① 李玲、江宇、陈秋霖：《改革开放背景下的我国医改30年》，载《中国卫生经济》，2008，27（2）。
② 参见赵美英、苗艳青：《新中国70年基层卫生发展回顾与展望》，载《中国卫生政策研究》，2019，12（11），以及朱玲、王绍光、夏杏珍、翁凝、李玲等人的文献。
③ 彭迎春：《赤脚医生时期合作医疗制度对新型农村合作医疗的启示》，载《中国全科医学》，2011，10（6A）。
④ 王绍光：《学习机制与适应能力：中国农村合作医疗体制变迁的启示》，载《中国社会科学》，2008（6）。

主题：健康

【逻辑论述】经济制度瓦解，不包括在政策原因里面吗？

【语言文法】请标注出处。

第二是政策的原因。李德成在研究中指出，合作医疗主要是在"文化大革命"中得到发展和普及的，大量对合作医疗的宣传报道都将它与阶级斗争和路线斗争联系在一起。后来随着"文革"被否定，很多人片面地将合作医疗当成"文革"的产物加以否定，社会上鲜有正面的宣传。当时张自宽为合作医疗正名，要坚持发展合作医疗的主张也受到了斥责。

【语言文法】请标注出处。

80年代后有决策者过度强调推行个体行医，认为集体办医已经不适应新潮流，甚至忌讳"合作医疗"这个名词。①加之我国的卫生政策方针由"将医疗卫生工作的重点放到农村去"转变为"农村城市并重"，况且在执行过程中存在向城市方面倾斜的现象。②

【逻辑论述】没说清楚，时而这样，那时而还怎样呢？哪种思想更主导呢？

王绍光认为合作医疗的衰落应归因于80年代初中央决策者对农村合作医疗采取了放任自流的态度。当时的决策者时而承认自费医疗的可行性，对待合作医疗态度暧昧，主张"因地制宜"，对当地条件允许且群众意愿高的地方给予支持，秉持自愿的原则，并不热衷积极推行合作医疗。上级政策的倡导力度不足，下级行政单位的管理缺位，合作医疗的维系失去动力，最终结果便是基层合作医疗的瓦解。③

【逻辑论述】关键概念要统一，不能不停地换词。

【逻辑论述】分类可以更合理一些吗？

第三是合作医疗制度本身存在问题。彭迎春、汪时东、叶宜德等人认为合作医疗存在着管理、监督不力，执行经验缺乏的问题。与合作医疗配套的管理制度不到位，基金缺乏统筹规划和规范化管理，合作医疗站的技术水平有限。"文革"期间部分地区还存在把办合作医疗当成那一时期的政治任务来执行的现象，盲目机械地执行，导致了科学有效的管理监督体系未能建立起来。④

【语言文法】不要习惯于每一段给一个总出处；注释标注应当以句子为单位。

朱玲对合作医疗制度本身的问题极为重视，认为合作医疗衰落的直接原因根本不是经济因素，而是其制度的缺陷所导致的。她认为，合作医疗缺乏可持续性的问题一是财务制度不可持续，没有对参与者可能具有的过度消费医药服务的倾向加以控制，而其筹资

【逻辑论述】财务制度不是经济因素吗？
【语言文法】这句话不顺，请修改。

---

① 李德成：《合作医疗与赤脚医生研究（1955—1983年）》，博士学位论文，浙江大学，2007年。
② 孟宏斌：《新中国成立70年来农村医疗保障制度变迁及其经验启示》，载《中国农业大学学报（社会科学版）》，2019，36（5）。
③ 李德成：《合作医疗与赤脚医生研究（1955—1983年）》，博士学位论文，浙江大学，2007年。
④ 彭迎春：《赤脚医生时期合作医疗制度对新型农村合作医疗的启示》，载《中国全科医学》，2011，10（6A）；汪时东、叶宜德：《农村合作医疗制度的回顾与发展研究》，载《中国初级卫生保健》，2004，18（4）。

渠道单一、资金来源有限、难以应对可能遭遇的大额医疗费用，导致财务长期处于入不敷出的状态。二是医疗保健服务的不平等现象，干部拥有先拿药、拿好药、先报销、甚至赊账等特权，能和干部攀上社会关系的社员也连带着可以享受一定的优先权，使最基层的群众感到合作医疗不公平，对合作医疗产生"群众交钱，干部吃药""群众吃草药，干部吃好药"的负面印象。① 结合上文的观点，笔者认为，在合作医疗执行过程中出现的公平性的缺失也可以归为管理监督不善的结果。

【逻辑论述】这句话写作的目的是什么？

综上所述，尽管合作医疗制度收获了广泛的国际赞誉，但在国内经济、政策和制度本身问题这三个因素的压迫下难免走向了衰落。

三、从传统合作医疗衰落之因的视角看新型合作医疗的兴起

20世纪70年代末、80年代初，国际组织对我国传统农村合作医疗制度进行考察后给出高度评价；农村传统合作医疗衰落后基层医疗的"二十年空档"从反面证明了合作医疗思路的正确性；1996年我国的全国卫生工作会议也肯定了合作医疗的方向。这一反二正的三个依据共同说明了合作医疗的正确性。既然合作医疗的总体方向一直正确，那么在我国的实践过程中遭遇的衰落和停滞的根本原因不是合作医疗不符合我国国情或发展规律，而应该是上述的种种阻碍导致的。那么新型农村合作医疗是如何打破停滞、走向合理的实践道路的？在合作医疗总方向正确的前提下，本研究认为，新型农村合作医疗的兴起应是对传统农村合作医疗衰落原因的良好应答，是对上述种种阻碍的一定程度上的克服，因此对新型合作医疗兴起的原因的解释不妨从传统合作医疗衰落原因的视角出发。

【逻辑论述】请你思考，为什么这个时间点上会肯定合作医疗的方向？

【逻辑论述】国情是一直不变的吗？会不会某个时刻不符合国情，后来又符合了呢？

【谋篇布局】请仔细思考，新型农村合作医疗的兴起，只是对传统农村合作医疗衰落的应答吗？有没有更好的文章结构布局方式呢？

（1）传统合作医疗衰落的第一个原因是集体经济制度这一基础的瓦解，集体经济解体导致生产大队失去对社员收入分配的控制权，使得传统合作医疗的筹资模式不畅，资金来源不足。

90年代，我国政府与国际组织在国内各地开展了多项关于农村医疗改革方向的实验，如国务院政策研究室、卫生部与世卫组织开展的"中国农村合作医疗保健制度改革"项目、我国政府与世界银行开展的"加强中国农村贫困地区基本卫生服务"项目等等。同期，

---

① 朱玲：《政府与农村基本医疗保健保障制度选择》，载《中国社会科学》，2000（4）。

我国在西藏自治区进行的农村医疗体制试点取得了成功，这种合作医疗模式是由县政府、乡政府、村组织和牧民家庭多方共同承担合作医疗的费用。①

这些开展的实验项目和西藏的改革经验共同表明，合作医疗的普及和维系必须要求政府财政的支持。而且随着我国经济的发展及财政分税制的改革，政府的财政收入能力逐渐提升，使得承担合作医疗集资的重任成为了可能。②政府成为了新型合作医疗中筹资的主体，首先由地方政府拨款，对于地方政府财政较困难的地区，中央政府再给予资助，地方和中央两级政府的分摊保证了新型合作医疗资金的来源。政府财政上拨给专项的资金投入合作医疗，来替代集体经济时代的集体预先扣款，使得合作医疗重新拥有了有保障的资金来源，由于政府资源的雄厚可靠，资金来源较集体经济时代更加稳定、充足。

【逻辑论述】政府何时意识到必须进行财政投入呢？这里的政府，指的是中央政府，还是地方政府呢？

【语言文法】缺个"所以"。

【逻辑论述】其实这20年，关于医疗改革中市场的角色和政府的角色，也是经过反复讨论和论证的。

【逻辑论述】建议三个部分的写作体例统一。

【逻辑论述】为啥认识到了呢？具体认识到什么呢？

（2）传统合作医疗衰落的第二个原因是政策对合作医疗的支持力度不足，态度模棱两可，导致开展和维系合作医疗的动力不足，且有"重城轻乡"的趋势。经过十余年的实践探索，我国卫生政策的决策者逐渐认识到合作医疗的重要性，一步步明确了政策上的支持。政府首先在1996年的全国卫生工作会议中指出了合作医疗制度在农村卫生工作中的关键性；2002年颁布的《关于进一步加强农村卫生工作的决定》明确了"建立以大病统筹为主的新型合作医疗制度，重点解决农民因大病而出现的'因病致贫''因病返贫'的问题，到2010年新型合作医疗基本全面覆盖农民"的目标；次年，国务院转发《关于建立新型农村合作医疗制度的通知》，具体化了新型合作医疗的执行要求，党中央和国务院又对该年各地开展的新型合作医疗试点工作给予高度重视。③这一系列政策的出台表明：我国卫生政策的态度由不明确的"放任自流"转变为明确的积极推动，重新提高对农村乡镇医疗工作的重视程度，缩小了城乡医疗保障体系发展政策的差距。这样一来，新型合作医疗在政策的大力倡导下开

【逻辑论述】这一阶段对应的是什么历史时期呢？

---

① 王绍光：《学习机制与适应能力：中国农村合作医疗体制变迁的启示》，载《中国社会科学》，2008（6）。
② 王绍光：《学习机制与适应能力：中国农村合作医疗体制变迁的启示》，载《中国社会科学》，2008（6）。
③ 夏杏珍：《农村合作医疗制度的历史考察》，载《中国当代史研究》，2003（5）。

展起来。

（3）传统合作医疗衰落的第三个原因是制度本身的缺陷，主要体现在财务制度不可持续、监督管理不力两方面。新型合作医疗对于这一原因的应答体现在对这些问题缺陷的解决，可以明确的是并非所有问题都可以得到根治，但至少可以说在新型合作医疗制度的推行中这些问题得到了一定程度上的改善，新型合作医疗才得以发展。

【逻辑论述】没有根治，会不会一直有隐患呢？

对于财务制度入不敷出、难以持续的问题，一方面是源于患者可能具有的过度消费倾向，另一方面是源于对大病风险缺乏抵御能力。与传统合作医疗相比，新型合作医疗首先在农民个人和集体的基础上引入政府资助，拓展了原本单一的筹资渠道；新型合作医疗还提升了统筹层次，将合作范围由乡镇或村扩大到县，增加了合作医疗资金的"入"。对于"出"，新型合作医疗首先实行了设置起付线和封顶线、按比例分段报销等措施，至少作出了控制过度消费倾向的努力；①并对经费支出的结构进行了调整，由侧重保障基本医疗服务变为重点突出大病统筹，优先保障因遭遇大额医疗费用所带来的风险，但也在有条件的地方兼顾小病理赔，增强了风险承担能力。②

【逻辑论述】这一点前文不是说过了吗？不需要重复论证。

虽然有学者指出大病统筹会带来"逆向选择"（患病者倾向于参加合作医疗，健康者不参加）、对患者补偿有限、医疗效率降低、"大病"的范畴难以界定等问题，③但"保大病还是保小病"是一个两难问题，关键取决于制度的定位。新型合作医疗基于农村因病致贫、返贫问题严重的现实紧迫性，以解决这一问题为目标，且提倡在条件允许处兼顾小病理赔，在对这一问题的处理上已经达到了较优的状态。

【表扬】这一点很重要！

对于合作医疗服务监督管理不力的问题，新型合作医疗的应答是强化政府责任，由地方政府承担起资金管理和监督的责任。传统合作医疗的管理体制层次较低，多为乡镇或村一级。新型合作医疗

---

① 彭迎春：《赤脚医生时期合作医疗制度对新型农村合作医疗的启示》，载《中国全科医学》，2011，10（6A）。
② 王绍光：《学习机制与适应能力：中国农村合作医疗体制变迁的启示》，载《中国社会科学》，2008（6）。
③ 金彩虹：《中国新型农村合作医疗制度设计缺陷的理论分析》，载《上海经济研究》，2006（9）。

将管理层次提高到县级，在县级组成农村合作医疗管理委员会，下设经办机构，而且根据需要在乡镇设立派出机构或委托有关机构管理，并对经办机构的人员和工作经费作出规范。①按照以收定支、收支平衡和公平、公开、公正的原则进行管理。致力于建立规范化的监督管理体系。②

【语言文法】不顺。

【语言文法】病句，请修改。

【谋篇布局】关于新型合作医疗制度的兴起，可以结合时代背景再进一步分析吗？

四、小结

以传统合作医疗衰落原因的视角看新型合作医疗的兴起，可以发现，新型合作医疗以引入政府投资的方式解决了集体经济基础瓦解的问题，以明确积极推动、重视乡镇政策的方式解决了政策态度模棱两可、"重城轻乡"的问题，以拓展筹资渠道、扩大合作范围、设置规范化报销规则、调整经费支出靶向的方式应对财务制度入不敷出、不可持续的问题，以政府承担管理监督责任的方式应对管理监督欠缺的问题，对传统合作医疗衰落的原因作出了一一应答，在这些应答的过程中兴起。

【逻辑论述】结语把文章的核心发现说清楚了吗？结语建议再丰富一点

总体点评：

优点：选题具有一定的难度；也有作者一定的自主思考；相较短文，问题意识有所凸显，且谋篇布局更花心思。

不足：关键概念不统一，部分地方的表述不严谨。注意文献引用的规范性；新农合如何再度兴起的原因还要结合社会背景进行深挖。

4. 学生的修改陈述信

亲爱的苏婧老师：

您好！首先表达对这16周来您辛勤付出的感谢！我是建筑系的傅恒，以下是我对自己长文终稿的陈述，以及一些感言。

长文的主题与短文相比更加深入了一步，短文写到"一一应答"就结束了，但是实际上这只是表面的直接原因，还值得go deeper。这个选题的根本原因才是这个选题最有价值的地方。

由于这个选题离我们的生活比较远，我对于它的全部认识都来源于我所阅读的文献，所以在写作过程中我感到最有挑战性的是从

---

① 李德成：《合作医疗与赤脚医生研究（1955—1983年）》，博士学位论文，浙江大学，2007年。
② 李德成：《合作医疗与赤脚医生研究（1955—1983年）》，博士学位论文，浙江大学，2007年。

零开始学习一个全新领域的知识,并梳理、分析这些知识,提出问题、写出结论。

如果有可能,我希望再多了解一点中国当代史,把第四部分写得更充分一些。

回顾过去的几个月,我在写作课的经历颇为"丰富":吃过苏老师请的一顿外卖,喝过苏老师请的一杯咖啡、一瓶冷泡茶、一杯奶茶;写了8 000多字,读了一本大厚书、一些书的片段和许多论文,参加了四场读书沙龙、一场新闻发布会,听了老师的一些人生经历,看了许多课前视频以及几个电影片段和电视剧片段;体验过短文终稿被微信"面批"、长文选题被毙、长文初稿从早8点一直写到ddl前一分钟,然后查重不过,长文pre提前一分半钟结束;也被夸过"颜值高""高中的底子扎实""整体一直表现得很好";学到了礼貌地写邮件、严谨地引用文献写论文,初识新闻发布会的样子,学到了一套自己的知识体系,学到了很多杂七杂八无法概括的知识,虽然不是第一次意识到但是又听到了"要成为自己"。写作课确实很硬,室友调侃它有隐藏学分,但是写作课的收获也很多,很难概括,只能用上面的一些例子略表一二。

我不是一个对学术特别感兴趣的人,但也许以后哪天我也会意识到发paper的重要性;我比较喜欢读书,但是也在设计课(建筑系学生最硬的课)的压迫以及数字媒体娱乐对时间的侵占下没怎么读,寒假打算先把手头的小说读完,再读一读建筑的两本专业书,还有《枪炮、病菌与钢铁》和《贫穷的本质》;我很庆幸我选择了——至少到目前为止——我喜欢的专业,即使有一些很忙的时候,但大一也还过得不错。

别人问起我的写作课老师怎么样的时候,我都会说,苏老师的要求比较高,但是人非常非常好。苏老师很照顾同学的感受,在严格过后常常私戳微信发一些鼓励的话;苏老师会注重一些"课堂之外、人生之内"的东西,看得出来您很希望我们将来过得快乐、有意义。

最后,再次感谢您付出的时间和精力,它们是有意义的。祝您论文越发越好,永远保有一颗阳光、年轻的心!

学生傅恒
(日期略)

5. 学生终稿全文

从农村合作医疗衰落之因看新农合的兴起

摘要: 中华人民共和国成立以来,合作医疗制度的发展经历了农村合作医疗和新农合两个阶段。本文研究了农村合作医疗衰落的原因及新农合兴起的原因,研究发现,新农合的兴起可视为对农村合作医疗衰落原因的应答,其根本动力是中国政府对农村问题的重视,反映了中国特色社会主义"共同富裕"的本质要求。

关键词： 合作医疗；农村医疗保障；医改；三农问题

一、问题的提出

农村合作医疗制度是我国农民在自愿互助的基础上建立的一种集体医疗保健制度，在我国主要运行于20世纪50年代到80年代。它的运行方式是：由群众个人和集体筹措一定的资金，用这笔资金对合作医疗参与者看病的开销给予部分报销。基层医疗人员通过在生产大队记工分的方式获得报酬，常采取半农半医的工作方式，因此得名"赤脚医生"。[1]

农村合作医疗制度于20世纪50年代在我国初现，在60年代得到政府的大力推广并逐渐普及，在70年代发展达到鼎盛。

1976年，实行合作医疗的生产大队的比例高达90%。[2]同期，农村合作医疗制度还在国际上受到了高度评价，世界银行评价其为发展中国家解决卫生经费问题的典范，[3]世卫组织将其誉为在全球推广基本医疗卫生服务运动的典范、1978年《阿拉木图宣言》中关于"全民健康"的典范。[4]

但是在此之后，农村合作医疗制度却走向了与其受到的高度评价相反的方向，出现了大幅度的萎缩。1982年，其覆盖率迅速下降至53%；1989年降至4.8%的历史最低水平；此后至90年代初，农民参加合作医疗的比例始终没有超过10%。[5]因此，农村合作医疗制度基本以失败告终，我国广大农民在医疗保障上出现了20年的"真空期"，[6]直到21世纪初新型农村合作医疗制度（下文简称"新农合"）的推广，这种局面才得以改善。

1996年全国卫生工作会议指出要恢复、发展、完善农村合作医疗制度，肯定了农村合作医疗制度的方向。2002年10月，党中央和国务院提出建立和完善新农合的目标，随后新农合逐渐走向普及，到2010年已经基本覆盖全国各地区。[7]

80年代，农村合作医疗制度为何在得到高度评价之后走向了衰落？在衰落之后合作医疗是如何在20年后得到复兴的？本研究将首先回答第一个问题，然后再以第一个问题为基础重点回答第二个问题，并挖掘出更根本的原因。

---

[1] 夏杏珍：《农村合作医疗制度的历史考察》，载《中国当代史研究》，2003，（5）。
[2] 周寿祺、顾杏元、朱敖荣：《中国农村健康保健制度的研究进展》，载《中国农村卫生事业管理》，1994（9）。
[3] World Bank, World Development Report 1993: Investing in Health, Washington D.C.: World Bank, 1993.
[4] World Health Organization, Primary Health Care: Report of the International Conference on Primary Health Care, Geneva: World Health Organization, 1978.
[5] 《第三次国家卫生服务调查分析报告》，2003年。转引自翁凝、孙梦洁：《中国农村基本医疗保障制度变迁》，载《管理现代化》，2020（1）。
[6] 方鹏骞、董四平、肖婧婧：《中国政府卫生投入的制度变迁与路径选择》，载《武汉大学学报（哲学社会科学版）》，2009，62（2）。
[7] 翁凝、孙梦洁：《中国农村基本医疗保障制度变迁》，载《管理现代化》，2020（1）。

二、农村合作医疗制度衰落之因

农村合作医疗制度的衰落是诸多因素共同导致的结果,学术界的解释主要有以下三种:

第一是经济制度基础的瓦解。学术界主流观点谈及农村合作医疗制度衰落时通常将其归咎于家庭联产承包责任制度的推行与人民公社的解体,或称二者为导致农村合作医疗制度萎缩的直接原因,认为其削弱了农村合作医疗制度的经济制度基础。[①]

农村合作医疗制度的稳定存在依托于集体经济制度,这主要是由于集体经济下的分配制度为集资打通了"绿色通道"。合作医疗的公益金由集体和个人共同承担,其中个人承担的部分一般由生产队在进行个人收入分配时先行扣除。[②]这样一来便克服了向农民征收合作医疗经费时可能遇到抵触的情况,使得合作医疗的资金拥有了畅通的来源。

因此,当1983年人民公社制取消之后,农村合作医疗制度的覆盖率在一年间骤然由53%降低至11%。[③]合作医疗仍然留存的地区是由于其集体经济基础没有完全瓦解,如在集体经济实力较强的苏南地区,乡镇拥有集体所有的乡镇企业,因而那里的合作医疗在80年代仍能保持85%以上的覆盖率;但是在90年代,苏南地区对集体所有的乡镇企业进行了所有制改革,削弱了其集体经济基础,导致合作医疗的覆盖率遭遇几年来最大的滑坡。[④]

第二是政策的原因。李德成在研究中指出,农村合作医疗制度主要是在"文化大革命"中得到发展和普及的,大量对它的宣传报道都将它与阶级斗争和路线斗争相联系,后来很多人片面地将合作医疗当成"文革"的产物而加以否定,社会上鲜有正面宣传。[⑤]当时张自宽为合作医疗正名,要坚持发展合作医疗的主张也受到了斥责。[⑥]80年代后,有决策者过度强调推行个体行医,认为集体办医已经不适应新潮流,甚至忌讳"合作医疗"这个名词。[⑦]加之我国的卫生政策方针由"将医疗卫生工作的重点放到农村去"转变为"农村城市并重",并且在执行过程中向城市倾斜。[⑧]

---

① 参见赵美英、苗艳青:《新中国70年基层卫生发展回顾与展望》,载《中国卫生政策研究》,2019,12(11),年11月第12卷第11期。以及朱玲、王绍光、夏杏珍、翁凝、李玲等人的文献。
② 彭迎春:《赤脚医生时期合作医疗制度对新型农村合作医疗的启示》,载《中国全科医学》,2011,10(6A)。
③ 周寿祺、顾杏元、朱敦荣:《中国农村健康保健制度的研究进展》,载《中国农村卫生事业管理》,1994(9)。
④ 王绍光:《学习机制与适应能力:中国农村合作医疗体制变迁的启示》,载《中国社会科学》,2008(6)。
⑤ 李德成:《合作医疗与赤脚医生研究(1955—1983年)》,博士学位论文,浙江大学,2007。
⑥ 张自宽:《论合作医疗》,第96页,北京,中国乡村医药杂志社,2003。
⑦ 钱信忠:《中国卫生事业发展与决策》,第96~97页,北京,中国医药科技出版社,1992。
⑧ 孟宏斌:《新中国成立70年来农村医疗保障制度变迁及其经验启示》,载《中国农业大学学报(社会科学版)》,2019,36(5)。

王绍光认为，合作医疗的衰落应归因于80年代初，中央决策者对农村合作医疗采取了"放任自流"的态度。有决策者承认自费医疗的可行性，对待合作医疗态度模棱两可，并不热衷推行合作医疗。上级政策的倡导力度不足，下级行政单位的管理缺位，合作医疗的维系失去动力，最终结果便是农村合作医疗制度的瓦解。①

第三是农村合作医疗制度本身存在问题的原因。彭迎春、汪时东、叶宜德等人认为合作医疗存在着管理、监督不力，执行经验缺乏，以及与合作医疗配套的管理制度不到位，基金缺乏统筹规划和规范化管理等问题。"文革"期间部分地区还存在把办合作医疗当成特殊时期的政治任务来执行的现象，未能建设科学有效的管理监督体系。②

朱玲对合作医疗制度本身的问题极为重视，认为其衰落的直接原因根本不是经济因素，而是其制度的缺陷所导致的。她认为农村合作医疗制度缺乏可持续性的问题一是财务制度不可持续，参与者可能具有过度消费医药服务的倾向，而制度没有对这种倾向进行控制；农村合作医疗制度的筹资渠道单一，资金来源有限，难以应对大额医疗费用，财务长期入不敷出。二是医疗保健服务不平等，干部拥有先拿药、拿好药、先报销、甚至赊账等特权，能和干部攀上社会关系的社员也可享受一定的优先权，使群众感到合作医疗不公平，产生"群众交钱，干部吃药"的负面印象。③

结合上文的观点，笔者认为，合作医疗执行过程中的公平性缺失也可以归为管理监督不善的结果，即农村合作医疗制度本身的问题可概括为财务不可持续与管理监督不善。

综上所述，尽管农村合作医疗制度收获了广泛的肯定，但在经济制度基础瓦解、政策模棱两可和制度本身问题这三个因素的压迫下难免走向了衰落。

三、从农村合作医疗衰落之因的视角看新农合的兴起

20世纪70年代末、80年代初，国际组织对我国农村合作医疗进行考察后给出高度评价；农村合作医疗衰落后农村医疗保障的"二十年空档"从反面证明了合作医疗思路的正确性；1996年的全国卫生工作会议也肯定了合作医疗的方向。这三点共同说明了合作医疗的正确性。既然合作医疗的方向一直正确，那么在我国的实践过程中遭遇衰落和停滞的根本原因不是合作医疗不符合我国国情或发展规律，而应该是上述的种种阻碍导致的。那么新农合是如何打破停滞、走向合理的实践道路的？

---

① 王绍光：《学习机制与适应能力：中国农村合作医疗体制变迁的启示》，载《中国社会科学》，2008（6）。
② 彭迎春：《赤脚医生时期合作医疗制度对新型农村合作医疗的启示》，载《中国全科医学》，2011，10（6A）；汪时东、叶宜德：《农村合作医疗制度的回顾与发展研究》，载《中国初级卫生保健》，2004，（4）。
③ 朱玲：《政府与农村基本医疗保健保障制度选择》，载《中国社会科学》，2000（4）。

在合作医疗方向正确的前提下，本研究认为，新农合的兴起应是对农村合作医疗制度衰落原因的良好应答，是对上述种种阻碍的一定程度上的克服，因此对新农合兴起原因的解释不妨从农村合作医疗制度衰落原因的视角出发。

农村合作医疗衰落制度的第一个原因是集体经济制度基础的瓦解，集体经济制度解体导致生产大队失去对社员收入分配的控制权，使得农村合作医疗制度的筹资模式不畅，资金来源不足。

90年代，我国政府与国际组织在国内各地开展了多项关于农村医疗改革方向的实验，如我国政府与世界银行开展的"加强中国农村贫困地区基本卫生服务"项目等。同期，我国在西藏自治区进行的农村医疗体制试点取得了成功，这种合作医疗模式是由县政府、乡政府、村组织和牧民家庭多方共同承担合作医疗的费用。[①]

上述实验项目和西藏的改革经验共同表明，合作医疗的普及和维系必须要有政府财政的支持。而且随着我国经济的发展及财政分税制的改革，政府的财政收入能力逐渐提升，使得承担合作医疗集资的重任成为了可能。政府成为新农合中筹资的主体：首先由地方政府拨款，对于地方政府财政较困难的地区，中央政府再给予资助，[②]地方和中央两级政府的分摊保证了新农合资金的来源。政府财政上拨给的专项资金投入合作医疗，替代集体经济时代的集体预先扣款，使得合作医疗重新拥有了有保障的资金来源，因为政府资源的雄厚可靠，所以资金来源较集体经济时代更加稳定、充足。

农村合作医疗制度衰落的第二个原因是政策对合作医疗的支持力度不足，态度模棱两可，导致开展和维系合作医疗的动力不足，且有"重城轻乡"的趋势。经过十余年的实践探索，我国卫生政策的决策者认识到合作医疗的重要性，出台了一系列政策来给予合作医疗支持。1997中共中央和国务院表示，鼓励建立和发展农村合作医疗制度；[③]2002年，中共中央和国务院明确了"建立新农合制度，到2010年基本全面覆盖农民"的目标。[④]这一系列政策的出台表明：我国卫生政策的态度由不明确的"放任自流"转变为明确的积极推动，重新提高了对农村医疗卫生工作的重视程度。新农合在政策的大力倡导下得以开展。

农村合作医疗制度衰落的第三个原因是制度本身的缺陷，主要体现在财务制度不可持续、监督管理不力两方面。新农合对于这一原因的应答体现在对这些问题的解决上，但并非所有问题都得到了根治。但是，至少在新农合制度的推行中这些问

---

① 王绍光：《学习机制与适应能力：中国农村合作医疗体制变迁的启示》，载《中国社会科学》，2008（6）。
② 陈健生：《新型农村合作医疗筹资制度的设计与改进》，载《财经科学》，2005（1）。
③ 中共中央、国务院：《关于卫生改革与发展的决定》，中发〔1997〕3号，1997年1月15日。
④ 中共中央、国务院：《关于进一步加强农村卫生工作的决定》，中发〔2002〕13号，2002年10月19日。

题得到了一定程度上的改善。

对于财务制度入不敷出、难以持续的问题，一方面，是源于患者可能具有的过度消费倾向，另一方面，是源于对大病风险缺乏抵御能力。新农合首先在农民个人和集体的基础上引入政府资助，并提升了统筹层次，将合作范围由乡镇或村扩大到县，增加了合作医疗资金的"入"。对于"出"，新农合制度实行了设置起付线和封顶线、按比例分段报销等措施，使过度消费的倾向得到了一定制约；①新农合还对经费支出的结构进行了调整，由侧重保障基本医疗服务变为重点突出大病统筹，优先保障遭遇大额医疗费用的风险，但也在有条件的地方兼顾小病理赔，②增强了风险承担能力。

对于合作医疗服务监督管理不力的问题，新农合的应答是强化政府责任，由地方政府承担起资金管理和监督的责任。农村合作医疗制度的管理体制层次较低，多为乡镇或村一级。新农合将管理层次提高到县级，专门设立管理委员会、经办机构、派出机构，并对机构的人员和工作经费作出了规范，按照"以收定支、收支平衡"和公平、公开、公正的原则进行管理，致力于建立规范化的监督管理机制。③

四、新农合兴起的根本动力

以农村合作医疗制度衰落原因的视角看新农合的兴起，可以发现：新农合以引入政府投资的方式解决了集体经济基础瓦解的问题；以明确"积极推动、重视乡镇"政策的方式解决了政策态度模棱两可、"重城轻乡"的问题；以拓展筹资渠道、扩大合作范围、设置规范化报销规则、调整经费支出靶向的方式应对财务制度入不敷出、不可持续的问题；以政府承担管理监督责任的方式应对管理监督欠缺的问题，对农村合作医疗制度衰落的原因作出了一一应答，这是新农合兴起的直接原因（见图1）。

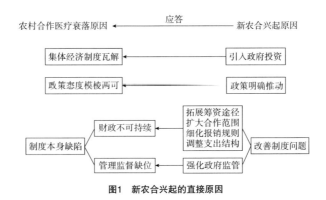

图1 新农合兴起的直接原因

---

① 彭迎春：《赤脚医生时期合作医疗制度对新型农村合作医疗的启示》，载《中国全科医学》，2011，10（6A）。
② 卫生部、财政部、农业部：《关于建立新型农村合作医疗制度的意见》，2003年1月10日。
③ 李德成：《合作医疗与赤脚医生研究（1955—1983年）》，博士学位论文，浙江大学，2007年。

那么，为什么新农合会作出这些应对农村合作医疗衰落原因的改变？或者说，在这些改变背后，支持新农合兴起的根本动力是什么？

任何一项制度都不是凭空而来，也不是孤立存在的，总有其政治与经济的背景和依托。合作医疗制度也不例外，它的兴衰变迁与我国医疗卫生改革的方向紧密联系，服从于经济社会发展的整体战略定位。① 因此，对于新农合兴起原因的思考，还应追溯到其背后社会大环境下的根本原因。

农村合作医疗衰落时期，医疗卫生改革的主要方向是"放权让利"的探索，医疗卫生领域实施了一系列"扩大自主权"的措施，医疗机构间向全面竞争的方向发展，医疗服务的费用走向市场供求关系定价的模式，在医疗机构的收入中业务收入占比增加，财政补偿占比大幅降低。② 实际上，"放权让利"的医改方向反映了当时我国经济市场化改革的战略，医改既服从于市场化改革的整体战略，又受到这一战略下其他领域（如企业）改革的影响和启发。市场化导向的改革以经济建设为中心，在营利动机的驱动下，资源集中于经济发达的城市地区，而购买力较弱的农村地区受到了相当程度的忽视，发展滞后于城市地区。

新农合兴起时期，医疗卫生领域市场化改革的弊端已充分显露，医改方向迎来了转折和调整，以"强化政府责任"为指导思想，③ 通过增加政府对公共卫生的投入、加强建设基层卫生服务体系、建立新农合和医疗救助制度，来解决医疗卫生服务的可及性和公平性不足、城乡医疗卫生资源差距巨大、农村因病致贫、返贫现象严重的问题。④ 医改方向的转折、调整反映了当时党和政府对发展中公平性缺乏的重视，发展的不平衡体现在阶层、城乡、地区之间，集中体现在三农问题上，⑤ 三农问题成为我国改革的焦点问题，是党的工作中的"重中之重"，党和政府采取了诸多措施来解决三农问题，如取消在我国延续了2 600余年的农业税，⑥ 建立和完善新农合也是其中的一环。

由此观之，合作医疗的发展史、我国医改的发展史和我国经济社会的发展史实际上是难以割裂的：合作医疗发展史是医改发展史的缩影，医改发展史亦是经济社会发展史的缩影，对合作医疗发展中某一节点的研究理应追溯到经济社会发展中

---

① 李玲、江宇、陈秋霖：《改革开放背景下的我国医改30年》，载《中国卫生经济》，2008，27（2）。
② 张怡民：《中国卫生五十年历程》，北京，中国古籍出版社，1999年。
③ 李玲、江宇、陈秋霖：《改革开放背景下的我国医改30年》，载《中国卫生经济》，2008，27（2）。
④ 方鹏骞、董四平、肖婧婧：《中国政府卫生投入的制度变迁与路径选择》，载《武汉大学学报（哲学社会科学版）》，2009，62（2）。
⑤ 顾益康、邵峰：《全面推进城乡一体化改革——新时期解决"三农"问题的根本出路》，载《中国农村经济》，2003（1）。
⑥ 杨丽辉：《财政部部长金人庆就全面取消农业税相关问题接受采访——农业税走进了历史》，载《人民日报》，2005-12-31。

的相应节点,合作医疗发展动向背后的逻辑应与经济社会发展趋势背后的逻辑相重合。

因此,本研究认为,支持新农合兴起的根本动力实际上是党和政府对农村问题的重视,反映了中国特色社会主义共同富裕的本质要求。21世纪以来,我国持续在先富带动后富、缩小城乡差距方面作出了积极的努力,让人民共享改革发展的成果,推动全面建成小康社会,最终推进构建社会主义和谐社会。

6. 教师对学生终稿的反馈信

傅恒同学:

你好!你的长文初稿的成绩是B+,长文终稿的成绩是A,终稿较初稿有较为明显的进步,值得鼓励。终稿的问题意识更为明确,思考更为深入,行文更加流畅,文献注释更规范,图表的制作很提亮整篇文章,特别是根本动力和原因的挖掘,使得文章的讨论上了一个台阶。苏老师唯一遗憾的是,终稿go deeper的思路是面批时候我提出的想法,我其实并不希望你是为了让我满意而出这一点,而是真正觉察到农村问题的重要性,以及我国在农村问题上走过的弯路和持续的努力。收到你的陈述信,我感到特别温暖。由于你自告奋勇帮我搬文本汇编材料,你是我这学期第一个认识的同学,也几乎是给我留下最深刻印象的同学。你观察事物很仔细,知识素养很均衡,也有很强的共情能力,我也觉得建筑会是非常适合你的专业。希望你能够保持初心,希望写作课能让你们找到真正的自己,希望我能早日看到你作为建筑师的作品。继续加油!

顺祝文安。

苏婧

(日期略)

主题：偶像

偶像工业下的粉丝经济成就了谁？
——以养成系偶像生产模式为例

指导教师：薛静　学生：宋锦丽*

1. 主题概述：偶像

年轻一代的偶像是谁？是人气爆棚的演艺明星，还是为国争光的体育健儿？是博古通今的国学大师，还是醉心科研的诺奖得主？可能还有虚拟偶像和纸片人？或者自己就是很多人的偶像？从古代的"捧角"，到今日的"追星"，从孔子门下的七十二贤人，到流量艺人的数千万粉丝，人们对理想形象的追慕从未停息，但表达的方式和身处的语境却随着时代不断变迁。

我们今天所处的时代，相对于作品，更依赖"人设"的"爱豆"正成为新的偶像类型，与"偶像"相伴而生的"粉丝"也成为重要部分。粉丝的支持，既要"有爱"也得"有钱"；粉丝社群内部形成了新的功能与阶层分野；偶像与粉丝之间建立了诸多新的行为守则和道德规范；消费社会中，粉丝的购买力与影响力形成了今日的"粉丝经济"。詹金斯的《文本盗猎者》更进一步揭示，粉丝不是狂热而盲目的"文化白痴"，而是大众文化的积极参与者、创造者，借由"偶像"提供的种种符号，创造全新文本、争夺阐释权力。

在这一主题中，我们将用思辨的方式进入感性的话题。一方面，站在个人经验的角度，思考偶像与粉丝之间的权力关系，粉丝社群的建立与内部规则的形成；另一方面，尝试进入宏观视角，分析不同时代语境下，偶像呈现的理想人格与粉丝的追慕行为有何变迁，分析市场经济体制下，情感因素、群体行为与商业运营的关系。无论是否曾是粉丝、曾有偶像，都能更理性地反思自己的好恶，沟通不同的阶层与群体。

2. 案例概述

在"偶像"主题的课程设计中，提交长文初稿时，同学们已经学习了论文写作的基本规范，在"激发兴趣"和"选择主题"的教学之后，尝试用学术视角观察思考偶像工业的种种现象。伴随着从初稿到终稿的反馈、面批、修改，进行的是"论证结构"的教学，帮助同学们将这一重要技能付诸实践、充分掌握。同时也兼顾在

---

* 薛静，清华大学写作与沟通教学中心教师；宋锦丽，清华大学工业工程系2019级本科生。

即将讲授的资源选取、材料分析方面激发同学们的求知需求。

本案例就是一次非常典型的"重整结构、焕然一新"的修改。在文章初稿中，作者已经对研究问题有了辩证性思考，并且产生了创新性论点。但因尚未养成先列提纲再行文的写作习惯，很多想法都是边写边产生的，是论述在推着作者往前走，而不是作者引导论述往前走。缺乏整体统筹，就导致初稿在结构上出现了两点问题：其一是比例不均，前面的预热和铺垫过长，后面的创新和结论因篇幅所限、论述不够充分。其二是重点不清，各部分之间在论点、材料上有部分重合的地方，让整体的论述思路只能在迂回中前进。这两个结构问题，也是初学写作的同学普遍存在的问题。

通过批注反馈和面批交流，作者与教师一起重新梳理思路、列出详细提纲。一方面，先将初稿写作时头脑中蹦出的一个个推动论述的问题明确出来，逻辑上加以增删调整，把它们作为论述的前进阶梯和转折节点；另一方面，再将问题隐去、答案突出，抚平"答题式写作"的断裂和褶皱，力求让文章呈现出行云流水的效果。最终通过调整结构，让终稿的论述骨架清晰、观点鲜明。

3. 含教师修改过程的学生初稿全文

偶像工业下的粉丝经济成就了谁？
——以养成系偶像生产模式为例

【语言文法】语言适当简练，用词力求精准。本段摘要建议改为如下表达，注意对比，按此方法修改全文各处：
[随着养成系偶像生产模式的兴起，偶像工业文化生态中各参与方之间的关系也日趋密切。本文聚焦于养成系偶像工业下的粉丝经济，分析其中的商业逻辑和这种模式给各方带来的影响，最终得出结论：在这种经济模式中，虽然经济循环得以建立，粉丝和偶像均在一定程度上有所收获，但粉丝们在虚幻的权力控制下被隐形剥削，偶像也沦为了资本牟利的工具，整个过程中只有资本方获得了暴利。这种病态结构需要我们加以思考和干预。]

【摘要】随着养成系偶像生产模式的兴起，粉丝经济得到了一定程度上的升级与发展，整个偶像工业文化生态中的各个参与方之间的关系也日趋密切。本文将聚焦于养成系偶像工业下的粉丝经济，分析其中的商业逻辑和这种模式给处于文化生态中的各个参与方所带来的影响，最终得出结论：在这种呈现出了不同特点的经济模式中，粉丝和偶像均在一定程度上获利，整个经济环境也得到了发展，但粉丝们在虚幻的权力控制下被隐形剥削，偶像也沦为了资本牟利的工具，在整个过程中只有资本方获得了暴利，成为了最大赢家。

【关键词】偶像工业；粉丝经济；养成系偶像；文化生态

一、引言

自2005年开播的《超级女声》伊始，一种名叫"养成系偶像"的新兴偶像生产模式开始进入了大众的视线，并逐渐席卷全国。

至2018年，随着《偶像练习生》《创造101》等网络综艺的爆红，养成系也迎来了自身发展的高潮。例如，爱奇艺出品的《偶像练习生》在开播一小时内播放量就突破了1亿大关，最终总播放量更是高达28.5亿。除了在播放量上不断创下神话，其在微博上的热度也一直居高不下，不仅相关词条频繁出现热搜榜单内，引发网友热切讨论，更有甚者因该档节目而称2018年为"中国养成系偶像综艺元年"。在这一类节目持续升温的同时，"养成系"也正在逐渐成为我国偶像生产模式的主流，并不断为偶像工业注入新的活力。于是，偶像工业日渐繁荣，粉丝经济也因此而得到了升级和发展。

直连付费粉丝的综合电商平台Owhat于2020年初发布的《2019偶像产业及粉丝经济白皮书》（以下简称《白皮书》）中显示，近5年来中国偶像产业与粉丝经济的市场规模逐年增长，至2018年，偶像产业市场规模已达到了604.5亿元，同比增长26.4%，粉丝经济市场规模也高达450亿元，同比增长60%。同时，《白皮书》中指出，随着粉丝对偶像的消费意愿不断提升，这一数据在未来还有着巨大的发展空间。①这些数据说明粉丝经济作为当今时代下的一种重要的经济模式，已经在市场中占据了一定的份额，并且呈现出了较好的发展态势。而对于粉丝、偶像等粉丝经济中的主要参与方而言，粉丝经济影响力的日趋扩大也意味着他们受到的影响日渐加深。

那么，养成系偶像工业下的粉丝经济究竟成就了谁？本文将以网络综艺《创造101》为例浅析养成系偶像工业下的粉丝经济背后所体现出的商业逻辑，并从粉丝、偶像、平台三个角度对这种粉丝经济所带来的影响加以分析，最终回应这一问题。

二、养成系偶像工业下的粉丝经济背后的商业逻辑

张嫱在《粉丝力量大》中将粉丝经济定义为"以情绪资本为核心，以粉丝社区为营销手段的增值情绪资本"②。而在养成系偶像生产模式的特定语境下，粉丝经济背后的商业逻辑与以往相比存在较大的差异，也呈现出了更多不同的特征。

---

① Owhat官方：《Owhat发布2019粉丝经济白皮书：2020年偶像市场总规模可达1000亿元》，https://www.bilibili.com/read/cv4323959/，2021年7月8日。
② 向芝谊：《消费社会的养成系偶像经济新景观——以网络综艺〈创造101〉为例》，载《传媒》，2020（5）。

主题：偶像

养成系偶像工业下的粉丝经济发展的第一步是权力的让渡。《创造101》的总导演孙莉曾经告诉记者，现今时代中的年轻人大都有着自己独立的审美与判断，这就导致了盲目跟随式的造星往往会伴随着巨大的风险，因此媒体方不如将标准制定的权力移交给观众。① 这种权力的转移是养成系偶像生产模式与以往其他生产模式最大的不同之处，也能够在某种程度上解释养成系自诞生之初就受到了人们的追捧并日渐盛行的原因。

而在观众们获得了这种制定标准的权力之后，他们就拥有了按照自己的意愿生产偶像的可能，媒体方则只负责为观众提供充分的选择。在《创造101》中，101个不同的女孩各自有着不同的背景和个人特色，从官二代、富二代到农二代、穷二代，从唱跳、容貌俱佳的实力派选手到各方面都平平无奇的底层普通青年，不同类型的偶像可以满足不同类型人群的需求。一方面，粉丝可以通过偶像的成功，完成自我对于成功的想象性满足或共情性体验；另一方面，获得赋权的粉丝们在陪伴偶像成长的过程中与偶像形成了一种拟态的亲密关系，并在与偶像的真实互动中进一步提升其黏性，建立在自我投射或拟态亲密关系基础之上的粉丝社群也因此而形成。②

【语言文法】对比注释文献，其实这部分很大程度是你进行的延伸，是属于你的内容，如果是单纯总结，才需要进行间接引文的注释。

【逻辑论述】此处几个概念混淆了。
粉丝身份从"消费者"到"产销者"的转向，主要体现在同人文化方面，粉丝的创造性生产，形成了新的文化商品，从而具有了生产者属性。此处其实是粉丝的反馈通过消费的方式更快反映到生产之中，在这一链条中并没有承担生产者的角色。
后文又换用"抚养者""创作者"来表达，带来了更多概念混淆。
写论文最重要的是清晰表意，准确理解概念后可以适当使用，不用刻意追求引入概念显得"学术"。

这一过程所展现出的最突出特点便是粉丝参与度的明显提升。同时，这一特点也使得粉丝与偶像之间的关系发生了巨大的变化。与以往偶像作为生产者、粉丝作为消费者的模式不同，养成系偶像生产模式中的粉丝拥有更高的能动性和更大的决策权，粉丝也不再是绝对意义上的受众，而拥有了生产者和消费者的双重属性，在整个产业链中的位置前置，甚至可以说，粉丝们的身份由原来偶像的仰望者变成了偶像的抚养者和创作者。③ 因此，在粉丝凭借赋权参与到偶像工业的决策过程中时，为了偶像的消费伴随着粉丝的自我成就和自我成长变成了一件责任感与愉悦感并存的事。

与此同时，养成系偶像的生产模式还给粉丝的消费带来了更多的可能性。在传统的粉丝经济中，偶像往往作为精心包装过的整体出现，粉丝的消费选择也被局限在了产业链后端的输出环节上，如

---

① 吴燕雨：《〈创造101〉背后：一场新偶像布局》，《21世纪经济报道｜数字报》，epaper.21jingji.com/html/2018-05/30/content_87115.htm，2021年7月8日。
② 杨璐：《新媒体背景下我国养成系偶像文化研究》，载《新媒体研究》，2020（5）。
③ 蔡骐：《社会化网络时代的粉丝经济模式》，载《中国青年研究》，2015（11）。

219

购买电影票、书籍、唱片等。但在养成系偶像的生产模式中，粉丝作为偶像生产流水线上的一个环节参与到了偶像工业之中，而参与的前提本身就是消费。仍旧以《创造101》为例，粉丝为了通过投票、打榜来支持自己喜欢的偶像需要更多的票数，而投票机会的获得则主要依赖于每日登录腾讯视频App、购买会员、购买赞助商产品及发动身边亲朋好友一同参与几种途径；同时，粉丝们如果想要更快、体验感更好地观看更多的内容，付费几乎成了唯一的方式；此外，粉丝集资也是一种重要的吸金手段。根据不完全统计，最终C位出道的孟美岐的粉丝集资金额超过1 200万，进入决赛的22名选手中有9位选手的粉丝集资金额突破了百万级别，截至决赛当天总集资金额超过4 000万元。① 但事实上，伴随着"火箭少女101"的成功成团，这场吸金盛宴才刚刚开始。

总体看来，养成系偶像工业下的粉丝经济呈现出了一套新型的商业逻辑和运营机制，虽然仍旧以情感经济为基本逻辑，即为依赖情感上的联结而产生的消费，但本质上是一种利用流量变现的行为，而资本方却借此机会从中套利。② 同时，由于粉丝被赋权、更多地参与到了偶像工业的环节之中，这种粉丝经济比原来单纯依赖后端输出环节的粉丝经济有更多的变现机会和更快的变现速度，这也许正是近年来粉丝经济高度繁荣的重要原因。

【谋篇布局】在论述过程中，你已经有很多自己的独特见解，但是没把它们放在关键位置。总结句、总结段反而总是以引用他人来收束，没能凸显出你的创新，反而有种"为他人作嫁衣裳"的感觉。

三、养成系偶像工业下的粉丝经济成就了谁？

在上文所阐述的这样一套商业逻辑之下，偶像和粉丝之间的联系更加紧密，也分别在不同程度上受到了这种粉丝经济的影响。那么，养成系偶像工业下的粉丝经济到底成就了谁？是偶像还是粉丝？

【逻辑论述】这个核心问题可以在文中与开头呼应，但具体表述需要再斟酌。此处的问题要和接下来的论述相结合。

在养成系偶像生产模式下，呈现给观众的往往并不是一个包装过后的完美故事，相反，因为更强调"成长"和"养成"，媒体方更倾向于给观众讲述一个真实的、普通人通过自己的努力实现梦想成为偶像的故事。也因此，这类节目中最常被提及的词语就是"梦

---

① 向芝谊：《消费社会的养成系偶像经济新景观——以网络综艺〈创造101〉为例》，载《传媒》，2020（5）。
② 许愿：《粉丝经济生态现状、问题及风险研究——以爱奇艺商业模式为例》，载《现代经济信息》，2020（5）。

想""努力"。对于这些怀揣梦想的"素人"们而言,养成系偶像生产模式所提供的平台无疑是一个巨大的机遇,让他们有机会实现自己的梦想,并在这样一套粉丝经济的商业逻辑下获得更多的资源和支持。

而对于粉丝们而言,为偶像而消费的过程实际上也是一个为自我情绪买单的过程,在养成系偶像的特定语境下更是一件责任感与愉悦感并存的事。同时,由于当前"粉圈"所呈现出的耻感文化盛行的特征,粉丝们对于"白嫖"式追星的接受度越来越低,为偶像消费就成为了表达自我情感的重要方式。因此,粉丝在这一过程中也获得了情感上的满足。

同时,偶像工业下的粉丝经济作为一种新兴的经济模式,其对于整体经济环境的推动作用也是不可小觑的。从20世纪末到21世纪初的大众消费时代,在2010年后转变为以"她经济"为主导、年轻女性成为消费的中坚力量的模式,逐渐壮大的粉丝群体为粉丝经济提供了更多潜在的购买力,偶像工业的衍生产业链也因此而得到了深度开发,带来了更多的新商机和就业岗位,从而实现二次创收,带动了整个经济环境的发展。①

综合看来,在这一过程中,偶像获得了资源与支持,粉丝获得了情感上的满足,整体经济环境也得到了一定程度上的推动。表面上看来,这仿佛是一种共赢的局面。但当我们抛开表面的浮光掠影而向更深层次去挖掘之时,我们又会发现什么呢?

(一)粉丝在虚幻的权力控制下被隐形剥削

养成系偶像工业下的粉丝经济模式中很重要的一个环节便是赋权,但粉丝们在拥有自主选择偶像的权力的同时也陷入了这种巨大的、自以为可以决定别人命运的虚幻的权力中,并在后续得到的一系列反馈中逐渐被这种虚幻的权力所控制,在不知不觉中为偶像工业买单。

在这种虚幻的权力支配下,粉丝们逐渐陷入了一种名为"仪式感"的怪圈。他们关注的不再是自身的实际需求,而是消费行为本身或者消费背后的被关注者。粉丝们满足感的获得也并不是通过实

【逻辑论述】这一段的论述逻辑,是适合放在开篇提出的。表面欣欣向荣、内里问题重重,由此提出我们的问题:分裂是如何造成的?谁成了其中的受益者?放在此处,一是给人走到半路重新回头的感觉,论述思路又绕回去了。二是第三部分前几段把这种"欣欣向荣"表达得太满、太肯定,以至于让人有了"作者持赞同态度"的错觉。要从全局考虑,适当留白。

【语言文法】这一句话自成一段,整体过长,中间分句结构复杂,不易理解。建议适当删减冗余的修饰,突出主干。

① 吴献举、杨燕玉:《新媒体时代粉丝经济的模式变迁及影响研究——以国内偶像产业为例》,载《广西科技师范学院学报》,2019(6)。

际需求的被满足，而是他们的消费行为能够给自己喜欢的偶像带来什么。这种仪式感需要信息的快速更迭予以反馈，而媒体方将信息公开发布并实时更新恰恰给予了粉丝参与仪式进程的真实感。① 虽然粉丝们并不能看到后台的操作，也并不知道媒体方是否存在利用偶像的粉丝基础"刷流量"以牟取更大的利益等灰色行为，但为了证明他们偶像的商业价值，粉丝们还是自觉成为了数字劳工。

在粉丝们作为"数字劳工"为偶像消费的过程中，消费缺乏理智成为了一种极为普遍的现象。在粉圈文化中，粉丝内部存在等级，为偶像花钱的粉丝才能被称之为"真爱粉"，否则只能称之为"路人粉"，甚至出现了"不花钱的粉丝就是没有价值的粉丝"之类的论调。同时，随着粉丝们的不断投入，一种情感上的羁绊在粉丝与偶像之间产生，并不断给粉丝提供一种正向的反馈。粉丝们正是被这些情绪所操控着，在"仪式感"的旋涡中越陷越深，以至于作出了不理性的决策。

【逻辑论述】粉丝与偶像之间的情感羁绊，为粉丝带来了权力的幻觉。除了正向的满足，有没有反向的胁迫？结合现实经验想一想，粉丝有没有要求偶像做一些事情、不做一些事情，以此体现自己的权力？可以把这点分析得更丰富一些。

纵观整个过程，粉丝们付出了时间、金钱甚至情感，然而获得的仅仅是一种行使虚幻权力的满足感，付出和收益差异悬殊。因此，比起原来的粉丝经济模式，这种粉丝经济模式下本应作为用户的粉丝们受到剥削的程度更深，这种剥削也在虚幻的权力掩盖下而变得更为隐蔽。也许有人会说这是"一个愿打一个愿挨"，但是粉丝的这种"一厢情愿"，到底有多少是依赖于偶像本身，又有多少是依赖于偶像生产的机制呢？

（二）偶像成为了流水线上的商品，作为符号被消费

在养成系偶像工业中，为了给粉丝们的权力提供充分的选择空间，媒体方需要一次性推出数量惊人的练习生作为粉丝们备选的偶像，其信息量之大难以想象。而在有限的节目时长内，每位选手出镜的机会极为有限，粉丝们对于偶像的记忆点也因此而变得碎片化，颜值、口才、人设或某种表现等原本作为一个人像的侧写而存在的元素都可以成为粉丝们pick一位偶像的理由。因此，在这样一套经济模式下，偶像实际上也成为了一种流水线上的商品作为一个符号而存在，吸引粉丝情感的投入，激发粉丝群体的认同感，进而

---

① 杨舒婷、梁诗晨：《新媒体环境下粉丝经济中的消费意识形态》，载《新闻前哨》，2020（6）。

达到刺激粉丝消费欲望的目的。①

然而，尽管偶像商品凭借粉丝的喜爱完成了买卖跳跃，他们的后续发展也未必一帆风顺。快消品式的生产模式下，人人皆可为偶像与并不是人人都适合成为偶像之间的矛盾依旧不可调和。只有流量没有实力的偶像终究会被粉丝抛弃，而这对整个文化产业的发展并无裨益。

【语言文法】可以适当使用标点断句，使用引号来突出论述对象。

除此之外，粉丝经济本身属于注意力经济的一种，因此生命周期往往较短，一旦粉丝的兴趣消失了，粉丝红利也就会随之直线下降。②而在养成系偶像工业情感驱动的模式下，粉丝经济的社交本质往往处于一种感性的状态，偶像和粉丝的关系也因此而变得脆弱。为了维持这种粉丝红利，粉丝们成为了被讨好的对象，偶像与粉丝之间的关系也发生了逆转，但这种逆转实际上并不利于偶像个人的发展。

综合看来，在整个粉丝经济的逻辑中，粉丝在虚幻的权力控制下被隐形剥削，而偶像被物化消费，沦为了资本套利的工具，纵然双方都获得了微薄的红利，但在这种影响面前也显得微不足道。

然而，在整个过程中只有资本方一方稳赚不赔。

【谋篇布局】其实这一部分才是你的思考抵达得最深的地方，应该是文章的重点。
但是现在留给这部分的篇幅、材料都不够，本身的内容没能支撑起来。加之，上一段的"综合来看"几乎让人感觉就要收尾，重要观点反而显得像多余段落。

根据数据显示，仅在《创造101》总决赛当天，超4 000万元被用于粉丝应援，总决赛视频总播放量达47.75亿，超147亿人次曾阅读微博相关话题。如果考虑整个周期，其中的利润更将是无法想象的。而这种暴利的背后，却是资本方造星成本的降低。这样看来，资本方无疑是养成系偶像工业下的粉丝经济中最大的赢家。

四、总结

综上所述，养成系偶像工业下的粉丝经济呈现出了更多与以往不同的特点，在资本方的赋权下，粉丝们在整个生产链上的位置前置，具有了产销者的属性，粉丝经济整体的变现速度也随之加快。这种新的商业逻辑给处于其中的各个参与方带来了不同程度上的影响，虽然粉丝和偶像都在一定程度上获利，整体经济环境也获得了极大的推动作用，但对于粉丝们而言，他们被资本方赋予的虚幻权

---

① 柳颖：《移动互联网时代"粉丝经济"的发展思考》，载《现代商业》，2018（36）。
② 佚名：《创造营2021：疯狂的造星节目背后是资本的收割》，https://www.163.com/dy/article/G8CJCN6G0531RB59.html，2021年7月8日。

清华写作与沟通课教学案例集

力所支配，在"仪式感"的控制下被隐形剥削；对于偶像们而言，他们则成为了资本方造星流水线上的商品，作为一个符号被消费，成为了资本方牟取暴利的工具。综合看来只有资本方稳赚不赔，成为了最大的赢家。粉丝经济本应该成为新兴经济模式中大有可为的一种，却在资本逐利的属性下逐渐向不健康的方向发展，整个偶像工业内的文化生态也随之变得畸形。如何扭转这种局面、使其良性发展将是一个至关重要的命题。

【谋篇布局】写完全篇进行总结时，你的思路才清晰起来。
这句话应该作为文章的整体脉络，围绕最后的这个思路，再重新调整文章结构。

总体点评：

这篇文章有着非常明显的"边写边想"的痕迹，一方面，论述推着作者不断深入，来到了比预想中更深的思考层次，发现了真正的创新火花；另一方面，又因为之前缺乏整体规划，导致论述思路是在蜿蜒曲折中前进，论述不够扎实、结论不够清晰。所以呈现为问题和材料在追着作者跑，作者为了应对才完成了一次次论证，不是人驾驭文章，而成了文章驾驭人。

"粉丝被剥削""偶像被消费""唯资本获利"三个层次是由表及里、逐步深入的，建议文章整体以此作为框架，并将重点放在后两个部分的分析上。修改前，务必先将整体思路梳理清楚，督促自己沿着这一脉络进行充分的深层挖掘，不要根据字数决定思考的脚步。然后再起草大纲、细纲，删去冗余铺垫，避免把篇幅放在"粉丝被剥削"这样众所周知的论述层面上，为后面的论证分析留出表达空间。

同时，注意在引用的基础上适当延伸和挖掘，语言表达上可以更加简练。

4. 学生的修改陈述信

薛静老师：

您好！我是工业工程系宋锦丽。

我的文章修改后的主题与初稿一致，为《偶像工业下的粉丝经济成就了谁？——以养成系偶像生产模式为例》，对偶像工业中粉丝经济的批判与反思，是我一直感兴趣的方向，希望通过这次写作，促使我对此产生更新的思考，并且更好地表达出来。

面批过程中，老师为我指出了一种新的写作思路。在我按照这种新思路对文章进行修改之后,我明显感到我的文章中分论点之间的重合度降低了,通篇论证变得更加有逻辑性了,我也因此对老师所说的"答数学题"式的写作毛病有了更深的理解。通过修改,能"知对、知错",这是我在面批过程中最大的收获。

有幸选择有趣的"偶像"主题,让我有了更强烈的表达冲动。除了结构上的修改,如何在有限篇幅中让语言简洁又有力,让论据发挥最大的价值,对我仍是挑战。为了解决这些问题,我也根据您的建议在课程学习过程中有意钻研课堂范文,最终总结出了一些小技巧并将其应用于我的文章写作中,渴望通过模仿慢慢培养自己这方面的能力。

在此之前,我从没有如此高强度地学习一门课程、反复修改一篇文章。每当我绞尽脑汁却不知如何表达观点、反复审视初稿又深觉漏洞百出的时候,心里不免还是会冒出些沮丧的……但是和您聊完,经过反复修改,重审终稿,我竟生出了些许"涅槃重生"之感。我坚信,在写作这篇文章中学到的东西,一定会对我未来的学习生活产生重大的影响。

感谢老师的辛苦付出。

此致

敬礼

宋锦丽

(日期略)

5. 学生终稿全文

偶像工业下的粉丝经济成就了谁?
——以养成系偶像生产模式为例

摘要: 随着养成系偶像生产模式的兴起,粉丝经济得到了一定程度上的升级与发展,整个偶像工业文化生态中的各个参与方之间的关系也日趋密切。本文将聚焦于养成系偶像工业下的粉丝经济,分析其中的商业逻辑和这种模式给处于文化生态中的各个参与方所带来的影响,最终得出结论:在这种呈现出不同特点的经济模式中,虽然经济循环得以建立,粉丝和偶像均在一定程度上有所收获,整个经济环境也得到了发展,但粉丝们在虚幻的权力控制下被隐形剥削,偶像也沦为了资本牟利的工具,整个过程中只有资本方获得了暴利,成为了最大赢家。这种病态结构需要我们加以思考和干预。

关键词: 偶像工业;粉丝经济;养成系偶像;文化生态

一、引言

自2005年开播的《超级女声》伊始,"偶像养成"这种新兴偶像生产模式进入大众视线,并逐渐席卷全国。至2018年,随着《偶像练习生》《创造101》等网络综艺的爆红,养成系也迎来了自身发展的高潮。爱奇艺出品的《偶像练习生》在开播后一小时内播放量就突破了1亿大关,最终总播放量更是高达28.5亿。除了在播放量上不断创下神话,《偶像练习生》的讨论度也一直居高不下,每次节目播出都有多条微博热搜在榜。一系列偶像养成类综艺的火爆,令很多人将2018年称为"中国养成系偶像综艺元年"。在这类节目持续升温的同时,"养成系"也逐渐成为我国偶像生产模式的主流,不断为偶像工业注入新的活力。于是,偶像工业日渐繁荣,粉丝经济也因此而得到了升级和发展。

直连付费粉丝的综合电商平台Owhat于2020年初发布的《2019偶像产业及粉丝经济白皮书》(以下简称《白皮书》)中显示,近5年来,中国偶像产业与粉丝经济的市场规模逐年增长,至2018年,偶像产业市场规模已经达到了604.5亿元,同比增长26.4%,粉丝经济市场规模也高达450亿元,同比增长60%。同时,《白皮书》中指出,随着粉丝对偶像的消费意愿不断提升,这些数据在未来还有着巨大的发展空间。①以上种种均说明粉丝经济作为当今时代下的一种重要的经济模式,已经在市场中占据了一定的份额,并且呈现出了较好的发展态势。而对于粉丝、偶像等粉丝经济中的主要参与方而言,粉丝经济影响力的日趋扩大也意味着他们受到的影响日渐加深。

但是,一片繁荣的数字之下,很多粉丝感到了越来越重的数字劳动与经济消费负担,偶像也逐渐被各种榜单和数据所裹挟,经济数字的积极似乎并未带来更好的"追星体验"。那么,养成系偶像工业下的粉丝经济究竟成就了谁?本文将以网络综艺《创造101》为例,浅析养成系偶像工业下的粉丝经济背后所体现出的商业逻辑,并从粉丝、偶像、资本方三个角度对这种粉丝经济所带来的影响加以分析,最终回应这一问题。

二、养成系偶像工业下的粉丝经济背后的商业逻辑

张嫱在《粉丝力量大》中将粉丝经济定义为"以情绪资本为核心、以粉丝社区为营销手段的增值情绪资本"②。而在养成系偶像生产模式的特定语境下,粉丝经济背后的商业逻辑与以往相比,存在较大的差异,也呈现出了更多不同的特征。

---

① Owhat官方:《Owhat发布2019粉丝经济白皮书:2020年偶像市场总规模可达1000亿元》,2020年1月10日,https://www.bilibili.com/read/cv4323959/,2021年7月8日。
② 向芝谊:《消费社会的养成系偶像经济新景观——以网络综艺〈创造101〉为例》,载《传媒》,2020(5)。

养成系偶像工业下的粉丝经济发展的第一步，是权力的让渡。《创造101》的总导演孙莉曾经告诉记者，现今时代中的年轻人大都有着自己独立的审美与判断，这就导致了盲目跟随式的造星往往会伴随着巨大的风险，因此平台不如将标准制定的权力移交给观众。①这种权力的转移是养成系偶像生产模式与以往其他生产模式最大的不同之处，也能够在某种程度上解释养成系自诞生之初就受到了人们的追捧并日渐盛行的原因。

观众们获得了这种制定标准的权力之后，就拥有了按照自己的意愿生产偶像的可能，平台方则只负责为观众提供充分的选择。在《创造101》中，101个不同的女孩各自有着不同的背景和个人特色，从官二代、富二代到农二代、穷二代，从唱跳、容貌俱佳的实力派选手到各方面都平平无奇的底层普通青年，不同类型的偶像可以满足不同类型人群的需求。一方面，粉丝可以通过偶像的成功完成自我对于成功的想象性满足或共情性体验；另一方面，粉丝们在陪伴偶像成长的过程中，与偶像形成了一种拟态的亲密关系，并在与偶像的真实互动中进一步提升黏性。建立在自我投射与拟态亲密关系基础之上的粉丝社群，也因此形成。

这一过程所展现出的最突出特点便是粉丝参与的提前化。与以往不同，养成系偶像生产模式中的偶像不再以精心包装过的成品形象出现，粉丝们通过消费，提前发表意见、进行筛选，参与到生产流水线中。因此，粉丝们的消费选择不再被局限在产业链后端输出的成品上，而是有了更多的可能性。仍旧以《创造101》为例，在视频平台上，粉丝想要获得更新的内容、更好的体验，付费几乎是唯一途径。而要想通过投票、打榜支持自己喜欢的偶像，则要依赖每日登录腾讯视频App、购买会员、购买赞助商产品等方法。此外，粉丝集资也是一种重要的吸金渠道。根据不完全统计，最终C位出道的孟美岐的粉丝集资金额超过1 200万元，进入决赛的22名选手中有9位选手的粉丝集资金额突破了百万级别，截至决赛当天总集资金额超过4 000万元。②但事实上，伴随着"火箭少女101"的成功成团，这场吸金盛宴才刚刚开始。

除此之外，因为被赋予了制定标准的权力，粉丝们拥有了更高的能动性和更大的决策权，不仅更早地参与到了偶像工业的产业链中，其在产业全过程中的参与度也明显提升，并发挥着越来越重要的作用。因此，粉丝们在整个过程中所获得的体验感也比以往更加丰富，除了单纯的愉悦感，更有权力和地位所带来的责任感。

---

① 吴燕雨:《〈创造101〉背后：一场新偶像布局》,《21世纪经济报道 | 数字报》, epaper.21jingji.com/html/2018-05/30/content_87115.htm, 2021年7月8日。
② 向芝谊:《消费社会的养成系偶像经济新景观——以网络综艺〈创造101〉为例》, 载《传媒》, 2020 (5)。

在这种情感的支配下，粉丝们为偶像付出的意愿更加强烈，有时甚至到达了疯狂的地步。

总体看来，养成系偶像工业下的粉丝经济呈现出了一套新型的商业逻辑和运营机制，虽然仍旧以情感经济为基本逻辑，即为依赖情感上的联结而产生的消费，但本质上是一种利用流量变现的行为，而资本方却借此机会从中套利。同时，由于粉丝被赋权，他们更早、更多、更疯狂地参与到了偶像工业的各个环节之中，这种粉丝经济比原来单向、后端的粉丝经济有更多的变现机会和更快的变现速度，这也许正是近年来粉丝经济高度繁荣的重要原因。

三、养成系偶像工业下的粉丝经济成就了谁？

在上文所阐述的这样一套商业逻辑下，偶像和粉丝之间的联系更加紧密，也分别在不同程度上受到了这种粉丝经济的影响。那么，养成系偶像工业下的粉丝经济到底成就了谁？是粉丝、偶像，还是其他隐形的角色？

1. 粉丝在虚幻的权力的控制下被隐形剥削

表面上看来，粉丝们为偶像而付出的过程也有自我成长。一方面，粉丝们供养偶像、成就偶像，看到自己的理想人格为人瞩目；另一方面，他们也在"为爱发电"的过程中主动进行自我提升，获得了更多的粉丝技能。

然而，粉丝们固然获得了权力、自我提升和情感满足，但收获与投入明显不成正比。事实上，在粉丝经济的模式下，粉丝们的付出大致可以分为两类：一类是粉丝们的情感劳动，包括粉丝们通过点赞、转发偶像微博为偶像贡献人气等；另一类则是粉丝们实际的消费活动，上文提到的各种付费投票等行为均属于此类。数字时代的榜单更新频繁，过期的数据对于偶像而言并无太大价值，而粉丝们在打榜过程中除了暂时的快感并没有获得更多。因此，粉丝们耗费自身大量时间为偶像贡献人气与话题的劳动，其实是作为流量而被平台剥削利用的。而即使是粉丝们用真金白银打投出来的偶像，也有可能被"空降皇族"阻断发展道路，所以粉丝们的第二类付出也时刻面临着被剥削的风险。总体看来，这两类付出都产生了巨大的剩余价值，但这种剩余价值却都在某种程度上被资本方剥削，真正回馈给粉丝们的则少之又少。

那么，在这种情况下，粉丝们的持续付出到底意味着什么？真的是粉丝们乐意为偶像充当"冤大头"吗？答案自然是否定的。

养成系偶像工业下的粉丝经济模式中很重要的一个环节便是赋权，但粉丝们在拥有这种自以为可以决定别人命运的权力的同时也逐渐被其控制，陷入了一种名为"仪式感"的怪圈。此时，粉丝们关注的不再是自身的实际需求，而是付出行为本身或者付出背后的被关注者。在支持偶像、供养偶像的过程中，他们获得了见证偶像成长的仪式感。这种仪式感需要信息的快速更迭予以反馈，而媒体方将信息公开发布并实时更新恰恰给予了粉丝参与仪式进程的真实感。[①]因此，虽然粉丝们并不能看到后台的操作，也并不知道资本方是否存在利用偶像的粉丝基础"刷流量"以牟取更大的利益等灰色行为，但为了证明他们偶像的商业价值，粉丝们还是成为了数字的劳工。

如果说资本方赋予的权力间接促使粉丝们成为了"数字劳工"，那么粉圈内部的等级文化则进一步加深了这一趋势。在这种文化中，为偶像花钱的粉丝才能被称之为"真爱粉"，否则只能称之为"路人粉"，甚至出现了"不花钱的粉丝就是没有价值的粉丝"之类的论调。而随着粉丝们的不断投入，一种情感上的羁绊便在粉丝与偶像之间产生，并不断给粉丝提供一种正向的反馈。粉丝们正是被这些情绪所操控，在"仪式感"的漩涡中越陷越深。

纵观整个过程，粉丝们付出了时间、金钱甚至情感，然而获得的仅仅是一种行使虚幻权力的满足感。粉丝们无疑受到了剥削，但这种剥削本质上并不完全依赖于偶像，而是更多地依赖于偶像生产背后的机制与粉圈文化。这些外在因素使得粉丝们往往并不能意识到自身被剥削的处境，或者即使意识到了，也会在其控制下心甘情愿地被进一步剥削。因此，比起原来的粉丝经济模式，这种粉丝经济模式下本应作为用户的粉丝们受到剥削的程度更深，这种剥削也在虚幻的权力掩盖下变得更为隐蔽。

2. 偶像成为了流水线上的商品，作为符号被消费

而对于受到粉丝们供养的偶像们而言，在养成系偶像生产模式下，他们的成名不再需要数十年如一日的付出和努力，甚至不需要合格的作品。相反，因为更强调"成长"和"养成"，资本方更倾向于给观众讲述一个真实的、普通人的努力梦或幸运梦。因此，对于怀揣梦想的素人而言，养成系偶像生产模式所提供的平台无疑是一个巨大的机遇，让他们有机会在这套粉丝经济的商业逻辑下获得更多的资源和支持。但即使如此，偶像们就一定是这一过程中最大的获利方吗？

在养成系偶像工业中，为了给粉丝们的权力提供充分的选择空间，平台方需要一次性推出数量惊人的练习生作为备选。而在有限的节目时长内，每位选手出镜的机会极为有限，粉丝们对于偶像的记忆点也因此而变得碎片化，颜值、口才、人设或某种表现等原本作为人像的侧写而存在的元素都可以成为粉丝们pick一位偶像的

[①] 杨舒婷、梁诗晨：《新媒体环境下粉丝经济中的消费意识形态》，载《新闻前哨》，2020（6）。

理由。因此，在这样一套经济模式下，偶像实际上也成为了一种流水线上的商品，不再作为具有独立意志而被信仰膜拜的对象而存在，而是作为一个符号吸引情感投入、激发群体认同、刺激消费欲望。①

在这种模式下，尽管偶像这件商品凭借粉丝的喜爱完成了买卖跳跃，但他们的后续发展也未必一帆风顺。粉丝经济本身属于注意力经济，因此生命周期往往较短，一旦粉丝的兴趣消逝了，粉丝红利也会随之直线下降。②而在养成系偶像工业情感驱动的模式下，粉丝经济的社交本质往往处于一种感性的状态，偶像和粉丝的关系也因此而变得脆弱。为了维持粉丝红利，偶像们往往需要牺牲自己作为独立个体的自主权。在这种情况下，以往作为受众的粉丝们成了被讨好的对象，偶像与粉丝之间的关系也因此发生了逆转。例如，2021年初，GNZ48成员谢蕾蕾曾因恋情的曝光公开向粉丝鞠躬致歉，并表示希望得到粉丝们的原谅。在相关新闻的评论区内，类似"不就是想继续赚粉丝的钱吗"的评论不胜枚举。而从偶像们职业发展的角度看来，这种关系的逆转实际上并无裨益。

总体看来，在养成系偶像生产模式下，偶像们的出道过程高度受制于粉丝与资本，他们作为独立个体的自主性也因此而受到了剥削。因此，对于偶像们而言，与其说粉丝经济是一种支持，倒不如说是一种反向的胁迫，是一场一旦开始就无法叫停的游戏。

3. 资本方实现了风险转移，成为了最大赢家

综合上文来看，在养成系偶像工业下的粉丝经济中，粉丝们在虚幻的权力支配下被隐形剥削，偶像们则被物化消费，丧失了作为独立个体的自主性。但在这场貌似无人胜出的游戏背后，却隐匿着最大的赢家——资本方。

根据数据显示，在《创造101》总决赛当天，超4 000万元被用于粉丝应援，总决赛视频总播放量达47.75亿，超147亿人次曾阅读微博相关话题。③直接的收益、间接的广告、隐匿的流量，都仅仅是资本方获得利润的冰山一角，如果考虑整个周期，其中的红利更将是无法想象的。

但这种暴利的背后，却是资本方造星成本的降低和造星风险的转移。在以往的造星模式下，资本方往往需要在无数可能成为明星的素人中挑选一至多个进行培养，或给予每个素人相同的资源支持力度。但并不是每个素人都能够成为流量明星，这个投资问题中的平衡极难把控。而现在，造星的风险连同标准制定的权力一

---

① 许愿：《粉丝经济生态现状、问题及风险研究——以爱奇艺商业模式为例》，载《现代经济信息》，2020（5）。
② 柳颖：《移动互联网时代"粉丝经济"的发展思考》，载《现代商业》，2018（36）。
③ 佚名：《创造营2021：疯狂的造星节目背后是资本的收割》，https：//www.163.com/dy/article/G8CJCN6G0531RB59.html，2021年7月8日。

起被赋予了粉丝，粉丝们代替资本方成为了偶像资源支持的主要提供方，资本方的造星成本和风险也因此而大大降低。以时代少年团团长马嘉祺为例，在2019年的出道战中，粉丝们"艰辛拼凑700万元"，送他以第一名的好成绩出道，并在后来的很长一段时间内给予马嘉祺充分的关注与支持，而2021年马嘉祺艺考未过线的消息却宣告了这一养成的阶段性失败。粉丝们高额的投入并没有收获理想的成果，马嘉祺本人也因"学霸"人设崩塌而寸步难行，不得不公开发文致歉。在整个过程中，无论是偶像自身还是粉丝们都在某种程度上蒙受了巨大的损失，只有马嘉祺背后的资本方一直享受着红利，稳赚不赔。

这样看来，资本方最终成为了养成系偶像工业下的粉丝经济中最大的赢家。

四、总结

综上所述，养成系偶像工业下的粉丝经济呈现出了更多与以往不同的特点，在资本方的赋权之下，粉丝们更早、更多、更疯狂地参与到了整个产业链之中，粉丝经济整体的变现速度也随之加快。这种新的商业逻辑给处于其中的各个参与方带来了不同程度上的影响，虽然粉丝和偶像都在一定程度上获利，但粉丝们被资本方赋予的虚幻的权力所支配，在"仪式感"的控制下被隐形剥削，偶像们则成为了资本方造星流水线上的商品，作为一个符号被消费，丧失了作为独立个体的自主性，沦为了资本方牟取暴利的工具。在整个过程中，只有资本方稳赚不赔，成为了最大的赢家。因此，这种权力的让渡实际上是一项使得粉丝们风险优先、获利劣后的措施，可谓是资本方精心设计的不平等游戏。

粉丝经济本应该成为新兴经济模式中大有可为的一种，但却在资本逐利的属性之下逐渐向不健康的方向发展，整个偶像工业内的文化生态也随之变得畸形。如何扭转这种局面、使其良性发展，将是一个至关重要的命题。

6. 教师对学生终稿的反馈信

锦丽：

你好！

相较初稿，这篇终稿在整体上作出了较大修改，令人有耳目一新的感觉。特别是第三部分开始的论述，抽丝剥茧、层层深入，带给读者一种"读论文如读小说"的感觉。你之前提到，在长文修改过程中，你不但列出了提纲，还进一步列出了细纲，力争将每一级标题下面的论点和材料提前安排清楚，并将其中关系梳理妥当。在这一基础上形成的终稿，也就有了流畅贯通的文气，形有纲而思无界，结构清朗，重点突出，这一进步值得表扬。

在此基础上，还有几个方面需要注意。其一，文章写作，总是会在前半程做加法、后半程做减法，舍得删减才能留得精华。就这篇文章而言，大幅缩减、甚至删除第二部分，完全以第三部分作为主框架，脉络还会更加清晰。引言部分如能继续精简，也能让读者更快进入你的论述。当然，往下删减总是让人心疼，这点"狠心"还是要慢慢磨炼。

其二，小标题很重要，有思考还要有巧劲。在这次修改中，能看到你在这方面有重视、有思考，不过现在还是有点像提纲和结论，如果能在"思"里加入一些"巧"劲，让小标题更有文采、更加醒目，那么文章的整体骨架和各个论点，都会给读者留下更深的印象。

其三，行文至尾，笔力稍弱。排除篇幅的原因，目前对资本获利的论述，还稍微有些流于表面。"资本"在文章中，不免成为一个高度抽象之后的空洞的能指。资本究竟是什么？制作方、经纪方、宣发方、广告主……各方是以什么形式进入并攫取利益，谁是打工人在恰烂钱，谁是滚雪球的食利者？挑破那个能指，才能让你的思考更深一步。当然，这可能不是一两周的文章修改中能彻底想清楚的问题，但对这一领域、这一生产机制的思考，希望成为这门课程留给你的"课外题"。

祝学习进步！

薛静
（日期略）

三、天工开物

主题：工程师

探究妥善改造北京古民居建筑的基本原则
——以菊儿胡同为主要案例

指导教师：曹柳星　学生：焦邦[*]

1. 主题概述：工程师

"工程师"一词出现的确切时代已经难以考证，但毋庸置疑的是，工程师及其工程作品从文明诞生之初就推动着技术的变革和人类生活的改善。"作为一名专业的工程师，我致力于用我的专业知识和技能，促进和改善人类的幸福"——美国国家专业工程师学会的工程师信条中即明确了工程师对人类社会发展的积极作用。

然而，工程师不仅要享受工程作品为其带来的光环与荣誉，也要面对工程发展给政治、经济、环境和社会关系带来的影响。工程师到底是"死板""顽固"的偏执狂，还是"严谨""孜孜以求"的探索者，他们的社会形象是如何演变的？如果存在一种"工程师哲学"，它该怎样刻画工程师的核心价值和工作规律？工程教育如何顾全伦理道德、专业知识、实践经验对工程类学生进行系统化培养？在工程管理中，决策者—工程师、工程师—工人、工人—机器的关系是否有合理的方案能够进行平衡？在核工业、基因工程、信息产业飞速发展的时代，工程师应当如何应对新的伦理挑战？

工程师主题的写作课以一横一纵两条线索展开：以"工程师历史"为纵贯线，串联几千年以来工程师与工程项目的发展历程及工程伦理问题的真实案例；"工程师的社会关系"则为横贯面，包括工程师群体与社会其他角色、工程项目与相关领域的互动关系。沿着"工程师"的横、纵两条线索，以工程师为主题的写作课要求学生站在历史的各个时间节点上、社会关系网络的不同位置上检索相关资料，全方位分析"工程师"角色及其作品，在思辨中重新认识工程师及工程行业。

2. 案例概述

本案例是写作课的长文，是学生后半学期完成的作品，需要学生在检索文献的过程中尝试"创造个人观点"并加以论证。作为建筑专业的学生，作者在选课学期已经参与过建筑课里的小型建筑规划设计，进行过实地勘测，也掌握了建筑行业内较为宏观的设计原则。考虑到我国古民居的文化价值和当前面临的困境，作者从

---

[*] 曹柳星，清华大学写作与沟通教学中心教师；焦邦，清华大学建筑学院2020级本科生。

自己的专业出发,选择了建筑工程行业中古民居改造的问题。通过梳理古民居建筑维护的案例,他希望归纳提炼出古民居改造的重要性、原则与标准。

可能受限于高考写作的思路,作者在初稿写作时仍然禁锢于高考写作时"是什么、为什么、怎么办"的文章布局,试图面面俱到。在写作中,作者尤其关注"为什么"——"古民居改造的意义"及"怎么办"——"古民居改造的重要原则"。为了支持自己的观点,作者还尝试为"为什么"和"怎么办"两方面的论述找到了理论支撑及事实证据。理论方面,作者在遗产保护理论中归纳出遗产的经济和文化两种价值,又借助维特鲁威的"安全、实用、美观"三要素尝试解释古建筑改造的原则;事实方面,作者以菊儿胡同为点例,展开描述了古民居保护的通行做法,试图证明古民居改造的意义所在,验证"安全、实用、美观"三原则的有效性。

然而,从写作过程中可以看到,作者并没有成功提出个人观点,也没能合理规划文章结构,而是把写作变为了事实材料堆砌。在初稿中,古民居改造的意义和改造的原则各自展开,使价值的两个层次和改造的三个原则在文章中无法形成有机呼应,反而让文章结构臃肿、主线凌乱、前后重复;在所谓"观点"处,本应通过理论、事例来证明"安全、实用、美观"三要素在古建筑改造中的适应性,最后也只剩浅显事实的堆砌。另外,作者的初稿有口语化的表达习惯,还会使用旁白式的语言为文章的可靠性进行自我辩护,降低了文章的可读性。

经过面谈、朋辈修改讨论后,作者修改了文章的题目并明确了个人观点。作者不再过于关注民居改造的意义,而是借助菊儿胡同的案例和维特鲁威提出的"安全、实用、美观"原则归纳提出古民居改造的三个原则——在安全层面重新建构安全住房环境,在实用层面满足现代化的生活需求,在美观层面保留表达文化价值的建筑元素。其他古民居改造的案例也能够证明前述三个原则的可靠性。经过这轮修改,该生对于观点的提出与证明、文章结构的安排都有了新的体会,语言风格也有所调整,更能体会"说理文"的妙处。

3. 含教师修改过程的学生初稿全文

浅析妥善改造北京古民居建筑的意义与主要规律
——以菊儿胡同为主要案例

摘要： 如何处理北京市中的古民居建筑一直是深受人们关注的话题。它的去与留背后实际问题是如何处理好古民居的文化价值与经济价值的关系。解决这一问题，需要考虑保护古民居建筑的原因以及妥善保护北京古民居建筑的方式。因此本文分为两部分，第一部分讲述改造古民居建筑的意义，从分析古民居建筑独具的使用价值，到北京现存的古民居存在问题，得出古民居需要改造的结论。第二部分探讨改造北京古民居建筑主要规律，作者通过分析以菊儿胡同改造工程为主的具有代表性的古民居改造案例，总结出妥善的古民居改造需要兼顾"安全、实用、美观"三个层面。结尾总结这一规律的意义。

【语言文法】什么是"主要规律"？是否能够概括你的主要观点？

【语言文法】摘要结构有按照课程的介绍完成，能够体现背景、目标、方法和具体的结论。不过摘要部分的语言需要重新通读修改，现在仍有语病、且有口语化的问题。

【语言文法】和题目中的"主要规律"类似，用词是否合适？另外，摘要中应当能体现具体的结论，即应该点出"主要规律"具体是什么内容。

关键词： 古民居改造；北京；菊儿胡同

【语言文法】关键词不应简单摘录题目中的片段，而应选取更有特色的、呈现研究结论的词。

"我们正面临前所未有的城市化进程，这一快速的变化迫使我们重新思考由人类生存环境所塑造的生活价值观。老建筑无法复制的历史文脉和现代生活方式之间有着一脉相承的联系。"

——梁励德①

【谋篇布局】引入部分虽然采取专家学者的说法会有吸引读者的效果，但是这里的名言却和文章的具体内容或者是紧接在后面的文字没有任何关联。引入应该更多体现"为什么写、写什么、怎么写的"，而非过于"单刀直入"。

这篇文章主要分为两部分。前半部分分析妥善改造古民居建筑的意义，通过前半部分的分析，得到了北京古民居价值与三方面存在的问题，为后半部分作铺垫。后半部分作为文章重点，围绕菊儿胡同改造工程，从安全、实用、美观三方面讲述合理改造北京古民居建筑的主要规律。

【逻辑论述】这样看来，第一部分要解决的内容不仅仅是"古民居建筑的意义"，还包括目前面临的困境？所以文章的前半部分到底有什么写作目标呢？

首先来说今天我们改造古民居建筑的意义是什么。

【语言文法】口语化问题突出。

古建筑的保留与现代城市的发展建设相矛盾一直是困扰我们的一大问题。这个矛盾一方面来自于原有的古建筑在城市发展进程下无法满足现代化城市发展中产生的各方面需求，例如，处于城市商圈中的旧建筑无法满足社会经济发展和城市美观的需要；另一方面，古建筑本身又作为一个时代的见证，不仅承载着悠久的历史，还附着重要的文化艺术意义，比如，故宫本身与其所包含的文物见

【谋篇布局】这里的"意义"可能作为引入部分里的背景更合适，即直接点明问题研究的背景就是古建筑废弃还是保护仍然存在争议。这样会让文章的结构更加精简和明确。

---

① 梁励德，叠术建筑联合创始人及主创建筑师。

证着中国明清两代的历史。容易看出，从不同的角度出发，对古建筑的价值衡量也不同。这时就需要回到源头——我们为什么要保护古建筑？或者说古建筑的价值究竟是什么？

【逻辑论述】这一段似乎有三个重点：古建筑去留与城市发展有矛盾、古建筑价值的衡量方式多样、古建筑保留的原因需要分析。但三个重点并没有很好地衔接、关联起来。还需要再考虑你的逻辑是什么？

有关遗产价值类型或体系一览表　　　　　表1-5

文件/人物	价值类型或体系
奥地利艺术理论家李格尔（Alois Riegl）（1858~1905年）	纪念性的价值（包括年代价值、历史价值和有意为之的纪念价值）、当代价值（使用价值、艺术价值和创造的新价值）
《威尼斯宪章》（1964年）	文化价值、历史价值、艺术价值
《世界遗产公约》（1972年）	历史价值、艺术价值、科学价值、考古价值、审美价值
《欧洲建筑遗产宪章》（1975年）	精神价值、社会价值、文化价值、经济价值
英国学者费尔登·贝纳德（Bernard M. Feilden, 1919~2008年）	文化价值、情感价值、当代社会——经济价值等
俄国学者普鲁金（O.H.Prutsin, 1926~2003年）	内在的价值（如历史的、建筑美学的成果、结构的特点等）、外在价值（如建筑、历史的环境、城市规划的价值、自然植被或景观建筑的价值等）
澳大利亚《巴拉宪章》（1999年）	美学价值、历史价值、科学价值、社会价值
澳大利亚经济学教授戴维·思罗斯比（David Throsby）	文化价值（美学的、精神或宗教的、社会的、历史的、象征的以及原真的）、经济价值
《中国文物古迹保护准则》（2015年修订）	历史价值、艺术价值、科学价值、社会价值、文化价值

图1　不同建筑遗产价值体系

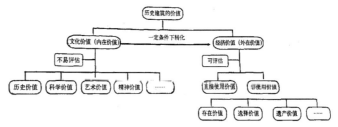

图2　经济价值与文化价值体系框架

古建筑的价值界定体系于不同时期、不同学者都有不同种说法（见图1），从目前的发展来看，学术界比较倾向于将建筑遗产的价值分为经济价值和文化价值两大类（见图2），其中文化价值是核心和基础。①古建筑是去还是留、又是何去何留、如何去如何留，都会因为建筑的经济价值与文化价值的不同而受到不同的影响。

【逻辑论述】这段似乎在讲古民居为什么被忽略？但逻辑有些调转。可以考虑先提出两类标准，再讲古建筑两个标准都符合，所以被重视，而民居却不能兼顾，导致了对古民居保护的忽视。

也正是因为不同类型的建筑遗产的价值属性不同，多数情况下，对于一座现代化城市而言，古建筑的保护保留往往着眼于宫殿、官署、寺庙、园林以及一些大型建筑群，而容易忽视平常的民居。②因为著名的建筑景观相对而言更具艺术文化价值，不仅能发展当地旅游产业，带来更多的经济效益，同时也能很好地传播民族传

---

① 薛林平：《建筑遗产保护概论》，第13~14页，北京，中国建筑工业出版社，2013。
② 吴良镛：《北京旧城居住区的整治途径——城市细胞的有机更新与"新四合院"的探索》，载《建筑学报》，1989（7）：11。

统历史文化。

然而，仅以名迹去试图诠释历史往往是片面而局限的，历史的发展不只由恢宏的建筑构成，占旧城市空间主体的往往是寻常的居民区。这些民居建筑同样表达着历史，而且与宫殿园林的表达方式不同，虽然它没有过高的艺术价值，建筑背后的科技水平也未必精湛，但却是最为典型的平民市井生活的建筑写照，是构建、完善历史不可或缺的一部分。因此，对于古民居建筑的保护同样不容忽视。以北京为例，像故宫、颐和园这些著名宫殿园林因其文化价值和经济价值都极高，而得以保留保护，然而像一些小胡同小街坊，如（改造前）锣鼓巷一带，后海西侧一带，就单个建筑而言它们的文化价值相对小，但由于今天依然有人居住生活，它的功能没发生变化，再加上这些胡同作为合院群落出现在北京城内，整体上还是体现出北京城居民区的城市肌理。① 因此，保护古民居建筑不同于保护名胜古迹，在还原它们的文化价值的同时，还需要考虑到如何提高它们的经济价值（其中的使用价值）。因此，典型的修复式保护可能对今天的古民居建筑并不适用。

下面根据维特鲁威所提出的建筑三要素——安全、实用、美观，② 来证明北京城内古民居建筑可以采取改造式保护。就安全角度而言，北京古民居的木结构由于时间与气候的影响而存在安全隐患，同时，像防火防震防漏等现代民居常见的功能，古民居便相形见绌，急需在改造过程中补救。有些安全措施在建筑伊始没有被考虑到结构设计之中，因此"恢复原状"的办法并不适用于建筑科学技术价值较低的古民居。③ 对于美观角度，多数古民居都是供过去平常百姓居住，因此没有太多细节上的装点修饰，再加上时间打磨，建筑的表皮或者说外观往往较为破败。但是整体上民居群落构成的街坊胡同，以及挨家挨户错落有致的合院结构，作为北京城中独具文化特色的风景带，还是大有保留价值的。所以在美学意义上，保留破败的墙皮意义不大，要保护的应该是合院与胡同的街坊结构。

---

① 吴良镛：《北京旧城居住区的整治途径——城市细胞的有机更新与"新四合院"的探索》，载《建筑学报》，1989（7）：12~13。
② [古罗马]维特鲁威：《建筑十书》，高履泰译，第2页，北京，知识产权出版社，2001。
③ 韩文强：《对话老建筑：老建筑保护与改造》，第21页，北京，机械工业出版社，2020。

主题：工程师

最后，从实用角度来看，一方面，从合院内部功能出发，现代社会的发展使人们的生活居住方式不同从前，比如私家车的停放、隔音供暖等特殊条件、邻里活动交流的精神需求……这些都需要靠重新规划设计来改变固有合院的空间关系，因为它们属于伴随人们需求变化而新增的空间。另一方面，就合院所处的整体环境来看，古民居带正在发生使用上的结构变化——合院群落一院一户逐步演变为一院多户，涉及的公共与私密性的关系也逐渐出现。① 综上，由于古民居独有的属性——在延续它原本功能的同时应对时代变化，我们便不能止步于修复古民居建筑，而应该去改造式地保护它，以此才能尽可能还原它应有的文化价值，满足适应时代的经济价值。

以上讲述了古建筑保留的价值所在，并说明了在这个价值理论体系下古民居建筑所独有的使用价值和现存问题。于是便有了探索妥善改造古民居规律的必要。

以下主要以北京菊儿胡同改造工程②为例，分析妥善改造北京古民居建筑主要规律。

首先需要说明，建筑的改造不同于按图索骥地复原，没有唯一的标准，更多是一种有主观性的设计，所以对于题目中的"妥善改造"并没有严格意义上的定义，也不存在绝对完美的改造工程，本文只是通过选取业内风评较高的北京菊儿胡同的改造为主要案例，③分析其中受广泛认可的改造手法背后的思考维度，也就是应对了何种问题。案例选取以北京菊儿胡同改造工程为主，这是因为菊儿胡同的改造相比其他北京古民居改造受到过业内相对高的好评，较有代表性。下文围绕该改造工程，从"安全、实用、美观"三维度进行分析总结，最终得出结论：重新建构安全的结构、满足居民的现代生活需求、延续能表达文化艺术价值的设计风格。

一、安全层面：重新建构安全的结构

先来说明安全层面需要对话的问题。今天所谓的安全，不止是维特鲁威最初想表达的结构力学上的坚固，还包括具有应对防火，

---

① 吴良镛：《北京旧城居住区的整治途径——城市细胞的有机更新与"新四合院"的探索》，载《建筑学报》，1989（7）：11。
② 全称是"北京市菊儿胡同危旧房改建新四合院工程"。
③ 国际奖项曾获得1992年亚洲建筑师协会金质奖，1993年联合国"世界人居奖"，在国内也获得过七次嘉奖，包括中国建筑学会创作奖。

【逻辑论述】和"实用"的关系？注意关键概念在论证中应该有重要地位，不要抛弃它。

【逻辑论述】这也是实用性的一方面吗？

【逻辑论述】前面的三条都缺少分析，只是描述。还应该结合文献中学者的观点或者例证分析得更充分一点。

【逻辑论述】这里"独有的使用价值"是指价值的两方面还是建筑的三元素？需要更明确地指出来。

【逻辑论述】为什么可以得到这个结论？因果关系如何建立？而且这个问题似乎应该早就确定了，为什么在三元素之后又提到？

【谋篇布局】为什么要用菊儿胡同的例证。作为文章的主要例证，应该更早提出使用该案例的代表性。

【逻辑论述】为什么这里不讲文化价值和经济价值了呢？可能一直对于两种价值和三个元素的关系没有进行清晰的梳理。

【语言文法】是想体现"对话"意识吗？这个词是不是应该换成需要"解决"的问题？

防雨，抗震等灾害的能力。根据清华大学建筑系张守仪等的研究，除了一部分保留完好的四合院，北京旧城居住区主要面临的安全问题是：危（危房）、积（积水）、漏（漏雨）。应该合理改造，努力解决这三个问题。

若想合理地改造，解决安全层面的问题，就要先分析"危、积、漏"的来源。对于危房而言，北京传统的民居建筑房屋结构多为砖木结构，缺点是容易腐朽，会导致不稳固而缩短建筑的寿命；同时，木材易燃，作为房屋骨架，屋内一旦有火灾发生，房屋可能会坍塌，造成更为严重的损失。再加上民居建筑不可能像文物一样定期被专业人士维护，所以在改造过程中木结构往往需要被取代。① 其次，由于时间的推移以及建筑在建设伊始没有建立良好的防水地基，造成了建筑地势低洼，容易有积水。关于漏雨，则是因为瓦面屋顶和细部衔接位置不精密建造或受到腐蚀所致。如此看来，材料缺陷，建造技术拙劣，以及建筑年龄过大等因素，造成了古民居的"危积漏"。这些问题指向了"拆除重建"这一答案。需要说明的是这种拆除重建不同于从零开始，正如前文所说，是在保留一定原有的、完好的四合院的基础上仅针对"危积漏"住房进行重建，而且没有改变以"合院结构"为基础的胡同背景。吴良镛先生认为：北京古民居的特色在于它的院落结构——"合院住宅"的一般格局②。出于安全考虑更替结构，但依然维持原有的合院结构，没有破坏它的文化价值，依然属于一种改造。

【语言文法】是否有重复？

【逻辑论述】既然都有答案了，你的观点是否还有意义呢？或者说，为什么"危积漏"一定要指向"拆除重建"的答案呢？缺少作者对观点的分析和推导。

【逻辑论述】既然专家学者已经提到了基本原则，它放在文段最后就显得有点滞后了。应该更早提出。

菊儿胡同的一期改造，主要针对"危、积、漏"建筑，以菊儿胡同41号院为例，该院地势低于马路约80~100厘米，易积水，它的建筑密度也高达83%，居民居住环境极差。③最终，一期改造共有7个老院落和64间危旧平房被拆除，总占地面积达2 090平方米④。改造后的建筑更换了建筑材料，采用现代建筑技术，一定程度上解决了这三个问题。

【逻辑论述】既然菊儿胡同是主要案例，且希望用来证明你的观点，就要明确写出"菊儿胡同就是按照上述方式改造、且成功"的含义来。

因为文章讨论的是普适性改造规律，仅从菊儿胡同一案例不

【语言文法】不需这么明显地自我剖白，可以说"还有众多案例也能证明这一原则的效果"，足以说明普适性。

---

① 韩文强：《对话老建筑：老建筑保护与改造》，第21页，北京，机械工业出版社，2020。
② 吴良镛：《北京旧城与菊儿胡同》，第85页，北京，中国建筑工业出版社，1994。
③ 吴良镛：《北京旧城与菊儿胡同》，第136页，北京，中国建筑工业出版社，1994。
④ 吴良镛：《从"有机更新"走向新的"有机秩序"——北京旧城居住区整治途径（二）》，载《建筑学报》，1991（2）：7。

主题：工程师

足以具有普适性，下面是其他古民居改造案例中考虑安全层面的例证。在黔西南州雷山县苗族地区危房改造中，一级危房被要求必须重建，①对二级、三级危房局部维修，去除了吊脚楼的吊脚，而改之为用砖墙封砌起来。②在北京前门的"叠院儿"改造中，由于房屋结构在近代就被全面翻新过，所以团队只是在改造过程中用现代建筑技术做了一定的加固保护（见图3）。③在考虑改造平遥城内部分民宅建筑时，由于街道没有上下水设施，污水沉积使砖木结构的房屋变得潮湿，木柱腐烂，有的民宅变成危房。为应对这种问题，部分街区在翻修过程中将好的建筑构件编号整理，修复时将其置于原处，其他的构建再进行更换④。上述三例，虽然有些不属于北京城内古民居的改造，但都是大同小异地在回应民居建筑的安全问题。

【语言文法】改为"异曲同工"可能更合适。

【逻辑论述】这几个例子应该都想证明"部分改造不安全的结构能够提升安全性"，不过目前的写法只介绍了旧民居分别采用了什么改造方法，没有证明有效性。论证逻辑需要完整，不然全文都会像是案例大全。

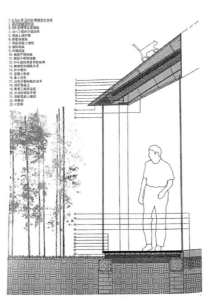

图3 "叠院儿"的加固措施

二、实用层面：满足居民的现代生活需求

民居建筑的安全性和实用性是针对建筑的使用者而言的，前者是建筑能称为建筑最基本的条件，而实用层面的改造，是在保障了安全性后进一步改善原民居所不能提供的人们的种种生活需求。

---

① 根据《城市危险房屋管理条例》划定。
② 吴晓萍、康红梅：《民族地区危房改造与少数民族传统民居保护研究：以贵州省为例》，第122页，北京，人民出版社，2015。
③ 韩文强：《对话老建筑：老建筑保护与改造》，第32页，北京，机械工业出版社，2020。
④ 王怀宇：《历史建筑的再生空间》，第93、95页，太原，山西人民出版社，2011。

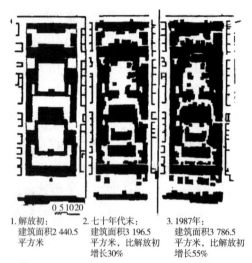

1. 解放初：
建筑面积2 440.5
平方米

2. 七十年代末：
建筑面积3 196.5
平方米，比解放初
增长30%

3. 1987年：
建筑面积3 786.5
平方米，比解放初
增长55%

图4 四合院的衰落：四合院—大杂院—杂而无院①

菊儿胡同改造前在实用性上所面临的问题主要有两个。第一个是如何兼顾居民的私密性和社会交流性。由于人口增长，流动性增强，北京绝大多数四合院逐步演变为"杂而无院"的状态（见图4），原本一家居住的四合院变为多户杂居的"大杂院"时，尽管一定程度上有利于邻里间的友好交流，但室内外环境的结合带来的亲切感和吸引力逐渐弱化，②也许是因为与邻里相处不如亲人般自然。第二个是各种居住体验上的问题，随着人们生活水平的提高，人们对住房的需求也在不断增加：原有的四合院能否满足充足采光、通风、排水、供暖，是否具备足够的空间存储私家车、自行车，以及改建前的四合院较高的容积率③是否能满足人们对人均建筑面积的要求。

【逻辑论述】这一部分的问题和"实用性"的段落类似，你似乎只在描述菊儿胡同出现了什么问题、改造者是如何做的，但没有证明改造的原则和方法是有效的，也就没能证明你的观点。

【语言文法】句子不通顺。

在实际的改建中，团队采用多户型杂糅的方式来适应不同家庭的选择，通过增添室外空间，如阳台、屋顶平台以及增添层数（从1层至2~3层），改善了通风采光（见图5），扩大了居住面积，人均建筑面积从原有的5.3㎡/人增至12.4㎡/人。针对供暖排水问题，项目在重建过程中借助附近工厂锅炉房实现供暖需求，也为新建的户型中安排了独立卫浴。就试点41号院来说，改造工程成功地解决了"80

---

① 吴良镛：《北京旧城居住区的整治途径——城市细胞的有机更新与"新四合院"的探索》，载《建筑学报》，1989（7）：11。
② 吴良镛：《从"有机更新"走向新的"有机秩序"——北京旧城居住区整治途径（二）》，载《建筑学报》，1991（2）：10。
③ 容积率＝总建筑面积：土地总面积。容积率越低，居民的舒适度越高，反之则舒适度越低。

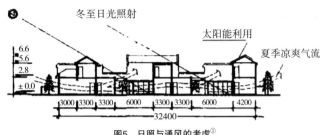

图5 日照与通风的考虑①

户人家一个厕所"②的问题。以上是对居住体验和基本住房功能的回应。而在对话私密性与交流性这一问题上，改造工程明确划分了属于各户的室内室外的私密与半私密空间，"在保证私密性的同时，利用连接体和小跨院，与传统四合院形成群体，保留了中国传统住宅重视邻里情谊的精神内核"③。如此一来，便有了兼具"独门独户"和公共院落的新四合院。

【语言文法】顺序要和前面提出问题的时候一致。

同样考虑了实用性问题的改造也有很多。原北京西城区的西四北头条至八条"煤改电"工程，解决了居民的冬季采暖困难一大问题，同时也减少了环境污染。④再以北京南官房胡同8号院主房为例，建筑面的不足带来了缺乏储藏空间、会客就餐空间，甚至还有部分私密空间，最终改造工程通过利用屋架增加起居面积，增设卧室及书房各一间，如此一来原来的客厅变成了家庭起居室，可以起居、会客、就餐兼用。⑤上述两例都可佐证对古民居实用问题考虑是有必要的。

【逻辑论述】这里的观点论证逻辑有些问题。你已经认可了"安全、实用、美观"三要素是有效的，为什么还要证明这三要素的重要性或者合理性？这里怎么突出古建筑保护的时候，实用性具体要遵循的原则呢？

【逻辑论述】前面两个原则的讨论都没有提到文化价值或经济价值，这里为什么又重新提到？

三、美观层面：延续能表达艺术文化价值的建筑风格

安全和实用仅于居者而言比较重要，然而抛开建筑的使用价值，从艺术文化角度来看，古民居建筑作为城市的一角，又是具有传统文化气息的历史"物证"，建筑师在设计规划时也应考虑到在古民居改造前后的艺术形式上有没有"变味儿"。

北京城内古民居建筑的保护在美观层面上没有客观的问题需要

【语言文法】什么是"客观的问题"？什么又是"主观的问题"？用词还需要斟酌。

---

① 吴良镛：《北京旧城居住区的整治途径——城市细胞的有机更新与"新四合院"的探索》，载《建筑学报》，1989（7）：15。
② 吴良镛：《从"有机更新"走向新的"有机秩序"——北京旧城居住区整治途径（二）》，载《建筑学报》，1991（2）：7。
③ 陈蝶：《菊儿胡同，摇曳在传统与现代之间——吴良镛整治北京胡同的成功范例》，载《新材料新装饰》，2005（2）：48。
④ 陆翔：《北京四合院人居环境》，第178页，北京，中国建筑工业出版社，2013。
⑤ 陆翔：《北京四合院人居环境》，第210~211页，北京，中国建筑工业出版社，2013。

应对，唯一要解决的，即是否改造后延续了原有的艺术文化价值。吴良镛先生认为，北京古居民区的精髓在于"合院建筑与胡同体系"，所以将菊儿胡同的改造设计积极融入这种城市肌理中。①

【逻辑论述】吴良镛先生的"城市肌理"论出现了多次，一定有几处是不合适的。

改造跳脱出传统的北京四合院构成模式，在吸取了苏州、福建、广东居民中大宅第构成的经验后，又结合了北京市古民居街坊独有的"鱼骨式"交通体系，最终以淡雅灰白色调创新性地还原了古都风貌。②这样的规划布局，是在满足安全和实用需求的前提基础上，妥善地再现北京合院与胡同体系的艺术风格。不仅如此，正如前文所说，改造会对不同类型的建筑选取不同的保留程度，新围合成的院落严格限制了住宅的高度，由于只是二、三层阁楼，所以外观上并不显封闭，院内的百年老树也被完整保留下来，丰富了空间感。③综上，改造在合院群落和合院个体上都作出了艺术上的延续。

【语言文法】这句话的主语是？

菊儿胡同在美观角度的可取之处是它找到了传统北京城的城市肌理，再在保障满足需求的情况下，将改造融入这种肌理背景下。这种城市肌理对于北京居民区来说，就是街坊中"鱼骨式"的胡同布局体系和以合院为主的建筑结构。它是吴先生研究后认为的值得保留的文化价值所在。

不同建筑师或许会对古民居的文化价值有不同的看法。比如，在北京钱粮胡同62号院的改造中，建筑师抓住了旧墙砖的墙壁和屋瓦做的屋面，在四合院的外部设计中还原了它的文化气质，但是内部的空间组织结构并没有考虑还原。④而在江苏周庄的花间堂改造方案中可以明显看到建筑师对于住宅室内设计的文化艺术还原——"Dariel Studio在改造的时候细心地将那些民国时期的大床、雕花木梁及砖瓦小心拆下，编号保存，原样修复后得以重现当年大户人家的气魄"⑤。两个改造对古民居建筑在美学方面的关注点不同，但会发现无论是何种改造设计，照应历史、回应文化都是妥善改造中一成不变的原则。所以总结得到，在美学方面对古民居改造的规律即为改

---

① 吴良镛：《北京旧城与菊儿胡同》，第94页，北京，中国建筑工业出版社，1994。
② 吴良镛：《北京旧城居住区的整治途径——城市细胞的有机更新与"新四合院"的探索》，载《建筑学报》，1989（7）：14~15。
③ 吴良镛：《从"有机更新"走向新的"有机秩序"——北京旧城居住区整治途径（二）》，载《建筑学报》，1991（2）：11。
④ 凤凰空间·华南编辑部：《古民居改造》，第75页，南京，江苏科学技术出版社，2019。
⑤ 凤凰空间·华南编辑部：《古民居改造》，第96页，南京，江苏科学技术出版社，2019。

造后维持原有建筑的艺术文化价值。

【逻辑论述（优点）】对于美观这一原则的处理相较前两个要好，能够体现"归纳推理"的规程，充分说明美观性的必要性和合理性。

安全、实用、美观，是根据北京菊儿胡同改造案例总结出来的具有一般性的改造时的思考角度，它也是维特鲁威早在公元1世纪就针对建筑设计提出的建筑三要素，屹立至今为众多学者尊崇。除了这三点，菊儿胡同的成功范例也告诉我们，大量的实地调研和配套的学术理论研究也会为一次妥善的改造作保障。因为在研究过程中，建筑师回到了古民居建筑所面临问题的原点，然后在不断学习与调研中优化方案，最终形成一个科学的方案。①

【逻辑论述】除了美观这一原则的可靠性得到了论证，其他的两个原则的证明过程似乎都是"因为合理、所以合理"。还要考虑什么是前提、什么是结论、哪些是完整的证明过程。

【逻辑论述】你的结论到底应该是什么？维特鲁威的三要素如果是前提，那出现问题一定是从这三个方面找解决方案呀。你可能更要关注的是，这三个要素在古民居问题中对应了什么具体的原则？

综上所述，在今后北京的古民居建筑改造实践中，建筑师应该按照科学的方法对实地进行调研考察，沿用前人的理论研究，或者在可能的情况下建立学术理论，对居住区在安全、实用、美观三方面寻找问题，再按照顺序积极应对三方面问题。这样的改造设计流程也许并不完备，也许对某些古民居不需要三方面问题兼顾，但可以作为一个检验评价机制，在方案设计结束后用来检查是否有遗漏哪一方面的问题，以此来保障改造的全面性。

总体点评：

评价维度	等级	具体描述
选题观点	B+	文章尝试对古建筑改造"安全、实用、美观"的规律进行归纳，不过呈现的样貌却是在描述"安全、实用、美观"的含义具体是什么、有什么案例，缺少个人的创造，观点显得混乱。再加上文章前半部分用了较大篇幅讨论民居改造的意义，会让文章主题显得更加分散。还需要再考虑一下本文到底想回答什么问题、主要论证什么观点
文献对话	B+	作者检索了一些民居保护的理论和例证，不过似乎还不能推导出主要观点。另外，"艺术"和"经济"价值及"安全、实用、美观"原则的关系是什么？能否对经典理论进行整理、汇总？
观点论证	B	论证观点时有使用例证并详细解读的意识，不过仍有逻辑不够完整的情形（也可能观点本身还有待商榷），论证的效果就打折扣了
结构组织	B	开头内容作为引入更好。两个价值+三个指标都要详细讨论，会让文章有点烦琐。主线还要梳理得更清晰、简洁
语言表达	B+	口语化的情况较多，有部分语病
格式规范	合格	/

---

① 徐小东：《我国旧城住区更新的新视野——支撑体住宅与菊儿胡同新四合院之解析》，载《新建筑》，2003（2）：9。

4. 学生的修改陈述信

曹柳星老师：

您好！我是建筑系焦邦。

我文章的主题是"探究妥善改造北京古民居建筑的基本原则——以菊儿胡同为主要案例"。首先，在修改文章的过程中令我最有成就感的是长文的选题比较聚焦，结构比较清晰。在面批的时候，您对我提出来"两个价值"和"三个要素"的关系要理清楚，于是我便在后来的修改过程、甚至是长文汇报前夕都一直努力思考如何做好"2对3"的转化，同时符合严谨合理的要求。最后，我成功找到了答案。除了这一成就，我也对我的结构安排比较有成就感，这是同学们在互评信和长文汇报反馈中提到的，我在最后的几次修正中也尽可能地关注文章逻辑是否与我的提纲相符。

当然，我也意识到自己很多不足，也遇到过很多困难。比如，无论是您还是我的主评人都认为我文章中存在很多病句，就在刚刚我还让我的室友对我的终稿进行最后一次病句大排查。我想这与我平常阅读文章少、阅读不仔细有关，希望以后能通过多阅读，不仅拓宽自己的视野，也能减少我说话行文时的语病。其次，行文不通顺也是目前较大的困难。我认为文章上下不通顺有两点原因，一是没有"楼梯"，需要在语言上增添一些关联词，既不生硬，又能让人一目了然；二是"层高不合理"，两段之间无法通过"楼梯"硬核连接，说明两段之间还有没说清楚的事，还存在逻辑不清的问题没解决。这是我以后行文中应该严格注意的！

总之，一学期，从短文到长文，我意识到写一篇"自己的"论文并不是一件仅仅需要灵感的事。灵感只是指引我大致的方向，但是具体从何处开始，如何抵达彼岸，都需要我一点一点通过建立严谨的逻辑，通过查找有效的文献，再配合创新性的个人观点，最终摸索出来一条道路。在这个过程中，同辈之间的互相学习也很重要，和互评小组一起讨论的过程让我明白以他人的视角去看自以为天衣无缝的文章，其实是能挑出很多毛病的。所以跳出自己给自己限定的圈子，尽可能多地站在读者视角审视自己的文章，减少自欺欺人与自我安慰，这很重要，也很难做到。

此致
敬礼

焦邦

（日期略）

5. 学生终稿全文

探究妥善改造北京古民居建筑的基本原则
——以菊儿胡同为主要案例

摘要： 在城市建设日益现代化的今天，如何处理好北京城内的古民居建筑越来越受到人们关注。作为建筑遗产，古民居具有独特的文化价值和经济价值，需要采取改造的方式进行保护。这使得我们有必要讨论如何妥善地改造这些古民居建筑。本文将以北京菊儿胡同等相对成功的古民居改造工程为例，从"安全、实用、美观"三个角度分析古民居的现存问题，并总结得出妥善改造古民居的三条基本原则——重新建构安全住房环境、满足现代化的生活需求、保留表达文化价值的建筑元素，为建筑师在今后的北京古民居改造中提供前人经验。

关键词： 古民居改造；菊儿胡同；安全；实用；美观

在当今社会，随着城市现代化建设不断加进，古民居建筑的去与留越来越受到人们的关注。一方面，城市规划的高需求以及旧房与现代住房相比的不足，导致古民居很难立足于现代城市之中；另一方面，古民居在一座城市中独有的建筑风格与传统生活韵味又作为一种文化象征，值得我们珍视与保留。这种经济与文化的矛盾，对于明清两代古都北京来说十分明显。为了既能满足居民的生活需求又能够保留古民居文化色彩，如何合理地处理以四合院为代表的北京传统民居值得我们探讨。要解决这一问题，便需要我们追根溯源——分析古民居建筑所具有的价值，针对古民居的价值，再来确定我们应以何种方式处理北京古民居。

古民居作为一类古建筑，它的价值可以置于建筑遗产的价值体系中去看待。在不同时期、不同学者身上，对建筑遗产的价值界定的观点也不尽相同（见图1[①]）。但根据目前的发展，学术界倾向于将建筑遗产的价值归为经济价值和文化价值两类，而文化价值是其中的核心与基础（见图2[②]）。结合框架图与上文的简要分析，古民居建筑的去与留，反映的实则是文化价值遗留与经济价值不足的矛盾。仅站在经济价值的角度，古民居虽然具有直接使用价值，但不能满足像北京这样大城市的现代住房需求，比如，它的私密性、人均储物空间都明显不足，有些住房甚至还存在安全隐患；然而就文化价值来看，多数古民居建筑虽然单独来看艺术价值不高，但当民居建筑组成群落，出现在城市中形成城市肌理时，譬如合院构成胡同街坊时，古民居便是最为典型的古代市井生活的建筑写照。[③]

---

① 薛林平：《建筑遗产保护概论》，第12页，北京，中国建筑工业出版社，2013。
② 薛林平：《建筑遗产保护概论》，第13~14页，北京，中国建筑工业出版社，2013。
③ 吴良镛：《北京旧城与菊儿胡同》，第12页，北京，中国建筑工业出版社，1994。

有关遗产价值类型或体系一览表　　　　　　表1-5

文件/人物	价值类型或体系
奥地利艺术理论家李格尔（Alois Riegl）(1858～1905年)	纪念性的价值（包括年代价值、历史价值和有意为之的纪念价值）、当代价值（使用价值、艺术价值和创造的新价值）
《威尼斯宪章》（1964年）	文化价值、历史价值、艺术价值
《世界遗产公约》（1972年）	历史价值、艺术价值、科学价值、考古价值、审美价值
《欧洲建筑遗产宪章》（1975年）	精神价值、社会价值、文化价值、经济价值
英国学者费尔登·贝纳德（Bernard M. Feilden, 1919～2008年）	文化价值、情感价值、当代社会—经济价值等
俄国学者普鲁金（O.H.Prutsin, 1926～2003年）	内在的价值（如历史的、建筑美学的成果、结构的特点等等）、外在价值（如建筑、历史的环境、城市规划的价值，自然植被或景观建筑的价值等等）
澳大利亚《巴拉宪章》（1999年）	美学价值、历史价值、科学价值、社会价值
澳大利亚经济学教授戴维·思罗斯比（David Throsby）	文化价值（美学的、精神或宗教的、社会的、历史的、象征的以及原真的）、经济价值
《中国文物古迹保护准则》（2015年修订）	历史价值、艺术价值、科学价值、社会价值、文化价值

图1　不同建筑遗产价值体系①

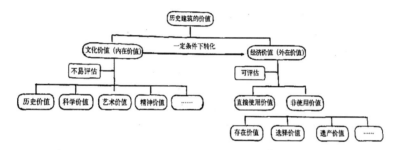

图2　经济价值与文化价值体系框架②

基于这种现状，对北京古民居建筑的处理便需采取一种介于完全拆毁与完全保留之间的手段——改造。不能完全拆毁的原因有两点：第一，今天古民居依旧供人生活居住，具备大型建筑遗产所不具备的直接使用价值（延续建筑原有的功能），这是它所特有的经济价值。第二，虽然相比于更受人关注的名胜古迹，普通百姓建造传统民居时经济条件有限，这使得传统民居的艺术价值和科学价值可能较低，但是一些建筑元素如合院、胡同，它们属于北京旧城的一部分，也是旧城"整体保护"的对象，可以帮助构建更加完备的京城风貌，因此其历史价值和精神价值是不容忽视的。③可见，一定的经济价值与文化价值使得完全拆毁古民居并不合适。另外，除了某些保留完好的四合院外，多数古民居也不能完全复旧般保留。这是因为：一是由于时间的因素与当时建造技术的缺陷，古民居在使用过程中的安全性不断下降；二是现代社会的发展使居住者有了相比以往更多不同的住房需求，导致古民居实用性也在降低，二者共同导致了古民居的直接使用价值不足。再结合上一点

---

① 薛林平：《建筑遗产保护概论》，第12页，北京，中国建筑工业出版社，2013。
② 薛林平：《建筑遗产保护概论》，第14页，北京，中国建筑工业出版社，2013。
③ 韩文强：《对话老建筑：老建筑保护与改造》，第21页，北京，机械工业出版社，2020。

所述，古民居以个体形式出现时，艺术、科学水平相对较低，这些因素都导致了它的两大价值还有待提升。所以，像对待名胜古迹般采取还原修复式的保留也不适用于北京古民居。①正如吴良镛先生所说："绝不是说一切都原封不动，更非一切都复旧。"②要维持已有的文化与经济价值，又要结合当下社会背景对价值的两方面进行提升，最好的办法便是"取其精华而去其糟粕"——改造。

然而改造只是一种笼统的说法，如何改造才是值得我们探讨的问题。根据古民居建筑所具有的经济价值与文化价值，再结合维特鲁威在《建筑十书》中提出的建筑三要素："安全、实用、美观"，我们发现古民居经济价值的不足主要体现在安全与实用层面，而文化价值上的遗留则体现在美观层面。换言之，对于北京的传统民居改造，我们需要在安全、实用、美观三方面同时考虑。

基于上述三方面，本文选取了饱受国际好评的北京菊儿胡同改造工程作为实例，③总结出妥善改造的三条基本原则：重新建构安全住房环境、满足现代化的生活需求和保留表达文化价值的建筑元素。下面将从三方面存在的问题入手，寻找解决问题的方法，再通过以菊儿胡同为主的案例对总结出的方法加以佐证，最终确认上述三条基本原则的合理性。

一、安全层面：重新建构安全住房环境

现如今，安全的定义已不再限于维特鲁威最初所表达的建筑的坚固，其实还应该包括应对防火、防雨、抗震等灾害的能力。对于北京旧城居住区存在的安全隐患，根据清华大学学者的研究来看，除了一部分保留完好的四合院，多数住宅主要面临的安全问题是：危（危房）、积（积水）、漏（漏雨）。④第一，北京传统民居的建筑结构多为砖木结构，相较于现代建筑材料，木材易腐朽、易燃；又由于古民居建筑不能像名胜古迹般长期受人维护，所以改造过程中部分木结构需要完全更换。第二，随着时间的推移，老建筑地势低洼，再加之传统民居在建造伊始没有建立良好的防水地基，导致了部分民居存在积水问题，这便需要在改造时填补老建筑低洼的地势。第三，古民居的漏雨问题，则是由于瓦面屋顶和细部衔接位置建造不精密或受到腐蚀所致。⑤综上，材料缺陷、建造技术低劣、建成时间过久等结构因素，造成了古民居的"危积漏"问题。这些问题源自于建筑的内部结构，因此在改造过

---

① 吴良镛：《北京旧城居住区的整治途径——城市细胞的有机更新与"新四合院"的探索》，载《建筑学报》，1989(7)：11。
② 吴良镛：《北京旧城与菊儿胡同》，第37页，北京，中国建筑工业出版社，1994。
③ 全称为"北京市菊儿胡同危旧房改建新四合院工程"，由吴良镛院士主持设计，曾于1992年获得亚洲建筑师协会金质奖、1993年联合国"世界人居奖"、中国建筑学会创作奖等。
④ 由清华大学建筑系1983年张守仪、李德耀等对"北京市危、积、漏地区住房建设问题"研究得出。
⑤ 韩文强：《对话老建筑：老建筑保护与改造》，第21页，北京，机械工业出版社，2020。

程中往往需要更替重建。

菊儿胡同的一期改造，主要针对该地区的"危积漏"住房。以菊儿胡同41号院为例，改造前该院地势低于马路约80~100厘米，易积水，建筑密度高达83%，居民居住环境极差。①最终，一期改造共有7个老院落和64间危旧平房被拆除，总占地面积达2 090平方米。改造后的41号院更换了建筑材料，满足抗震八度设防，同时采用了现代建筑技术，一定程度上解决了"危、积、漏"的问题。②

其他古民居改造在安全层面也都不谋而合地重新建构了稳固的建筑结构。在黔西南州雷山县苗族地区危房改造中，要求一级危房必须重建，二级、三级危房局部维修；③同时去除了吊脚楼的吊脚，改为用砖墙封砌起来。④在北京前门的"叠院儿"改造中，由于房屋结构在近代就被全面翻新过，所以改造团队只是在改造过程中用现代建筑技术做了一定的加固保护（见图3）。⑤在考虑改造平遥城内部分民宅建筑时，由于街道没有上下水设施，污水沉积使砖木结构的房屋变得潮湿、木柱腐烂，有的民宅变成危房。为应对这种情况，部分街区在翻修过程中将好的建筑构件编号整理，修复时将其置于原处，其他的构件再进行更换。⑥

包括菊儿胡同在内的上述四例，尽管不都属于北京市古民居改造，但面临的问题与北京古民居类似，解决问题的原则也与菊儿胡同异曲同工，最后都取得了一定的成效。因此，在考虑旧房安全层面的改造时，建筑师需要根据旧民居的不同情况来重新建构安全的住房环境。需要说明的是，这种重新建构不同于拆毁古民居新建其他住房：后者是完全拆除原有的民居，对用地进行全新开发规划；而前者是有选择、保护性地拆除重建，目的是为了还原古民居的经济价值，提升古民居的安全性，出于安全考虑更替结构，但依然维持原有的合院框架，没有改变它的文化价值，依然属于一种改造。⑦

二、实用层面：满足现代化的生活需求

在保障了住宅最基本的安全性后，住宅的第二个意义便是提供给居住者一个良好的住房环境。所以改造古民居时，就要考虑人们现代生活中的种种实用性需求，再在改造中针对其中古民居无法满足的需求予以改进。

---

① 吴良镛：《北京旧城与菊儿胡同》，第136页，北京，中国建筑工业出版社，1994。
② 吴良镛：《从"有机更新"走向新的"有机秩序"——北京旧城居住区整治途径（二）》，载《建筑学报》，1991（2）：7。
③ "一级危房"等根据中华人民共和国住房和城乡建设部《城市危险房屋管理条例》划定。
④ 吴晓萍、康红梅：《民族地区危房改造与少数民族传统民居保护研究：以贵州省为例》，第122页，北京，人民出版社，2015。
⑤ 韩文强：《对话老建筑：老建筑保护与改造》，第32页，北京，机械工业出版社，2020。
⑥ 王怀宇：《历史建筑的再生空间》，第93、95页，太原，山西人民出版社，2011。
⑦ 吴良镛：《北京旧城与菊儿胡同》，第85页，北京，中国建筑工业出版社，1994。

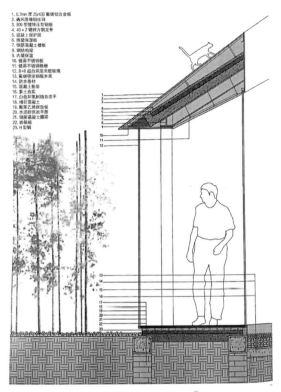

图3 "叠院儿"的加固措施[1]

目前来看，北京旧城古民居无法满足现代住房的需求有两点，即它有两方面实用性的不足。第一是古民居与现代住房相比，提供的功能少、居住的体验差。随着人们生活水平的提高，人们对住房的要求也在不断升高。绝大多数四合院无法满足现代住房具备的高度采光、高通风性、排水设施、供暖条件等要求，也无法提供更多空间来停放私家车、存储生活杂物，而且旧建筑较高的容积率更是让居者无法舒适生活。[2]第二是无法兼顾居民生活的私密性和公共性。由于人口增长，流动性增强，北京绝大多数四合院逐步演变为"杂而无院"的状态（见图4[3]）。原本一家居住的四合院变为多户杂居的"大杂院"，尽管一定程度上有利于邻里间的友好交流，但自家院落变为公共院落依然会使室内外环境结合带来的亲切感和吸引力弱化。[4]同时，"大杂院"使人均建筑面积减小，人们的日常活动也会随之缩减到最基本的起居、就餐等活动，这些活动对私密性的需求远大于公共交流性。

---

[1] 韩文强：《对话老建筑：老建筑保护与改造》，第32页，北京，机械工业出版社，2020。
[2] 容积率＝总建筑面积∶土地总面积。容积率越低，居民的舒适度越高，反之则舒适度越低。
[3] 吴良镛：《北京旧城居住区的整治途径——城市细胞的有机更新与"新四合院"的探索》，第11页，北京，中国建筑工业出版社，1989。
[4] 吴良镛：《从"有机更新"走向新的"有机秩序"——北京旧城居住区整治途径（二）》，第10页，北京，中国建筑工业出版社，1991。

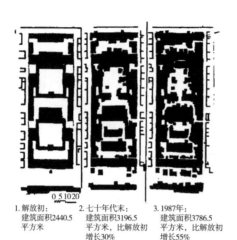

图4　四合院的衰落：四合院—大杂院—杂而无院[1]

1. 解放初：建筑面积2440.5平方米
2. 七十年代末：建筑面积3196.5平方米，比解放初增长30%
3. 1987年：建筑面积3786.5平方米，比解放初增长55%

就上述两方面问题，在菊儿胡同实际改建中，设计团队采用了多户型杂糅的方式来适配不同家庭对空间使用的选择，通过增添室外空间，如阳台、屋顶平台、增添层数（从1层至2~3层）等，改善了通风采光条件（见图5[2]），也扩大了居住面积，人均建筑面积从原有的5.3m^2/人增至12.4m^2/人。改造方案还借助附近工厂的锅炉房实现了古民居的供暖，并在新建的户型中安排了独立卫浴。就试点41号院来说，改造成功地解决了"80户人家一个厕所"的问题。[3]以上是对居住体验和基本住房功能的回应。而在应对北京古民居私密性与公共性的矛盾问题上，改造明确划分了属于各户的室内室外的私密与半私密空间。"在保证私密性的同时，利用连接体和小跨院，与传统四合院形成群体，保留了中国传统住宅重视邻里情谊的精神内核"[4]。如此一来，便有了兼具"独门独户"和公共院落的"新四合院"。

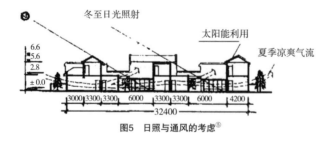

图5　日照与通风的考虑[5]

---

[1] 吴良镛：《北京旧城居住区的整治途径——城市细胞的有机更新与"新四合院"的探索》，第11页，北京，中国建筑工业出版社，1989。

[2] 吴良镛：《北京旧城居住区的整治途径——城市细胞的有机更新与"新四合院"的探索》，第15页，北京，中国建筑工业出版社，1989。

[3] 吴良镛：《从"有机更新"走向新的"有机秩序"——北京旧城居住区整治途径（二）》，第7页，北京，中国建筑工业出版社，1991。

[4] 陈蝶：《菊儿胡同，摇曳在传统与现代之间——吴良镛整治北京胡同的成功范例》，载《新材料新装饰》，2005（2）：48。

[5] 吴良镛：《北京旧城居住区的整治途径——城市细胞的有机更新与"新四合院"的探索》，第15页，北京，中国建筑工业出版社，1989。

同样考虑了实用性不足后在改造中积极满足人们生活需求的案例还有很多。原北京西城区的西四北头条至八条"煤改电"工程，通过住房改造，不仅解决了居民冬季采暖困难的问题，同时也减少了对周围环境的污染。①在北京南官房胡同8号院住房改造前，建筑面积不足导致户主缺乏大量储藏空间和会客就餐空间，甚至连私密空间都没有明确的界限。最终，改造工程通过建构屋架创造了明确的私密空间，增设了卧室及书房各一间，还巧妙地使原有客厅变成了家庭起居室，可以起居、会客、就餐兼用。②

上述例子都可证实，在实用性上对古民居妥善地改造，需要充分地寻找现代生活中古民居的不足，再尽可能地在改造中满足人们的现代生活需求。

三、美观层面：保留表达文化价值的建筑元素

根据前文分析，安全性和实用性的问题是古民居经济价值不足的反映，而古民居的文化价值主要体现在它的美观层面上。由于古民居原始的样貌就是体现它的美观性所在，意味着美观层面并没有具体的问题需要通过改造来解决，因此，建筑师要更多地让改造保留表达艺术文化价值的建筑元素。

菊儿胡同改造的总建筑师吴良镛先生认为，北京古民居区的精髓在于"合院建筑与胡同体系"，所以他将菊儿胡同的改造设计积极融入北京的城市肌理中。③为了解决实用层面空间不足、私密性差等问题，改造跳脱出传统的北京四合院构成模式，吸取苏州、福建、广东民居中大宅第的构成经验，最终结合北京古街坊独有的"鱼骨式"交通体系，以淡雅灰白色调创新性地再现古都风貌。④虽然没有延续原有合院的外观色彩，但是合院的结构基本保留，民居群落所在的胡同体系也没有被破坏，甚至一些百年老树也作为体现历史价值的景观元素得以保留。⑤吴先生抽取了街坊中"鱼骨式"的胡同布局和合院结构作为彰显传统文化艺术的建筑元素，妥善地在改造后保留了古民居的文化价值。

不同建筑师也会在保留体现文化价值的建筑元素时存在个体差异性，但是所提取的建筑元素依然都延续古民居的文化内涵。比如，在北京钱粮胡同62号院的改造中，建筑师抓住了旧墙砖做的墙壁和屋瓦做的屋面，在四合院的外部设计中再现了

---

① 陆翔：《北京四合院人居环境》，第178页，北京，中国建筑工业出版社，2013。
② 陆翔：《北京四合院人居环境》，第210~211页，北京，中国建筑工业出版社，2013。
③ 吴良镛：《从"有机更新"走向新的"有机秩序"——北京旧城居住区整治途径（二）》，第7页，北京，中国建筑工业出版社，1991。
④ 吴良镛：《北京旧城居住区的整治途径——城市细胞的有机更新与"新四合院"的探索》，第14~15页，北京，中国建筑工业出版社，1989。
⑤ 吴良镛：《从"有机更新"走向新的"有机秩序"——北京旧城居住区整治途径（二）》，第11页，北京，中国建筑工业出版社，1991。

它的古典韵味，但同时却舍弃了并不具有过高艺术价值的原民居的内部空间组织。①在江苏周庄的花间堂改造方案中可以明显看到建筑师对于住宅室内装饰的青睐——"Dariel Studio在改造的时候细心地将那些民国时期的大床、雕花木梁及砖瓦小心拆下，编号保存，原样修复后得以重现当年大户人家的气魄"（见图6）。②

图6　江苏周庄花间堂改造后的室内装饰③

在三个改造中，建筑师对体现古民居文化价值的元素有着不同看法，但无论保留何种建筑元素，都成功地表现了古时的艺术文化，一以贯之地还原传统生活的美学气息。因此，保留体现文化价值的建筑元素是妥善改造在美观层面需要遵从的原则。

"安全、实用、美观"是维特鲁威早在公元1世纪针对建筑设计提出的建筑三要素，在今天，它作为如何妥善改造北京古民居的思考维度也同样适宜。因为安全性和实用性是古民居作为一种建筑遗产经济价值的体现，美观性则是文化价值的体现。为了提升经济价值并延续文化价值，从安全、实用、美观三方面去分析问题，综合菊儿胡同及其他案例的改造手法，本文最终得到了三条具有普适性的原则。

回看菊儿胡同等改造案例，它们之所以取得成功，是因为建筑师们在改造前进行了充分的实地调研和配套的学术理论研究，最终才得出古民居存在的几乎所有方面的问题。④这些调研与学习的过程为改造的成功提供了保障，因为建筑师回到了建筑设计的原点（而非局限于改造），从这一原点出发，再次遵循"安全、实用、美观"的三原则，配合实际情况，形成了科学、完备的改造方案。

综上所述，在对今后北京的古民居建筑改造实践中，建筑师应该按照科学的方

---

① 凤凰空间·华南编辑部：《古民居改造》，第75页，南京，江苏科学技术出版社，2019。
② 凤凰空间·华南编辑部：《古民居改造》，第96页，南京，江苏科学技术出版社，2019。
③ 凤凰空间·华南编辑部：《古民居改造》，第96页，南京，江苏科学技术出版社，2019。
④ 徐小东：《我国旧城住区更新的新视野——支撑体住宅与菊儿胡同新四合院之解析》，载《新建筑》，2003（2）：9。

法对所改造的古民居进行充分调研以寻找问题，再回到设计的原点，遵循"安全、实用、美观"三方面的基本原则，最终生成改造方案，提升古民居的建筑遗产价值。也许这样的改造方案产出流程依然不够完备，也许对某些古民居改造不需要三方面兼顾，但这三条基本原则始终可以作为一套标准，在方案设计前、设计过程中或者设计结束后，用以检验改造是否完备，确保改造更加合理妥善。

6. 教师对学生终稿的反馈信

焦邦同学：

你好！

你的长文终稿对结构主线的修改非常有效，目前，经济、文化两个价值层面和安全、实用、美观三个原则的逻辑关系梳理得很清楚。特别是终稿引入部分结合经济、文化价值标准确认"改造"而非拆迁的分析过程也较为充分。另外，相较长文初稿，终稿对例证的使用、对学者观点的分析也经过了合理规划，不再像初稿时常出现重复的材料。终稿中菊儿胡同之外的例证分析也更加有效，这些例证确实能够为三条古建筑改造原则的合理性提供支持。终稿的语言也更为规范、更符合书面语的特点。

不过，文章在结构方面还有继续完善的空间：文章的引入部分仍然偏长，可以继续压缩。一般来说，引入部分只要能够解释"为什么关注这个问题、文章主要写作哪些内容、后续部分如何安排"就可以了。这样一来，"古建筑改造的必要性"就应单列一部分，而不是与引入或三个原则交糅在一起。这样文章便有引入、古民居改造的重要性、古民居改造的三个原则、结论这四大部分，其中古民居改造的三个原则包含安全、实用、美观三个小方面。调整后文章的结构会更加清晰。

正如你自己在陈述信中提到的，这学期你从短文到长文的写作其实迈过了不少"楼梯"，也最终寻找到了"合适的层高"。从野心过大的短文初稿（你似乎还想用3 000字来回答李约瑟之谜！）到现在扎实严谨的长文终稿，你在写作方面的改变非常明显。希望未来你能继续保持灵感迸发的状态，也在灵感之下仍然能够脚踏实地，探索出有效表达观点的道路。

加油～

曹柳星
（日期略）

终稿分项评价

选题观点	文献对话	观点论证	结构组织	语言表达	格式规范
A	A-	A	A-	A-	合格

主题：文化遗产

从历史上"糖饼行"的竞争演替试析传统糕点铺与新式糕点铺为何热度悬殊

指导教师：陈豪 学生：肖咏涵[*]

1. 主题概述：文化遗产

文化遗产是人类漫长历史过程的见证与宝贵财富，在我们每个人的日常生活中，都与其有所接触。热播的《国家宝藏》、历劫的巴黎圣母院、申遗成功的良渚、诡异的兵马俑主题宾馆……无一不是我们这个时代"文化遗产"及其应用的生动案例。

通常，人们认为文化遗产就是历史上遗留至今、供人凭吊的遗物。实际上，文化遗产从历史中走来，更与当今世界息息相关。我们应该如何界定、如何理解文化遗产？文化遗产究竟有没有时间下限？何为"新"、何为"旧"？城市改造是在破坏文化遗产，还是在利用文化遗产？在全球文化交融碰撞的今日，文化遗产又扮演了什么样的角色？

这些问题的背后，是城市建设、工程修复、哲学思辨、人文关怀……以文化遗产为主题的写作教学，意在引导学生阅读典籍、观察生活，立足于各自的经验与专业，深化对文化遗产的概念认知，理解文化遗产的形塑过程，分析文化遗产背后的历史社会因素，探讨文化遗产未来可能的保护与发展之道。

2. 案例概述

本案例属于写作课的"短文"，希望通过短文的写作和修改，夯实学生说理写作的基础。因此，在这个阶段，课程强调寻找问题、文献检阅、文献综述，要求学生严谨地提供支持论点的材料及其相应出处，并通过对初稿的修改，锻炼学生结构化表达的能力。

这位学生的选题非常巧妙。首先，她从自身生活经验出发，敏锐地观察到了不同点心铺在热度、受欢迎程度上的差别，而且这种差别不仅仅体现在年轻消费者的消费选择上，甚至连作者家中的长辈，也从年年购买"稻香村"（传统北京点心）转而更偏爱"泸溪河"（新兴网红点心）。其次，作者还通过文献的查阅，找到了一个观察现象的视角，从历史上就有的"糖饼行"竞争反观今日的糕点铺热度差异。

---

[*] 陈豪，清华大学写作与沟通教学中心教师；肖咏涵，清华大学本科生。

也就是说，从现象到问题，再到切入问题的角度，基本上在初稿阶段都已有了雏形。在"文化遗产"的主题下，能够找到有亲身体会的事例，还能找到学理的分析角度，可见该生的能力和课后的付出。

当然，初稿仍然呈现出了一些问题。从行文来看，作者的固有语言习惯是使用长句子表达，并有较多主观性较强的语句出现，容易使读者丧失阅读的耐心；从结构来看，作者虽已有了组织材料和观点的尝试，但难免顾此失彼，出现遗漏或重复的失误；同时，文献综述在整个文章中显得较为薄弱，对话感不强。这几点，也是在面批的过程中与作者重点讨论的几个修改方向。

从初稿到终稿，学生最大的进步是结构和文风的调整。在结构上，通过重新梳理材料、分论点、添加小标题（课程鼓励同学们使用节标题给读者更清晰地呈现文章结构，同时为了训练学生的语言表达能力，限制在大标题下最多不超过两级节标题）等方式，给读者更加清晰地呈现了她的思考；文风上，语言更加客观、冷静、简练，提升了读者的阅读体验。

而最令人感动的是该生对自我的反思，以及她在此基础上所进行的不断超越自我的努力。检索技巧的掌握提升了文章的"干货"含量，行文风格和结构表达使她获得了可迁移的写作技能，对论述的修改也使她的思维和表达更加严谨。终稿并非写作的终点，作者在课上和课后的思考、在实践过程中的尝试与努力、和教师的积极沟通，会使她的写作继续进步。

3. 含教师修改过程的学生初稿全文

中式传统糕点店铺未来路向何方
——从历史上"糖饼行"的竞争变迁试析传统糕点铺与
新式糕点铺为何热度悬殊

现象描述

今年春节前夕，泸溪河桃酥店清晨便迎来百位顾客排队等待的盛况，这不禁让我联想起过去春节前人们在稻香村中排队一整天来购买点心匣子的情景，可是时过境迁，如今的稻香村虽然春节前依旧客源充盈，但是远没有泸溪河等网红店火爆，这现象令人唏嘘，于是我决定从历史对比的角度对其一探究竟。

文献综述

为了深入了解糕点行业竞争这一话题，我通过糕点、小吃、老字号等多个关键词进行了文献检索，其中主要参考了以下三方面的资料：糕点业的历史变迁、老字号企业经营思路分析、传统糕点的改良创新。

由于糕点业并非商界重要成员，并无专著讲述其历史，涉及它的历史文献也较为稀少，但史学相关的资料中偶有涉及相关内容，① 也有学者梳理过中国糕点的发展之路，② 更有历史学研究者对于糕点铺的兴衰进行了具体分析，③ 这为我的文章提供了虽不广阔但却坚实的写作基础。

关于老字号，有不少作者曾针对其经营思路和创新方案做过调研分析，选择北京老字号作为研究对象的作者尤其多见。④⑤ 另外，也有不少论文以糕点业相关的老字号为话题展开讨论，探究中式糕点的优势和困境，并就自己的调研或思考给出应对策略。⑥ 通过阅读这些书籍、文章并比较历史和现实，我获得了许多启示，并作出了对自身现状和发展趋势的定位影响店铺热度这一论断。

至于具体的小吃和糕点，有不少作者分析过这类产品的创新与改良，⑦ 屡屡提及的关键词是"创新"和"标准化"。很多研究者认为像北京稻香村一样推出生肖系列的新产品，或者像上海的杏花楼一样做青团口味创新是老字号的创新典范，强调老字号的年轻化，⑧ 但也有部分研究者认为老字号不应该屈服于现代市场，走标准化生

【语言文法】调整行文风格。课程锻炼的说理性文章的写作能力，需要我们用更加冷静、客观的语言风格去表达具体、明确的含义，可以减少"我"的出现次数，以及情绪化较强的词语。

【谋篇布局】文献综述在学理性较强的文章中是非常关键的信息，不宜放在注释。既有研究的主要结论、研究方法等是我们开展研究的前提与基石，也是寻找研究问题的重要参照。这部分信息需要在正文呈现给读者。

---

① 李华：《明清以来北京工商会碑刻选编》，第130~150页，北京，文物出版社，1980。该书中收录了糖饼行雷祖会碑等碑刻的文字内容，其中糖饼行是糕点铺的旧称。
② 由国庆：《追忆甜蜜旧时光：中国糕点话旧》，天津，百花文艺出版社，2005。该书第一章概述了中国糕点和糕点行业的发展历史；第二章介绍了一些传统糕点铺的历史和基本情况。
③ 孙笑颜：《清代民国北京糖饼行南北案兴衰初探》，载《史林》，2020（1）。该论文具体分析了南果铺和饽饽铺的竞争和兴衰，是本文历史部分主要的资料来源。
④ 关冠年、祝合良：《北京老字号品牌创新发展的路径研究》，北京，中国商务出版社，2016。该书主要从大陆和台湾对比与合作的角度解读了老字号的现状，并给出了发展策略。
⑤ 杨英梅：《北京老字号活化策略研究》，北京，中国轻工业出版社，2014。该书主要通过经营现状、消费者心理等分析了品牌老化的原因并结合国内外的品牌的经验给出了活化策略。
⑥ 例如王园媛、秦晓杰：《中式糕点可持续发展对策探讨》，载《现代食品》，2019（21）；陈玲：《中式糕点的市场发展趋势》，载《烹调知识》，2001（11）。两篇文章的内容如题目所现，展示了作者对中式糕点的未来发展思路的调研和思考。
⑦ 吴昊等：《传统美食向食物设计转化的创新探索实务：以成都糖油果子为例》，载《产业与科技论坛》，2019，18（7）；曾嘉煜等：《符号学视野下的传统糕点设计的创新探究——以苏式糕点与日式糕点为例》，载《艺术科技》，2017（1）。这两篇文章以创新为关键词给出了传统糕点的发展之道。
⑧ 何艳、张宁：《北京老字号的文化传承与创新——北京稻香村个案分析》，载《品牌研究》，2018（6）；张恒军：《北京稻香村：把中华文化的味道融入糕点》，载《商业文化》，2017（15）。

主题：文化遗产

产，而是要保留产品和工艺的原汁原味。①对于这些观点，我不敢苟同，但这些交锋的观点能帮助我理解大众眼中的传统糕点铺，从而完成我自己的分析和论断。

原因分析

无论是历史上南果铺的入京还是今日的新式糕点铺进入大众视野，"新鲜"都是造成它们火爆的关键原因。明清时期，南果铺随着迁都等政治因素入驻京城，其具有南方特色的点心和店面成功吸引了惯于食用北方饽饽的皇家贵族及平民百姓，并用细腻的口感和甜蜜的风味俘获了大众的心，于是南果铺成功地取代了饽饽铺，成为了人们购买点心的主要去处。②③今日也是同样，就以我观察到的泸溪河桃酥店为例，它最初在南京起家，打开销路后北上进入京城，依靠新鲜网红店的号召力、一传十传百的口碑受到大量消费者的青睐。④此处暂时不考虑口味因素，只从"北上初入京城吸引大量消费者"这一现象来看，店铺的新鲜度是历史上南果铺和如今的新式糕点如此火爆的重要原因。无论从心理学的角度还是从日常生活经验来看，人们对生活中司空见惯的事物总会出现审美疲劳，而对新鲜事物总是抱有好奇的心态和尝试的欲望，在这般心思的作用下，新鲜的店铺总能吸引大量消费者的注意力和购买力，而"新鲜感"和"审美疲劳"的强烈对比使得品质相当的新鲜事物能在消费者心中留下优于自身品质的良好印象，甚至能够改变消费者的习惯，更新消费者的选择，这是商业店铺代代更迭的重要原因。⑤

一家店铺的"新鲜"能够吸引消费者，但是，只有良好的品质和实惠的价格才能留住消费者，长盛不衰。⑥对于糕点而言，口感和

【谋篇布局】从上文顺接而来，突然出现"原因分析"，读者会有疑惑，不知要分析什么事的什么原因。可以在节标题和正文行文中都给读者作好铺垫，使他们更易理解这篇文章想表达的意思。

【逻辑论述】这个注释里，已经用了"大众点评"等评价类App中的材料。可以更加充分地利用这些一手材料，用举例、举数等方法，进一步进行现象呈现和说明。

【逻辑论述】可以寻找相关研究支撑这个论断。

【谋篇布局】这里提到了"品质"和"价格"两个点，但后文只讨论了其中一个，"价格"的讨论缺失。要注意文章的前后对应。

---

① 闫丽华：《小吃也"被标准"了》，载《大众标准化》，2010（1）；卞文志：《中国传统小吃的方向》，载《中外企业文化》，2017（5）。这两篇文章均批判性地看到了传统糕点铺现代化的现象。
② 孙笑颜：《清代民国北京糖饼行南北案兴衰初探》，载《史林》，2020（1）。该论文中描述了南果铺与饽饽铺的兴衰现象，由于缺乏一手资料，此处只转述其中的描述。
③ 由国庆：《追忆甜蜜旧时光：中国糕点话旧》，天津，百花文艺出版社，2005。该书第2章，第28~31页介绍了南果铺和饽饽铺的相关历史情况。
④ 在大众点评等较为广泛使用的美食评价应用中，虽然新式糕点铺的开业时间短，但是评论的数量和语言热情程度远胜于传统糕点铺，评价的热情在网络时代也会很大程度作用于店铺的热度。
⑤ 杨英梅：《北京老字号活化策略研究》，北京，中国轻工业出版社，2014。该书第3章，第56~61页讲述了从认知心理学派和社会心理学两个角度分析品牌活化的途径，除了旧情怀，创新、营造新鲜感是作者提及的主要策略。
⑥ 关冠军、祝合良：《北京老字号品牌创新发展的路径研究》，第23页，北京，中国商务出版社，2016。杨英梅：《北京老字号活化策略研究》，第22页，北京，中国轻工业出版社，2014。前者在分析创新体系时提及了产品的重要作用，后者在分析老字号的竞争力时也提及了产品本身的重要作用。

风味就是最重要的品质因素。从历史上的记载和如今人们的评价以及亲身体验来看，较好的口感和更合于当时人们喜好的风味是当初南果铺取代饽饽铺和如今新式糕点取代传统糕点的重要原因。众所周知，受到自然因素和人文因素的多重影响，相较于南方人，北方人饮食习惯较为"粗糙"，再加上满族是马背上的民族，京城自有的饽饽铺以满汉结合为特色，售卖的糕点大多比较干硬，口味也相对单一，而"迁徙"而来的南果铺所售卖的南方点心则制作精细，用料丰富且口味甜腻。①②③"食不厌精脍不厌细"，无论对平民百姓还是皇家贵族，食用点心本是为了身心享受，自然希望入口之物口感细腻、制作精良。现代科学实验已经证明甜味能刺激人类的神经系统，使之分泌相关激素，给人带来快感，所以南方糕点于情于理会成为大多数人的选择。今日也同理，过去几十年习惯了稻香村的老人家在尝试了泸溪河的桃酥之后也不愿再回归传统糕点，④现代年轻人对于该店产品更是无比追捧，其原因便在于泸溪河的桃酥口感更加松软，⑤对牙口不好的老年人更加友善，且甜度适中，不像一些加入甜腻馅料的传统糕点在食用时会成为心理和健康的负担。综上所述，作为店铺，产品自然是最重要的消费者导向，当初的南果铺和如今的新式糕点都是因为更加良好的口味和更合于人们的喜好才能成功地占有市场，而饽饽铺和传统糕点也正是因为口感、口味的缺陷才失去了往日的热度。

店铺本身的形象、产品和发展趋势固然是糕点铺热度的重要影响因素，但我们也不可否认，消费者心中对于店家的"刻板印象"

【逻辑论述】既然已经提到了实验，那么和前面一样，也可以寻找相关研究支撑这个论断。

---

① 李家瑞：《北平风俗类征》，北京，北京出版社，2010。该书辑录了《旧都百话》中的如下表述："南人喜甜，肴馔果点，以糖为庖制之要素，甜味太浓。吃惯了南点者，不无单调之感……糖多固是一病，但制法松软，不似北方饽饽式的点心之干硬，此乃南胜于北之大优点。由于没有获得相关电子或纸质书籍，此处转引自孙笑颜：《清代民国北京糖饼行南北案兴衰初探》，载《史林》，2020（1）。
② 由国庆：《追忆甜蜜旧时光：中国糕点话旧》，天津，百花文艺出版社，2005。该书第2章，第28~31页介绍了南果铺和饽饽铺的相关历史情况，提及了南方糕点的特色。
③ 高智勇：《北京糕点业的由来与发展》，《北京文史资料》第65辑，第160页，北京，北京出版社，2002。该书中描述了南果铺和饽饽铺的差异，但笔者未能获得文史资料原文，此处转引自孙笑颜：《清代民国北京糖饼行南北案兴衰初探》，载《史林》，2020（1）。
④ 这里的案例来自笔者本人的外祖父，他自幼生活在北京，对于传统店铺本身充满情怀，但是受到泸溪河桃酥的吸引，最近改变了日常的购物习惯，屡屡前往泸溪河进行采购，并且在春节排队人数过多被迫回归传统糕点铺采购时作出了上述评价。
⑤ 在大众点评中，网友们对于他家的桃酥口感尤其推崇，酥软可口是评价的主要关键词。

主题：文化遗产

对店铺的销量和流量也起到极大的作用。①无论是学者孙笑颜的论文，②还是书籍《追忆甜蜜旧时光：中国糕点话旧》③都提及尽管饽饽铺在糕点的行业竞争中败下阵来，但是每逢在宗教祭祀的特殊场合或是过年过节的庆典仪式上，饽饽铺所生产的蜜供依然保持着不可取代的作用，依靠这笔固定的收入来源，饽饽铺仍然在糕点市场占有一席之地。不难看出，虽然人们在日常饮食中更倾向于味道甜美，口感细腻的南方点心，但在宗庙祭祀，庆祝节日等传统活动中，仍旧依赖于旧式的北方糕点，故而我们可以认为南果铺是日常消费场所，而饽饽铺成为特殊时刻的固定去处。尽管"特殊"比"日常"看似地位更高，但对于糕点这样依赖点滴销量，长久取胜的行业来说，成为人们的"日常"才是取胜的关键。从时下我对稻香村和泸溪河两家店铺的调研中也看出类似的现象，据泸溪河的店员介绍，该店位于新中关购物中心的门店④在疫情限流前一天的客流量多达600~700人，即使因为疫情暴发后商场施行限流措施，在非极端天气的日子一天也有300~400人光顾，⑤而位于城乡超市底商的稻香村⑥的店员则描述该店日均客流量在700~800人，在春节、中秋节等传统节日或春分、秋分等节气，会迎来消费高峰。⑦但在我的体验中，每次经过泸溪河，这里都有不少人排队等待（见图1），而人们平时购买点心和节日前夕采购特殊食品在稻香村所花费的时间却有很大差异（见图2）。由此可见，今日的新式糕点铺和传统糕点铺也存在日常去处和节庆仪式感的作用区分，因而在热度和销量上产生了明显的差异。无论何时，传统糕点铺似乎总会陷入了这样的可悲境地：由于人们对于传统节日具有相当的仪式感，它们拥有了更高的地位和更重要的作用，但却实际上远离了日常生活，失去了必需品的地位，也因此失去了流量和销路。新式店铺看似平凡日常，却真正地

【逻辑论述】【谋篇布局】
这里有两层意思，用句号分开了。一是：南果铺是日常饮食的消费场所，饽饽铺是特殊节日、仪典时的消费场所；二是：日常销量是营销额的关键。这中间并不构成直接的因果关系，连着叙述在逻辑上有些跳跃。
可以试试去论证第二点：对于点心铺来说，是否"日常"销售真的是取胜关键？

---

① 杨英梅：《北京老字号活化策略研究》，北京，中国轻工业出版社，2014。该书第二章调查了消费者对北京老字号的态度，由于此处用于举例分析的店铺是北京的老字号稻香村，故作出上述分析论断。
② 孙笑颜：《清代民国北京糖饼行南北案兴衰初探》，载《史林》，2020（1）。
③ 由国庆：《追忆甜蜜旧时光：中国糕点话旧》，天津，百花文艺出版社，2005。
④ 该店位于新中关购物中心地下一层，仅有一间店面，不考虑后厨人员，仅有3~4位店员进行销售，一位引导员维持秩序，组织微信拿号。
⑤ 该资料源自2021年3月12日对于泸溪河（新中关店）店员的采访。
⑥ 该店为城乡超市底商，是独立店铺，有多个柜台，经营糕点、熟食、生鲜等多种食品。
⑦ 该资料源自2021年3月12日对北京稻香村（城乡仓储店）店员的采访。

图1　3月12日泸溪河新中关店排队景象（这天下雨较大，空气质量差）

图2　3月13日稻香村城乡仓储店排队景象（这一天是农历二月初二，恰逢传统节气）

深入人心，在很多人的生活中不可缺少，故而拥有了热度，收获了利润，占有了市场。

不论是关于中式传统糕点如何获得现代市场的研究，还是关于老字号如何品牌活化的讨论，创新、改良、适应现代人品位都是其中屡屡提及的关键词。① 因此，如何对自己的定位和如何规划未来发展是当代传统糕点店铺正面临的重要课题。事实上，历史上南果铺的"兴"与饽饽铺的"衰"也证明了正确地选择发展方向对于店铺的未来具有重大意义。南果铺进入京城之后，尽管是靠着南方独特的风味和技术吸引了大量京城顾客，但它们仍然选择吸纳北方元素对自己的产品进行改良，主动适应北方顾客的需求和品位，因而愈发地受人喜爱和追捧。② 相反，饽饽铺在竞争中没有作出改变，仅是

【谋篇布局】这个部分的内容和前文"原因分析"中提及的论点有所重合，可以考虑融入／删减。

---

① 李芳：《老字号，如何逆袭成"网红"》，载《全球商业经典》：2018（7），该文中提及了品牌年轻化的观点。
② 孙笑颜：《清代民国北京糖饼行南北案兴衰初探》，载《史林》，2020（1）。该论文在分析南北案差异时提及了该现象，笔者未找到相关史料，故转用其描述。

主题：文化遗产

传承旧工艺，生产旧式点心，最终沦落为节庆用品的售卖者。①类似地，对自己发展方向的定位也是新式糕点铺和传统糕点铺具有悬殊热度差异的原因之一。例如，泸溪河虽然主要经营传统点心桃酥，但是其产品配方、口感和生产的设备都已不是传统的模式，它将口感微硬的桃酥改良至酥松，并融入了核桃仁、咸味桃酥等新配方，使用先进的烤箱现做现卖，将传统糕点转化为适应现代市场需求的商品。②反观北京稻香村，虽然很多论文书籍视它为创新"典范"，认为像北京稻香村这样推新品、营造新模式店铺是老字号"自救"的可模仿范例，③但我认为稻香村对自己的定位没能脱离前述人们对传统糕点铺的刻板印象，它推出的新产品多是按照节气时令，意味着它摆脱不掉节庆提供商的身份，而它作出的新口味通常是传统的外壳加上新式的馅料，④大程度地破坏了传统的糕点口味，很容易造成褒贬不一、大众接受度低的悲剧，⑤想必这是它在热度争夺战中不能占有先机的重要原因。综上所述，传统糕点铺和新式糕点铺的发展趋势与自我定位也是热度差异的重要作用者。

小结

通过阅读文献，观察生活和调查身边的消费者，我以泸溪河和北京稻香村两店为例进行分析，通过与历史上南果铺和饽饽铺兴衰进行对比，将新式糕点铺和传统糕点铺热度差异的形成原因概括为上述四点：店铺的新鲜度、产品的口味、消费者的刻板印象以及店铺发展趋势。虽然目前的热度差异令人担忧传统糕点铺的未来，但不论从哪一条因素出发，传统糕点铺都并非无路可走，而是拥有重获生机的机遇。

---

① 李华：《明清以来北京工商会碑刻选编》，北京，文物出版社，1980。该书中收录了《马神庙糖饼行行规碑》，其中提及了糖饼行在节庆仪式中的作用。这里的解读借鉴自孙笑颜：《清代民国北京糖饼行南北案兴衰初探》，载《史林》，2020（1）。
② 值得注意的是，虽然泸溪河对产品进行了种种改造，但当我们品尝到该店的糕点时，可以明确地辨认出这是传统点心桃酥，而不会误认为它是其他创新产品，这说明在改良的同时，其也在最大程度上尊重了传统。
③ 何艳、张宁：《北京老字号的文化传承与创新——北京稻香村个案分析》，载《品牌研究》，2018（6）；张恒军：《北京稻香村：把中华文化的味道融入糕点》，载《商业文化》，2017（15）。两篇文章均提及了这一观点。
④ 以稻香村今年春节的特色产品为例，哞哞饼是传统的点心皮上绘制了牛年图案，并辅以牛油果馅料。
⑤ 在浏览大众点评时，笔者发现，尽管稻香村的好评比率很高，但对于其近日推出的新品有人极力吹捧，也有人表示不能接受。

总体点评：

从文章中可以看到你对生活的敏锐观察，同时，不止于此，你还在观察的基础上展开相应的资料查阅和原因思考。文中"原因分析"等叙述内容，可以读到你在得出研究结论的基础上还进行了如何写作的思考，体现了对研究成果的梳理。

本文需要最大调整的地方是行文风格。多使用语意明确的短句子，既要减少口语化的叙述，也要删减内容重复的长句子，使语言更加凝练明快；细节上，可以减少主观词语的使用，如搜索全文，可以发现：

此外，注释中已经给出了较多参考文献，可以看出你下了不小的功夫。但文章仍然可以在检阅文献的基础上提供更加有针对性的文献综述、补充更加翔实的依据，使全文的"问题"更加聚焦，论据更加充分、明确、可信。

在文章整体结构上，也可以进一步整合，使前后文做好结构上的呼应，不要漏掉前文提到的论点，也不要出现重复的内容，具体可参见文中相关批注。

标题可再斟酌，使其精练一些。

4. 学生的修改陈述信

陈豪老师：

您好！我是肖咏涵，非常感谢您在过去的八周中对我短文写作的指导，在此向您陈述我短文的写作过程和一些心得。

本文的核心话题如题目所述，核心目的是探究传统糕点铺和新式糕点铺热度差异悬殊的原因。本文最初的灵感来自于寒假期间一段亲身经历，传统糕点铺的落寞和新式糕点铺的兴盛让我有些惊讶和感慨，希望一探究竟。在搜集资料过程中，孙笑颜先生关于清代糖饼行的研究论文令我感触颇深，再加上受到短文篇幅和资料来源的限制，我最终将研究问题由广泛的原因探究和策略分析转变为深入历史视角进行原因分析，这也正是我终稿所呈现的题目。

从短文的初稿到终稿，我主要进行了以下几个方面的修改：结构和语言风格的调整、资料支撑的补充以及论述的严谨化。在结构方面，按照分论点之间应该互不重叠、尽可能穷尽的原则，我将原来的四个原因整合为三个，并且对文章的自然段进行了分割，加入了小标题和节标题的提示来提高文章的可读性；在语言风格方面，初稿中的表达有些口语化，使用了过多的主观词汇，在修改过程中，我对文章中的用词加以修饰，尽量书面化，并通过简化语言，使用客观表述减少了主观表达的部分，使文章尽可能学术化；在资料的补充方面，我通过学术研究文章对文章中提及的关于甜味刺激多巴胺分泌和审美疲劳的命题加以佐证，以提高文章的说服力；在论述方面，在老师的建议下，我以新闻报道为依据增加了对于店铺日常销量重要性的论证，听过同伴的建议后，我同样利用网络上的资源尝试印证了我所描述的热度差异。

在修改过程中，我认为最有成就感的部分是看着自己的文章一步步变得严谨、充实。虽然在初稿的写作过程中我已经对自己的文章进行过写作主题的微调和写作内容的打磨，但是初稿所呈现的文章和"完备"相距甚远，尤其是和老师面谈过后，我发现了自己许多可以改进的不足之处，并依此进行了修改。虽然最终的文章依然不可能完美，但是在反复修改的过程中，以个人的读者视角来看，我认为自己的文章不断变得亲近读者、有说服力，这让我感觉颇有成就感。

在写作过程中，有两个对我挑战较大的点：第一是资料的搜索，第二是语言风格的修改。本人之前对于网络资源的使用技能颇为贫乏，对于图书馆等学校学术资源的利用经验也几乎为零，刚刚开始写作时，我只知道从知网上疯狂搜罗相关论文，缺少对于其他资料库的使用和图书资源的利用，获取的文献资料主题单一，不足以支撑我的文章写作。后来借助于同学和老师的指导，我学会了使用内容更加广泛的读秀学术搜索和丰富的图书馆电子资源，并通过预约途径获得了闭架收藏的历史文献资料，还通过扩展关键词和使用高级检索模式，更好地利用了我已知的知网等学术论文资料库，这使得我文章的参考文献得到了极大的丰富，原因分析和文章写作的过程也变得流畅，最终呈现出现在的文稿。语言风格过于主观是我之前写作中就出现的问题，曾经几度试图修正都未获得很好的成效，所以在面批过程中，老师提及语言风格的修改建议让我颇为担忧。但是在终稿的成文过程中，我不断地进行"自我克制"，减少文章中"我"的出现次数，尽量使用逻辑关联词而非主观词汇连接文章各个句子和段落，至少在修改稿形成的过程中获得了老师的肯定。在未来的写作中，我会不断地对该不良习惯进行修正，解决写作风格给我带来的挑战。

关于可迁移的写作技能，"成功"应对上述两个挑战所带来的技能提升对我而言颇为重要。无论是中英文的课堂作业还是未来必将面临的学术写作，资料收集的充分性都十分重要。我在本次写作过程中掌握了使用校外网络资源、校内电子资料库和图书馆纸质资料的初步技能，并相信在未来的长文写作中会获得进一步提升，这对于我未来的写作生涯绝对大有裨益。另外，我最近刚刚因为写作文章缺少干货、语言风格不良被学长在稿件中大加删改，故我认为本文写作过程获得语言风格调整的经验对于我未来的写作也具有重要的指导意义，属于可迁移的技能。

如果可以，我希望在数据引用、资料支撑方面进一步修改本文，按照同学给出的建议进一步提升本文的说服力。在终稿的写作过程中，为了增加论述的严谨性，我尝试过按照同学提供的建议搜索企业的年报和盈利情况，但由于该类别的公开资源有限，且个人对经济方面的了解甚少，不便作出分析和评论，故而迫于时间和能力的限制放弃了这一尝试。如果未来有时间和机会进行再次的学习和修改，我希望在这一方面进一步完善本文。

在整个成文过程中，由于缺乏写作经验和对自己的自信，我几度在课后或者通过邮件叨扰老师，在这里表示十分抱歉。也真的非常感谢您提供的指导和建议，这对于我的文章成形具有重要作用。最后写下一点点个人感想：这次的写作过程其实比我想象中要顺利一些，高三一年的语文学习一直是令我头大的难题，我之前对于"写作"这门类似于语文的课程充满恐惧，但是真的开始写作之后，发现只要一步一步地向前推进，不断解决遇到的荆棘坎坷，写作可以成为一个舒畅而非痛苦的过程。另外，之前从来没想过我能够从寒假生活中家人一个小小感慨写出一篇3 000字的文章，也没想到文化遗产这个看似宏大充满着历史文化的深奥主题也可以以如此日常、微妙的话题切入进行探讨，这次写作确实更新了我的认识。对于即将开始的长文写作，我虽然还是有一点点担忧，但相比课程开始时，也增加了一些期待，希望在未来的八周里，我能做得更好，收获更多。

再次向您表达衷心的感谢，祝您工作顺利，生活愉快！

肖咏涵
（日期略）

5. 学生终稿全文

从历史上"糖饼行"的竞争演替试析传统糕点铺与新式糕点铺为何热度悬殊
新旧糕点铺热度差异现象概述

今年春节前夕，泸溪河桃酥店清晨便迎来百位顾客排队等待的盛况，①这和过去春节时人们在稻香村中排队一整天来购买点心匣子的情景十分相像。②可时过境迁，

---

① 目前，以"泸溪河排队"为关键词在各大搜索引擎进行搜索，均能找到相关的提问和讨论，在广为应用的软件知乎上有专门针对该话题的讨论区，更有美食博主借此话题宣传自己的相关博文。
知乎网址：https://www.zhihu.com/question/322267214
博文举例：（搜狐视频，博主名为齐妈私厨）https://www.56.com/u53/v_MTY3Nzk3Mzg2.html
② 林晖、张鑫：《稻香村等提前开门营业"回门儿"点心匣子断货》，2012年1月24日，http://news.sohu.com/20120124/n332935562.shtml。这条旧新闻中，稻香村在春节期间的排队状况夸张至极，记者更是预测稻香村春节期间销售额能达到1亿元，而近几年相关报道虽然依然存在，但夸张程度远不如旧日，例如下文。
千龙网：《探店丨小年到年货俏 北京稻香村打点心匣子排长龙》，2019年1月28日，https://www.sohu.com/a/291948084_161623
（由于文章原有出处难以寻得，此处均提供了作者阅读该新闻的搜狐新闻链接）。

如今的稻香村等传统糕点铺虽然依旧客源充盈，但是远没有泸溪河这类新式糕点铺火爆。本文将尝试从历史视角对这一现象进行原因的探究和分析。

文 献 综 述

热度差异，归根结底是行业竞争中孰优孰劣，而相关糕点行业竞争的文献主要探讨了以下三个话题：糕点业的历史变迁、老字号企业经营思路分析、传统糕点的改良创新。

由于糕点业并非商界重要成员，相关历史专著难以寻得，谈及它的历史文献也较为稀少，但史学资料中偶有涉及相关内容：《明清以来北京工商会碑刻选编》中收录了糖饼行雷祖圣会碑等碑刻的文稿；[1]书籍《追忆甜蜜旧时光：中国糕点话旧》中作者由国庆梳理了中国糕点的发展之路；[2]历史学研究者孙笑颜分析了清代南果铺取代饽饽铺以及传统糕点铺最终衰落的原因。[3]这些资料是本文展开写作的基础。

有不少作者曾针对老字号的经营思路和创新方案做过调研分析，而北京老字号是他们青睐的研究对象。[4][5]另外，也有部分论文以糕点业相关的老字号为话题展开讨论，探究中式糕点的优势和困境，并就自己的调研或思考给出应对策略。[6]这些书籍、文章中的观点和数据是本文进行原因分析的重要参考资料，对自身现状和发展趋势的定位影响店铺热度这一思考便生发于此。

至于传统糕点的创新改良，研究者们屡屡提及的关键词是创新和标准化。[7]大量研究者认为像北京稻香村一样推出生肖系列的新产品，或者像上海的杏花楼一样做青团的口味创新是老字号创新典范，强调老字号要年轻化，[8]但也有部分研究者认为老字号不应该屈服于现代市场、走标准化生产，而是要保留产品和工艺的原汁原味。[9]这些交锋的观点有助于笔者理解大众眼中的传统糕点铺。

---

[1] 李华：《明清以来北京工商会碑刻选编》，第130~150页，北京，文物出版社，1980。
[2] 由国庆：《追忆甜蜜旧时光：中国糕点话旧》，天津，百花文艺出版社，2005。该书第一章概述了中国糕点和糕点行业的发展历史，第二章介绍了一些传统糕点铺的历史和基本情况。
[3] 孙笑颜：《清代民国北京糖饼行南北窠兴衰初探》，载《史林》，2020（1）。该论文具体分析了南果铺和饽饽铺的竞争与兴衰，是本文历史部分主要的资料来源。
[4] 关冠军、祝合良：《北京老字号品牌创新发展的路径研究》，北京，中国商务出版社，2016。该书主要从大陆和台湾对比及合作的角度解读了老字号的现状，并给出了发展策略。
[5] 杨英梅：《北京老字号活化策略研究》，北京，中国轻工业出版社，2014。该书主要通过经营现状、消费者心理等分析了品牌老化的原因并结合国内外品牌的经验给出了活化策略。
[6] 王园媛、秦晓杰：《中式糕点可持续发展对策探讨》，载《现代食品》，2019（21）；陈玲：《中式糕点的市场发展趋势》，载《烹调知识》，2001（1）。两篇文章的内容如题所现，展示了作者对中式糕点的未来发展思路的调研和思考。
[7] 吴昊等：《传统美食向食物设计转化的创新探索实务：以成都糖油果子为例》，载《产业与科技论坛》，2019，18（17）；曾嘉煜：《符号学视野下的传统糕点设计的创新探究——以苏式糕点与日式糕点为例》，载《艺术科技》，2017（1）。这两篇文章以"创新"为关键词给出了传统糕点的发展之道。
[8] 何艳、张宁：《北京老字号的文化传承与创新——北京稻香村个案分析》，载《品牌研究》，2018（6）；张恒军：《北京稻香村：把中华文化的味道融入糕点》，载《商业文化》，2017（15）。
[9] 闫丽华：《小吃也"被标准"了》，载《大众标准化》，2010（1）；卞文志：《中国传统小吃的方向》，载《中外企业文化》，2017（5）。这两篇文章均批判性地看到了传统糕点铺现代化的现象。

借助于上述文献资料，综合现实状况与作者个人思考，下文中将一一阐释三个可能存在热度差异背后的原因。

传统糕点铺与新式糕点铺热度差异原因分析

店铺新鲜感

无论是历史上南果铺的入京还是今日的新式糕点铺进入大众视野，"新鲜"都是它们火爆的关键原因。明清时期，南果铺随着迁都等政治因素入驻京城，其具有南方特色的点心和店面成功吸引了惯于食用北方饽饽的皇家贵族及平民百姓，并用细腻的口感和甜蜜的风味俘获了大众的心，于是南果铺成功地取代了饽饽铺，成为了人们购买点心的主要去处。①②今日也是同样，以前文提及的泸溪河桃酥店为例，它最初在南京起家，打开销路后北上进入京城，凭借网红店的号召力、一传十、十传百的口碑受到大批消费者的青睐，在大众点评等较为广泛使用的美食评价应用中，泸溪河开业时间虽不长，但网友的评论数量和语言热情程度远胜于对传统糕点铺，而这些是大数据时代店铺在应用中进入推荐列表、热搜榜单的重要参考指标，能使这些"热议"店铺的热度进一步提升。③

此处暂时不考虑口味因素，只从"初入京城吸引大量消费者"这一现象来看，新鲜感无疑是突出的影响因素。无论从心理学专业的角度还是凭借日常生活经验来看，人们对生活中司空见惯的事物总会产生审美疲劳，而对新鲜事物总是抱有好奇的心态和尝试的欲望。在这般心思的作用下，新鲜的店铺总能吸引大量消费者的注意力和购买力，而"新鲜感"和"审美疲劳"的强烈对比使得品质相当的新鲜事物能在消费者心中留下优于自身品质的良好印象，甚至能够改变消费者的习惯、更新消费者的选择，这是商业店铺代代更迭的重要原因，糕点业自然逃不出这个怪圈。④⑤

产品品质与消费者迎合度

一家店铺的"新鲜"能够吸引消费者，但只有一贯良好且不断升级的品质才能留住消费者，长盛不衰。在关于老字号如何创新活化的研究中，产品的品质是作者

---

① 孙笑颜：《清代民国北京糖饼行南北案兴衰初探》，载《史林》，2020（1）。该论文描述了南果铺与饽饽铺的兴衰现象，由于缺乏一手资料，此处只转述其中的描述。
② 由国庆：《追忆甜蜜旧时光：中国糕点话旧》，天津，百花文艺出版社，2005。该书第2章，第28~31页介绍了南果铺和饽饽铺的相关历史情况。
③ 在大众点评中，其各店铺均有2000+网友评论热议，推荐桃酥的网友尤其众多，它目前评分平均值在4分左右，在少量的差评中，它的主要槽点在于饥饿营销即排队等候过久或者产品余量不足。
④ 杨英梅：《北京老字号活化策略研究》，北京，中国轻工业出版社，2014。该书第3章，第56~61页讲述了认知心理学派和社会心理学两个角度分析了品牌活化的途径，除了依靠旧情怀，创新、营造新鲜感是作者提及的主要策略。
⑤ 邱晔：《新时期消费者审美疲劳问题探析》，载《开放导报》，2018（4）。该文分析了审美疲劳对消费者的影响，论证了解决审美疲劳问题对于制造业吸引消费者进一步发展的重要性。

展开讨论的基础,①而在中式传统糕点如何获得现代市场的研究中,创新改良、适应现代人品位更是屡屡提及的关键词,②对于糕点而言,只有口味良好,并且根据消费者需求不断改善才能在市场竞争中拔得头筹。从历史上的记载和如今人们的评价以及亲身体验来看,是否做到这一点是当初南果铺取代饽饽铺和如今新式糕点打压传统糕点的重要原因。

众所周知,受自然因素和人文因素的多重影响,相较于南方人,北方人饮食习惯较为"粗糙",再加上满族是马背上的民族,其食物以便携、不易腐败为特色,京城自有的饽饽铺多是满汉结合,售卖的糕点比较干硬,口味也相对单一,而"迁徙"来的南果铺所售卖的南方点心则制作精细,用料丰富且口味甜腻。③④⑤"食不厌精脍不厌细",无论对平民百姓还是皇家贵族,食用点心本是为了身心享受,自然希望入口之物口感细腻、制作精良。现代科学实验已经证明甜味能刺激人类的神经系统,使之分泌相关激素,给人带来快感,⑥所以南方糕点于情于理会成为大多数人的选择。更具优势的是,南果铺进入京城之后,不仅依靠前述南方风味、技术吸引了大量京城顾客,还吸纳北方元素进行产品改良,主动适应北方顾客的需求和品位,因而愈发地受人喜爱和追捧。⑦相反,饽饽铺在竞争中没有作出改变,仅是传承旧工艺,生产旧式点心,最终沦落为节庆用品的售卖者。⑧

今日也是同理,泸溪河的桃酥之所以受到年轻人的追捧,⑨并让习惯食用传统糕点几十年的老人家改变习惯,⑩是因为虽然主要经营传统点心桃酥,但是它的产品配

---

① 关冠军、祝合良:《北京老字号品牌创新发展的路径研究》,第23页,北京,中国商务出版社,2016;杨英梅:《北京老字号活化策略研究》,第22页,北京,中国轻工业出版社,2014。前者在分析创新体系时提及了产品的重要作用,后者在分析老字号的竞争力时也提及了产品本身的重要作用。
② 李芳:《老字号,如何逆袭成"网红"》,载《全球商业经典》,2018(7)。该文中提及了品牌年轻化的观点。
③ 李家瑞:《北平风俗类征》,北京,北京出版社,2010。该书辑录了《旧都百话》中的如下表述:"南人喜甜,肴馔果点,以糖为庖制之要素,甜味太浓。吃惯了南点者,不无单调之感……糖多固是一病,但制法松软,不似北方饽饽式的点心之干硬,此乃南胜于北之大优点。由于没有获得相关电子或纸质书籍,此处转引自孙笑颜:《清代民国北京糖饼行南北案兴衰初探》,载《史林》,2020(1)。
④ 由国庆:《追忆甜蜜旧时光:中国糕点话旧》,天津,百花文艺出版社,2005。该书第2章,第29~31页介绍了南果铺和饽饽铺的相关历史情况,捏及了南北方糕点的特色。
⑤ 高智勇:《北京糕点业的由来与发展》,载《北京文史资料》,第65辑,第160页,北京,北京出版社,2002。该书描述了南果铺和饽饽铺的差异,但笔者未能获得文史资料原文,此处转引自孙笑颜:《清代民国北京糖饼行南北案兴衰初探》,载《史林》,2020(1)。
⑥ P. Rada, N. M. Avena, B. G. Hoebel, "Daily bingeing on sugar repeatedly releases dopamine in the accumbens shell", Neuroscience, Volume 134, Issue 3, 2005, pp. 737-744. 该论文中证明这一命题。
⑦ 孙笑颜:《清代民国北京糖饼行南北案兴衰初探》,载《史林》,2020(1)。该论文在分析南北案差异时提及了该现象,笔者未找到相关史料,故转用其描述。
⑧ 李华:《明清以来北京工商会碑刻选编》,北京,文物出版社,1980。该书中收录了《马神庙糖饼行规碑》,其中提及了糖饼行在节庆仪式中的作用。这里的解读借鉴自孙笑颜:《清代民国北京糖饼行南北案兴衰初探》,载《史林》,2020(1)。下一原因中,作者也将对此展开具体的分析讨论。
⑨ 在大众点评中,网友们对泸溪河的桃酥口感尤其推崇,"酥软""可口"是评价的主要关键词。
⑩ 这里的案例来自笔者本人的外祖父,他自幼生活在北京,对于传统店铺本身充满情怀,但是受到泸溪河桃酥的吸引,最近改变了日常的购物习惯,屡屡前往泸溪河进行采购,并且在春节排队人数过多被迫回归传统糕点铺采购时作出了上述评价。

方、口感及生产的设备都已不是传统的模式,它将口感微硬的桃酥改良至酥松,这让牙口不佳的老年人深感其产品的友善;它降低了糕点的甜度,并融入了核桃仁、咸味桃酥等新配方,不像一些加入甜腻馅料的传统糕点在食用时会成为心理和健康的负担,这赢得了年轻人的喜爱;它使用先进的烤箱现做现卖,成功地将传统糕点转化为适应现代市场需求的商品。①反观传统店铺北京稻香村,其产品的质量虽然有老字号的品质保障,值得信赖,但是在甜度和硬度等糕点关键因素上远不如泸溪河等新式店铺适合现代人的口味。虽然很多论文、书籍视它为创新"典范",认为它推新品的模式是老字号"自救"的可模仿范例,②但稻香村对自己的定位没能脱离人们对传统糕点铺的刻板印象,③其新推产品多是按照节气时令,意味着节庆提供商的身份难以摆脱,其新推口味往往是传统的外壳加上新式的馅料,④既失去了传统的糕点口味,让老年人难以接受,又不能获得年轻人的一致认可,最终面临大众接受度低的悲剧,⑤这也是它在热度争夺战中不能占有先机的重要原因。

综上所述,产品是店铺最重要的消费者导向,当初的南果铺和如今的新式糕点都是因为更加良好的口味和更合人们的喜好发展方向才能成功地占有市场,而饽饽铺和传统糕点也正是因为产品口感、口味的缺陷以及"不思进取"的发展定位才失去了往日的热度。

消费者对店铺的刻板印象

店铺本身的形象、产品和发展趋势固然是糕点铺热度的重要影响因素,但我们也不可否认消费者心中对于店家的"刻板印象"对店铺的销量和流量也起到极大的作用。⑥

无论是学者孙笑颜的论文,⑦还是书籍《追忆甜蜜旧时光:中国糕点话旧》⑧都提及尽管饽饽铺在糕点的行业竞争中败下阵来,但是在宗教祭祀的特殊场合或是过年过节的庆典仪式上,饽饽铺所生产的蜜供依然保持着不可取代的作用,依靠这笔固定的收入来源,饽饽铺仍然在糕点市场占有一席之地。不难看出,虽然人们在日常

---

① 值得注意的是,虽然泸溪河对产品进行了种种改造,但当我们品尝到该店的糕点时,可以明确地辨认出这是传统点心桃酥,而不会误认为它是其他创新产品,这说明在改良的同时,其也在最大程度上尊重了传统。
② 何艳、张宁:《北京老字号的文化传承与创新——北京稻香村个案分析》,载《品牌研究》,2018(6);张恒军:《北京稻香村:把中华文化的味道融入糕点》,载《商业文化》,2017(15)。两篇文章均提及了这一观点。
③ 刻板印象的问题笔者将在下文中分析。
④ 以稻香村今年春节的特色产品为例,哞哞饼是传统的点心皮上绘制了牛年图案,并辅以牛油果馅料。
⑤ 在浏览大众点评时,笔者发现,尽管稻香村的好评比率很高,但对于其近日推出的新品有人极力吹捧,也有人表示接受不能。
⑥ 杨英梅:《北京老字号活化策略研究》,北京,中国轻工业出版社,2014。该书第二章调查了消费者对北京老字号的态度,由于此处用于举例分析的店铺是北京的老字号稻香村,故作出上述分析论断。
⑦ 孙笑颜:《清代民国北京糖饼行南北案兴衰初探》,载《史林》,2020(1)。
⑧ 由国庆:《追忆甜蜜旧时光:中国糕点话旧》,天津,百花文艺出版社,2005。

饮食中更倾向于味道甜美、口感细腻的南方点心，但在宗庙祭祀、庆祝节日等传统活动中，仍依赖于旧式的北方糕点，故而我们可以认为南果铺是日常消费场所，而饽饽铺成为特殊时刻的固定去处。

从对稻香村和泸溪河两家店铺目前情况的调研中也看出类似的现象，据泸溪河的店员介绍，该店位于新中关购物中心的门店[1]在疫情限流前一天的客流多达600~700人，即使因为疫情爆发后商场施行限流措施，在非极端天气的日子一天也有300~400人光顾，[2]而稻香村第十五营业部[3]的店员则描述该店日均客流量在700~800人，在春节、中秋节等传统节日或春分、秋分等节气，会迎来消费高峰。[4]依照个人体验，每次经过泸溪河，这里都有不少人排队等待（见图1），而人们平时购买点心和节日前夕采购特殊食品在稻香村所花费的时间却有很大差异（见图2）。

图1　3月12日泸溪河新中关店排队景象

图2　3月13日稻香村城乡仓储店排队景象

---

① 该店位于新中关购物中心地下一层，仅有一间店面，不考虑后厨人员，仅有3~4位店员进行销售，一位引导员维持秩序，组织微信拿号。
② 该资料源自2021年3月12日对泸溪河（新中关店）店员的采访。
③ 该稻香村第十五营业部为城乡超市底商，是独立店铺，有多个柜台，经营糕点、熟食、生鲜等多种食品。
④ 该资料源自2021年3月12日对北京稻香村（城乡仓储店）店员的采访。

由此可见，今日的新式糕点铺和传统糕点铺也存在日常去处和节庆仪式感的作用区分，因而在热度和销量上产生了明显的差异。

旧时与今日，传统糕点铺陷入了这样的尴尬境地：由于人们对传统节日具有相当的仪式感，它们拥有了更高的地位和更重要的作用，但却实际上远离了日常生活，尽管看上去"特殊"比"日常"更具优势，但对于糕点这样依赖点滴销量，长久取胜的行业来说，成为人们的"日常"才是取胜的关键。笔者尝试在搜索引擎中以稻香村销量为关键字进行搜索，几条关于疫情期间人们消费习惯改变，导致稻香村销量激增的新闻在"节庆食品"销量惊人的报道海洋中格外扎眼。① 《新京报》记者就该现象对北京稻香村的食品负责人进行了采访，其中负责人提及，尽管倡导就地过年等举措对其春节销量的打击很大，但就近购物等日常消费习惯的改变使得稻香村的销量逐步回暖，整体盈利渐入佳境，其部分产品销量甚至超越往年同期。由此可见，日常销量对于稻香村这样传统店铺十分关键，而成为特殊去处会使它在日常销量中处于绝对劣势，这显然是它在与新式糕点热度竞争中落败的重要原因。②

小　结

通过阅读文献，观察生活和调查身边的消费者，本文以泸溪河和北京稻香村两店为例进行分析，对比历史上南果铺和饽饽铺的兴衰，将新式糕点铺和传统糕点铺热度差异的形成原因概括为上述三点：店铺的新鲜度，产品的口味和发展趋势，以及消费者对店铺的刻板印象。虽然目前的热度差异令人担忧传统糕点铺的未来，但不论哪一条因素出发，传统糕点铺都并非无路可走，而是拥有浴火重生，荣光再发的希望。

6. 教师对学生终稿的反馈信

咏涵同学：

你好！你的短文反馈信如下表：

---

① 郭铁：《北京稻香村糕点销量回暖，肉食需求量激增近六成》，2020 年 2 月 28 日，https://baijiahao.baidu.com/s?id=1659852322597509127&wfr=spider&for=pc，曹原青：《2019 年月饼销量排行榜出炉，稻香村稳居榜首》，2019 年 9 月 16 日，http://chuangxin.chinadaily.com.cn/a/201909/16/WS5d7f3b13a31099ab995e011f.html（笔者没有两条新闻的原本网页，故此处仅能提供转载网站的网址）。

② 由于笔者没有获得商业数据的渠道，故此处仅凭借个人观察和网络新闻作出了成为日常去处对于店铺更加重要的论断，如果有读者有不同看法或者相反观点，欢迎沟通交流，批评指正。

评价维度 （*为短文阶段评价重点）	具体评价与建议
基本要求 *格式达标 *遵守学术规范 表达有分寸感	格式达标，注释规范。 可以看到从初稿到终稿，你在语句调整上作出的努力
研究问题 *研究问题具体、明确、可行 具有学术价值	研究问题较为具体、明确，期待长文阶段能有更有趣、更深入的切入角度
文献工作 *广泛使用一手文献，论据可靠 *掌握研究现状 *明确与前人研究的关系	可以看到你在资料检索过程中的努力。如果要分析商品的销量等问题，可以尝试参考更多经济学的相关分析研究，以期给自己的研究提供方法上的参考。 文章在叙述中还可以通过表达进一步明确与既有研究的关系
文章结构 *关键句位置醒目 *材料/论点划分清晰、组织合理 概念明晰，逻辑严谨 结构清晰，详略得当	可以看出，相比初稿，文章结构做了很大幅度的调整，对读者来说更加清晰。 同时，在形式上，终稿通过合理、恰当的小标题设置，更好地呈现了思路，值得肯定。 基于疫情特殊状况下的销售情况所推导得出的"日常销量对于稻香村这样传统店铺十分关键"这一观点的严密性有待提高。 文章结尾部分可对各分论点进一步总结。此外，"刻板印象"一点与前两点相比，前两点是新式糕点铺热度较大的原因，最后一点的立场则略显不明
信件回复	从你的信中，能看到你在前半个学期的努力、付出和进步。不仅仅是资料查阅部分，在行文风格和简练语句方面都有很大的提高。很高兴你克服了自己对写作的畏惧，用勇气去完成看似极度困难的事情。做得不错！希望课程内容对你能有切实的帮助，也希望长文阶段能看到你更进一步

希望长文阶段你能有更多的收获，祝

学业顺利！

陈豪

（日期略）

主题：药物

药房通用布景也能成为艺术？
——研究达明安·赫斯特装置艺术作品背后的艺术价值

指导教师：米真　学生：苑雨辛[*]

1. 主题概述：药物

同疾病伤痛的抗争是人类生存发展的永恒课题，药物的发现、发明正是人类对此课题给出的答卷。这份答卷在试错与巧合中写就，深刻塑造着人类生活的方方面面。19 世纪奎宁的发现让原本疟疾肆虐的土地向西方殖民者敞开大门；"二战"期间，德国上至元首下至平民大规模滥用柏飞丁，甚至依靠其影响战争进程；20 世纪避孕药的发明，改善了千万妇女的生活，也潜移默化改变着社会中女性的地位……

这份答卷诚然异彩纷呈，但同时也充满矛盾。一方面，时至今日，个人的健康安乐和社会的公共卫生安全都与获取药物的情况息息相关。然而，承担着预防与治疗责任的药品，却由于层出不穷的假劣药事件、严重不良反应以及耐药性等问题，为全球的公共卫生安全埋下隐患，也对科学研究和卫生政策发出新的挑战。另一方面，药品作为全球利润最高的一种现代商品，已经逐渐褪去了其最初纯粹的医学属性，科学原则与利润诱惑之间的矛盾剑拔弩张。企业对药品的研发生产不再只取决于疾病的发病率，而深受患者群体支付能力的影响。同时，新的制药技术也在不断冲击着疾病治疗与人体改良增强之间本就模糊的红线。

以药物为主题的写作，鼓励同学们挖掘药物发展史中丰富的研究对象，了解人类如何探索自然、发展技术、改造自身，思考辨析药物对社会生活、历史文化、道德伦理、政治经济等的复杂影响。

2. 案例概述

本案例属于写作课的"长文"。此阶段写作鼓励学生使用某一学科的相关理论工具或框架范式，针对一个具体的研究问题提出独创性的观点并进行论证。案例中的作者是一位美术类专业学生，她在选题过程中极富学科交叉融合意识，找到了一个药物主题与自身专业有趣的结合点——现代艺术家达明安·赫斯特极具争议的药品系列装置艺术。作者发现这些作品的争议主要在于，它们表面看来材料简单、设计重复、售价昂贵，容易让普通观众怀疑其是否是艺术。作者在文中试图回应这些

---

[*] 米真，清华大学写作与沟通教学中心教师；苑雨辛，清华大学美术学院 2020 级本科生。

争议，证明上述作品的艺术意义和价值。这就要求作者使用恰当的艺术理论剖析这些作品，并借助理论内在的逻辑框架来组织论证。

经过短文的写作，在此阶段大多数学生已经获得了"大处着眼，小处着手"的选题意识。然而在实际写作中，却易把个案分析处理成举例论述。其表现为不能把研究对象作为文章主线始终照顾到，而只做蜻蜓点水式的访问。例如，本案例本应围绕"达明安药品系列装置作品是否有艺术价值，其价值在现代艺术商业化的冲击下是否能够维持"这个问题组织材料，却被作者处理成"装置艺术是不是艺术"这一宽泛话题。达明安作品只在文中"时隐时现"，降级为一个例证。而由于话题宽泛化，作者把装置艺术相关信息难以割舍、缺乏选择地呈现在文中，使文章丧失了以问题为引擎的驱动力，材料冗杂、松弛无张力。经过反复修改反馈，文章终稿以作品的争议性为切入点，以"材料+场所+情感"为框架，始终针对研究对象进行论述，回答了一开始提出的研究问题。

作者在初稿中使用了较多艺术作品图片，但是其中部分图片高度相似，且文中没有阐明它们的区别或都需引用的理由，因此它们作为证据是无力、冗余的。在终稿中，作者采用了更有代表性的作品，且深入分析了相似作品的区别，从而证明了这些表面相似的作品使用了不同材料，承载了不一样的感情。此外，初稿中一些不准确、过于主观的表述，在终稿中也得到了修改，使整体文风从介绍科普、赏析攻略嬗变为论证说理。

还值得一提的是，在长文终稿的课堂幻灯片展示环节中，作者将论证以非常可视化的方式展示出来，线索清晰又美轮美奂，这同样也是学科交叉意识的一种体现。通过这一融合，作者对于自己的专业有了更超前的理解和更深的热爱。

3. 含教师修改过程的学生初稿全文

<u>在艺术家的世界里，药房通用布景也能成为艺术？</u>
<u>——研究以达明安·赫斯特为代表的装置艺术背后的艺术价值</u>

摘要： 本文从当代艺术家达明安·赫斯特的装置艺术作品——以《The Bodies》为代表的药物陈列系列入手，探讨该类陈列式装置艺术背后的艺术价值及发展前景。论点有四：（1）装置艺术是艺术

【语言文法】标题太长

【表扬】摘要写得好，清楚简洁地总结了文章的观点和结论，这是摘要应起的主要作用。

【谋篇布局】摘要中对论点的总结十分清晰，但却体现了文章研究对象的跑偏，文章究竟是想以达明安的装置艺术作品为个案进行研究，还是装置艺术这个整体作为研究对象？

家赋予了精神文化的艺术形态，以传递艺术家的特定情感为目的；（2）装置艺术是当代艺术中打破艺术家一贯创作方式的艺术形式，在美术史上具有革命性；（3）装置艺术是颠覆大众审美的一次尝试，对收藏家和观众的欣赏方式发起挑战；（4）装置艺术在不断被人们接纳的同时也面临着逐渐商业化的危机。综上所述，装置艺术虽然在艺术家的创造阶段无过多消耗，但在传递情感信息方面能发挥很大作用；其在美术史上具有一定影响力，后世艺术欣赏者、收藏家以及大众媒体需要以特殊的视角欣赏装置艺术；此外，对其在纯粹的艺术领域发展道路上走向商业化发展的潜在隐患也不能否认。

【语言文法】"过多消耗"指什么，表意不准确。

关键词：达明安·赫斯特；装置艺术；艺术价值；商业化

在美术领域有这样一类艺术作品，它们大多数是人们熟悉的事物实体，静止着或运动着，不一定有多么美丽却总让人看不懂，即使放置在美术馆藏品中也难以被观众当成"艺术"来对待。这就是装置艺术——你能看清，但你就是看不懂。

自20世纪60年代起一直到今天，装置艺术的圈子在不断发展壮大，越来越多的现当代艺术家都加入了这个领域，可是真正能够欣赏到装置艺术之内涵的观众依旧较少，装置艺术仍旧不容易被大众以艺术品的身份接受，甚至有绝大部分人认为其是哗众取宠的作秀，是在艺术创作领域里糊弄了事的行为。会有这样想法的观众不在少数，而且的确可以理解他们对装置艺术的不满，因为装置艺术本就是一种高级的、隐晦的、主观的艺术品种，但只要观众了解到其作品实体背后艺术家想要表达的内涵，便可以轻松地接收到艺术家所要传递的丰富的信息、饱满的情感，以及深刻的感想。

【语言文法】啰嗦，建议修改为：20世纪六十年代至今。

【语言文法】"大众、绝大部分、不在少数"表达重复啰嗦。

【语言文法】"高级的"带着一种主观的审美优越感。

想要消除观众与作品之间的隔阂，首先需要观众了解这一类艺术作品的创作理念，其次再对艺术家本人加以了解，最后学会用特殊的观赏视角搭配观众个人情感、主观联想来欣赏艺术作品，这样便可以建立起艺术作品与观众之间和谐的"欣赏与被欣赏"的关系。

【逻辑论述】此段不像是说理文的论述，而像是作品赏析攻略。

为解决这些问题，本文将先以达明安·赫斯特的部分代表作品为切入点，分析其部分装置艺术作品的创作意图，探索其中的内涵，找出其背后的艺术价值；在了解装置艺术的创作理念后，从第二节将跳脱出达明安·赫斯特的个人作品，进入整个装置艺术领域，说明装置艺术的时代意义以及其艺术种类存在的合理性；在纵

【谋篇布局】上文体现了文章的研究意义，但是并没有介绍自己的研究对象，达明安的出现很冗余。

【谋篇布局】文章的主要篇幅都应该"围绕"达明安这个个案，而不应轻率"跳脱"。

主题：药物

观这些问题后，本文将为达明安·赫斯特备受争议和质疑的装置艺术作品，以及众多不被大众媒体所接受的装置艺术给予澄清，为大众欣赏者们提供理性的欣赏装置艺术的方式，帮助欣赏者们理解装置艺术的艺术价值，同时也会揭露一些以达明安·赫斯特为代表的商业化艺术家的缺陷，指出当今装置艺术市场的弊病。

【语言文法】"揭露"一词与说理文的文风不符，可以改为"同时也会分析以达明安·赫斯特……"

达明安·赫斯特的药物陈列系列作品隐藏的信息

达明安·赫斯特是在波普艺术鼎盛时期出生于英国的艺术家，他将波普艺术、装置艺术发挥得颇有成就。他常常在自己的作品中注入各种医学元素，药品、药橱、医疗器械……他有一系列的装置艺术作品，每一件皆是将药物、医疗用品、卫生用品等物品陈列在药橱里，比较出名的一件是《The Bodies》（见图1）。

【逻辑论述】《No feelings》作为图2的存在，目的是什么？后文中甚至没有提到图2。此外，这些表面上高度类似的作品到底有什么不同？不回答这点，似乎不能回应大众的质疑。

这一系列作品的共同特点是以药品或医疗用品为核心，进行整齐有序或错落有致的陈列。很明显，这样的装置艺术并不容易以"艺术作品"的身份被大众接受，收藏这件《The Bodies》的蒂布尔斯说："我公寓里面赫斯特的药柜和波点画挑战了很多人对艺术的看法，这件药柜总是能从每个观众那儿都得到强烈的反响。"

然而，即便是遭受各种各样的质疑和批判，就在不久前的2020年，这件名为《The Bodies》的作品以140万英镑（约182万美元）的价格在伦敦富艺斯拍卖行（PHILLIPS AUCTIONEERS LIMITED）成

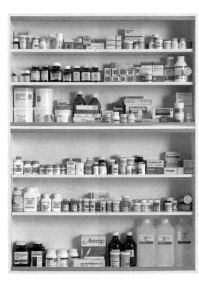

图1 达明安·赫斯特:《The Bodies》
    装置艺术 1989年

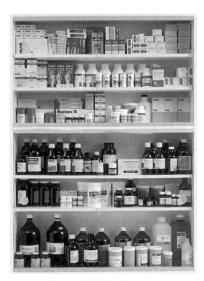

图2 达明安·赫斯特:《No Feelings》
    装置艺术 1989年

277

交,这样的结果使人们不免思考其是否真的有常人难以察觉的潜在艺术价值。而事实上也的确如此,在外行来看当然丝毫不能理解它的价值所在,但在装置艺术的范畴内它却另有含义。【谋篇布局】文章可以直接以对这些作品的质疑批判入题。

首先我们要了解装置艺术,所谓装置艺术就是指艺术家在其选取的某种时空环境里(或现实世界里的,或是自我拟定的)将人们日常生活中的物质实体进行艺术性地有效筛选、利用、改装、排列、组合等主观操作,使其以物质的躯体演绎出艺术家赋予的精神文化的艺术形态。简单地讲,装置艺术的构成就是"场地+材料+情感"的综合展示艺术。由此可以看出,装置艺术有所升华的艺术价值主要凝聚在艺术家要表达的"情感"上。【谋篇布局】这处的转折比较生硬。

【谋篇布局】首先对于装置艺术的学术定义需要注释来源;"场地+材料+情感"也可以作为文章的论证框架,帮助梳理文中繁杂的信息。

面对达明安·赫斯特的药品陈列柜,欣赏者们的争议大多源于其简单操作——排列与摆放,这很难说服人们其创作的艺术价值。但在了解到装置艺术的概念后我们不难发现,装置艺术对材料基本上是"拿来主义",虽然装置艺术家对材料也有一定的取舍和加工,然而这种加工往往是非专业性的,也就是说它不需要作者以专门的艺术化手艺培训为基础,而多用一些常人也可为之的手法进行加工,重点在于:从现有的成品本身所具有的社会普遍观念、从现有的成品之间的关联所显现的意义入手,根据这两者再去考虑装置品的建立与表现意图。① 这样我们就可以用欣赏装置艺术的眼光去理解赫斯特的装置过于简单的人工操作。

那么达明安·赫斯特创作的一系列形式相似的药物陈列作品表达了什么艺术内涵?其中的艺术价值体现在哪里?

现在我们可以明确赫斯特排列的装置是被赋予了意义的载体,这是艺术家的排列组合行为与正常生活中人们的排列组合行为有所区别的一个重要因素。其将某种能让人即时联想到他所要传递的内涵的载体(比如药物能让人瞬间联想到疾病、治愈,而赫斯特就是要让人想到这些)作为精神交流的媒介,所以这些装置或摆件并不是作品的价值所在,反而是通过载体传达的精神、思想、情感等才是作品的内涵。赫斯特意在向人们传递"生活不能在一个贫瘠的人造环境内简化得只剩功能性"。他敏感于生命的有限性,时常

【语言文法】这个句子非常长,成分复杂,很不好读。
【逻辑论述】艺术家原话?鉴赏者的解读?请注释来源。

---

① 贺万里:《装置艺术研究——论当代中国的装置艺术》,北京,中国文联出版公司,1999。

通过作品提醒人们危险的存在性、美丽的暂时性,警示人们生命的可贵性。他频繁使用的载体——医疗用品,是诠释"生命"的最佳道具。

【逻辑论述】对药柜系列作品阐释不足。

赫斯特的作品总是在探究生死,生死的轮回在赫斯特作品中是一大主题,比如,另一件更知名的作品《One Thousand Years》(见图3、图4)。该装置的左边封闭空间内放置了一个生蛆的牛头,右边的空间充满着刚刚孵化出的苍蝇,而中间隔离它们的是一个电网灭蝇器。在这个密闭装置内,苍蝇自打孵化后便要靠食腐为生,若要吃牛就必须穿过电网,可是碰到电网必然面临死亡,不穿过电网也会面临另一种死亡——饿死。成千上万只苍蝇的无数个生命周期,就这样简单粗暴地在观众眼前进行着。赫斯特用最粗暴,甚至令人作呕的一组活生生的"载体"为观众表演着一场延续数日不停的生死循环,同样是人们一眼就认得的物质实体——牛头、苍蝇,当它们被艺术家以一种形式化的状态展现出来时,它们就成了展现生命本质特征——"生死交替"的载体。

图3《One Thousand Years》1990年　　图4 《One Thousand Years》(局部) 1990年

赫斯特说:"我讨厌死亡,我觉得这很鲁莽,我爱生命。然而,生命的问题在于不知道自己什么时候死,而且死亡是不可扭转的必然。"[1]赫斯特的思想放在各个时代都有些与众不同,有很大一部分影响因素是他青少年时期的经历,赫斯特与他的母亲关系并不十分融洽,他的母亲不是普遍意义上的慈母,对于孩童时期的赫斯特的叛逆行为不能忍受;而赫斯特也从来不是能够安分守己的乖小孩,曾经几度沉迷于毒品与酒精的他有过很多荒诞的行为,也正是在那一时刻,各种功能的药物在他的世界里占据了主导地位,所以之后成

---

[1] Damien Hirst: *Damien Hirst the elusive truth new paintings*, New York: Gagosian Gallery, 2006.

为艺术家的他才会对药物寄予独特的情感。赫斯特谈论到他对于死亡的恐惧："我经常对死亡产生恐惧，经常地。如果我们没有因癌症或其他疾病而死亡那将是最好的，但不可避免地我们又将因年老色衰而离世。我们都希望能死得痛快，但我们做不到。"仿佛已经到了极端情况下一样，赫斯特甚至尝试了选择皈依宗教，但他只感觉到一次又一次地被拒绝，依旧无法摆脱对死亡深深的恐惧。①

兴许正是世人看来扭曲的生活，才帮助赫斯特创作出独一无二的作品，他不同于寻常人的生活经历，慢慢地在他的艺术生涯中展现出了优势。

【谋篇布局】对上文论述的总结没有回归到研究问题。

装置艺术的时代意义——创作方式的革命

基于装置艺术自20世纪60年代至今的不断发展，这种创作手法的存在是必然得到认可的，并且它在逐渐成为现在众多当代艺术分支内被创作并展览的一大主流。对"美"的表达是整个当代艺术的最大特征，这种趋势显示了人类审美意识的永恒性和坚定性。装置艺术秉承了对美的回归与创新，传统的平面和立体性实体空间被打破，当代装置艺术建造的是一个场所或空间，它往往将观众完全包围，产生类似电影放映厅的效果，从而带给观众前所未有的立体的感官震撼。②

【谋篇布局】这一部分和上一部分内容完全剥离，是对装置艺术宽泛的介绍，不能服务于核心观点的论证。另外，请注意段和段之间内容的联系与过渡。

【语言文法】语言风格还是作品赏析式的。

装置艺术中实物是主角，现代艺术以前的造型艺术可以说是制造视觉幻觉的技术。艺术家用色彩或雕塑材料来复制对象和实物，最典型的就是在著名的文艺复兴时期后出现的一些经典的巴洛克美术作品（见图5、图6）。其能够通过高超的绘画技法，在平面的天顶上引起错觉的室内透视效果，打破画面的边框，让观众能够面对一个平面而感受到无限的纵深感，成为幻觉式透视的代表作，但绘画终究是在2D平面内制造3D幻觉的技法，并没有摆脱平面的局限；而雕塑依旧是对现实的再现、叙述，虽然是三维的、触手可及的实体，但并不能让观众沉浸式地融入其环境内。

【谋篇布局】写这一段的目的是什么？

20世纪初的抽象绘画把艺术从临摹复刻中成功解放出来，紧接着，杜尚（Marcel Duchamp）的到来表明了"使用实物来表现观念"

---

① Damien Hirst: White Cube (Gallery) & Jason Beard: *Beyond Belief*, London: Other Criteria: White Cube, 2008, p.13.
② 张悟兴：《浅谈装置艺术与当代艺术》，搜狐资讯，https://www.sohu.com/a/298744656_737099，2019年3月3日。

图5 科雷乔:《圣母升天》湿壁画 1525年　　图6 皮耶特罗·达·考尔托纳:《巴尔贝里尼的胜利》湿壁画 1633–1639年

这一现象的诞生。杜尚的名作《泉》(见图7、图8),他选择了一件普通的日常生活用品,置于使它的使用价值消失的环境中,赋予它新的标题,创作了新的思想。"现成物品"排除传统美学标准,排除个性,排除实用性,排除与现实的逻辑关系,它仅仅是艺术家选择的,意指某种观念的路标或启示。①

【语言文法】主语混乱。

图7 杜尚:《泉》装置艺术 1917年　　图8 杜尚:《泉》装置艺术 1917年

在这里提及一件经典艺术作品《墙上秋色》(见图9),这幅油画作品所表达的是生命力的旺盛,通过对爬山虎的表现主义绘画手法,描绘出了秋天爬山虎生命力依旧顽强,这是传统艺术表现出的生命力,是在平面的画作上尽可能地通过苍劲的用笔手法和碰撞的颜色对比,让观众感受到画中事物的生命力,对创造能力有极大挑战性,而且观众们很有可能被画面的美感和艺术家的技艺所吸引,

---

① 徐淦:《装置艺术 Installation》,第10页,北京,人民美术出版社,2002。

对于艺术家要表现的"生命力"意象无从察觉。因此，传统的美术创作方式可以用于尽显作品的美感、艺术家的高超技艺，为观众带来舒适的视觉体验，但并不容易将艺术家的情感意象彰显出来。

【逻辑论述】阐述得不清楚，论断显得无理。

相较之下，装置艺术可以三维的、延续的，或者动态地将人们直接带入情境中去，而且载体可以不再是高高在上的美丽画作或精致雕塑，使人们熟悉的具体事物，甚至是离生活最近的日常生活用品。在达明安·赫斯特的《One Thousand Years》中，死不瞑目的奶牛（见图10）和前仆后继的苍蝇成为了这场生死交替的演员，面对这件作品，观众可以清晰地看到奶牛头身分离后淌出了鲜血，在蝇虫的包围下依旧决眦的目光，数以万计的蝇虫接连不断地孵化、振翅、飞舞、死亡、陨落……这样暴力血腥的场景传递的是艺术家迫切想要观众感受到的力量——生命力，作品背后是艺术家对生命力的渴望、崇拜、敬仰，达明安·赫斯特希望这件作品可以唤醒观众意识深处对生命的感动，哪怕他的手段是形式化的，甚至行为是堪称荒谬的。艺术家对这场生死交替的戏剧进行了绝对写实的表达，然而内涵却又是隐晦的、深刻的，这无疑是相当高级的一种表达，同时也体现出了装置艺术创作对于艺术家情感倾诉的巧妙之处。

【逻辑论述】达明安·赫斯特作品在这里仅仅成了一个例子，而不是研究对象。

【语言文法】高级是一种很含混并且主观的表达。

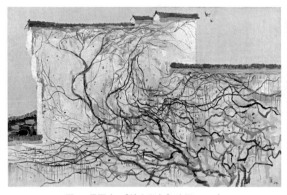 

图9 吴冠中：《墙上秋色》油画 1994年　　图10 达明安·赫斯特：《One Thousand Years》（局部）1990年

装置艺术的时代意义——大众审美的挑战

【谋篇布局】此段和上下文不融合。

我们不难理解：艺术欣赏者一般惯有的欣赏方式是以对"美"的捕捉为起点的，但装置艺术对于"美"的诠释并不能直接用视觉领悟到，这也就成为了在装置艺术诞生初期时艺术欣赏者们对其产生误解的重要原因。

主题：药物

艺术家们利用日常生活中司空见惯的现成品来创作。被艺术家们用来作为创作的材料，使得观众用全新的眼光去重新观察并体验被自己排斥或忽视的一切。艺术品可以用世界上任何物品，包括被人们抛弃的垃圾，都被艺术家们赋予了新的意义。

此外，装置艺术讲究一种参与感，当观众欣赏装置艺术时，不管是主动还是被动，有意识或者无意识地参与装置作品的审美过程，这种参与实际上是当代社会人的集体意识，而这种集体意识又是受全球传媒机器的影响而产生的。①

当下信息时代的信息传播，凭借发达的传媒途径，人与人之间的关系被紧密地联系在了一起，人们比以往任何一个时代都关心这个世界上正在发生的事情。当代人变得更在乎那些与自己有关的东西，在群体中的参与互动意识随之增强，而这种参与意识也影响着艺术的发展。观众成为了艺术创作过程中不可分割的组成部分，艺术需要与观众产生对话，沉浸式的观赏享受更能贴合现代人的审美需求，装置艺术恰恰满足了人们这种参与意识。

装置艺术的未来——商业化的隐患

【谋篇布局】这一部分才又一次回到达明安·赫斯特。此外，比起客观论证，这一部分对商业化隐患的论述显得主观和感性。

商业是当代社会运转和生存的基础，因此，装置艺术有时不能不以商业行为的形式出现。装置艺术的前卫性意味着新奇甚至是怪异，可以吸引人们的注意力，这正中商家下怀。②赫斯特的创作在20世纪90年代总能让观众们感到耳目一新，因此受到收藏家的大力追捧，其装置艺术作品在拍卖会上以高价成交的事实不免让人瞠目结舌，而现在他却被自己一成不变的创作理念束缚住，不断地复刻着过去的审美趣味、单一的符号和重复的情节。

英国著名艺术评论家Julian Spalding曾经在英国《独立报》上发表言论，预测赫斯特的作品拍卖市场马上就要破灭，并表示"当收藏投资者意识到这种观念艺术毫无价值的时候，它就会垮掉"。但按照现在的事实情况来看，"观念艺术"的形式并没有减少，装置艺术作品在各大拍卖行内的业绩也在不断发展，但另一种弊病逐渐显露了出来。依旧是以赫斯特为代表的艺术家们，随着赫斯特变得越来

---

① 刘晓俊：《如何看待装置艺术的发展？从装置艺术兴起的八大原因来理解》，http://www.360doc.com/content/20/0128/14/33366194_888323421.shtml，2020年1月28日。
② 徐淦：《装置艺术 Installation》，第51页，北京，人民美术出版社，2002。

越富裕，他的那些不断围绕死亡和金钱循环的作品已经完全变成了形式主义的俘虏，它们变成了纯粹的商品，失去了早年的尖锐和从容。符号化的象征也似乎成了一种越来越危险的身份绑架。虽然赫斯特的那些创作元素（如死去的动物、标本、药片、点、锃亮的架子和大量的科学文字等）让人们过目不忘且带有标志性的崇拜，可让人们感到悲哀的是，对于他和市场来说，几乎都是由他一手包办了全球艺术市场在他的画像中的"翻新"。①

【逻辑论述】表达主观，缺乏论证。

我们要意识到，装置艺术的精髓并不在于形象是否"耐看"，相反，装置艺术可供视觉欣赏的成分远远不及传统造型艺术，装置艺术的最为可贵之处就是其承载的艺术家的情感，可以赫斯特为首的观念主义艺术家们一成不变地宣泄个人情感，这迟早会让观众们产生精神疲劳，拂袖而去。

【逻辑论述】和第一部分中的论证标准不统一，上文中贯穿达明安·赫斯特的作品始终如一的创作精神，在下文中就变成了一成不变的情感宣泄。

赫斯特就是正在面临这样的危机，但即使如此，他仍旧可以保持不动声色地在艺术市场中轻轻松松创造出高价，这难以让人们不担心他的创作正在商业化的道路上越行越远，渐渐脱离了艺术的感性，丧失了艺术家的灵动性。

我们不得不承认装置艺术在美术史上重要的身份地位，我们也理应对其在美术领域作出的革命性贡献示以尊重，但对于装置艺术发展中的过度商业化、利益化、逐渐削弱的艺术感受，我们也应有所辨认，明确美好与恶劣在其中的并存。

总体点评：

选题
文章以达明安·赫斯特药品装置作品为研究对象，旨在回应大众对于这些作品的质疑和批判，选题聚焦，也很好结合了你的个人志趣和课程主题。然而在写作中，你并没有针对这一研究对象进行解读，而是把大部分篇幅放在介绍装置艺术上，并未很好体现出选题本来应有的问题意识
文献
你在文章中引用了多篇相关性较高的文献，但部分文献来源权威性不足，且整体参考文献数量不够丰富。存在生硬搬运文献而不是灵活使用文献、和文献进行对话的情况。
论证
商业化是否会削弱达明安·赫斯特作品艺术性这一部分，观点鲜明但是论证不够客观合理

---

① 邱蜜子：《达明安·赫斯特以后还会随便就很贵吗？》，雅昌艺术网新闻资讯，https://news.artron.net/20120331/n228063.html，2012 年 3 月 30 日。

结构
结构的调整应该是你修改的重点，建议删除主题相关性不强的内容，以"材料+场所+情感"为线索重新组织材料
规范与语言
格式整体比较规范，语言流畅，部分语言有表意不准确和啰唆的问题

4. 学生的修改陈述信

米真老师：

您好！我是美术学院工业设计系苑雨辛。

➢ 我的文章主题是探讨以当代艺术家达明安·赫斯特的药物陈列系列作品为代表的装置艺术作品背后隐藏的艺术价值。

➢ 在经历了短文撰写环节后，我惊奇地发现原来在艺术领域中也可以找到与"药物"话题相关的作品可作分析。同时，身在工业设计系这样一个现代化的、理性化的、对抽象能力和提炼能力有极大考验的设计学科中，装置艺术的气质很容易对我产生吸引力。因此，基于对装置艺术的浓厚兴趣和来自"药物"的创作灵感，我决定以一位具有代表性的当代艺术家的药物陈列装置艺术作品为研究的切入点，借助清华美院图书馆的资源以及网络文献资源对装置艺术展开详尽的解读。

➢ 随着文章的修改，内容的精致程度迫切需要知识储备的增加。能够将装置艺术这个极度抽象的艺术类别研究透彻到当前这个程度，对我而言已经是知识储备的大幅度增加。这其中的修改，也在对我的组织能力——海量知识的整理归纳、设计论述结构进行训练。

➢ "结构"是在我的长文中出现的最明显的问题，当内容丰富起来后，结构容易不清晰。那么关于如何解决这个问题，首先，我不得不承认，是老师在与我进行面批时及时帮助我理清了思路，甚至是为我提供了清晰的调整方案，对此我想真诚地表示感谢！感谢老师帮助我基本上解决了我的核心问题！其次，关于我自己的解决方案，我认为当知识的储备量足够多的时候，适当地也可以在文章中减少一部分知识的展现，因为扰乱文章秩序的大多都是对论点没有很大力度支持的知识（比如，我最后舍弃了关于吴冠中《墙上秋色》的部分）。

➢ 最后，关于这一学期的收获，最明显、也是最令我感动的一点——这门学科让我发现了我的兴趣所在，让"学了好几年美术都不知道为什么热爱美术"的我明白了我究竟热爱什么。研究一个领域的这段过程，使我感到撰写研究型论文是一件乐在其中的事。另外，撰写论文这件事对于大学生来说是一项技能，其中囊括了查阅文献、整理资料、语言表达、组织概括等各项技能，能在这一学期中对这一套技能有初级阶段的训练，这将对我今后的学习生涯有极大的帮助！

➢ 最后，再次感谢老师的教导！本次课程令我终生难忘！

此致

敬礼

苑雨辛
（日期略）

5. 学生终稿全文

药房通用布景也能成为艺术？
——研究达明安·赫斯特装置艺术作品背后的艺术价值

摘要： 本文从当代艺术家达明安·赫斯特的装置艺术作品——以《Sinner》和《Enemy》为代表的药物陈列系列入手，探讨该类陈列式装置艺术背后的艺术价值及发展前景。论点有三：（1）装置艺术是艺术家赋予了精神文化的艺术形态，在特定的环境内以传递艺术家的特定情感为目的；（2）达明安·赫斯特的药物陈列系列作品围绕"生与死"这一主题，传递着赫斯特对于生死所持有的别样情感；（3）以赫斯特为代表的一些当代艺术家，其作品在装置艺术不断被人们接纳的同时也面临着逐渐商业化的危机。综上所述，以赫斯特的药物陈列作品为代表的装置艺术作品，虽然在艺术家的创造阶段操作较为简单，但在传递情感信息方面能发挥很大作用；此外，对其在纯粹的艺术领域发展道路上，走向商业化发展的潜在隐患也不能否认。

关键词： 达明安·赫斯特；装置艺术；药物陈列；艺术价值；商业化

在美术领域有这样一类艺术作品，它们大多数是人们熟悉的事物实体，静止着或运动着，不一定有多么美丽却总让人看不懂，即使放置在美术馆藏品中也难以被观众当成"艺术"来对待。这就是装置艺术——你能看清，但你就是看不懂。

当代艺术家达明安·赫斯特在装置艺术的创作领域内声名显赫，然而他的众多装置艺术作品却不能被大多数观众所接受，比较有代表性的就是他的药物陈列系列装置，其中全部都是在药柜里进行药品的陈列，对此，绝大多数观众对其艺术价值表示强烈的质疑，很难评价这样的装置能不能被称之为"艺术"。

为了回应这些质疑，本文将以达明安·赫斯特的部分代表作品为例，在对装置艺术进行基本的概念界定后，分析赫斯特作品中的创作意图，探索其中的内涵，为观众提供欣赏装置艺术的方式，帮助观众理解其艺术价值；最后会对装置艺术的发展前景进行评估，揭露一些装置艺术市场当今的弊病。

装置艺术的概念界定

艺术是什么？艺术是人类在漫长的生产活动和社会活动中形成和创造的成果，是人们为了满足自身的需求，以一定的物质媒介为中介，以丰富的情感来表现社会生活和审美情趣的审美形态。[①]能够成为艺术的作品，首先，要保证其物质实体可以承载创作者的特殊情感；其次，艺术作品要以某种物质媒介作为表现情感的载体，可以是绘画，也可以是雕塑或其他实物。

那么装置艺术呢？装置艺术就是指艺术家在其选取的某种特定时空环境里将人们日常生活中的物质实体进行艺术性地筛选、利用、改装、排列、组合等操作，使这些物质的躯体演绎出艺术家赋予的精神文化，艺术价值主要凝聚在艺术家要表达的"情感"上。简单地讲，装置艺术的构成就是"场地+材料+情感"。[②]

关于"场地"，这是装置艺术与众不同的一点，装置艺术营造的是另外一个"世界"，它是一个自我的宇宙，传统的平面和立体性实体空间被打破，当代装置艺术建造的是一个场所或空间，它往往将观众完全包围，产生类似电影放映厅的效果，从而带给观众前所未有的立体的感官震撼。[③]世界各地的当代美术馆为装置艺术提供展示的空间，这个空间是"个性的""独立的"，为观众带来一个充斥着艺术氛围的个性空间，而装置艺术作品也会对空间本身产生一定依赖性。比如，一幅绝美的古典油画不管放在哪里都是一件艺术作品，但如果让装置艺术作品脱离美术馆或其他特定地点给予的特殊场合，观众们很难将其与生活中的相似物质实体进行区分。

"材料"，就是装置艺术作品中的实物。特定环境中的实物是装置艺术主角，现代艺术以前的造型艺术可以说是制造视觉幻觉空间的技术，而装置艺术带来的才是真正的实体空间。造型艺术家用色彩或雕塑材料来复制对象和实物，最典型的就是在文艺复兴时期后出现的一些经典巴洛克美术作品（见图5、图6）。其能够通过高超的绘画技法，在平面的天顶上引起错觉的室内透视效果，打破画面的边框，让观众能够面对一个平面而感受到无限的纵深感，成为幻觉式透视的代表作，但绘画终究是在2D平面内制造3D幻觉的技法，并没有摆脱平面的局限；而雕塑依旧是对现实的再现、叙述，虽然是三维的、触手可及的实体，但并不能让观众沉浸式地融入其环境内。

直到20世纪初的抽象绘画把艺术从临摹复刻中成功解放出来，紧接着，杜尚（Marcel Duchamp）的到来表明了"使用实物来表现观念"这一现象的诞生。杜尚的

[①] 王宏建：《艺术概论》，第1页，北京，文化艺术出版社，2003。
[②] 徐淦：《装置艺术 Installation》，第1页，北京，人民美术出版社，2002。
[③] 张悟兴：《浅谈装置艺术与当代艺术》，搜狐资讯，https://www.sohu.com/a/298744656_737099，2019年3月3日。

图5　科雷乔：《圣母升天》湿壁画 1525年

图6　皮耶特罗·达·考尔托纳：《巴尔贝里尼的胜利》湿壁画 1633–1639年

名作《泉》（见图7）选择了一件普通的日常生活用品，置于使它的使用价值消失的环境中，赋予它新的标题，创作了新的思想。"现成物品"排除传统美学标准，排除个性，排除实用性，排除与现实的逻辑关系，它仅仅是艺术家选择的，意指某种观念的路标或启示。[①]

图7　杜尚：《泉》装置艺术 1917年

装置艺术可以三维地、延续地，或者动态地将人们带入情境中去，而且载体可以不再是高高在上的美丽画作或精致雕塑，是人们熟悉的具体事物，甚至是离生活最近的日常生活用品，这样做的好处就是对于艺术家情感的表达可以更加直观。

---

① 徐淦：《装置艺术 Installation》，第10页，北京，人民美术出版社，2002。

"情感"是装置艺术的构成元素中最难被观众直观发觉到的。我们需要明确装置艺术很特别的一点——装置是被赋予了意义的载体,这是艺术家的排列组合行为与正常生活中人们的排列组合行为有所区别的一个重要因素。其将某种能让人即时联想到他所要传递的内涵的载体作为精神交流的媒介,所以这些装置或摆件并不是作品的艺术价值所在,反而是通过载体传达的精神、思想、情感等才是作品的艺术成分。所以情感在装置艺术作品中是其艺术价值的核心体现,是支撑起这件"艺术"作品的骨架。

在基本了解到装置艺术的概念后,下文我们将以一位具有一定代表性的当代装置艺术家的作品为案例,进一步透彻地了解装置艺术的艺术价值。

达明安·赫斯特的装置艺术

达安明·赫斯特是波普艺术鼎盛时期出生于英国的艺术家,其将波普艺术、装置艺术发挥得颇有成就。赫斯特常常在自己的作品中注入各种医学元素,药品、药橱、医疗器械……在其较为著名的一系列装置艺术作品中,每一件皆是将药物、医疗用品、卫生用品等物品陈列在药橱里,尤以《Sinner》(见图1)和《Enemy》(见图2)两件作品为代表。

这一系列作品的共同特点是其都以药品或医疗用品为核心,进行整齐有序或错落有致地陈列。很明显,这样的装置艺术并不容易以"艺术作品"的身份被大众接

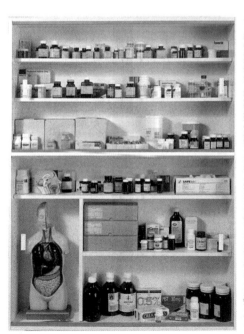

图1　达明安·赫斯特:《Sinner》装置艺术 1989年

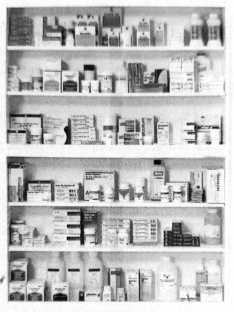

图2　达明安·赫斯特:《Enemy》装置艺术 1989年

受，收藏家蒂布尔斯说："我公寓里面赫斯特的药柜和波点画挑战了很多人对艺术的看法，这件药柜总是能从每个观众那儿都得到强烈的反响。"①人们的各种针对性争议归根结底就是"赫斯特的药柜陈列系列作品算不算艺术？"

然而，即便是遭受着各种各样的质疑和批判，就在不久前的2020年，赫斯特的一件名为《The Bodies》（见图3）的作品以140万英镑（约182万美元）的价格在伦敦富艺斯拍卖行（Phillips Auctioneers Limited）成交，这样的结果使人们不免思考其是否真的有常人难以察觉的潜在艺术价值。而事实上也的确如此，在外行来看，当然丝毫不能理解它的价值所在，但在装置艺术的范畴内它却另有含义。

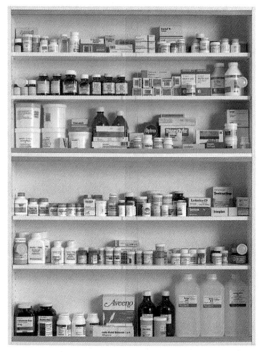

图3　达明安·赫斯特：《The Bodies》装置艺术 1989年

面对达明安·赫斯特的药品陈列柜，人们的争议大多源于其简单的操作——排列与摆放，这很难说服人们认可其创作的艺术价值。但在了解到装置艺术的概念后我们不难发现，装置艺术对材料基本上是"拿来主义"，虽然装置艺术家对材料也有一定的取舍和加工，但不需要作者以专门的艺术化手艺培训为基础，而多用一些常人也可为之的手法进行加工，重点在于：（1）从现有的成品本身所具有的社会普遍观念入手；（2）从现有的成品之间的关联所显现的意义入手，根据这两者再去考虑装置品的建立与表现意图。②

赫斯特的药物陈列系列作品的第一件——《Sinner》中的药物是他在1988年参加金史密斯学院（Goldsmiths College）会议时收集的，他说道"那里面是我祖母死前给我的国家卫生服务（National Health Service）的药品"。这些药品用棕色的玻璃和塑料瓶子填充，老化和被使用过的痕迹清晰可见。③赫斯特在他的祖母离去时所产生的一种特殊的情感氛围中收到了这些药物，从而也在创作这件药物陈列作品时将其独特的情感注入作品当中，通过《Sinner》与观众分享其精神感受。

---

① 澎湃新闻官方账号：《不仅仅是达明安·赫斯特的药柜，当医药遇上当代艺术》，澎湃新闻，https：//baijiahao.baidu.com/s?id=1659472973074736686&wfr=spider&for=pc，2020年2月25日。
② 贺万里：《装置艺术研究——论当代中国的装置艺术》，北京，中国文联出版公司，1999。
③ Ann Gallagher, Tate Modern（Gallery）：*Damien Hirst*, Millbank, London：Tate Publishing, 2012, p.191.

然而下一个药柜则是以截然不同的形式呈现。《Enemy》是赫斯特继《Sinner》之后的作品，其中展示了更多的最新产品，现代的新型药物与过去不同的一点在于它们会叠堆地出现在药剂师的架子上（由于药物的物理状态、形态、包装的进化）。赫斯特将两个不同时间维度的药剂进行较量，意在以《Enemy》为载体呈现一种对抗过去的样子。[①]

这些看似都是在进行陈列的装置，由于艺术家选择的药品具有不同的时代含义，所以整件作品的含义也不尽相同。材料和情感之间的关系在艺术中呈现为"材料承载情感"。

赫斯特敏感于生命的有限性；时常通过作品提醒人们危险的存在性、美丽的暂时性；警示人们生命的可贵性。他总是在探究生死，生死的轮回在赫斯特作品中是一大主题，比如另一件更知名的作品《One Thousand Years》（见图4、图5）。该装置的左边封闭空间内放置了一个牛蛆的牛头，右边的空间充满了刚刚孵化出的苍蝇，而中间隔离它们的是一个电网灭蝇器。在这个密闭装置内，苍蝇自打孵化后便要靠食腐为生，若要吃牛就必须穿过电网，可是碰到电网必然面临死亡，不穿过电网也会面临另一种死亡——饿死。成千上万只苍蝇的无数个生命周期，就这样简单粗暴地在观众眼前进行着。赫斯特用最粗暴，甚至令人作呕的一组活生生的"载体"为观众表演着一场延续数日不停的生死循环，同样是人们一眼就认得的物质实体——牛头、苍蝇，当它们被艺术家以一种形式化的状态展现出来时，它们就成了展现生命本质特征——"生死交替"的载体。

图4 《One Thousand Years》1990年

图5 《One Thousand Years》（局部）1990年

赫斯特对"生与死"有着强烈又丰富的情感，他说："我讨厌死亡，我觉得这很鲁莽，我爱生命。然而，生命的问题在于不知道自己什么时候死，而且死亡是不

---

① Ann Gallagher, Tate Modern (Gallery): *Damien Hirst*, Millbank, London: Tate Publishing, 2012, p.191.

可扭转的必然。"①赫斯特的思想放在各个时代都有些与众不同，有很大一部分影响因素是他青少年时期的经历，他从来不是能够安分守己的乖小孩，曾经几度沉迷于毒品与酒精的他有过很多荒诞的行为，也正是在那一时刻，各种功能的药物在他的世界里占据了主导地位，所以之后成为艺术家的他才会对药物寄予独特的情感。②赫斯特谈论到他对于死亡的恐惧："我经常对死亡产生恐惧，经常地。如果我们没有因癌症或其他疾病而死亡那将是最好的，但不可避免地我们又将因年老色衰而离世。当我年轻的时候，我认为你不会得癌症，你会没事的，但后来有人向我解释说你是老死的。我们都希望能死得痛快，但我们做不到。"仿佛已经到了极端情况下一样，赫斯特甚至尝试了选择皈依宗教，但他只感觉到一次又一次地被拒绝，依旧无法摆脱对死亡深深的恐惧。③兴许正是世人看来扭曲的生活，才帮助赫斯特创作出独一无二的作品，他不同于寻常人的生活经历，慢慢地在他的艺术生涯中展现出了优势。

关于赫斯特的药物陈列系列作品，首先我们应当承认，按照装置艺术的概念界定，这些药柜的确是一种艺术的表现。基于各种来历不同的药品，作者达明安·赫斯特带着不同的情感将其分门别类地排列组合，最终为其赋予各式各样的名字，从而借助药品这一载体向观众传递他的个人情感，通过装置与观众对话，分享他个人丰富的情感世界。这样的装置艺术意在与观众发生情感上的碰撞，传递精神，进而发现其中蕴含着别样的艺术价值。

自20世纪60年代起一直到今天，装置艺术的圈子在不断发展，可是真正能够欣赏到装置艺术之内涵的观众依旧较少，装置艺术仍旧不容易被大众以艺术品的身份接受。因其本就是一种高级的、隐晦的、主观的艺术品种，但只要观众了解到其作品实体背后艺术家想要表达的内涵，便可以轻松地接收到艺术家所要传递的饱满的情感和丰富的内涵。

想要消除观众与作品之间的隔阂，首先需要观众了解这一类艺术本身的构成概念和创作理念，其次再对艺术家本人加以了解，最后用特殊的观赏视角搭配观众个人情感、主观联想来欣赏艺术作品，这样便可以建立起艺术作品与观众之间和谐的"欣赏与被欣赏"的关系。

赫斯特最初创作药物陈列系列作品时，他会仔细斟酌每一件药物的摆放、组合、取舍，在他对某一主题产生了强烈好感的情感支持下，最终组装成一件最能体

---

① Damien Hirst: *Damien Hirst, the elusive truth, new paintings*, New York: Gagosian Gallery, 2006.
② 澎湃新闻官方账号:《不仅仅是达明安·赫斯特的药柜，当医药遇上当代艺术》, 澎湃新闻, https://baijiahao.baidu.com/s?id=1659472973074736686&wfr=spider&for=pc, 2020年2月25日。
③ Damien. Hirst White Cube (Gallery) & Jason Beard: *Beyond Belief*, London: Other Criteria: White Cube, 2008, p.13.

现该作品主题的装置艺术作品。他在每一件药柜作品中都加入了他独特的见解，每一件药柜作品在视觉上都是药物的陈列，但由于药物的来源途径、使用方式、功能效果等各不相同，从未表达的含义也各不相同，因此被赋予"身体""敌人""音乐"等各种含义。

装置艺术是"场地+材料+情感"的综合艺术，要构成艺术品，这三个元素缺一不可。但在艺术家不断的创作中，很容易在大量创作的过程中形成模式化的生产，进而削弱了对情感的重视程度。

赫斯特热衷于"事实雕塑"这样的装置艺术，其创作手法过于简单，艺术价值几乎全部凝聚在"情感"的承载上，在20世纪90年代，他的创作总能让观众们感到耳目一新，因此受到收藏家的大力追捧，而当晚期创作中情感的宣泄不再如早期那样淋漓尽致时，艺术家不免会在不断创作的过程中形成"批量生产"的模式。在利益化的趋势中赫斯特的"创作"在逐步趋向"生产"，这大大降低了艺术品的收藏价值。赫斯特正在面临这样的危机。英国著名艺术评论家Julian Spalding曾经在英国《独立报》上发表言论，预测赫斯特的作品拍卖市场马上就要破灭，并表示："当收藏投资者意识到这种观念艺术毫无价值的时候，它就会垮掉。"

商业是当代社会运转和生存的基础，因此，装置艺术有时不能不以商业行为的形式出现。装置艺术的前卫性意味着新奇甚至是怪异，可以吸引人们的注意力，这正中商家下怀。[①]可随着赫斯特变得越来越富裕，他的那些不断围绕死亡和金钱循环的作品已经完全变成了形式主义的俘虏，它们变成了纯粹的商品，失去了早年的尖锐和从容。符号化的象征也似乎成了一种越来越危险的身份绑架。虽然赫斯特的那些创作元素（如死去的动物、标本、药片、点、锃亮的架子和大量的科学文字等）让人们过目不忘且带有标志性地崇拜，可让人们感到悲哀的是，对于他和市场来说，几乎都是由他一手包办了全球艺术市场在他的画像中的"翻新"。[②]即使如此，他仍旧可以保持不动声色地在艺术市场中轻轻松松创造出高价，这难以让人们不担心他的创作正在商业化的道路上越行越远，渐渐脱离了艺术的感性，丧失了艺术家的灵动性。

我们不得不承认装置艺术在美术史上重要的身份地位，赫斯特早期作品在美术领域作出的革命性贡献毋庸置疑，但对于装置艺术发展中的过度商业化、利益化、逐渐削弱的艺术感受，我们也应有所辨认，明确美好与恶劣在其中的并存。

---

① 徐淦：《装置艺术 Installation》，第51页，北京，人民美术出版社，2002。
② 邰蜜子：《达明安·赫斯特以后还会随便就很贵吗？》，2012年3月30日，雅昌艺术网新闻资讯，https://news.artron.net/20120331/n228063.html。

6. 教师对学生终稿的反馈信

雨辛:

你好！你在陈述信中做了全面的总结和真诚的反思。经过多次的修改调整，你的文章有了较大的进步，文章终稿自始至终围绕达明安·赫斯特的艺术装置作品进行阐释，主线更加明确，结构清晰，内容前后呼应。你在终稿中还对原本冗杂的内容作出了适当的裁剪。如你所说，完成一篇文章，对材料要做"加法"，也要做"减法"。大部分学术领域都有一定的门槛，阅读和积累可以帮助我们跨过这个门槛。而占有材料后，又不能把自己一切所知所能"喂"给读者，而需要摘选和编织。这个过程既是对读者的需求、态度、价值观的琢磨，也是作者创造力的体现。

当然，文章还有一定提升的空间。首先，文章的标题还是有点长，建议可改为"药房布景也能成为艺术？——达明安·赫斯特装置作品的艺术价值研究"。标题太长会第一时间影响读者理解阅读，也有研究证明太长的标题会妨碍文章被关注和引用。其次，文章中你以对装置艺术的介绍入题，我建议还是应该以大众对达明安·赫斯特药房系列作品的争议入手，开篇提出研究问题，然后回顾学界对此问题已有的讨论，并阐明本篇的创新之处。再介绍"场地+材料+情感"这一线索，然后紧紧沿着线索分析达明安·赫斯特作品并回答问题。目前，主线还是有点模糊。其实这一线索在你的长文汇报中更加清晰突出，你可以参考你汇报的脉络来修改文章。再次，文章部分和部分之间、段与段之间的过渡还可以加强，比如，艺术商业化对达明安·赫斯特作品艺术价值的影响这一部分和前文就缺乏自然的接驳。最后，文章的结尾比较单薄，这一部分除了对文章主要内容作出总结，还可以对文章的研究意义作出说明（初稿开头），并分析文章可能存在的局限。

你的文章不仅为我带来了新知，让我对装置艺术的鉴赏要素和达明安·赫斯特个人作品有了一定了解，还让我感受到了他感性的艺术创作和你理性的分析解读之间碰撞出的火花，看到了艺术冷静自省的一面。贡布里希说过，"越走近我们自己的时代，就越难以分辨什么是恒久的成就，什么是短暂的时尚"。所以，到底如何评价装置艺术这一现代艺术中的奇葩，可能还要留给时间。当然，正由于这个问题的可辩论性，你的论证说理也更有意义。

为你一学期以来认真投入的学习点赞，祝新学年在品味美、学习美、践行美的过程中继续发光。

祝一切顺利！

米真
（日期略）

四、社群与社会

主题：社交网络

新媒体对粉丝经济的作用途径
——以《创造营 2021》为例

指导教师：窦吉芳　学生：王雨昕[*]

1. 主题概述：社交网络

你平时的交流圈子都有哪些？你通过什么渠道结识新的朋友？你是否认为自己善于社交？你是否想过，为何对你来说与某些人建立关系要比与其他人建立关系更加容易？换个视角，社交网络是否给你带来了潜在的压力？你如何看待社交网络中不同关系模式引发的正负面影响？你对社交网络的发展是否有其他的理解和认识？

大到国家，小到个人，人类历史和社会文明进程的发展离不开交流与社会关系。在古代，饭铺和茶肆可能是最火热的社交场所，狼烟和书信可能是最快捷的交流载体。到了现代，随着信息技术的发展，网络社交为天南海北的陌生男女瞬间沟通了解提供了可能，也衍生出社交网络、社交渠道、社交平台和社交形式等多个方面翻天覆地的变化，并渗透进我们的日常工作和生活。但是，由此产生的诸如社交诈骗、社交恐惧症等问题也引发了新的思考。

以"社交网络"为主题的写作教学，旨在通过案例分析、经典阅读、文章写作、情境模拟以及辩论等方式，多视角、多层次地分析社交网络的发展和这一发展过程中的人、事、物及其所带来的影响。

2. 案例概述

本案例作为写作课的短文，是学生初次尝试说理文写作的成果。作者基于当下流行的综艺节目《创造营2021》找到了一个相当有延展性的研究话题：粉丝经济。之所以想要对这一话题展开研究，源于作者自身对选秀类节目的兴趣以及在观看偶像选秀节目中的困惑与思考。在课堂学习中，作者从个体经历出发，很快选定了以《创造营2021》为例来探究节目爆红背后新媒体操纵下的粉丝经济。但是想要研究好这一问题，面临着不小的挑战：作者一方面需要"入戏"，即对以《创造营2021》为代表的娱乐节目进行深入的观察与分析，尽可能多地获取更多内容；另一方面又需要"出戏"，即不过分沉浸在自我主观框架中，能够客观冷静地分析具体的研究

---

[*] 窦吉芳，清华大学写作与沟通教学中心教师；王雨昕，清华大学外文系 2020 级本科生。

问题。要满足上述要求，需要作者在明确研究问题与清晰文章框架的同时，理性思考，逻辑展开。这些要求，对于初次尝试写作的同学而言，具有不小的难度。

通过呈现出的短文初稿可以发现，作者一直在尽力搭建逻辑框架，整体文章也试图根据逻辑发展顺序展开，朝着"既内容充实又条理明晰"的方向发展。但是，却依然存在着"行散"与"神散"的双重问题，以至于作者自身也觉得"文章结构梳理不出来，总有些部分放哪都不合适，跟前后文也联系不上，且我原先设想的文章内容一一对应到引言中的三个问题实际上也很勉强，更像是在东拼西凑"。

经过批改反馈、一对一面谈、课堂沟通等环节，作者在一次次"断舍离"中不断精简，最终凝练出终稿的研究问题，即借助《创造营2021》，分析新媒体对粉丝经济的作用途径。

【问题总结】
（1）研究问题和内容的匹配问题；
（2）语言表达问题；
（3）逻辑结构问题；
（4）其他部分细节，面批时具体沟通。

3. 含教师修改过程的学生初稿全文

《创造营2021》缘何爆红

——新媒体操纵下粉丝经济的胜利

《创造营2021》是由腾讯出品的一部男团选秀综艺，自开播以来热度持续走高。作为中国偶像选秀自"快男超女"、《创造101》和《偶像练习生》之后又一代表之作，《创造营2021》集中体现了偶像选秀新一轮的演变和积衍而成的某些特征，也给我们带来了许多思考。爆红背后，偶像选秀的节目模式究竟又经历了何种革新式的转变？其促进因素到底是什么？又是如何为资本利益服务以支持偶像选秀前仆后继之态的呢？本文拟通过对《创造营2021》爆红的成因分析，从新媒体对于粉丝经济的作用角度对以上三个问题试给予回答，并且希望通过对以《创造营2021》为例的偶像选秀的探究，揭示新媒体与资本的勾结对于粉丝的控制及危害，以此达到对粉丝群体的警示作用。

【语言文法】表述不清晰，有病句之嫌。

【逻辑论述】与上文内容存在断裂，缺乏引导铺垫，显得突兀。

【逻辑论述】这一部分可考虑突出介绍创造营的火爆与受欢迎度，加强背景的介绍，让读者确实能够感受到其热度和代表性，也为研究的必要性提供支撑。

【语言文法】"但"字有些突兀。

一、新媒体和粉丝经济的定义

粉丝经济的定义众说纷纭，但王叔良在《粉丝经济：为粉丝创造归宿感》一文中给出的解释对于本篇文章颇有启示意义："所谓粉丝经济，是指以品牌的粉丝为其情感和价值认同买单为核心的经济活动形态"。①如果将此定义中的"品牌"理解成具有相似意义的"偶像"时,偶像选秀基于的饭圈粉丝经济的运营形态便一目了然了。

【语言文法】可尝试重新组织一下这句话的表述,和上文的衔接略显模糊。

新媒体简单地说就是借助数字技术和网络向用户提供信息和服务的全球化媒体,常见的终端是手机、电脑和网络电视。它是信息化时代的产物,对社会的变革和发展产生了深远的影响。

至于新媒体是如何影响粉丝经济,以及二者与偶像选秀之间的互动将在后文中论述。

【语言文法】可删去。

二、新媒体圈定和扩张的粉丝受众

《创造营2021》第一处革新在于选手配置。虽然这期节目仍有"回锅肉",即参加过往期节目但成绩并不理想的老选手重回舞台以期翻红,但是这次的"锅"并非限于同类型的唱跳偶像选秀综艺,而是涵盖了乐团类《明日之子》、文化类《国风美少年》、解谜类《名侦探学院》等不同类型的节目。与之相映衬的是,选手也不仅限于练习生,而是会集了电竞选手、编舞师、网红、综艺咖、up主等多元身份。而此次节目更是创造性地增设了国际组,涵盖日本、美国、泰国、俄罗斯和乌克兰诸国,可见选手配置正朝向多元化方向发展。这有赖于新媒体交互性的便捷,我们有机会接触到各类群体。得益于短视频、游戏、b站等社交平台信息裂变速度的增长,这些群体之中的佼佼者又逐渐发展出自己的拥趸。②在此意义上,"偶像"逐渐涵盖了更广大的社会领域。招徕更多这样的"偶像",意味着偶像选秀圈定的粉丝受众也必呈几何式递增,且新媒体不单扩大了目标受众,还通过大数据锁定了热度高地。任胤蓬、刘宇、邵明明都属于节目顶流,诺言则是《王者荣耀》大神级选手,网红组5人抖音视频播放量都逾越百万。高热度、高流量意味着高曝光度,换言之即具备更强有力的出圈可能性。因而偶像选秀借助新媒体的大数据,不仅圈定了显性受众,还囊括了不定量的可能受众,使得粉丝群体进一步隐形扩张。

【谋篇布局】这部分读上去有些抓不住逻辑主线。建议修改逻辑结构与具体表述,帮助读者有效理解核心主旨,明确你想表达的内容。

【语言文法】文章多次连续出现"而",需要注意避免口语性词语的习惯性使用。

【语言文法】请重新组织这段话,使之更为顺畅,和前文的衔接更为自然。

这里浮现出一个问题,那就是:为什么这些来自不同圈层、国家的人群都要来涉水偶像选秀,甚至某些人已经收获了不小的人气和名望呢?

【逻辑论述】很突兀的语言,需要明确这部分内容和本章之间的逻辑关系,以及放在此处你的核心用意。

---

① 王叔良:《粉丝经济:为粉丝创造归属感》,载《中国广告》,2014(12):132。
② 冯雪:《新媒介环境下的粉丝文化构建》,载《现代交际》,2019(12)。

三、新媒体互动媒介对偶像的影响

中国偶像选秀的粉丝互动媒介随着际代更迭不断丰富:"快男超女"时期短信投票,电视观赛;《偶像练习生》将宣发和"打投"引入视频平台和微博等社交软件;而《创造营2021》在此基础上又加入更多新媒体媒介,如直播、Vlog和doki圈。这些新媒体的引进带来了偶像选秀第二波革新,即多元化的粉丝互动丰富了的互动形式,使得偶像能够与粉丝更加频繁和有效地交流,大大增加了双方关系的黏性,同时也给予了偶像更多表现的空间。这些资源经由新媒体广泛传播,直接为偶像吸粉、固粉和引流服务。新媒体便捷的交互性和打通的相关性于此展现了巨大的力量,且多元的新媒体互动媒介被承办选秀的大型互联网企业整合,并与微博等社交平台形成合力操纵曝光度,实现了热度和传播的最大化,因而具备了个人望尘莫及的效果。与此同时,打投平台与选秀的结合刺激粉丝热情向偶像商业价值直接变现,为偶像创造出了额外的巨大收益。打投的数据成为偶像的名片,吸引更多资源向其倾斜。由此也就可以理解为什么这么多人对偶像选秀趋之若鹜了。

不难发现,新媒体互动媒介虽然只起到承载和传播的作用,但通过影响粉丝,它推波助澜,间接作用于偶像的创收。

四、新媒体互动媒介对粉丝的影响

新媒体互动媒介不单单通过更多样的互动形式来影响粉丝与偶像之间的关系,其实这些被选定的媒介其本身形式已决定了它们对受众特定的影响:圈层化。首先,无论是Vlog还是直播都体现出一种隔离的特性,即观看的受众只处于与主播的单一关系之中。而这种隔离的特性几乎无处不在:节目组特别加设的个人直拍、doki圈和微博封闭的超话,甚至是打投平台公开的学员竞争也反向促进着粉丝情感和团体的聚拢与团体间的分化隔离。偶像选秀利用众多具有隔离特性的新媒体媒介,不断重复这种单一关系,巩固粉丝和偶像的情感联结。其次,真人秀的节目形式借助新媒体互动媒介大行其道。《创造营2021》不仅推出了异次元系列综艺性真人秀,还通过Vlog和直播展示学员个性与生活化场景,对真人秀这一节目模式重新解构，形成后真人秀的新模式。①真人秀卸去偶像身上的光环，将其平民化，使偶像站在与粉丝对等的高度上，从而制造一种隐性亲密感以提升粉丝对偶像的好感度。由此新媒体互动媒介不断强化单一亲密关系，并通过微博、doki圈等社交平台，使同质化信息大规模连续输出，造成信息茧房，最终实现圈层化。而随着亲密关系的强化，粉丝的爱部分转化为责任感，继而萌生出"守护"偶像的使命感，由此引发一系列粉丝行为。然而圈层化易引发网络情绪极化程度的不断加深，最终形成狂热的情绪聚合，使得粉丝行为过于激进甚至极具破坏力。②

那么，新媒体互动媒介通过圈层化所强化的亲密关系乃至引发的粉丝行为是如何被转化为粉丝经济的呢？ —— 【语言文法】语言问题需要注意。

五、新媒体操纵下的粉丝经济

亲密关系是经济投入的前提条件，但要真正实现转化，还需要一定的刺激因素。王叔良在《粉丝经济：为粉丝创造归宿感》中提出的打造粉丝经济的两大核心：发展活跃粉丝和引爆品牌的粉丝能量。③对于偶像选秀来说，利用新媒体强化亲密关系即是在发展活跃粉丝，而设置有限出道位的竞争就是为了引爆粉丝能量。偶像选秀把出道选择权下放到粉丝手中，大大增强了粉丝的参与感和话语权，使其承担起"造星"的任务，从而创造出有行动力的饭圈。④然而，选秀节目与品牌方的合作所促生的新的投票机制，即除了免费获取的固定票数之外，还可以通过购买品牌方产品兑换额外票数的规则，将流量与金钱直接挂钩，梦想的实现与集资实力直接等同。换句话说，这种投票机制不再单纯反映观众缘，而是变成大数据下资本的角逐，是把粉丝对偶像的爱与责任感当作筹码，把偶像的梦想公开兜售。更甚，新媒体增加的互动方式分化了投票的目的，粉丝为了争取每种互动形式的机会，不得不投入更多的金钱。而且新媒体的及时性和公开性使得榜单数据的更动更为频

【谋篇布局】这一部分和上文之间的逻辑联系是什么？从当前的标题中并没有办法很好地看出。

【逻辑论述】在说理文中，需要对专有名词有所解释，这样才能帮助读者更好地理解你的阐述。以此处为例，突然出现的关于"亲密关系"的表述，让人有些摸不着头脑，不免产生为什么这句话会成为你解释"新媒体操纵下的粉丝经济"的第一句。
同时，似乎亲密关系的表述也没有在下文继续展开。

---

① 高阳：《后真人秀时代准社交关系的网络展演——Vlog传受双方心理透视与心理学应用前景》，载《视听》，2021（2）。
② 蔡松峻：《青年粉丝群体心理极化及新媒体干预研究》，硕士学位论文，广州大学，2019年，第26页。
③ 王叔良：《粉丝经济：为粉丝创造归属感》，载《中国广告》，2014（12）。
④ 吴晓怡：《养成系偶像组合如何利用饭圈文化吸引粉丝——以 R1SE 组合为例》，载《视听》，2021（3）。

繁，也更为一目了然，不断刺激粉丝打榜的狂热心理，使得竞争趋向白热化和非理性化，品牌方和运营方却从中受益。也就是说，粉丝经济根植于爱与梦想的沃土，吸收着竞争与理性一路枝繁叶茂。且竞争一日不休，粉丝经济就一日不会停止，因为资源向偶像的倾斜需要粉丝氪金的持续加持。因而偶像选秀的粉丝经济可以说是一个无底洞，直到彻底消磨了粉丝的爱意和钱包才会打一个餍足的饱嗝。

故新媒体创造了紧张的、可视化的竞争环境，利用粉丝与偶像建立起的亲密关系，通过流量与金钱的相互变现实现巨额创收。且粉丝越是疯狂，粉丝经济就越是昌盛。

【逻辑论述】有些自话自说的嫌疑。

六、总结

《创造营2021》体现了偶像选秀经历的两种革新：选手配置的多元化和互动形式的多元化。这两处革新都是由新媒体在背后推动。新媒体不仅丰富了偶像与粉丝之间的双向选择，也强化了双方建立的亲密关系，为粉丝经济提供了可乘之机。正是这种受新媒体滋养的粉丝经济所带来的巨大利润支撑着偶像选秀的前仆后继。曼纽尔·卡斯特在《网络社会的崛起》一书中说道："在网络社会中，网络技术的发展使互动成为可能，媒体不再具有强制性，受众有了空前的自由。"[1] 可通过观察新媒体操控下的粉丝经济，我们可以发现新媒体虽然提供了互动的自由，但它所造成的圈层化影响以及对于粉丝氪金无形的逼迫实际上仍具有强制性，粉丝受众并没有得到真正的自由，反倒是无意识地沦为粉丝经济的牺牲品。虽然如此，如果粉丝群体能够透析偶像选秀背后的粉丝经济逻辑和其与新媒体相互勾结的作用手段，或许就能提高警惕，挣脱新媒体的枷锁，在选秀浪潮中保持理智，不做无谓的牺牲。而只有这样的人越来越多，社会才能在新媒体操纵下的粉丝经济狂热中冷静下来。这是本篇文章写作的初衷期愿，也是意义之所在。

【逻辑论述】放在这里，有些不清楚你具体的用意。

【谋篇布局】需要注意的是，你是在写一篇说理文，这就要对具体的问题以及整体的结构进行思考。对于一篇好的文章而言，并不是问题罗列得越多越好，内容越丰富越好，重点是先考虑清楚你到底在做一个什么问题（问题意识），打算如何去一步步地阐述你的问题（结构），以及明确你的读者群体是谁（读者意识）。接下来，请认真修改你的文章，具体标注我们也会在面批过程中具体讨论。

---

[1] 曼纽尔·卡斯特：《网络社会的崛起》，夏铸九、王志弘等译，第182页，北京，社会科学文献出版社，2001。

总体点评：

评价表
选题与问题意识（1~5分）：3
对选题的方向把握还是不错的，能够借助热点话题以及粉丝经济找到当前新媒体背景下选秀节目的火爆这一话题。不过问题意识还需要加强，目前来看，问题尚不够聚焦，后续围绕整个研究问题如何有效突出问题、阐述问题，是需要完善与加强的
结构与论证（1~5分）：3
如上面所提到的，本文在结构方面的设置还需要进一步明确，当前阅读的感觉是结构偏松散，部分内容的处理有逻辑割裂之嫌，这使得在阅读这篇文章时，总有一种"跳跃感"和"松散感"，没有办法一气呵成地读完。尤其在批注当中所指出的三、四、五部分，可能需要你花费些精力思考如何优化整体的结构。 另一个需要注意的点是，你需要强化文章的"读者意识"。写文章的目的不是自嗨，而是通过有力的语言来让读者在阅读文章的过程中感知到你的逻辑与观点，所以对于文章的布局要保持清晰，对于具体的论述要保持客观，不仅从作者视角，也从读者视角来看待你所设置的结构和所表达的观点。
学术规范与格式规范（1~5分）：3
部分参考文献缺少页码，格式上也不统一，请参照写作规范手册对照修改
语言表达（1~5分）：3
语言具备说理文写作的基础，但是需要对整个语言进行精简与提炼。很多不符合主题的论述和主观性过强的语句可以去掉，主要围绕你的问题来展开论述即可
修改提示
请结合具体的批注和建议完善文章，期待你的终稿，加油！

4. 学生的修改陈述信

窦吉芳老师：

您好！我是外文系王雨昕。

我写完短文初稿时一度非常满意，因为我觉得我写出了所有想要表达的东西，不仅得到了一种宣泄后的快感，还为看破偶像选秀利用新媒体炒粉丝经济的险恶用心而自我陶醉，而且我洋洋自得于设置了明暗两条逻辑线索，即引言提出的三个问题以及文章发展的逻辑顺序，我真的觉得自己的文章既内容充实又条理明晰，尽管有些点书写得还不够。但面批之后我发现我的内容太杂了，虽然都是我想表达的意思，但它们并不归属于一个主题，这让我的文章显得文不对题，而且每一段尽管写了很多却得不出一个中心思想。于是，当我想要自圆其说，梳理我文章结构的时候就发现自己根本梳理不出来，总有些部分放哪都不合适，跟前后文也联系不上，且我原先设想的文章内容一一对应到引言中的三个问题实际上也很勉强，更像是在东拼西凑。总体说来就是我的文章再看就很混乱，我当初可能是被完成文章的成就感和对自己智慧成果的亲切感蒙蔽了。

所以，我就对文章进行了重新规划并学会了"断舍离"，剔除掉了很多不符合主题的论述和主观性过强的语句。我先是采用了面批时老师提供的建议，聚焦到新媒体对粉丝经济的影响上来，将其设置为文章主体即第二部分的大标题，并把新媒体对粉丝经济的三种影响增设为二级标题。我舍去了原本论述新媒体对偶像的影响和论述粉丝经济消费偶像梦想的部分，因为我想将文章主体更明确地固定为粉丝群体。但这时我还面临着一个问题，那就是如何按照老师您建议的、把原先投票的部分融合到前两部分，因为投票并不属于影响，它是一种变现的机制，加到前两部分总感觉格格不入。然而，写作沟通课上的口头汇报却给我带来了转机。当时有一个问题是怎样区别新媒体对粉丝的影响和对粉丝经济的影响，在我看到这个问题的时候，我被问住了，因为确实对粉丝的影响并不等同于对粉丝经济的影响。正当我一边骑车回宿舍一边思考这个问题的时候，我突然想到其实我可以把题目换成新媒体对粉丝经济的作用途径，这样对粉丝的影响就是对粉丝经济的影响了。接着我又想到，扩张粉丝群体和强化粉丝情感就是为投票变现做准备工作，这样我就可以把投票部分单独成段。由此，我确立了我的文章主体部分一分为三的最终布局，并且修改了引言部分。另外，我在写作的时候很克制地不去义愤填膺地批判新媒体、粉丝经济、偶像选秀怎样荼毒受众，尽量将内容限定在对作用途径的客观描述上，我希望这些负面影响能留到总结中叙述。为了提醒我自己，我写每一段的时候都先提炼段落的主旨，后来发现，可以将之保留为段落开头的综述，使文章内容更加明确。还有一点也值得一提，我在回顾第二大段第一部分的时候觉得我罗列的例子过多，于是我制作了三张图表，并把原本的文字叙述部分都改为了只举三个例子，我觉得这样可能表达得更好一点，但我不确定这里添加图表是不是有意义。

修改中我最得意的部分有两个。第一处是强化的粉丝情感中对引入的新媒体的两个分类。我在重读文章的时候发现隐性亲密和圈层化其实发生在不同的对象之间，于是我划分出了偶像—粉丝互动和粉丝—粉丝互动两个部分，这样既避免了我过多主观的影响论述，更贴合作用途径的论述，又让内容显得很有条理。而当我列举偶像—粉丝互动媒介的时候，我又发现它们之间也可以相互组队，分别可以对应到我原来的隐性亲密和真人秀论点，这样我既减少了工作量，又完成了一种层层分级的思维结构。我特别享受这个层层分级的过程，我从没觉得自己这么明白过。第二处是总结中论述消极影响的部分。我本来只想笼统地说一说，但在写作过程中又发现我所写的可以对应主体的三个章节进行划分。于是我将其分为三条并各自进行阐述，最后再将它们联系到一起，这样看起来段落本身条理清晰，文章作为整体亦然。总之，我之所以自鸣得意于我这两部分的写作，是因为我感受到了写作可以给我带来更多思考，思考又能帮助我提升逻辑，使文章不断改善，自己在这个过程中也成长了许多,而且要应对不断划分出的更小的部分的写作,其实也为我开拓了更大的写作空间,同时,也提出了更大的挑战。

我觉得最有挑战性的部分就是怎样重新编排文章的布局。写作真的有种当局者迷的感觉,一旦写下文字,总容易跳不出文字,跳不出自己原本的思维。看起来好像是越写越开阔,到头来青蛙还是没有跳出圈住它的井。所以老师您一说好像文章都在写影响,跟题目不搭,以及建议我把怎样利用亲密关系逼迫粉丝氪金作为一个独立的主题的时候,我有一种醍醐灌顶的感觉。非常感谢老师您给我提供了旁观者清的看法,帮我跳出我原本的思维怪圈。但尽管有了一个新思路,真正付诸实践的时候还是很难作出决定。我思考了很久怎样删减、怎样融合,初步的成果确实有一些改善,但还是拖着没进化好的尾巴,也就是我本来仍想写的新媒体对粉丝经济的影响为偶像和运营商实现的巨大创收,因为这一部分实际上不能说是新媒体的影响,而是运营商的商业操作,本质上还是我自己义愤填膺的控诉。我非常感谢课堂上给我提问的小伙伴们,因为他们给我提供了很多新的视角和思考,也让我加深了对自己文章的理解,虽然当时我的脑子里一团糨糊,回答得都不是很好,但这些问题确实给我后续的思考和文章的写作提供了很大的帮助。这次的经验让我明白了写作不应该是一个人的闭门造车,沉浸在自我的世界通常会止步不前,多多听取他人的看法和建议才能帮助文章更上一层楼。

我觉得我的文章相对于初稿进步了很多。虽然如此,我觉得还是有些地方应该能够进一步改善。首先对于引言部分的数据我本想添加图表,但是我没有找到跟往期节目对比的那种二合一的图表,如果是单独都放上去或者自己制作的话,因为往期偶像选秀节目实在是太多,而且"快男超女"时期的数据不是很完整,我又怕占用的篇幅过多或一张表上显得过于凌乱反而画蛇添足,所以我并没有插入图表,只单单列举了三个数据,而且我也不确定列举的数据是不是具有说明力。我觉得如果能够改善,我希望可以找到对比图或者得到一些应该在表格中呈现出哪部分节目的建议。其次我仍觉得语言很单一,我已经尽力尝试了不同的表达,但还是会有很多感觉不清晰的地方,希望自己后续多多改善。

此致

敬礼

王雨昕
(日期略)

5. 学生终稿全文

<h3 style="text-align:center">新媒体对粉丝经济的作用途径
——以《创造营2021》为例</h3>

《创造营2021》是由腾讯出品的一部男团选秀综艺，自开播以来热度持续走高，仅第一期播放量就突破3.3亿次，搜索指数更是高达838 045[①]。虽然整体热度不及早先的"快男超女"、《创造101》和《偶像练习生》，但《创造营2021》集中体现了中国偶像选秀节目在多年的发展过程中逐渐成熟完备的运营机制以及新一轮的机制演变。基于以上背景，本文拟通过分析《创造营2021》的节目机制，揭示新媒体对于粉丝经济的作用途径，并进一步发掘新媒体与粉丝经济的结合控制甚至危害粉丝群体的逻辑，希望通过研究分析帮助沉迷于偶像选秀的粉丝群体能从中得到警示。

一、新媒体和粉丝经济的基本解释

粉丝经济的定义众说纷纭，其中王叔良在《粉丝经济：为粉丝创造归宿感》一文中给出的解释对于理解偶像选秀中的粉丝经济颇有启示意义。他指出："粉丝经济是指以品牌的粉丝为其情感和价值认同买单为核心的经济活动形态。"[②]如果将此定义中的"品牌"替换成"偶像"，偶像选秀所基于的饭圈粉丝经济的运营形态更能被有效地反映。

新媒体通常可以理解成借助手机、电脑等终端，运用新的数字技术和网络向用户提供信息和服务的新兴媒体形式，其主要应用有数字电视、手机微博、电子阅读等。

二、新媒体对粉丝经济的作用途径

《创造营2021》在选手配置、节目形式、投票机制三个方面都有所突破。节目吸纳了更多元的学员群体，增加了直拍、Vlog、直播、真人秀等新兴节目形式，并且在传统的腾讯视频和微博之外的微视、QQ音乐、桃叭等平台上增设了打榜和投票通道，分化了打投目标。这三个方面的突破有赖于新媒体多样的技术手段和特点，也为《创造营2021》带来了巨大的商业成功。通过《创造营2021》，新媒体直接作用于粉丝群体，促进了偶像选秀体系下粉丝经济的再繁荣。

（一）圈定和扩张的粉丝受众

新媒体的海量信息和大数据为《创造营2021》甄选出更加多元、引流能力更强的偶像群体，节目通过吸纳这类群体捕获了巨大的粉丝市场。

---

① 数据来自百度指数，https: index.baidu.com/v₂/index.html，2021年2月17日。
② 王叔良:《粉丝经济：为粉丝创造归属感》，载《中国广告》，2014（12）：132。

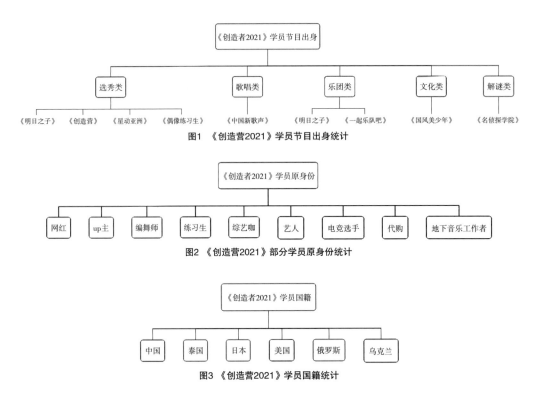

图1 《创造营2021》学员节目出身统计

图2 《创造营2021》部分学员原身份统计

图3 《创造营2021》学员国籍统计

虽然此次节目仍存在"回锅肉"现象,即参加过往期节目但成绩并不理想的选手重回舞台,但这次的"锅"并不限于同类型的唱跳偶像选秀综艺,而是涵盖了乐团类《明日之子》、文化类《国风美少年》、解谜类《名侦探学院》等不同类型的节目(见图1)。与之相映衬的是,在这次节目中,练习生不再是选手主体,而是与网红、up主、电竞选手等多元身份群体平分秋色(见图2)。更值得一提的是,《创造营2021》是第一个增设国际组的偶像选秀节目,国际学员来自日本、美国、泰国等多个国家(见图3)。由以上三点可以发现,选手配置呈现出多元化特点,很重要的一个原因就是新媒体便捷的交互性使同一群体的汇集更为容易,且得益于短视频、游戏、b站等社交平台信息裂变速度的增长,群体之中的佼佼者又渐次发展出自己的拥趸。[①] 在此意义上,偶像延伸到更广大的社会领域。《创造营2021》招募众多新型偶像就意味着同时吸引了被他们所圈定的新型粉丝群体,节目受众由此得到更新和扩张。

另外,新媒体的大数据锁定了热度高地。任胤蓬、刘宇、邵明明是各自节目的顶流,诺言则是电竞世界冠军,网红组5人抖音视频播放量也都分别逾越百万。高

---

① 冯雪:《新媒介环境下的粉丝文化构建》,载《现代交际》,2019(12)。

热度、高流量不仅是高人气的代名词,还象征着高曝光度,意味着具有更大的出圈可能性。因而,借助新媒体,节目不但圈定了更多显性受众,还一并发展了不定量的可能受众,实现了受众群体的隐形扩张,更不必说国际组甚至将网撒向了广阔的国外市场。

（二）强化的粉丝情感

新媒体互动越发呈现出隔离和亲密特性,这些特性增强了偶像与粉丝之间的关系黏度。同时,新媒体社交平台易形成"信息茧房",致使粉丝不自觉地陷入狂热的情感增长。

中国偶像选秀粉丝互动在"快男超女"时期只限于短信投票和电视观赛。从《偶像练习生》开始使用视频平台和微博等社交软件,更好地融入了网络社会。《创造营2021》在此基础上又引进了诸如直播、Vlog和doki圈等更潮流的新媒体工具。

《创造营2021》引进的新媒体可划分为偶像—粉丝互动媒介和粉丝—粉丝互动媒介两类。第一类包括直拍、直播、Vlog和真人秀。前二者表现出同一个特点,即单一对象。观众全程接受的主要是主播形象和观念的输出,因而倾向于只建立与主播一人的情感联结,排除了其他人在这段关系中的位置,这种效应可以总结成新媒体的隔离特性。隔离特性有助于将原本分散的情感聚拢到一处,使之汇集成更强大的情感洪流。而后三者实质上都可归纳到真人秀之中,因为Vlog和直播同样旨在展示生活化的真实个体,二者重新解构真人秀,开创出后真人秀的新模式。① 在真人秀中,偶像通常会表现得平民化,给粉丝营造出一种真实感和亲近感,从而让他们产生熟人错觉,萌生一种隐性亲密,以此增加粉丝对自己的好感。

第二类粉丝—粉丝互动媒介包括微博超话、doki圈和留言区。这些地方粉丝群体纠合,非粉籍的外来人员被拒之门外,表现出与新媒体开放性截然相反的封闭性。并且这些平台上活跃着一大批频繁发帖表达对偶像的喜爱和分享偶像信息的粉丝,这使得处在平台中的个体不仅被单一的群体包围,还被单一的情感和信息环绕,不自主地陷入圈层化中。② 结果就像《乌合之众》中所论述的,个体因为易被群体单一的重复所洗脑,被群体情绪所传染,所以无意识的品质逐渐占据上风,情感由此变得极为夸张。③

（三）打投的巨大收益

新媒体将金钱引入投票机制,其实时性和开放性强化了竞争氛围,激化粉丝的

---

① 高阳:《后真人秀时代准社交关系的网络展演——Vlog传受双方心理透视与心理学应用前景》,载《视听》,2021(2)。
② 蔡松峻:《青年粉丝群体心理极化及新媒体干预研究》,硕士学位论文,广州大学,2019年,第26页。
③ [法]古斯塔夫·庞勒:《乌合之众:大众心理研究》,冯克利译,第7~13页,北京,中央编译出版社,2014。

打投行为，而新媒体集资平台通过放低金额门槛，间接加剧了资本竞争。

偶像选秀经历了从"快男超女"的固定短信票数，到《偶像练习生》建立起金钱购买额外流量票数，以及集资能力纳入偶像能力考量的新规则，再到《创造营2021》把投票的决定权几乎扩大到所有节目资源分配上的一系列变化。

投票机制使粉丝获取话语权，大大增强了粉丝的参与感，因而在面对投票结果直接关切到偶像梦想和职业道路的局面时，粉丝易顺从对偶像的喜爱之情，承担起造星的任务。[①]新媒体的介入连通了数据和金钱，还使二者相互变现的速度得到质的飞跃。金钱投入使得排名立竿见影上升的反馈，使得很多粉丝无法按捺受喜爱偶像的心理所支配的氪金冲动，最终把偶像排名的争夺演变成资本的角逐。同时新媒体数据的实时变更对所有人可见，这种可视化且非常不稳定的竞争环境极大地刺激了粉丝的打投激情。虽然个体有时会被经济实力限制，尤其当票数标价随着节目热度水涨船高的时候，但新媒体集资平台给予粉丝单次打投金额自由的权利，通过分散经济压力以及粉丝对总投入的注意，诱导更多粉丝投入更多金钱，最终化零为整，累积出巨大的总量。

三、总结

王叔良在《粉丝经济：为粉丝创造归宿感》中提出打造粉丝经济的两大核心是发展活跃粉丝和引爆品牌的粉丝能量，[②]新媒体对粉丝的作用也可以用这个观点加以概括——实质上新媒体通过圈定和扩张粉丝受众挖掘更大的消费群体，通过强化粉丝情感发展他们的消费意愿和额度，通过允纳金钱参与打投创建变现渠道。前两点准备的粉丝基础在打投中创造了巨大的收益。

但上述三条作用途径都有各自的消极影响。首先，新媒体几乎把每个人都变成靶子，一旦被其捕获，人们很容易在圈层化中越陷越深；其次，新媒体中充斥着很多与隐性亲密相似的虚假暗示，这些暗示模糊了个体情感和行为自主性，使其无意识地被利用或榨取；最后，新媒体创造出流量数据这种新的"虚拟货币"，并把它与金钱汇率的掌握权交给了少数人敛财。以《创造营2021》为例的偶像选秀正是利用了新媒体的这些陷阱才成功地促生野蛮成长的粉丝经济，并从中谋取巨大的商业利益。

虽则如此，粉丝群体如能透析新媒体对粉丝经济的作用途径，就有希望在选秀浪潮中保持理智。只有理智的粉丝越来越多，狂热的粉丝经济才能冷却下来。

---

① 吴晓怡：《养成系偶像组合如何利用饭圈文化吸引粉丝——以 R1SE 组合为例》，载《视听》，2021（3）。
② 王叔良：《粉丝经济：为粉丝创造归属感》，载《中国广告》，2014（12）。

6. 教师对学生终稿的反馈信

王雨昕同学：

你好！

首先，谢谢你将文章的整体修改过程与感受都写在陈述信中。从你的信中，我感受到你确实在认真思考，希望更好地完善自己的文章。正如你所说，你的短文终稿确实有了实质性的提升！从你的终稿中，老师欣喜地发现，你已经意识到明确问题的重要性，并尝试着从读者视角出发，更好地优化（以及凝练）文章的逻辑架构。

万事开头难，好的文章确实需要不断打磨。以现有文章为例，如果能够在以下几个方面继续完善，相信你会有更大的进步：

（1）在语言方面可以进一步优化。当前的文章有些语句的表达存在一定的歧义，也有一定的主观嫌疑，希望你能够借助于多阅读相关的文章（包括课堂建议的范文及自查的相关文章）来不断揣摩语言严谨性的重要。同时，标点符号方面你依然需要强化注意，我注意到你还是习惯于在某些未表述完整的句子中间添加句号，后续习作完成后，标点符号建议单独重新再次检查。

（2）在文献参考方面更加严谨。部分语言并没有办法直接得出，必须添加一定的引用，这既是对自身内容的证据强化，也是对他人知识产权的尊重。

（3）三个作用途径分析部分，在整体表述方面还有待进一步明确。当前，整个文章实际上就是在分析"为什么"，我能够理解你想表述的意思是打投背后的竞争机制激发了粉丝的好胜心和参与激情，但是这三部分的内容在具体表述上和你的核心问题之间仍存在一些逻辑上的不匹配之感。

（4）在对问题的把握上更加深入。当前的文章，我理解你想通过分析《创造营2021》来进一步分析新媒体下的粉丝经济，但是似乎还是更多地停留在对这一节目的分析上，缺少再跳一跳、进一步总结归纳拔高的内容。以某个节目为例是因为其具备了某些特征且具有代表性，但是你核心要回答的问题并不是围绕某个具体节目展开，而是依托节目而又高于节目，最终实现以"阳台视角"去看待一个具象问题。这个问题做起来并不容易，但是值得你去思考。

期待你的长文！

窦吉芳
（日期略）

主题：北京

北京二代流动儿童面对高考与迁移问题时的心理体验分析

指导教师：李轶男　学生：杨骏*

1. 主题概述：北京

北京是一个讨论层次极为丰富的主题。它既可以是城市研究的对象，也可以是社会研究、政治经济研究、文化研究乃至符号研究的对象。从时间上，北京从"帝都""故都"再到"首都"的身份带来了丰厚的积淀；从空间上，无论是北京城市内部空间的张力及北京与中国其他城市、区域的复杂关系，还是北京作为"国际大都市"与世界的关系，都形成了诸多议题与问题。而城市究其根本是人的城市，北京既承载着千千万万的人对于美好生活的向往，也面临着无数的争议与焦虑。这一切共同构筑了一个充满"问题"的北京，有待同学们去探索和思考，更有待我们一同在这个"此在"之处去体验和行动。

以北京为主题的写作教学，意在鼓励同学们带着自身的关切，同时又不局限于个体的视角，以扎实的文字、影像、数据、实物材料为依据，从更长的历史视野中考察北京，从全球化的格局中观察北京，理解它的独特与普遍，进而更具批判性地反思"都市现代性"，并重新思考何为现代世界的"美好生活"。

2. 案例概述

本案例为写作课的短文。文章作者基于自己在北京上学的日常观察和经历，关注到"流动人口"这一群体，又结合对已有研究的调研，选择了一个仍未得到充分研究、非常具体而特别的研究对象——"北京二代流动儿童"。他敏锐地觉察到这一群体的特殊性，并试图结合对这一群体特殊性的挖掘，分析其心理特征及其潜在问题，使可贵的现实关怀得以真正落地。从研究脉络来看，人的流动及其身份认同一直是城市研究的重要话题，北京因其体量和特殊属性，持续、典型地呈现着问题的严峻性；而"北京二代流动儿童"的研究，则展现出随着时代变化，这一问题可能面临的复杂性。

对于"北京"一类与学生个体经验较为切近的写作主题来说，研究对象的明晰、具体和理论的深入是学生超越感性经验，进入"研究"的重要基础。在初稿中，作者选取了较为理想的研究对象，对文献材料的准备也较为扎实，能够有意识

---

* 李轶男，清华大学写作与沟通教学中心教师；杨骏，清华大学未央书院2020级本科生。

地综合运用初始材料、已有研究与理论性文献，试图对这一问题做较为深入的挖掘。但在实际的完成情况上，出现了两类"研究新人"常见的典型问题。第一，虽然找到了一个明确的研究对象，但对这一研究对象特殊性的理解仍是直觉的，与其他研究对象之间"普遍与特殊"的辩证关系尚缺乏自觉的分析和认知，因此，分析的着力点会反复游移；第二，尝试运用理论，但在"一知半解"的情况下，对理论的驾驭能力不足，致使文章反被理论"绑架"，未能彻底贯彻"以理论透视现象"的目标。在面谈中，师生首先从学生自己的写作初衷出发，讨论了研究对象"特殊性"的具体指向，进而着力共同梳理了理论概念间的逻辑关系，以及理论与现象可能的内在契合点。在此基础上，作者在终稿中明确了以北京本地学生作为"二代流动儿童"的参照系，突出了"本地与外地"之间身份认同的张力，同时对理论的运用也更加贴合研究对象本身，突破了学生容易未经反思使用的"马斯洛需求"结构，而真正从原典中挖掘出"威胁性冲突"这一理论，厘清理论框架，从而更加明晰地阐释了二代流动儿童可能面临的心理危机。

当然，作为大一学生初入大学的写作训练，这篇文章更多地是对学生自身现实关怀的回应，而非真正具有研究效用。由于大一学生尚未经过系统的调查访谈训练，课程并未鼓励学生展开实际访谈调研，而仍沿用已有研究中的数据。一方面，这种"有所不为"的审慎，也是一种学术规范的培养；另一方面，在后续的课堂分享中，这篇文章的研究对象和问题意识在同学之间引起了相当反响，并启发了许多学生在长文中落实现实关怀的思路。这也提示我们，面对尚未真正进入研究阶段的"准研究者"们，文章的研究价值与研究者的能力、价值培养并不完全同步同向，其间的取舍与引导还需要教师根据具体情况斟酌考量。

3. 含教师修改过程的学生初稿全文

北京二代流动儿童面对迁移问题时的心理研究
——基于教育的视角

改革开放以来，我国有大量的人口从农村向城市迁移。由于我国的户籍制度，这些离开户籍地的人们形成了一个独特的群体，即

"流动人口"。自20世纪90年代起,"流动儿童"与"随迁子女"作为流动人口的重要组成部分,也逐渐受到了广泛的关注①。已有的研究往往将随迁子女与流动儿童作为城市的外来者,进而分析其试图融入城市社会的困境。然而近年来,流动儿童的组成情况不断变化,于是有学者指出,应将"二代流动人口"纳入已有研究调查中重点关注②。"二代流动人口"也被称为"二代流动儿童",本文将二代流动儿童定义为"出生于流入地,但尚未取得流入地户口的儿童"③。

【文法句法】请按照作业模板规范脚注编码格式。

2000—2016年,出生在流动人口现住地的流动人口子女持续增长。2000年时,在现住地出生的仅占8.4%,而在2015年则达到了58.4%,且将近80%的流动人口子女居住在流动人口现住地④。这些二代流动儿童与以往研究关注较多的一代流动人口有着本质的不同,"他们的全部或接近全部的成长过程和经历基于城市",这使得我们必须将这一日益重要的群体区分出来单独讨论,才能对未来的流动人口有更准确的认识。而北京市作为中国主要流动人口流入地之一,有着大量的二代流动儿童,而过多的流动人口又使北京采取极为严格的人口控制政策,造成大量二代流动儿童不得不回流或迁移至其他城市参加高考。北京自身的特殊性无疑会在这些二代流动儿童的迁移历程中给他们带来特殊的心理体验。

【逻辑论述】这个研究目的的指向有点远,要警惕"强行拔高"。

【逻辑论述】这里突然出现"高考"略显突兀,可考虑对表达或论述顺序略作调整。

【逻辑论述】所谓的"特殊的心理体验"是相较于谁而言?(比如:其他流入地的二代流动儿童?)

北京二代流动儿童的回流与市外迁移通常由北京市始终未能完全解决的异地中高考问题引起。自2010年国务院提出"确保进城务工人员随迁子女从平等接受义务教育,研究制定进城务工人员随迁子女接受义务教育后在当地参加升学考试的办法"的目标以来,多个省份相继出台随迁子女在当地参加高考的工作方案。北京、上海、广东由于人口众多而承载能力有限,在具体的异地高考方案中给出了最高的准入门槛⑤。直至2020年,北京依然将异地高考限于各类高等职业学校招生,作为对比,广东和上海虽然有较高的要求,

【逻辑论述】意识到"特殊的心理体验"很好,但还要进一步明确:北京自身的"特殊性"究竟是什么?

【逻辑论述】这一句如何从前段与高考相关的部分语句更流畅地顺承铺垫下来,可以再稍作整理。

【语言文法】不太通顺,请确认政策原文。

---

① 乔金霞:《农民工随迁子女的社会融合》,第8页,北京,社会科学文献出版社,2018。
② 段成荣、靳永爱:《二代流动人口——对新生代流动人口的新划分与新界定》,载《人口与经济》,2017(2)。
③ 武玮:《中国大陆流动人口子女的教育融入结果研究》,博士学位论文,香港中文大学,2019年,第8页。
④ 国家卫生和计划生育委员会流动人口司:《中国流动人口发展报告2017》,第91页,北京,中国人口出版社,2017。
⑤ 吕慈仙:《高考制度公平性研究:异地高考政策与随迁子女社会融入》,第129页,杭州,浙江教育出版社,2017。

但已经不再限定只得报考高职院校①。近年来随迁子女的义务教育阶段政策保障不断完善，流动儿童进入公立小学与公立初中的问题得到一定的解决，在教育层面，高考的政策成为了北京二代流动儿童和具有北京户籍的儿童之间的最大差别。

访谈显示，部分学生正是从这个差别才明显地感受到一种"身份隔离"，这也正是许多北京二代流动儿童产生不同于其他群体的心理的根源："本来借读费取消已经让我们觉得和北京孩子没区别，结果现在发现还是有区别②。"他们必须在回原籍高考和留在北京而仅能报考高等职业学校这两个出路中作出选择。

图1　部分北京二代流动儿童会落户天津参加高考

美国心理学家马斯洛认为，当个体需要在两个对其来说均非常重要的目标中作出选择，个体便会遭遇"威胁性冲突"。二代流动儿童面临这样的选择时，往往要在两种需要中作出取舍。马斯洛的需要层次理论给出了人最基本的五种需要，其中有两项为爱与归属的需要和尊重的需要。离开北京意味着归属的需要不能被满足，而不离开北京又可能意味着自我实现的需要不能被充分满足。这在一定程度上使二代流动儿童产生了"威胁性冲突"③。在一些学者与非二代流动儿童访谈中，一代流动儿童认知中的"北京人"与"农村人"

---

① 丁娟：《基于户籍政策积分制异地高考政策评析——以北京市、上海市、广东省为例》，载《上海教育科研》，2017（4）。
② 王晓宇：《北京市流动儿童异地中考政策执行研究》，硕士学士论文，首都师范大学，2014年，第28页。
③ 参见［美］马斯洛：《动机与人格》，许金声译，第七章，北京，中国人民大学出版社，2007。

有着鲜明的形象对立，城乡的二元社会划分在他们的思想意识中根深蒂固；在社区居民眼中，流动儿童"缺乏家教、学习不好、品行不端"①。始终在城里成长的北京二代流动儿童必然不会认同自己是"农村人"，而且与其他流动儿童相比，他们常常带有"北京人"的优越感。这样的优越感虽然不正当，却不可忽视。正如"大城市的优越感在当代逐渐发展成为主流，对乡村和小城镇的感情有所边缘化"②，他们成长到将要作出离京与留京的抉择时，难免要经历对自尊的威胁。回迁部分地剥夺了他们作为"北京人"的优越感；而在北京进入职业学校或是更早地参加工作依然未获得广泛的认可，调查中超过一半的学生和家长难以接受职业学校，认为上职业学校"没有出息"③，这同样也威胁着二代流动儿童的自尊。这样的情况很接近马斯洛提出的"纯威胁"类的冲突，对于一些流动儿童，这对他们的心理健康会造成负面的影响。

【逻辑论述】这个比较抽象的判断最好展开解释一下。

【逻辑论述】从以上两个视角看到的结果意在说明什么？

【逻辑论述】最好有例证。

【逻辑论述】这段引文是否贴切地表达了这句分析？

【语言文法】再梳理一下这几句，简化指代关系。

在所有0～17岁的回流二代流动儿童中，在13～15岁时为教育原因回流的占比最多④。在这一时期，二代流动儿童心理还未发展成熟，他们的部分心理贴近幼儿。马斯洛认为，儿童的安全需求使他们偏爱"稳定的程序和节奏"，而迁移与转学的陌生环境会对他们造成较大压力，使他们表现得更接近幼儿，对父母有更多的依赖⑤。"几乎所有的第二代流动儿童都希望继续生活在北京，可以就读大学或获得更高的学历"⑥，但迁移的衔接问题常常造成成绩下降，这便会产生心理落差。

【逻辑论述】上文似乎没有提到，需要解释。

【谋篇布局】这一段分析很关键。冲突的双方究竟是"爱与归属的需要"和"自尊的需要"，还是两种"自尊"的需要，要进一步梳理清楚。

而在迁移之后，许多流动儿童成为寄宿生，而北京二代流动儿童一般未曾有过留守等和父母长期分离的情况。已有的研究认为，寄宿减少了来自父母的情感支持，使转学生心理问题更加突出⑦。他

【逻辑论述】这几句之间的逻辑要再梳理一下，似乎各自都不是在讨论同一个问题。

---

① 白文飞，徐玲：《流动儿童社会融合的身份认同问题研究——以北京市为例》，载《中国社会科学院研究生院学报》，2009（2）。
② 侯丽：《亦城亦乡、非城非乡 田园城市在中国的文化根源与现实启示》，载《时代建筑》，2011（5）。
③ 王晓宇：《北京市流动儿童异地中考政策执行研究》，硕士学士论文，首都师范大学，2014年，第16页。
④ 李巧，梁在：《二代流动儿童回流状况及其影响因素》，载《人口研究》，2019（3）。
⑤ 张登浩：《马斯洛心理健康思想解析》，第72~74页，杭州，浙江教育出版社，2013。
⑥ 韩嘉玲：《及早关注第二代农村流动人口的成长与出路问题》，载《中国政党干部论坛》，2007（8）。
⑦ 刘文萍，杨帆：《转学生心理健康水平影响机制的研究——来自中国教育追踪调查（CEPS）的经验证据》，载《上海教育科研》，2020（2）。

主题：北京

们也面临着和过往的同学交往减少，新的同伴关系尚待建立，使他们真正感到孤独和没有归属。

【谋篇布局】和上一段的前半部分似乎联系更大。

而最重要的，是来自教育的差异。北京的学生常常有着独特的自豪感，他们认为自己接受了更多素质教育，"被培养成'文明''都市化'及'较开放'的学生"，以至于再转往其他城市或回流后，难以迅速认同当地的教育。2008年，北京市中小学生社会大课堂正式启动，这些丰富的课外实践活动和北京中高考独特而富有创新性的考试风格正是他们对于北京教育先进性的认同的重要原因，许多其他省市难以提供相似的资源。此外，诸多访谈资料显示，回流儿童对当地更侧重应试教育的评价体系和教学方法感到不适应，语言障碍和文化素质差异又使得他们的"文化资本"不再实用。由于许多二代流动儿童家庭迁移至北京多年，他们在家乡或是其他城市几乎没有"社会资本"，这使得北京二代流动儿童在迁移前后的经历几乎完全割裂①。

【逻辑论述】"最重要"这个判断要给出论证。

【语言文法】注明出处。

【逻辑论述】以上两条材料说明了什么？

【逻辑论述】无论是"社会资本"还是"割裂"，都要扣回"心理体验"。

罗杰斯认为，所有障碍的根源都由于自我概念与经验的不一致或失调②。在预期与现实的落差，孤独和没有归属的割裂和"社会资本"与"文化资本"的消失中，北京的二代流动儿童深刻地体会到自我与经验的反差，许多流动儿童就此迷茫沉沦，而未能实现当初迁移时进入高中或大学的理想；而正如马斯洛认为的，如果处理得当，威胁也有可能使个体变得坚强起来，如一些二代流动儿童在这个过程中获得了一定的成长，更积极地开始了新的生活。但无论是哪一类北京二代流动儿童，户籍制度给他们造成教育机会相对的剥夺感、心理安全和归属的缺失乃至自我与经验的失调，或许都让他们感到，这就是他们的"身份宿命"。

【逻辑论述】"障碍"指代不明。

【逻辑论述】需要进一步解释。

【谋篇布局】没有刻意拔高或给出过于简单的解决方式是很好的习惯，不过这是一个相对感性的结尾，或许可以尝试着给出一个更理性的判断。

总体点评：

优长：研究对象具体性、问题性很好，由此有比较明确的问题视角和关怀指向；文献工作扎实，有借助理论深化分析的尝试。

核心修改建议：

【研究对象】明确"北京二代流动儿童"特殊性的参照系（比如：

---

① 顾静华：《消失的资本——回流流动儿童在农村学校的教育经历》，见杨东平等：《中国流动儿童教育发展报告（2016）》，第210~222页，北京，社会科学文献出版社，2017。
② 参见李洋、雷雳：《罗杰斯心理健康思想解析》，第96页，杭州，浙江教育出版社，2013。

其他地区的二代流动儿童？北京本地同龄人？北京的流动儿童？不同年龄阶段？），从而进一步明确其特殊性的具体所指，并在分析中把握住这个特殊性。

【逻辑结构】分析"威胁性冲突"及其后部分衔接的逻辑有待进一步梳理，部分论述需要调整顺序，另有一些论述可进一步展开。

【理论运用】结尾较为理论化的表述要给出更实质性的说明和解释（如：自我概念与经验的失调）。

请结合上述建议、文中批注和面批进行修改。期待你的终稿！

4. 学生的修改陈述信

李轶男老师：

您好！我是未央书院的杨骏。

我的短文修改后的主题依然是北京二代流动儿童在面对高考与迁移问题时的心理问题，要处理的核心问题是北京二代流动儿童在面对高考与迁移问题时产生了怎样的心理体验。与初稿相比，这份终稿删去了与这个核心问题不太相关的论述和缺乏访谈调查证据的观点，使问题更加明确集中，论述更为可靠；我也对文章的逻辑结构进行了较大的调整，按北京二代流动儿童成长迁移的时间顺序分别讨论他们不同阶段的心理体验，并用马斯洛的心理健康理论串联起论证，使文章的前后衔接更为顺畅，论证逻辑更加清晰。

对多种需要不能同时满足的"威胁性冲突"的梳理和对文章这一部分的修改使我最有成就感。三种需要的关系和两种自尊的区别是我的短文最复杂的部分，也是我认为最有挑战性的部分，把这些问题梳理清晰的过程让我感到很有收获。虽然这一部分或许会有更好的处理方法，但目前我能想到的最好的方法就是这份终稿的方式。在这一部分，我首先提出北京二代流动儿童主要面对三个需要的威胁，再分别讨论这三个需要的相关问题，其中又嵌入了三种需要的联系。对这一部分的修改方法主要是受到了您的启发，在此也对您的建议表示感谢。

在这篇文章的写作过程中，我对北京的异地高考政策的历史和发展有了更多的了解，并对北京流动儿童群体产生了更深入的认识。我查阅了很多文献，了解到了马斯洛的心理健康思想及一些其他心理理论。在技能方面，我的文献检索能力得到了锻炼，掌握了一些数据库和阅读软件的使用方法，也去过学位论文阅览室查阅博士论文；我也了解了如何阅读、整理文献，练习了如何按学术规范写作。

这一篇终稿因写作仓促和篇幅有限，必然还有着诸多不足，许多问题可能论证不够详细。我感到"三种需要"那一部分和迁移后的那一段或许还有更好的写法，但我暂时没有想出更好的思路。

短文终稿在陈述信后，请您指正。

老师辛苦了！

杨骏

（日期略）

5. 学生终稿全文

北京二代流动儿童面对高考与迁移问题时的心理体验分析

改革开放以来，我国有大量的人口从农村向城市迁移。由于我国的户籍制度，这些离开户籍地的人们形成了一个独特的群体，即"流动人口"。自20世纪90年代起，"流动儿童"与"随迁子女"作为流动人口的重要组成部分，逐渐受到了广泛关注。① 已有的研究往往将随迁子女与流动儿童作为城市的外来者，进而分析其试图融入城市社会的困境。然而近年来，流动儿童的组成情况不断变化，有学者指出，应将"二代流动人口"纳入已有研究调查中重点关注。② "二代流动人口"也被称为"二代流动儿童"，本文将二代流动儿童定义为"出生于流入地，但尚未取得流入地户口的儿童"。③

2000—2016年，出生在流动人口现住地的流动人口子女持续增长。2000年时，在现住地出生的仅占8.4%，而在2015年则达到了58.4%，且将近80%的流动人口子女居住在流动人口现住地。④ 这些二代流动儿童与以往研究关注较多的一代流动人口有着本质的不同，"他们的全部或接近全部的成长过程和经历基于城市"⑤，所以我们最好将这一日益重要的群体区分出来单独讨论。北京市作为中国主要流动人口流入地之一，有大量的二代流动儿童，而过多的流动人口又使北京采取了极为严格的人口控制政策。在教育方面，自2010年国务院提出"确保进城务工人员随迁子女平等接受义务教育，研究制定进城务工人员随迁子女接受义务教育后在当地参加升学考试的办法"的目标以来，多个省份相继出台随迁子女在当地参加高考的工作方案。北京、上海、广东由于人口众多而承载能力有限，在具体的异地高考方案中给出了最高的准入门槛。⑥ 直至2020年，北京依然将异地高考限于各类高等职业学校招生。

---

① 乔金霞：《农民工随迁子女的社会融合》，第8页，北京，社会科学文献出版社，2018年。
② 段成荣，靳永爱：《二代流动人口——对新生代流动人口的新划分与新界定》，载《人口与经济》，2017（2）。
③ 武玮：《中国大陆流动人口子女的教育融入结果研究》，博士学位论文，香港中文大学，2019年，第8页。
④ 国家卫生和计划生育委员会流动人口司：《中国流动人口发展报告2017》，第91页，北京，中国人口出版社，2017年。
⑤ 段成荣，靳永爱：《二代流动人口——对新生代流动人口的新划分与新界定》，载《人口与经济》，2017（2）。
⑥ 吕慈仙：《高考制度公平性研究：异地高考政策与随迁子女社会融入》，第129页，杭州，浙江教育出版社，2017年。

作为对比，广东和上海虽然有较高的要求，但已经不再限定只得报考高职院校。①随着近年来北京随迁子女的义务教育阶段政策保障不断完善，流动儿童进入公立小学与初中的问题得到一定的解决，在教育层面，高考政策成为了北京二代流动儿童和具有北京户籍的儿童之间的最大差别。

北京二代流动儿童的回流与市外迁移正是由北京市始终未能完全解决的异地中高考问题引起。他们必须在回原籍高考和留在北京而仅能报考高等职业学校这两个出路中作出选择。在这个过程中，相对于其他地区的流动儿童和北京一代流动儿童而言，北京二代流动儿童会产生一些特殊的心理体验。

已有访谈显示，部分流动儿童学生正是从这个差别中才明显地感受到一种"身份隔离"，这也正是许多北京二代流动儿童产生不同于一代流动儿童的心理的根源："本来借读费取消已经让我们觉得和北京孩子没区别，结果现在发现还是有区别。"②相对剥夺和参照群体理论认为，相对剥夺感是个体和群体内拥有自己愿望拥有资源的"相似他人"(similar others)比较的结果。"和群体内成员比较能够产生相对剥夺感和相对满足感，这取决于个人的所得与参照的人是更好还是更糟"③。北京二代流动儿童的成长经历使他们普遍将参照群体设定为具有北京户籍的儿童而非北京其他流动儿童群体，于是许多北京二代流动儿童在面对高考问题时就产生了相对剥夺感的体验。

当北京二代流动儿童需要在两个出路中作出选择时，他们会面临一定的矛盾。美国心理学家马斯洛的需要层次理论给出了人最基本的五种需要，其中有三项为"尊重的需要""自我实现的需要"和"爱与归属的需要"。二代流动儿童面临的正是这三种需要难以同时满足的冲突。

在面对高考与迁移问题时，北京二代流动儿童的自尊主要受到两个方面的影响：一是他们是否是北京的学生；二是他们是否能进入本科高等学校。

相较于其他地区的二代流动儿童，北京二代流动儿童认为自己接受了更多的素质教育，"被培养成'文明''都市化'及'较开放'的学生"④。2008年，北京市中小学生社会大课堂正式启动，这些丰富的课外实践活动和北京中高考独特而富有创新性的考试风格也促使他们对于北京教育先进性更加认同。所以他们在意"北京学生"这个身份，这使他们感到自豪甚至优越。⑤在一些学者与非二代流动儿童访谈

---

① 丁娟：《基于户籍政策积分制异地高考政策评析——以北京市、上海市、广东省为例》，载《上海教育科研》，2017（4）。
② 王晓宇：《北京市流动儿童异地中考政策执行研究》，硕士学士论文，首都师范大学，2014年，第28页。
③ 参见张海东：《城市居民对社会不平等现象的态度研究——以长春市调查为例》，载《社会学研究》，2004（6）。
④ 顾静华：《消失的资本——回流流动儿童在农村学校的教育经历》，见杨东平等：《中国流动儿童教育发展报告（2016）》，第214页，北京，社会科学文献出版社，2017。
⑤ 同上注。

中，一代流动儿童认知中的"北京人"与"农村人"有着鲜明的形象对立，城乡的二元社会划分在他们的思想意识中根深蒂固；而在社区居民眼中，流动儿童"缺乏家教、学习不好、品行不端"。①始终在城里成长的北京二代流动儿童难免也会产生这样的心理，自然不会认同自己是"农村人"，所以当他们回迁或流入其他省市时便会面临一个重要的自尊基础的消失。

图1　部分北京二代流动儿童落户天津参加高考

另外，在北京进入职业学校或是更早地参加工作依然未获得广泛认可，调查中超过一半的学生和家长难以接受职业学校，认为上职业学校"没有出息"②，北京二代流动儿童同样在意他们未来能否过上体面的生活并获得尊重。

但能否进入普通本科高等学校不仅仅关乎尊重的需要，它更关系到二代流动儿童自我实现的需要。几乎所有流动儿童都希望继续生活在北京，可以就读大学或获得更高的学历；而且他们父母进城打工的坎坷经历让他们把教育看成改变自己的"身份宿命"，真正成为城市人的重要途径。③选择回迁或是到其他省市参加高考是实现这一目标最简单的途径。

离开北京，也不仅仅是一种自尊和"优越感"的丧失，更是一种归属感的破灭。北京二代流动儿童生于北京，长于北京，他们认为自己某种意义上已经是"北京人"了。祖籍所在地很难被他们当作故乡，而如图1所示，他们或许会流入的其他省市更不能作为他们的故乡。而户籍制度的阻隔又使得他们认识到没有北京户口的自己也不是真正的北京人，他们难免要疑惑自己究竟归属于哪里。④此外，转学

---

① 白文飞，徐玲：《流动儿童社会融合的身份认同问题研究——以北京市为例》，载《中国社会科学院研究生院学报》，2009（2）。
② 王晓宇：《北京市流动儿童异地中考政策执行研究》，硕士学士论文，首都师范大学，2014年，第16页。
③ 韩嘉玲：《及早关注第二代农村流动人口的成长与出路问题》，载《中国政党干部论坛》，2007（8）。
④ 白文飞，徐玲：《流动儿童社会融合的身份认同问题研究——以北京市为例》，载《中国社会科学院研究生院学报》，2009（2）。

又会更进一步加剧了流动儿童的疏离感和边缘感。①

马斯洛认为,当个体需要在两个对于自身来说均非常重要的目标中作出选择时,个体便会遭遇"威胁性冲突"。②这正是北京二代流动儿童所面临的心理危机。选择自我实现的需要离开北京,便意味着基于"北京人"的自尊的丧失,归属的需要也不能实现;选择维护自己作为"北京学生"的自尊,自我实现的需要和未来能过上体面的生活的自尊需要就难以满足。而且,对于自尊问题,这样的情况甚至是"纯威胁"类的冲突,③即无论如何选择,自尊的需要实际上都受到了威胁。当然,这里也要排除极少数选择出国留学的情况。

当北京二代流动儿童迁移转学后,诸多访谈资料显示,回流儿童对当地更侧重应试教育的评价体系和教学方法感到不适应,语言障碍和文化素质差异使得他们的"文化资本"不再实用。④他们常常遭遇成绩的下滑,而且一些二代流动儿童因寄宿在学校而常常与父母分离,这也对他们的心理健康造成了较大的影响。⑤这些都与他们在迁移前的期望形成强烈的反差。

在预期与现实的落差、疏离和没有归属的割裂与"文化资本"的消失中,许多北京二代流动儿童就此迷茫沉沦,而未能实现当初迁移时进入高中或大学的理想;但如马斯洛指出的,如果处理得当,威胁也有可能使个体变得坚强起来,如一些二代流动儿童在这个过程中获得了一定的成长,开始了新的生活。但无论是哪一类北京二代流动儿童,户籍制度给他们造成教育机会的相对剥夺感、归属的缺失、多种需要难以实现的"威胁性冲突"等心理体验或许都让他们感到这就是他们的"身份宿命"。

6. 教师对学生终稿的反馈信

杨骏你好!

你的短文《北京二代流动儿童面对高考与迁移问题时的心理体验分析》经过修改,较之于初稿有了很大的进步。文章进一步强化、完善了逻辑链条,对一些论据的使用和说明更加熨帖,最大的亮点当然是借助马斯洛的框架重构了对"威胁性冲突"的分析逻辑,在现在的框架下,分析条理性大大增强,进而大幅提升了文章的

---

① 刘文萍,杨帆:《转学生心理健康水平影响机制的研究——来自中国教育追踪调查(CEPS)的经验证据》,载《上海教育科研》,2020(2)。
② 参见[美]马斯洛:《动机与人格》,许金声译,第95~103页,北京,中国人民大学出版社,2007。
③ 参见[美]马斯洛:《动机与人格》,许金声译,第98页,北京,中国人民大学出版社,2007。
④ 顾静华:《消失的资本——回流流动儿童在农村学校的教育经历》,见杨东平等:《中国流动儿童教育发展报告(2016)》,第210~222页,北京,社会科学文献出版社,2017。
⑤ 刘文萍,杨帆:《转学生心理健康水平影响机制的研究——来自中国教育追踪调查(CEPS)的经验证据》,载《上海教育科研》,2020(2)。

辨析性和说服力，形成了一篇较为出色的说理性文章。

当然，在这个核心论证的部分，正如你隐约感到的，还可以得到更精细的打磨。如果在目前结构不做太大调整的情况下，可以试着通过语言的串联提高文章的流畅性和呼应感。需要加强衔接的主要有几个部分：第一是"相对剥夺感"和"三种需要"两段之间的关系，目前不是十分明确，衔接有些突然；第二是在逐条论述三种需要时，要让读者更自觉地意识到这部分的结构框架是三种需要，而不是他们的选择本身，比如"离开北京，也不仅仅是一种自尊和'优越感'的丧失，更是一种归属感的破灭"这一段开头，如果更换语式为"但是，如果通过离京的方式满足'自我实现'的需要，马斯洛提出的'归属感需要'又难免破灭"，或许能够提示读者这里重要的是"归属感"的问题，而这几种选择带来的纠结和"难以两全"的困境则是下一段着重论述的内容。此外，从研究的角度来说，文章的结尾或许也需要在更充分的思考基础上，给出更有力的观点陈述。

瑕不掩瑜，总体而言，文章在问题、论证和脉络上都完成得相当出色，较为理想地达到了短文训练的要求。能够看出你在写作和修改过程中的努力与思考，相信你对这个现象也有了更深切而审慎的理解。在长文中，希望你能够继续保持这种清晰的思路和出色的辨析力，结合与研究型文献的对话展开更深入的分析和思考，并以更加精进的文字分享给读者。期待你在长文中的探索！

祝学业顺利！

李轶男

（日期略）

主题：信息社会与隐私

为知识付费还是为焦虑买单？
——与传统知识获取模式作比较分析知识付费模式效率和可行性

指导教师：王沛楠　学生：杨天傲[*]

1. 主题概述：信息社会与隐私

广泛分布的摄像头、随处可见的人脸识别系统和手机里各类App后台，共同标志着一个数字监控社会的来临。成熟的信息获取和监控技术为打击犯罪和维护公共安全提供了保障，却将个人隐私置于前所未有的尴尬境地。信息社会中"公"与"私"的边界变得模糊：微信朋友圈中"私人"的发言可能被截图转发而在我们意想不到的情况下进入公众视野，我们的数字印记则会被平台在无形之中记录、分析和出售。

隐私观念的变化引发了我们的思考，隐私这个概念是如何形成的？社交媒体究竟是私人领域还是公共空间？为何触碰到伦理底线的人肉搜索和网络暴力屡禁不止？如何在保障公共安全和个人隐私之间寻求平衡？如何透视作为"黑箱"的大数据和偏好推送？

在本课程中，我们将从隐私这一概念出发，去理解作为社会性动物的人为何会在自我披露与隐私保护之间挣扎；去思考人工智能技术的崛起最终是解放了人还是进一步束缚了人；去分析在一个所有行为和言论都有迹可循的数字空间里，人的价值与尊严应当如何安放。

2. 案例概述

对于学术性写作的初学者而言，在说理写作的过程中常见两个极端：一个极端是面对选题无话可说，不知如何破题；另一个极端则是对于选题有很多想要表达的内容，但头脑中却是一团乱麻，不知如何形成有逻辑的论述。这篇文章的作者明显陷入了后者的困境中。作者在写作的初期形成了非常有趣的问题意识，希望讨论当前社交媒体中热门的知识付费这一现象。在初稿中，作者展现出了对知识付费这个问题一定的了解和思考，文章中也粗略形成了几个颇为有想象力的问题意识。但从一篇完整的说理写作的角度来看，作者的讨论很明显是失焦的。

在这种情况下，作者的写作围绕着"知识付费"这一概念的边缘打转，同时，

---

[*] 王沛楠，清华大学写作与沟通教学中心教师；杨天傲，清华大学计算机科学与技术系2020级本科生。

还受制于课程主题中"隐私"这一概念的表面含义，试图使文章"扣题"。因此，导致初稿触及了与知识付费相关的多个问题或现象。读者读完这篇文章，只会记住作者想讨论的内容与知识付费相关，但倘若追问作者的观点何在，读者则可能无法有效地归纳概括。这种"围着概念转圈"的问题经常出现在写作新手的文章中，主要的问题在于作者的写作既没有明确而聚焦的问题意识，也没有从问题意识衍生出可供写作讨论的抓手。

在面批中，我主要提出了两个建议。第一是请作者分享自己对这篇多个视角和问题的想法，并尝试引导作者选择一个自己最想表达的视角，作为修改的核心主线，避免文章谋篇布局的琐碎；第二是尽可能引导作者从狭义的"隐私"这一概念中走出来，尝试观察信息社会带来的社会互动和人际关系改变这一更为广阔的视角，从而将写作视角与问题意识进一步统一。在面批讨论后，作者将写作的重点聚焦在知识付费与贩卖焦虑这一对矛盾中，尝试从知识付费和焦虑贩卖这一对矛盾出发揭示知识经济的本质，以及二者所存在的价值冲突。基于这个非常清晰的问题意识，作者以特定平台上的知识付费课程为研究对象，具体分析了知识付费课程所面临的三重困境。修改之后的长文结构清晰，结论明确且具有一定的启发性。

从这篇文章中可以看出，学术性写作的问题意识和论证结构是密切相连的。缺乏问题意识的写作很容易沦为围绕概念进行表层现象介绍的"科普文"，难以在此基础上形成完整的写作主线和清晰的结论观点。这种情况下，需要引导学生将写作的问题聚焦在特定概念或现象的某一个维度上，形成聚焦的问题和具象的写作抓手，并尝试在这个维度上深挖下去，从而得到具有一定启发性的结论。

3. 含教师修改过程的学生初稿全文

博客、问答类媒体的知识付费模式及隐私保护的探讨
——以知乎为例

【语言文法】标题的分类过于细致，这种并列也会导致读者困惑你讨论的到底是博客还是问答类媒体，二者有明显的差别。

摘要： 随着互联网内容的不断丰富，网民们对高质量知识内容的需求不断增加。由此带来的是自2016年以后以问答、社区交流为主的知识类媒体不断兴起，"为观点和知识买单"的知识付费模式也被越来越多地提及。本文以"知乎"为例，着重分析了知识类媒体特

有的互联网资源——"知识博主"以及知识付费模式，并讨论了知识分享与付费模式对隐私的影响，最后提出了保护知识的被遗忘权，保证匿名性以及遵守营销伦理底线这三条保护隐私的原则与方法。

关键词： 知识媒体；知识付费；精准推送；隐私保护；被遗忘权

一、研究缘起

随着手机使用时间的变长和内容的丰富，人们对浏览内容的质量期望不断提高。用户不再满足于简单的重复性的"口水"内容和泛化的娱乐内容，而是希望通过高质量内容促进自身专业技能增长和精神认知层次的进步。于是自2016年开始，"知识付费"一直热度不减。除了像CSDN开发者社区、中羽在线等老的专业型论坛外，也涌现出知乎、豆瓣、NGA论坛等新型问答类社区，以及专注于知识和观点分享的社交媒体。其他类型的社交媒体也着力推出知识付费模式的板块，如bilibili的专家课，抖音等短视频平台注入咨询、问答类博主，等等。在对《中国青年报》的调查中，73.9%的受访者愿意为网络问答付费。① "为知识买单"所蕴含的商机可见一斑。罗永浩在演讲时提到的"知识付费的时代"的确正在到来。而近年来，调取用户信息以便利使用，与用户希望控制、保护自己的隐私这一信息时代特有的隐私悖论也越来越凸显。这些追求内容质量的知识类媒体其营销模式是怎样的？知识时代的来临对用户隐私又会造成什么影响？

知乎是最典型的问答类媒体，2018年官宣用户数突破2.2亿。② 本文将以知乎为例，结合之前的研究与问卷数据，尝试分析这种崭新的互联网媒体营销模式，并提出知识付费模式下保护隐私的几个观点。

二、问答、社区类媒体的知识付费营销模式分析

（一）知乎的内容分类

除了广告内容和无用的垃圾内容外，知乎提供浏览的内容大致可分为以下三个板块：（1）网络段子和离奇故事。即我们常说的抖

---

① 杜国春、王永琳：《73.9%受访者愿为网络问答付费 体现知识分享价值》，载《新闻记者》，2016（8）：58。
② 李思佳：《知乎官宣用户数突破2.2亿 同比增长102% 商业化或加速》，https://baijiahao.baidu.com/s?id=1619733215962241212&wfr=spider&for=pc，2018年12月13日。

机灵，内容大多为用户自己创作，多诙谐幽默或带有讽刺意味，常常在结尾进行反转或融合许多网络流行梗。目的是博人一笑，少有价值判断和主观色彩。（2）新闻时评和观点输出。这类问题常以"如何看待某新闻事件"或"现象+怎么办"为标题。这类内容既有官媒参与，又有企业号和个人进行回答。言论比较自由，带有强烈的主观色彩和价值倾向。目的是根据现象讲出有理有据的观点并使人信服。（3）专业知识和科普文章。专业问答的创作者和目标人群一般都是该专业从事者，局限在本专业的圈层内。而科普文章可以面向大众。这些内容都是为了讲授知识，提高科学素养和实际技能。

【逻辑论述】这种内容分类更多来自于你自己的经验归纳，一方面它的完整性和可靠性是存疑的，另一方面它与你文章核心讨论的问题之间关系也不是非常密切。修改的时候可以考虑需不需要介绍这一部分内容作为背景。

（二）知乎的盈利来源

如图1所示，大部分知识类社区都不会夹杂大量强制广告以影响用户的浏览体验，广告并不是知乎盈利的重点途径。而作为一家上市公司，知乎在2019年8月完成了约4.34亿美元的F轮融资，①由百度、快手联合投资，吃到了上市公司的资金红利。除了巨头投资之外，有没有专属于知识类媒体的盈利来源呢？

根据2016年知乎官方公布的用户数据，知乎的用户群体相比于网民平均数据具有"高学历""高收入""高年龄"的特点。②这其实是问答、博客类社区或者说知识类社区的普遍用户特征。因为专业内容对受众有一定的知识门槛，而观点输出和时评类内容相较于娱乐短视频、明星微博等，又对读者的价值判断和理性思维有较高的要求。再加上网络圈层化效应的影响，③常规意义上的"高端人士"和"硬核专业从事者"也需要一个平台，建立一个或以专业或以兴趣为联系的小圈子进行信息交互。也就是说平台本身也会对高学历、高收入、高年龄的网民有吸引力。

互联网媒体最伟大的改变就是把用户本身作为内容产出者。④知识类媒体最大的财富就是其高质量的用户。有了高质量的用户才能创造高质量的内容，才会有消费者为知识买单，诸如知乎中"付费

---

① 吴怼怼：《百度快手投资知乎，内容平台或现变局》，载《销售与管理》，2019（9）：20~21。
② 大话运营：《7个知乎用户的人群画像特点，这些人决定了知乎运营的成败》，https://vvbig.com/hlw/1760.html，2018年8月29日。
③ 骆郁廷，王巧：《大学生网络社交圈层化及其思想传播的空间分布》，载《学校党建与思想教育》，2021（5）：30~33。
④ 胡凌：《"非法兴起"：理解中国互联网演进的一个视角》，载《文化纵横》，2016（5）：120~125。

图1 知乎的推荐页，只有侧边栏有广告

咨询""会员内容"和"大V Live""知乎书店"等知识付费模式才得以实行。"知识付费"是互联网内容升级后，知识时代的重要消费模式。前期发放的问卷结果也显示，不同于其他娱乐付费内容，高质量知识内容付费具有忠诚度更高、需求更强等特点，可见知识付费的潜力（见表1和图2）。

【逻辑论述】留意你这一小节的标题是盈利来源，如果你要回应这一小节的标题，应当引用相应的数据说明知乎这个平台的盈利模式、利润构成等要素，但现在的写作显然在很大程度上已经偏离了你论域的核心。

表1 内容类型对忠诚度的影响

娱乐类消费忠诚度	知识类消费忠诚度
61.23	65.01

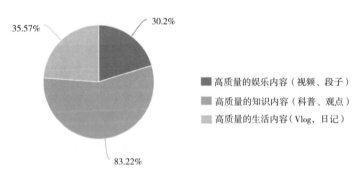

图2 用户对于不同类型的高质量内容的需要

（三）知识类媒体中的网红"大V"与"KOL"

知乎中的"大V"（即通过官方实名认证的高粉丝量、高质量答主），其实有着有趣的双重身份——平台运营者和普通用户。这些高粉丝量博主，与媒体本身接洽得十分紧密。知乎会邀请他参加活动，规定定期内容，也会帮他推广内容和管理账号等，类似于传统运营模式中企业的员工。但博主本身又是从普通用户开始做起（除了个别名人入驻），是平台使用者和消费者之一。从而更亲民，更容易受到读者的信任。

【逻辑论述】在我看来，你这里提出的"双重身份"实际上是一个有意思的维度，也是你想讨论的这些知识网红为什么具有舆论影响力的一个重要原因，在论述中其实可以稍作展开，这里的讨论会为你后面的说理提供比较重要的支撑。

KOL（key opinion leader，关键意见领袖）[①]本是营销学的概念，近年常见诸网络直播和带货网红的讨论。但知识类媒体的网红却多被忽视。带货、直播的网红可以引领群众意见，影响消费者购买决策，甚至可以实现个人形象的品牌化，围绕网红个人开发受消费者欢迎的产品[②]。知识界大V的影响力实际上并不比传统网红差。69.04%的用户表示，知乎KOL的言论会较大程度地影响其决策行为。

诚然，从直接创造消费行为的能力来看，"大V"们通常没有能力，也不屑于直接为某样产品做推广。但是，知识类"大V"的受众收入更高，购买力更强。对真正紧迫的问题知识消费意愿更高，且冲动消费少。知识类产品的售后成本也远低于传统实体产品。可以说，知识的市场潜力无限。

另外，KOL的观点输出更为"致命"。读者往往相信这些大V会掌握比个人更加丰富的信息，会作出更正确或是有意义的判断。这使得坐拥数十万粉丝的知乎KOL成为真正的"意见领袖"，他们的内容涉及自己消费观和价值观的输出，潜移默化地改变读者的认知与价值判断。[③]比如，近年增多的"消费主义"宣扬、"成功学"教程等。让消费者自己从"我需要勤俭生活，够用就行"的消费观，转变成"生活要讲求品质，值得为增加幸福感的物品花钱"或者"无论花多少钱学好理财（或者成功观念、投资学）这些知识都是值得的"这样的观念。这种整个消费观念和消费习惯的改变蕴藏着更大的商机。

【谋篇布局】这一部分，林林总总地介绍了一些和知乎与知识付费相关的内容。但不同的内容之间逻辑上好像没有什么必然的联系，也没有看出你行文的主线逻辑和核心观点。

（四）知识付费的影响要素

前期理论研究和数据显示，影响知识付费决策有七个主要因素，按占比由大到小分别为：个体需求、信息质量、个体认知（即人们更愿意为重要、紧迫而难以回答的问题买单）、主观规范（线下口碑、线上评分和个人体验）、便利条件（获取知识操作过程中的简

[①] 周庆山：《传播学概论》，第198页，北京，北京大学出版社，2004。
[②] 谢辛：《被引爆的网红 互联网直播平台粉丝文化构建与KOL传播营销策略》，载《北京电影学院学报》，2017（5）：23~30。
[③] 陶文昭：《重视互联网的意见领袖》，载《中国党政干部论坛》，2007（10）：27。

单便利)、免费替代品和经济因素(感知价格和经济收入)。①

知乎和大多数其他知识类媒体一样，用户通过以下两种方式找到适合自己的知识内容：一为被动推送，包括但不限于App在通知栏的消息、每个用户都不同的网站首页内容，等等。实质上是媒体对于平时用户的浏览习惯和偏好信息进行收集，在浩如烟海的内容库中找到最适合该用户浏览的内容并显示出来。二为主动搜索，即在搜索栏中输入自己的问题或关键词，然后由媒体利用这些信息进行筛选并呈现相关度较高的内容。即使提供相同信息的"搜索"，依然受到用户平时使用习惯的影响而对每个用户呈现特异性(见图3)。

【逻辑论述】事实上你这里敏锐地捕捉到了一个非常有趣的现象，不同的平台所进行的自动联想是有差别的，在我看来这里隐含着一个极其有趣的问题意识，我们在面批的时候可以进一步讨论。

图3　不同用户的设备同时搜索相同的关键字，推荐内容也有所不同

如图4所示，具体到本文讨论的问答、社区类媒体语境中，前五个较重要的因素可以在信息学术语"匹配"的概念下解释。这个"匹配"指的是根据一定信息，在媒体的内容库中搜索特定内容并予以呈现的过程。在"匹配"意义上，知识获取的主动搜索和被动推送实质上相同——搜索只是增加了用户指定的信息并

图4　信息匹配过程与知识影响因素

---

① 张帅、王文韬、李晶：《用户在线知识付费行为影响因素研究》，载《图书情报工作》，2017，61(10)：94~100。

且调低了默认信息的比重。前五个因素都描绘了知识类媒体进行这种匹配对用户消费的影响。如右图。而这种匹配越精准，用户越倾向于进行消费。

媒体提高精准性，势必涉及对用户个人信息的获取和使用。在追求使用体验趋于"精准""便捷"的同时，我们又需保护自己的个人隐私，[①]这个经典的隐私悖论，在知识类媒体下依然凸显。

三、知识媒体与知识付费模式对隐私的影响

（一）媒体对于隐私的调用及其与盈利的关系

信息技术的发展和智能设备的普及，使每个人在互联网的监控下都无可遁形。从简单的语言、行为、定位，甚至诸如思维习惯、偏好等身体、心理特征都被互联网所记录。比如，通过智能地整合登录数据、Cookies数据和IP地址，再比如，Google就能够以极高的准确率将时间跨度很远的多次搜索请求与某个人关联起来。[②]

【谋篇布局】结构上我本以为前面的部分是在为你这一节的内容作铺垫，结果发现这里实际上仍然在为你下面的论述作铺垫，文章的铺垫所占的比重似乎有一点大。通过这些论述，你究竟期望说明一个怎样的问题？呈现和输出怎样的观点？直到现在我仍然没有看得非常清楚。

换言之，"云"上仿佛生活着另外一个自己——"互联网认为的你"，这个采集了我们自身的大量信息而与我们高度相似，而控制权却由我们和数据所有者共同持有，使用权甚至只由拥有大数据的公司掌控，因为"只言片语"的个人数据并没有意义，只有算力够强的计算机和容量够大的云端存储对数据使用才能使数据产生价值。[③]这种价值便体现在上述精准"匹配"过程中：更多、更全面的用户信息，带来更高效率且更精准的匹配体验。知识付费下，更精准地探测用户需求，找到符合个体认知的最有价值的知识内容，改善过程中的用户体验，才能为商家带来更多利益。

（二）知识类媒体的隐私披露特点

相比于传统媒体，知识类媒体上的隐私风险更大。具体来讲，在知乎上的隐私问题主要涉及用户主动的隐私披露和被动的隐私被收集。主动的隐私披露主要包括用户主动提出问题、回答问题以及评论他人的回答。被收集的隐私则与其他媒体差别不大，比如设备

---

① 田新玲、黄芝晓：《"公共数据开放"与"个人隐私保护"的悖论》，载《新闻大学》，2014（6）：55~61。
② ［英］维克托·迈尔-施恩伯格：《删除：大数据取舍之道》，袁杰译，第12页，杭州，浙江人民出版社，2013。
③ 朱海就：《平台公司该不该公有化：与赵燕菁商榷》，"奥地利学派经济学评论"公众号，https://user.guancha.cn/main/content?id=445439，2021年1月11日。

信息、个人信息等。从调用Cookie数据可一定程度上看出，知乎、豆瓣并没有明显相比于其他社交媒体调用更多的浏览器数据。与一般媒体相比，社区、问答类媒体的主观披露内容包括了更多的抽象观点和价值信息。比如，"我认同生活的极简主义还是消费主义""我喜欢用目的论还是义务论观点看问题""我认为生活是否需要仪式感"，等等。我们的思维与内心也正在被记录。

诚然，这类数据的分析处理难度更大，但随着自然语言处理技术的进步，我们也应该对云上那个越来越完整的自己进行足够的重视。

（三）人的主体化地位受到威胁

杂志上刊登过一则看似荒诞的新闻：某某公司的报表上"××人数"竟然出现了小数点后"××.6"这样的字眼。原来是该公司为了统计便利，把不在编制的员工计算为0.6。这也引发了新闻评论的话题——人是可以被数据描述的吗？

在当今社会，人们的数字化身份不断进步升级，云上的自我越来越接近真实的自我。以往只是这个虚拟人物的血型星座、个性爱好这类表面特征与对应的自然人一致，未来则将会是我们的思维模式、认知习惯、价值观念都被监控与记录。以往的信息相对具有确定性，即数字化自我与真实自我的生日不一致，也只是我们逼着数据去修改。而观念和思维则更加模糊且易受影响。推送给我们的内容不再依赖我们自身，而是依赖云上的数据化自我和软件算法。由那个"和你相似的人"和算法等"硬规则"①下的计算机决定"你是谁"和"你应该喜欢什么"。人不再是数据的主人，数据和算法反而进一步劝服、影响，甚至限制我们的认同，技术反倒成为支配人、压抑人的力量。②

【谋篇布局】这一节的内容和上一节还有什么直接的关系吗？文章的结构和整体的逻辑主线在我看来现在是不清楚的。
虽然我认为这里也包含了另一个很有趣的问题意识，但文章整体的结构显然有一点松散。

（四）"全景敞视"下的权力转移

由于数据所有者和普通用户之间的信息不对称，科技企业的数据使用、内容呈现等原理层面对普通用户呈现完全的黑箱状态。即

---

① 肖冬梅，陈晰：《硬规则时代的数据自由与隐私边界》，载《湘潭大学学报（哲学社会科学版）》，2019，43（3）：59~65。
② 袁梦倩：《"被遗忘权"之争：大数据时代的数字化记忆与隐私边界》，载《学海》，2015（4）：55~61。

"对于数据下游未知的使用,人们不能给予有意义的同意"①。这与边沁所描述的"全景敞视监狱"如出一辙。

全景敞视监狱描述一种由监控关系产生权力的模式。信息的生产和分发权力由传统媒体的编辑记者过渡到算法设计者、数据掌控者手中。②知识类媒体中的信息又帮助这个监狱进行升级——从传统的基于物理和生理信息展开的监控升级为基于价值判断和思维偏好等抽象的,精神层面的特征的监控。使得身处信息"监狱"中的人在无意误解中被操控,使这种权力变得更大,权力关系更牢不可破。

结合现实来看,由于数据价值和数据量成正相关,小的互联网企业更倾向于依附足够大的互联网巨头,以获得足够量的数据信息。于是中国的互联网行业产生且仅有三家巨头"BAT",这三个互联网巨头都掌握着大量的数据与分析技术,分别占据了俞永福所说的"信息流""资金流"和"人流"的三座高地,在所在领域的权力达到"只手遮天"的地步,并通过不合理用户协议、偷偷更改算法等方式,严重威胁和影响用户对自己和自己隐私的控制权益。

【逻辑论述】留意你的主题是知识付费这个领域的信息和隐私问题,在文章的中间部分似乎稍有偏移。

四、知识语境下的隐私保护

信息时代的隐私保护一直是热点话题,其解决办法和相关观点也种类繁多。具体到本文所讨论的知识付费模式与问答、社区类媒体,以及典型代表知乎的例子,有以下几个角度可供参考。

(一)"请忘掉我过去的观点"——维护知识与态度的"被遗忘权"

2012年,为解决层出不穷的个人数据泄露和滥用问题,欧盟委员会公布了《关于涉及个人数据处理的个人保护以及此类数据自由流动的第2012/72、73号草案》,第一次提出了"被遗忘权"的概念。同以往的消极隐私控制不同,被遗忘权强调信息主体拥有掌控信息何时需要被互联网遗忘的权力,是一种主动地控制自己隐私的方法。

在知识类媒体中,被遗忘权可以具体阐释为"被读者适时遗忘的权利。这是类比微信朋友圈"被好友适时遗忘的权利"③而得来。

---

① Melissa De Zwart, Sal Humphreys and Beatrix Van Dissel, "Surveillance, Big Data and Democracy: Lessons for Australia from the US and UK", *UNSW Law Journal* 37.2 (2014): 722.
② 袁梦倩:《"被遗忘权"之争:大数据时代的数字化记忆与隐私边界》,载《学海》,2015(4):55~61。
③ 王波伟,李秋华:《大数据时代微信朋友圈的隐私边界及管理规制——基于传播隐私管理的理论视角》,载《情报理论与实践》,2016,39(11):37~42。

不同的是知识分享的受众更公开，管理更困难。朋友圈明显有公私之分，我的内容只向我的好友披露。而知乎作为公开媒体，用户发布的内容全网可见，增加了管理难度。从另一个角度来看，微信中内容多记录生活，比如某天干了某某事，这类事实类内容不会随着时间改变。而知乎上的观点和判断则会随着见识和思维进步而改变，用户可能不再认同自己五年前的所思所想。所以有必要给予用户一定程度上"收回我当时的话"的权利。这不是指对自己的言论不负责任，而是不应该对在互联网上发表的言论比现实中口述或是书面的言论付更多的责任。由于网络储存成本极低且搜索技术的高效，互联网的记忆总是比现实记忆更持久而清晰。①但是我们在互联网上发言却并不比现实中更慎重，这也导致互联网上相对随意的言论反而要比慎重的言论承担更多的责任。知识类媒体也应该思考是否应渐渐"隐去"用户过去的足迹与信息，比如降低搜索权重等，使得互联网的遗忘曲线向自然的遗忘速度更近一些，也可减少追究过去言论而进行网络暴力事件的发生。

【逻辑论述】这里所采用的论据好像不是专门针对知识性平台的特点所展开的，论点和论据的关联需要考虑。

【逻辑论述】知乎平台也是允许用户删除自己以往的发言的，这一点上似乎论证的不是特别精确。

（二）"面具之后的发言"——匿名性保证

现代社会的知识类媒体也属于"陌生人社交"②。虽然读者在阅读答主的内容，了解答主的观点，但是却对答主的其他信息一无所知，用户之间是完完全全的陌生人。因此知乎和很多社区、问答类媒体一样，都提供了匿名功能保护用户的隐私。在笔者看来其意义可以从几个方面考虑。（1）保护作者本身不受追究：除极端话题之外，匿名用户不对其言论负责任；你无法得知创作者是谁，无法攻击作者个人。（2）保证创作者以往言论"被遗忘"，即保护了作者的以前认知不与当前言论产生冲突和任何关系，读者无法得知作者以往的观点。这两点为作者提供更自由开放的言论空间。

这种言论的匿名性也同样应该被媒体官方保证。即匿名发表的言论和涉及的信息不应该被收集和用于营销需求。企业的服务器和算法自然能够绑定匿名内容与发布者，但企业需要用某种方式证明这种绑定关系对企业和企业中的每一个人都是不可见的，从而赋予

---

① [英]维克托·迈尔-施恩伯格：《删除：大数据取舍之道》，袁杰译，第67~124页，杭州，浙江人民出版社，2013。
② 龚长宇、郑杭生：《陌生人社会秩序的价值基础》，载《科学社会主义》，2011（1）：109~112。

匿名以某种正当性。比如匿名背后的信息由随机生成的密钥加密，密钥对媒体也不可见，等等。

（三）营销的伦理学重视与控制"隐私边界"

知识付费说到底还是一种消费模式，更加需要精准的营销方式而已，调取用户信息仍然是为了精准营销。虽然知识付费模式对用户认知、价值观、职业等信息的要求更高，但其隐私的利用不应该超过营销所允许的范围内。依托互联网和大数据的新型精准营销模式应该受到伦理学的重视，符合"隐私"的初衷，给人以独处的权利。此外，被采集而数据化的我们也至少应该知晓并理解在整个基于算法的数据处理过程中主导者的意图和目的。①

此外，知识类媒体也应该将决定与控制隐私边界的权利交还给用户。类似很多软件的询问"是否允许收集您的设备信息和使用设置用于改进用户体验"一样。用户自身应该决定哪些发布内容和个人信息可以被采集作为营销建模的依据，而哪些不可以。

五、总结与展望

本文只是以知乎为例，粗浅地讨论了知识类社区的特有营销模式以及隐私泄露的一系列问题。时间仓促，工作与思考难免不周，敬请读者批评指正。

随着网民平均素质的提高和网络内容的不断丰富，消费者们越来越渴求的是高质量、有帮助的知识类内容，互联网内容也在不断转型升级。以知识分享为主的问答、社区类媒体前景广阔，而专属于知识时代的"知识付费"消费模式更是拥有无穷潜力与活力。在高质量知识社区中，关于其特有的网络资源以及关于隐私的关照还比较缺乏。泄露隐私与改善体验的矛盾仍然存在，诞生了更多的伦理问题。随着互联网的"知识经济"被更加广泛地重视和讨论，规则制度、道德伦理被进一步完善，互联网的知识氛围会更好、更安全，依托于互联网和知识而进步的人类社会也会更加活力四射，欣欣向荣。

【谋篇布局】读到这里，文章最主要的问题——结构松散——已经呈现得比较明显了。你在文章中找到了很多很好的切入口，但很遗憾的是在每一个切入口上都没有深入下去。在任何一个维度上深入讨论，其实都是有意义的。

【语言文法】在说理写作中，作者虽然会对自己的写作内容和观点进行批判性的反思，但一般不会通过这样的方式表达。正如你所说的"一系列问题"，也凸显了你文章在论述上的松散。

---

① 段伟文：《数据智能的算法权力及其边界校勘》，载《探索与争鸣》，2018（10）：92~100、143。

总体点评：

结合你对于知识付费平台隐私保护和信息披露问题的关注，这篇文章呈现出了非常有趣的问题意识，能看出你在信息社会的媒体使用中能够有意识地观察、思考其中所存在的个人信息安全和保护问题，文章包含了多个很有启发性的问题和现象，体现出了你对这个问题比较深入而全面的思考。

但问题也恰恰同时出现在这里。虽然你的文章涉及了多个不同维度的问题，但在每一个问题上都停留在浅尝辄止的一笔带过，使得整个文章在结构和论证上非常松散，也没有形成一个足够聚焦的结论对读者形成启发。无论是你讨论到的知识付费博主的身份问题，还是精准推送对于知识付费的影响，抑或是知识付费背后的隐私与个人信息安全问题，无一不是很好的写作切入点，但你让它们在文章中堆砌排列反而使得文章走向了失焦的状态。在我看来，你从其中的任何一个问题深入下去都能完成非常高质量的写作。我们在面批的时候会具体讨论如何把你的观察和问题意识深化成为有意义的讨论。

4. 学生的修改陈述信

王沛楠老师：

您好！我是计算机科学与技术系杨天傲。

由于个人在写作方面的能力不足，长文初稿基本全部推翻重写。我采取了您的建议提前设计期末展示PPT并且计划大纲思路，努力将全文的论证逻辑串起来。

主题仍然是面批中与您讨论的关于知识付费中KOL的影响与贩卖焦虑的问题，并且加入了我后续的一些思考和观点作为文章的补充。整体思路依然是面批中讨论的结果，只是由一开始您所说的知识付费和知识理论双线并行变成了KOL与贩卖焦虑双线论证，最后与学习知识理论相对接从而推出矛盾。

在重写长文的过程中最有挑战性的就是时间问题，我几乎只剩下两个整天来完成长文的全部写作，看文献、收集问卷以及形成思考的时间都很紧。有时候在路上骑车都还在想某一处的逻辑怎么衔接和解释。但最有成就感的部分也在于此，两天内我完成了一篇自认为还算完整的五六千字的论文。

比较期待可能有待改进的是具体写作水平的评价标准比较模糊。知网上名家发的文章和课程参考文献的水平很高，我感觉甚至遥不可及。而写作课要求达到什么样的水平我却不得而知，没有范文、例文可供参考。文章的评价本就比较主观，囿于自己的理科强迫症思维和对文字比较差的感知能力，我不确定写作课要求学生达到什么样的文章质量，所以有时候略显迷茫。

如有可能，其实我想对知乎或者B站的付费课程介绍进行抓取，并且检索一些点燃焦虑的关键词句（比如与同龄人的比较等），利用更多的数据佐证自己的观点。

此致

敬礼

杨天傲

（日期略）

5. 学生终稿全文

为知识付费还是为焦虑买单？
——与传统知识获取模式作比较分析知识付费模式效率和可行性

摘要： 在网络内容转型升级的背景下，知识内容和知识付费模式都在蓬勃发展，有着无穷的潜力与活力。本文以之前学者调研的知识付费决策的七个影响因素为出发点，将知识界KOL对接"信息质量"和"主观规范"两因素，将贩卖焦虑的方式对接"个体认知""个体需求"两因素。并指出意见领袖的实质仍然是流量为王的网红，贩卖焦虑的背后是利益驱使的刺激需求病毒化传播。由此得出了有效知识获取和在线知识付费之间的三重矛盾：知识体系化和碎片学习、个性化教育与普适营销、知识真实客观性和在线知识对于学习成果的低责任。最终提出，在知识付费中，我们购买的其实是刺激焦虑后安抚焦虑的安心感和满足感这一结论。

关键词： 知识付费；贩卖焦虑；KOL；网红；病毒营销；知识体系化

一、研究缘起

著名企业家、网红、演说家罗永浩曾在自己的演讲中提到"这是一个知识付费的时代"。知识付费指的是公众利用互联网平台与他人分享自己的闲置资源（认知盈余），从而获得收入的经济现象。①其内容包括但不限于专业技能、学科知识和科普内容，等等。本文主要将其作为一种互联网时代全新的知识获取模式，与传统的离线学习模式如线下讲座、机构课程、职业学校等作对比。诸如疫情时期学校的网课模式，以及一些能代替常规学校取得学位的专业网校，并不在本文所论的知识付费范围内。

2016年是学界普遍认可的知识付费元年。自此之后，"知识付费"这一概念一直热度不减。现代互联网环境下，线上内容多有泛娱乐化的"娱乐至死"倾向——

---

① 国家信息中心信息化研究部、中国互联网协会分享经济工作委员会：《中国分享经济发展报告2017》（2017年3月2日）[2017年3月6日]，http://www.sic.gov.cn/archiver/SIC/UpFile/Files/Htmleditor/201703/20170302125144221.pdf。

一切内容产出皆为了娱乐，多通过浅薄空洞以及戏剧化的滥情表演放松人们的紧张神经，激发快感，逃避现实。如抖音、快手等短视频平台上大量低俗、同质化的视频内容。国家网信办曾多次派有关人员前往媒体企业的内容监管部门，要求推动互联网内容行业价值转向。①而在前期的问卷调研中，也有八成以上的受访者表示相比于娱乐内容，高质量的知识内容更为稀缺（如图1）。73.9%的受访者有知识付费的意愿。②可以说，在互联网内容转型升级的需求与呼吁下，知识内容将会成为网民的"新宠儿"，其价值很大程度上将会被"知识付费"这一消费模式体现。

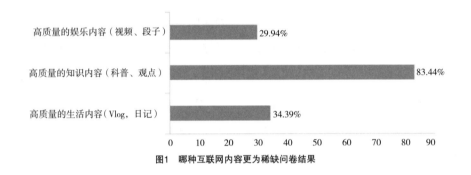

图1　哪种互联网内容更为稀缺问卷结果

但是通过笔者对知识付费产品介绍、知识付费影响因素的研究和发放问卷调研发现：从知识理论中的体系化要求和教育学观点来看，知识付费这种"未来"的消费模式或者说学习模式有其不合理性，即存在根本无法解决的矛盾。因此，知识付费学习模式不可能比传统的知识模式更高效，无法替代传统的知识获取途径。据此，本文也在最后提出了对知识付费模式的全新解释。

二、知识付费决策的主要影响因素

据之前学者的研究显示，影响用户进行知识付费决策的因素主要有七个方面。个体需求、信息质量、个体认知、主观规范是最重要的四个指标。而操作过程的便利程度，以及我们直觉上认为重要的免费替代品和经济因素，其实是最不重要的影响因素。③对于最关键的四个因素，结合问卷调研和采访结果，可以用意见领袖概念和贩卖焦虑现象解释。

知识付费本质上还是消费行为，而由于互联网的特殊性。知识付费很难由知识提供者直接对接知识需求者进行付费活动，大部分知识付费行为都需要依托第三方平台企业的信息收集与传播来进行。"知乎"完成过迄今为止最大的4.5亿F轮融

---

① 中华人民共和国互联网信息办公室：《知识短视频 科普更走心》，2020年1月2日，http://www.cac.gov.cn/2020-01/02/c_1579500275065599.htm
② 杜园春、王永琳：《73.9%受访者愿为网络问答付费 体现知识分享价值》，载《新闻记者》，2016（8）：58。
③ 张帅、王文韬、李晶：《用户在线知识付费行为影响因素研究》，载《图书情报工作》，2017（10）：94~100。

资，①是当之无愧的知识媒体龙头企业。本文将主要以知乎为例分析知识付费中的KOL模式。

（一）知识界的KOL——平台媒体上的大V

KOL（key opinion leader，关键意见领袖）本是营销学的概念，近年常见诸网络直播和带货网红的讨论。但知识类媒体的网红却多被忽视。带货、直播的网红可以引领群众意见，影响消费者购买决策，甚至可以实现个人形象的品牌化，围绕网红个人开发受消费者欢迎的产品。知识界大V的影响力实际上并不比传统网红差。69.04%的用户表示，知乎KOL的言论会很大程度地影响其决策行为。

如图2所示，知乎中的"大V"（即通过官方实名认证的高粉丝量、高质量答主）其实有着有趣的双重身份——平台运营者和普通用户。这些高粉丝量博主，与媒体本身接洽得十分紧密。知乎会邀请他们参加活动，规定定期内容，也会帮他们推广内容和管

图2 大V影响决策程度问卷占比

理账号等，他们类似于传统运营模式中企业的员工。但博主本身又是从普通用户开始做起的（除了个别名人入驻），是平台使用者和消费者之一，从而更亲民，更容易得到读者的信任。平台和内容产出者其实是彼此需要而依存的，平台为了抽取利润分成，也会帮生产者宣传其内容和可信性，比如，设置平台内统一的评价机制（点赞、收藏、喜欢、投票评价等），然后对想被推广的答主进行评论筛选，展示高赞回答等方式，帮助其提高信任度。而答主的内容实际质量，自然也是平台最宝贵的资产与价值所在，可提高整个平台企业在网民心中的好感与信任。

这种平台和内容生产者提供给消费者的好感与信任，正对应"信息质量"和"主观规范"两个关键的消费决策因素。知乎中有两类意见领袖：线下的名人与精英和普通草根用户。②第一类人本身在线下或是之前的网络上就是特定领域的专家，拥有相关知识背景和能力，甚至绑定有追随这个人的特定粉丝群体（在知识领域用"观点追随者群体"可能更为恰当）入驻。受本身的名誉所限，其发布的信息质量一般很高，消费者主观也认为这类人可信度高，愿意听取其观点而受之引导。第二类意见领袖是在知乎社区中乐于分享高质量内容、拥有专业知识的草根用户。他们

---

① 李思佳：《知乎官宣用户数突破2.2亿 同比增长102% 商业化或加速》，https://baijiahao.baidu.com/s?id=1619733215962241212&wfr=spider&for=pc，2018年12月13日。

② 王秀丽：《网络社区意见领袖影响机制研究——以社会化问答社区"知乎"为例》，载《国际新闻界》，2014（9）：47~57。

没有或是并不公开自己的线下身份，用积极负责的态度和高质量的经验见解通过时间积累用户信任。如知友"半佛仙人"，其个人介绍没有关于学历出身的信息，教育经历更是写成"某技校养猪"。但凭借其关于财经、互联网行业科普的1 290条回答、142篇文章和将近200万的赞同，收获了150万的关注数。

（二）知识KOL的本质——网红经济、流量为王

知识KOL大力分享优质内容的动机是什么呢？除了"用爱发电"的热爱和获得赞同的成就感之外，平台对于答主的补贴是微不足道的。其盈利主要来自于广告承接和知识付费。知乎上常见的知识付费功能有付费咨询、名家Live课程、付费专栏文章、会员订阅，等等。通过调查发现，大部分高粉丝量答主都开通有付费咨询的功能，且粉丝量越高付费咨询的价格相对越贵。从咨询内容上来看，不仅使用者可以向专业博主咨询专业问题，而且那些靠有趣的文字和深刻的观点成名的用户甚至有更高的付费咨询价格，被咨询领域往往是人生经验、为人处世等具体问题和观点。

说到底，知识界的大V和意见领袖，仍然具有网红的运作特征——网络平台曝光、与受众互动而产生影响力，故仍然是"网红"的一种。① 流量越大，获得的关注越多，产生的利润越高。近几年火热的网红形象品牌化② 在知识领域也有体现，罗永浩就是知识类网红品牌化的典型。罗永浩的"成功学"和敢想敢做的部分人生观影响很大，单他自己作为个人品牌的影响力就在2020年排名全国第164位。很多比他更成功的企业家其个人品牌影响力远远在他之后，可见其影响力很大程度上来源于其观点输出和"知识网红"的运作。

（三）贩卖焦虑、引导价值来诱导消费

从另一个角度来看，大V和知识平台对于消费者知识付费行为的引导与传统带货有引导内容的侧重不同。传统带货网红的主要方式是直接推销某款产品，介绍其质量、售后、疗效，等等。笔者进入京东电商直播平台首页，抽样调查10个主播在手机、名酒、化妆品等领域，全部都是针对一款产品介绍其性能、收藏价值、使用效果，等等。而知识产品不同。几乎所有人都认可"知识是好的"，但是并不一定认为商家贩卖的知识"对自己有用"从而"值得购买"。所以KOL的主要工作是告诉消费者我销售的知识是你"足够需要"而"值得付费"的。这种引导消费的主要手段便是——贩卖焦虑，引导价值。

---

① 敖鹏：《网红为什么这样红？——基于网红现象的解读和思考》，载《当代传播》，2016（4）：40~44。
② 谢辛：《被引爆的网红 互联网直播平台粉丝文化构建与KOL传播营销策略》，载《北京电影学院学报》，2017（5）：23~30。

贩卖焦虑指的是：一些媒体通过文章、视频等宣传，增加人们对于某事、某物的焦虑感而从中获利。放在知识付费语境下，对应"个体需求"和"个体认知"两个因素，即解释为：让你意识到自己"该学什么了""该有什么样的观念了"，读者或者观众便会焦虑如果不会某种知识、没有某种观念，便落后于同龄人，甚至落后于整个时代、社会，从而产生对这种内容迫切的学习需求。

（四）知识焦虑贩卖、价值引导的病毒式特点

知识付费中的贩卖焦虑，一般都依赖于与相似人群的比较，比如，优秀的同龄人都在干什么，优秀的某某职业应该掌握的某某技能，等等。而价值引导则更为恐怖。由于观点和价值判断也是知识的一部分，我们对于以观点输出为主的网红的信任更加可怕。传统带货网红的商品推销大多只停留在对商品本身的介绍和推荐上，而这些观点网红则会"控制"我们的思想。他们会不断地为消费者"洗脑"，说服你什么样的生活才是好的，什么样的事情才是有价值的。比如，在微信朋友圈中，推广投资课程就输出"为老板打工是条不归路，真正能富起来的都是让钱生钱的聪明人"的观点。有些商家甚至在推广自己的付费、无干货鸡汤前，先给读者灌输一些"成功学"毒瘤观点，然后再用鸡汤将消费者灌醒、解毒。

当含有感情诉求的事件发生后，人们有与关系密切的人分享的倾向，[①]从而得到朋友或家人的情感支持和建议。而唤醒某种情感体验会重新唤醒包含这种体验的经历，从而激起社会对这种经历的分享，引发焦虑的"病毒式分享"。[②]而这种病毒式营销的方式，本来就具有暂时性、不稳定性和自发性。

三、知识付费模式与有效的知识获取之间的矛盾

第一重矛盾：知识体系化、逻辑化VS知识付费碎片性、快速性

17世纪以来，西方经验主义和理性主义的知识观逐渐取代了宗教神学或形而上学的知识观，是人类知识理论发展的重要进步，是追求客观知识的开始。它们共同宣称："现代科学的目的就是建立一套严格客观的知识体系，任何达不到这一标准的知识都只能被当作暂时的、有缺陷的知识。"[③]印证了体系化是知识有效性的根本保证。

依上文所论，即便是优质的知识领域意见领袖本质也仍然是奉行"流量为王"的网红，而知识产品的推销又极大地依赖病毒式传播的焦虑贩卖模式。这就意味着

[①] Rime, B., Mesquita, B., Boca, S., et Philippot, P. (1991), Beyond the emotional event: Six studies Sharing of Emotion: Theory and Empirical Review. *Emotion Review* 1:60, p.15
[②] 栾心怡：《"贩卖焦虑"现象流行背后的传播机制》，载《青年记者》，2018（17）：7~8。
[③] 石中英：《波兰尼的知识理论及其教育意义》，载《华东师范大学学报（教育科学版）》，2001（2）：36~45。

消费者的学习知识过程，一定是碎片化的并且具有短暂、不稳定的特征①。

"碎片化"是指线上获取的知识之间支离破碎。比如，知乎的付费咨询过程，一般只能针对特定问题点对点获得答案，无法在问题之间形成联系。而线上课程虽然有针对本课程的提纲，但是课程和课程之间往往是独立没有联系的。不像传统专业学校，会沿着专业方向制订一系列课程和培养方案，通过足够的时间和稳定的学习途径，建构成体系化的知识。

而流量为王的网红营销与焦虑情绪的病毒传播，都是爆炸性的推销手段。在极短的时间内引发大量关注和用户自发传播，但是往往"来得快，去得也快"。用户对这种爆炸式的网红的信任，以及产生的非理智消费行为的认可都非常不稳定。很容易在流量焦点更新之后，发现"自己在学的东西好像并没有当初所想的那么重要"而半途而废。有效的知识必须形成体系化和逻辑化，而这依赖的是稳定与长时间的投入。本来在线知识就支离破碎，再加上很难在某一领域进行持续地耕耘。短时间快速传播与长时间投入耕耘，这种矛盾导致的结果就是：这种在线付费学到的知识几乎不可能构成体系，也就无法形成有效的知识。

第二重矛盾：个性化教育VS互联网盈利的普适要求的"划一式教育"

"普适要求"指的是大多数知识付费产品出于最大利益需要，都希望受众尽可能广，无法体现具体的某个群体特点，更不用说面向个人的需求和个性定制知识。而个性化教育要求尊重个体的独立性和差异性，发挥学生的自主性和选择性，使生命潜能得到自由而充分的发展。这是对农业时代统一的划一教育的否定，也是现代教育理念的进步。②但是，却与互联网利润最大化所要求的普适性存在矛盾。

笔者调研了"学堂在线"平台的"C++语言程序设计基础"课程（以下简称"C++"）和清华大学计算机科学与技术系本科生一年级必修课"程序设计基础"（以下简称FOP）"面向对象程序设计基础"（以下简称OOP）的课程安排。这三门课的开课机构都是清华大学计算机科学与技术系，甚至老师都有重合（徐老师同时参与了"C++"课程和FOP课程的制作）。调研后却发现：线上课程共含162个平均6分钟左右的小节，③即约等于24课时，却讲完了清华大学两个学期共计80课时编程课程的所有知识。这差出来的学习时间，除了一些知识细节之外，还有很多个性化的内容与帮助。比如FOP课程和网课都是面向零基础同学的，但是徐老师却在FOP课程中花了将近6课时帮助同学们手把手地配置编程环境、理解编程思想和答疑。而他

---

① 王承博、李小平、赵丰年、张琳：《大数据时代碎片化学习研究》，载《电化教育研究》，2015（10）：26~30。
② 冯建军：《论个性化教育的理念》，载《教育科学》，2004（2）：11~14。
③ 学堂在线：《C++语言程序设计基础（2021春）课程介绍》，2021年1月，https://www.xuetangx.com/course/THU08091000247/5884412?channel=search_result。

在线上课中却只用了几十分钟就草草略过了这些编程之前的必备步骤。因为每个人的电脑和IDE（集成开发环境）都不同，没有办法在线上课中帮助同学们都打理好每个人的编程环境，只能直接开始讲解通用的知识。而零基础的小白就只能自己搜索，解决问题，或者由"知识付费"在线找一位老师帮助自己配置环境。看似线上课程省下了不少时间和金钱，但其实在这些具体的操作上又会浪费更多的精力和财力。从这一点上看，知识付费过程无疑是更加低效的。

除了定制化，普适要求还意味着没有针对个人的足够的Push过程与成果检验，即商家还逃避了教学成果的责任——学好学坏全由消费者自身决定。对于那些本就不那么坚定，或是受到流量与病毒营销而冲动消费的用户来说，知识付费的知识获取过程是低效而学不到知识的。

第三重矛盾：知识的真实客观性VS知识营销利益的目的性

知识营销中的贩卖焦虑和价值引导甚至会让我们失去自我——我们的需求不再被我们自己所决定，而是商家告诉你"该需要些什么"了。诚然，在日常生活中我们经常会对他人的观点表示认可，但前提是与你进行观点交互的人并不能带有强烈的目的性和受利益的驱使。比如，辩论赛的观点交锋和读新闻、读社评，都属于合理的认同。而在利益驱使下，线上内容提供者在输出给消费者的知识内容中会反复掺杂"你已经学到了很多东西"的暗示，从而帮你构建满意心理，引发下一次的付费行为，而不是靠学习者自己通过上课的信息密度和自己的接受情况判断真实的获取知识程度。另外，线上知识产品提供者对所授内容的责任也不如传统学习模式那样大，知识产品中更有可能存在偏颇和歧义的内容，导致知识付费产品的真实客观性不如传统模式有保证。

四、结论：知识付费的实质过程

我们原本以为知识付费过程像我们所想的一样美好——我们用财富换取了等额的知识，但是，综合前文论证的三重矛盾来看：目前网络知识付费这种获取知识的途径，既没有办法获取有效的体系化知识，也没有个性化的知识摄取过程，更不能保证知识内容的真实性。知识付费这一过程不可能比传统的知识获取模式更加高效。我们实际学到的有效知识的价值，远低于我们为之消费时所付出的财富价值。那么在进行知识付费时，这部分价值落差去了哪里？我们究竟是在为什么东西买单呢？

在本文的论证下，笔者提供一种全新的视角去分析知识付费的过程。

知识付费的本质是：知识平台的意见领袖利用自己的影响力和公信力点燃用户的焦虑，刺激用户为"知识"付费的需求。然后，在知识付费产品中"安抚"消费者的焦虑，使消费者产生"我学到了东西"和"我赶上了同伴"的愉悦感与满足感。

换而言之，消费者购买的不是知识本身，而是这种"心灵SPA"——缓解本来不存在的焦虑得到了满足感、舒适感，买的是一种"舒适"和"安心"。知识付费，相比于消费者以为的"我在为知识花钱"，其实是商家控制消费者"为焦虑买单"的蓄意而为。

五、结语

本文主要采用问卷调查、实证分析等方法调查了目前网络知识付费过程中的影响因素，并对接现有学者的研究结果，提出了自己对于知识付费模式的解释。由于时间仓促和笔者能力所限，文中疏漏、不足之处敬请读者批评指正。

随着网民平均素质的提高和互联网内容的不断丰富，消费者们越来越渴求的是高质量有帮助的知识类内容，互联网内容也在不断转型升级。以知识分享为主的问答、社区类媒体前景广阔，而专属于知识时代的"知识付费"消费模式更是拥有无穷潜力与活力。但爆火的"知识付费"模式背后蕴藏着与学习知识本身相背离的矛盾与冲突。在线获取知识固然方便快捷，但本文旨在提醒广大网民，在进行知识付费的决策中谨慎选择，保持独立思考。不要单纯被"大V"的焦虑信息所扰，更加清楚地选择并持续地投入学习知识的过程，才能真正借助互联网活力赋能专业知识教育与学习领域。

随着互联网的"知识经济"被更加广泛地重视和讨论，规则制度、道德伦理、监管手段被进一步完善，互联网的知识氛围会更浓厚、更高效，依托于互联网和知识而进步的人类社会也会更加活力四射、欣欣向荣。

6. 教师对学生终稿的反馈信

天傲同学：

你好！首先祝贺你完成了本学期写作课的所有任务，希望你在这趟旅程中有所收获。

考虑到你的文章几乎是推翻重写，目前的长文终稿在我看来已经是一篇相当高质量的说理写作。无论是在文章的主线逻辑结构还是语言表达风格上，都已经比较清晰地呈现了你对写作的深入理解。在初稿中存在的写作重点不突出、论述结构松散的问题，在终稿里得到了比较好的解决。你将文章的主旨落脚在知识付费和焦虑买单这样一对矛盾上，从一些具体的知识付费案例出发，分析了当前知识付费和在线课程所面临的困境，比较好地实现了论域的聚焦和问题的深入。虽然你在陈述信中说你是在两天时间里完成这篇文章写作的，但我认为这种写作能力和进步绝对不是一蹴而就的，它是你在这一学期漫长的学习思考过程中逐渐形成的。

相比于短文，长文比较好地概括出了知识付费和知识获取所存在的三组必然矛盾，在揭示矛盾的过程中说明了知识付费所存在的困境，文章的论述深入程度有了明显的提升。这种深度的提升则是与文章问题意识的聚焦和研究对象的明确有直接而密切的关系的。希望你通过长文的写作和修改理解高质量的说理写作是如何形成一个有效的问题，并围绕具象的问题完成分析和说理的。

当然，现在这一稿仍然存在着一些问题。首先，相关议题的文献工作还可以再扎实一些。由于时间的限制，你的文献目前还比较单薄，对于知识付费和社会焦虑等问题的概述还停留在比较浅的层次；其次，文章的谋篇布局还稍显混乱，特别是前半部分的讨论比较细碎，可以考虑把几个维度整合压缩，尽快进入你后半部分的核心观点讨论中。

同时，也感谢你在陈述信和面批中为课程提出的建议。至于你所说的能否提供合适的范文供参考，这个问题事实上曾经引发过老师们非常深入的讨论。最终大多数老师都认为不需要在写作课上提供所谓的范文。也许你在小组互评和阅读其他同学文章的过程中发现，每个人的文章都带有非常鲜明的个性和风格。在我看来，例文恰恰会约束大家个性化的表达。我们的批改和面批更多的是告诉大家写作必须避免的问题所在，而在这些问题和错误之外，你们仍然有足够广阔的空间来完成你们自己的写作。

祝好！

王沛楠

（日期略）

主题：数字化生存

社交媒体新功能对社交模式的影响
——以微信"拍一拍"为例

指导教师：朱垚颖　学生：李可涵[*]

1. 主题概述：数字化生存

伴随信息技术、通信技术、互联网技术的不断发展，人们逐渐置身于一个由技术建构出来的数字虚拟空间当中，人与人之间开始习惯并依赖用数字信息技术进行沟通、交往、工作和生活。一个虚拟的数字化生存空间正在和现实空间逐渐交汇、融合。

当数字化生存方式逐渐融入人们的日常，一些新的问题显现出来。人们该如何使用和理解数字技术，又该如何看待新的数字化生存方式？过度依赖数字技术，人们是否会从技术的使用者变为技术的附属？快速更迭发展的数字技术背后，是否存在着技术过剩和信息过载？数字技术的安全和个人用户的隐私，在信息时代如何得到保障？不同性别、年龄、教育背景、地区的人群在数字技术使用上存在何种差异，数字鸿沟现象对现实世界有着怎样的影响？

以"数字化生存"为主题的课程鼓励学生观察自身数字化技术的使用习惯，以及思考数字技术如何深刻塑造着人们的生存方式和其背后的深远影响。课程既关注作为手段、通路和渠道的"数字技术"，更关注使用数字技术的个体与群体。

2. 案例概述

本案例属于写作课的短文，是学生在课程第四周完成的写作文章。在思考选题时，这位作者选择了一个当前数字化生存中较受关注的一个新话题，即社交应用软件微信2020年6月新出的"拍一拍"功能。作者在写作时，这一功能才推出了不到一年的时间，针对微信"拍一拍"展开研究的数量很少。作者在课上的讨论中谈到，她最初是因为自己在微信群中误触他人头像，发动了"拍一拍"功能，进而出现了社交"尴尬"的局面。基于自己在互联网社交中的现实体会和感受，该作者在对"拍一拍"功能进行深入了解后展开影响分析。整篇文章的初稿篇幅不长，以"绪论、本论、结论"的结构框架展开，从几个角度分析了"'拍一拍'新功能对社交模式存在什么影响"这一问题。

---

[*] 朱垚颖，清华大学写作与沟通教学中心教师；李可涵，清华大学计算机系2020级本科生。

作者的问题意识很好，整体结构也比较清晰。但初稿中有几个较为明显的问题，其中较为突出的问题是学生在理论运用方面存在不足，有着堆砌理论、滥用理论的嫌疑。很多同学在经过前几堂写作课程的讲授和学习后，尤其经过"理论运用"一讲后，容易在初稿文章中"生搬硬套"使用很多理论，甚至出现理论的堆砌，认为文章中存在的理论越多越好、越深奥越好。本文就是一个典型的例子，作者在短短3 500字中使用了戈夫曼的拟剧理论、麦克卢汉的媒介延伸论、"沉锚效应"、信息的"传递观"和"仪式观"理论、"差序格局"与"熟人社会"等概念和理论，几乎每一段话都会先极为简短地介绍一个社会学、传播学经典理论，再用该理论对现象进行粗浅解释。作者在文中使用的理论叠加并未真正地增加了文章的深度，反而使得每一部分的分析均浅尝辄止。

过多的理论堆砌不仅导致研究的不够深入，事实上，由于作者对理论的学习和认识不足，出现了误用理论的问题。例如，在介绍戈夫曼"拟剧理论"时，作者使用了百度百科这一权威性很低的内容，并认为"拍一拍"行为是模糊了人们互联网社交时的"前台"与"后台"行为，但"拍一拍"仍是在社交微信群中发生，较难体现出人们的表演自我和真实自我的边界"模糊"感。在修改意见中教师建议作者不要将理论"拿来就用"，而是思考该理论是否真的可以帮助她分析和解释现象。

此外，因为作者对文中涉及的理论不甚了解，这也导致其在整体结构"本论"的排布时，采用了将文中涉及的多个理论"粗暴"地一分为二，使用了心理学视角和传播学视角的区分方法。但事实上，作者在心理学视角部分中谈到的"媒介是人的延伸"更偏向为传播学视角下的理论，而她在传播学视角中谈到的费孝通先生提出的"熟人社会"概念更偏向为社会学视角下的理论。这种一分为二的结构思路，一方面源于作者对文中涉及的诸多理论的陌生感；另一方面也体现了作者对跨学科选题的一种无所适从。

除了上面提到的理论堆砌、理论误用、理论区分粗暴等问题，本文还存在着以下不足：例如，在文章结构上过于板正；又如，文章在研究意义上考量不足。因此，教师在讨论中建议将作者把其在初稿结尾中一笔带过的"弱提醒，强连接"概念进行深化，深入谈一谈以"拍一拍"为代表的"弱提醒、强连接"社交模式对人们线上社交关系和社交形态的影响，使得全文分析不再仅局限于一个功能的讨论。

经过批注反馈和一对一沟通面谈后，作者在终稿中优化了理论运用这一核心问题，不再堆砌大量理论，而是真正理解分析对象，运用理论来帮助其解释现象和事物。在整体结构上，不再从传播学和心理学两个学科角度出发来一一分析，而是选择了作者认为最为关键的几个影响深入论证。理论的运用也更为贴近分析对象，逐渐习得了运用理论来分析和解释事物，分析和论证也突出了重点，基本解决了面谈时谈到的核心问题。

3. 含教师修改过程的学生初稿全文

社交媒体新功能对社交模式的影响
——以微信"拍一拍"为例

一、绪论

2020年6月，微信推出了一个新功能。当用户在群聊或双人聊天中双击一名聊天成员（包括自己）的头像时，聊天窗口会发出轻微的震动并以小字提示"你拍了拍（对方）+后缀（由对方自行设定）"。经过版本优化，用户可以在两分钟之内撤回这一行为。这就是最近掀起一波热潮的微信"拍一拍"。

随着社交媒体的不断发展，各社交媒体不断推出新功能，其中有综合性较强、"跨界"的功能，如微信小程序、Facebook的Libra网络虚拟加密货币等，也有比较纯粹的社交性功能，如QQ好友纪念日提醒以及上文介绍的微信"拍一拍"等。这些新功能对我们的社交模式，乃至生活方式都产生了一定的影响。

本文拟以微信"拍一拍"为例，探究社交媒体新功能对社交模式的影响，以期在社交媒体发展日益迅速的今天，能让人们更加明确"变"与"不变"之间的辩证关系，从而更好地在日新月异的媒介生存环境中自处，也更好地在其中发展、维系良好的人际关系。

二、本论

在本论中，笔者将从心理学和传播学两个视角入手，逐一揭示"拍一拍"对社交模式诸方面的影响。

1. 心理学视角下"拍一拍"带来的信息处理变化

"拍一拍"对社交过程中的信息生产与信息接收都产生了一定影响，下面笔者将对这两方面进行分析。

1.1 信息生产：自我呈现中"前台"与"后台"的辩证转变

信息生产的本质是一种呈现。在社交媒体中，这种呈现主要体现在呈现自我的各个方面，包括内在的人格特点、思想、情感和外在的需求等。在《日常生活中的自我呈现》一书中，作者戈夫曼提

【谋篇布局】绪论这一标题取法有点生硬，考虑用其他的一级标题来统领这一部分。

【语言文法】在语言分析中，如果可以的话，尽量不使用括号来辅助论证，例如该段落中"聊天成员（包括自己）"可修改为"聊天成员或自己"。

【逻辑论述】这一段话最好和第一段交换，要考虑到先谈大的背景，再切入分析对象。

【语言文法】论述较为拖沓，先出主体再举例的方式使得句子过于碎片化，建议修改为[随着社交媒体的不断发展，各社交媒体不断推出新功能，其中有微信小程序、Facebook的Libra网络虚拟加密货币等综合性较强的"跨界"功能，也有QQ好友纪念日提醒、微信"拍一拍"等社交性功能]。

【逻辑论述】本文研究问题没有清晰介绍，使用了"变与不变的辩证辨析关系"这一模糊表达，建议明确本文的研究目的和意义。

【谋篇布局】这一部分是承担"本论"的角色，但一级标题不要这么拟定，建议修改为["拍一拍"功能对社交模式的影响]。

【谋篇布局】以心理学和传播学的视角来区分过于生硬，后文理论也并非能被纳入这两个视角内，建议不要以心理学和传播学的理论视角来展开，而是以"有哪些层面影响"的方式来深入这一部分。

【逻辑论述】这一表述更偏传播学，要注意分析，不一定要框定在某个学科范围内。

主题：数字化生存

出人们在日常生活的自我呈现场景有"前台"和"后台"两种。①前者是通过自我形象塑造与印象管理让观众看到自己并赋之以特定意义的表演场合；后者则是人们呈现更原始、更自然的自我自栖空间。戈夫曼认为，"前台"行为与"后台"行为是不可相互转化而只可相互转换的。②但是，"拍一拍"却很大程度上模糊了两者之间的界限。

一方面，"拍一拍"在人们原先生产信息、呈现自我时完全"前台"的模式中糅以更大占比的"后台"模式。在"拍一拍"风靡之前，自我呈现或是通过昵称、个性签名显示等系统设定强加于接收者身上，亦或是通过文字、语音、视频聊天，或者朋友圈、空间、论坛等社区互动自主交互。在这些场景中，信息生产者始终是在"前台"占据主动地位的。而"拍一拍"则不然，它将主动信息生产与被动触发有机结合，从而消减了原先处于"前台"的信息生产者主动传播自己生产的信息的权力，使之转化为"后台"的信息生产者，自我呈现也从完全主动的"前台"模式一定程度上转化为被动呈现的"后台"模式。而信息接收者则因获得了触发信息传播的权力而从观众席上走到了"前台"，成为自我呈现过程中不可或缺的一环。

另一方面，马歇尔·麦克卢汉在《理解媒介：论人的延伸》中提出的"媒介是人的延伸"这一观点，他认为不同媒介会作用于人的不同感官，对其起到强化、延拓作用。③"拍一拍"则超越了一般媒介对感官的作用。首先，"拍一拍"通过在视觉、听觉主导的信息交互中增加触觉感受，使人们更加身临其境地进入社交情景，获得"前台"式肉体回归的自我呈现。④与先前文字、语音模式单感官以及视频聊天双感官的"后台"式呈现不同，"拍一拍"更多维地对人的三重感官进行延伸。更重要的是，"拍一拍"从日常生活中表示友

【语言文法】本文中目前很多引用都是百度百科，学术文章要避免出现这种非权威性引用。如果要引用的话，需要回到戈夫曼《日常生活中的自我呈现》原文中去。

【语言文法】存在错字，应为"抑或是"。

【逻辑论述】注意思考，本文所探讨的"拍一拍"行为其实仍然是在社交属性强的微信群中，那么在这一现象中前台转变成了后台吗？
拍一拍这个功能和自我呈现理论关联度没有那么紧密，在理论运用中首先要对理论本身有较深入的理解，此外更要注意理论的解释力，避免误用理论。

【语言文法】对媒介延伸理论也需要回到《理解媒介》一书当中进行引用，使用一手资料，避免引用百度百科。

【逻辑论述】在"媒介感官"分析中，这一行动不仅仅是单向的，其实对信息生产和接受都是有关的，触觉感的实现是双方的，思考时可以更全面一些。

① 参见百度百科：戈夫曼戏剧理论，2021年1月27日，https://baike.baidu.com/item/%E6%97%A5%E5%B8%B8%E7%94%9F%E6%B4%BB%E4%B8%AD%E7%9A%84%E8%87%AA%E6%88%91%E5%91%88%E7%8E%B0/9076383?fr=aladdin，2021年3月19日。
② 参见百度百科：戈夫曼戏剧理论。
③ 参见百度百科：理解媒介：论人的延伸，2019年12月10日，https://baike.baidu.com/item/%E7%90%86%E8%A7%A3%E5%AA%92%E4%BB%8B%EF%BC%9A%E8%AE%BA%E4%BA%BA%E7%9A%84%E5%BB%B6%E4%BC%B8/5709712?fr=aladdin#2，2021年3月19日。
④ 高晗：《从传播学角度看微信"拍一拍"》，载《视听》，2020（12）。

好、关切的举止中获取灵感，不仅仅延拓了人的物理感官体验，更让人的情感与精神体验回归"前台"。

1.2 信息接收：被"拍一拍"者的"沉锚效应"

"沉锚效应"是指"人们在对某人某事作出判断时，易受第一印象或第一信息支配"①。在一些情况下，当被"拍一拍"者看到自己被"拍一拍"的一瞬间，"沉锚效应"便产生了，严重者甚至可能加重其对信息的焦虑②。

从"拍一拍"发出者的角度来看，有时他们发起"拍一拍"只是因为想念被"拍一拍"者，或是想感受"拍一拍"的趣味性，或是信手一拍，并不会辅以文字、图片、语音消息等传统形式的社交信息。因此，这种情况下的"拍一拍"是缺乏语境的孤立行为。"拍一拍"这一信息作为"锚"，在被"拍一拍"的一刻，接收者虽然表面上只是接收到"（对方）拍了拍你+后缀（由自己设定，属于已知信息）"这一信息，但是其隐含信息则作为第一信息的一部分沉在了信息接收者的心里。此时，被"拍一拍"的一方可能会产生以下一系列心理活动：他（她）怎么拍了拍我？是不是有事找我？可是为什么没有后文了？是随便拍一拍，还是因为我的后缀所以无语了？我该如何回复他（她）？我是否要拍回去？等等。这些心理活动可能不会全部发生，即使发生也可能只是在被"拍一拍"者脑海中快速闪过，不会长期困扰他（她）。然而，这些问题背后隐藏着更本质、更深刻的问题却无形中一点一滴地在被"拍一拍"者心里累积，逐渐影响其对自己的社交模式、社交心态、自我呈现等方面的确信度。缺乏语境的"拍一拍"让长期被大量信息包围的被"拍一拍"者们感觉到突然的空缺感，从而导致焦虑，确信度的下降又进一步打破其在原本社交模式中的从容心态，因而又加深了焦虑。

2. 传播学视角下"拍一拍"带来的交互方式变化

"拍一拍"对原始信息产生了看似矛盾的影响：淡化与延拓，下面笔者将对其进行阐释。

---

① 百度百科：《沉锚效应》，2019 年 11 月 3 日，https://baike.baidu.com/item/%E6%B2%89%E9%94%9A%E6%95%88%E5%BA%94?fromtitle=%E9%94%9A%E5%AE%9A%E6%95%88%E5%BA%94&fromid=5726509#ref_[1]_680035，2021 年 3 月 19 日。
② 此处"对信息的焦虑"与"信息焦虑综合征"不是同一概念。此处"对信息的焦虑"是指人因长期处于大量信息中而感到压力，或是因突然感觉信息减少而觉得焦躁，不必然包括"信息焦虑综合征"的生理反应与病理现象。

【论证逻辑】"沉锚效应"的理论分析和本文分析对象的结合度并不高，作者的论证逻辑是因为人们容易受到第一印象支配，因此会出现信息的焦虑。从以前提命题到结论命题的过程是很难成立的。

【语言文法】该引用来自百度百科，不符合学术规范，需要找到原文。

【语言文法】在这里，作者使用了运用脚注来进行概念介绍的方式，但目前概念介绍不够清晰，可以直接界定概念。

【语言文法】该表述不太合适，建议删去。

【逻辑论证】这一段话的分析过于牵强了，这种作者的心理推测较难成为具有说服力的论证方式。有效的论证方式应该是说理论证，而不是基于人们的情感推测。

【语言文法】两个主语的句子融合在一起写，主语不够清晰明确，建议修改。

【谋篇布局】正如前文所说，心理学视角和传播学视角不用刻意区分开，因为其中很多影响都是交织来的，因此考虑以影响的点来展开第二部分的写作，而不是以学科视角来区分。

2.1 原始信息的淡化：从"传递观"到"仪式观"

詹姆斯·凯瑞在《作为文化的传播》一书中提出了信息的"传递观"和"仪式观"，前者是"出于控制的目的而在地域范围拓展信息"，看重传播与控制本身；后者则是"一种以团体或共同的身份把人们吸引到一起的神圣典礼"，强调分享与精神沟通。①

在原来的文字、语音、视频聊天中，交互双方主要是通过被赋予特定含义的字符、音节，或者直观的人的音像呈现来交流各种信息，不论是资讯、观点、情绪还是情感，重要的都是这些信息本身，因而传播也就变得重要，即使信息生产者的原始目的并非出于控制对方。而在"拍一拍"活动中，重要的不是谁拍了拍谁，也不是显示的被拍者的后缀名，"拍一拍"这一行为本身才是关键，重要的是双方（多方）在进行同一场"神圣典礼"，即大家都在参与"拍一拍"这件事，都在分享客观上相同的体验，就像埃里克·霍弗笔下的"狂热分子"一样聚集，情绪、情感与思想由此暗暗滋生。

由此，原始信息及其"传递"被"拍一拍"淡化了，但是它所构建的新颖的社交"仪式"却衍生出新的东西。

2.2 原始信息的延拓：从"陌生人"到"熟人"

费孝通先生曾说："我们原本是在熟人中生活的，是个乡土社会。"②他还说："现代社会是个陌生人组成的社会。"③尽管费老原意是指人们生活于其中的实体意义上的社会，但"陌生人社会"和"熟人社会"的概念在社交媒体这一新媒介生存环境下仍然适用。

在许多几十人、甚至上百人的大群中，聊天成员之间大多靠相当微弱的联系聚集起来，因此虽然共享同一个"社群"，但彼此之间并不熟悉，甚至完全陌生。在"拍一拍"流行之前，这种"陌生人"关系很少有机会得以被突破。然而，"拍一拍"却因其极强的衍生情绪传染力和前文论述的"仪式"感拉近了各个成员之间的距离。当群聊中两个相对比较熟悉的人开始互相"拍一拍"，很快便会有更多人加入其中，通过亲切的"拍一拍"熟络起来，在小范围内形成一

---

① 搜狐网"北大公共传播"：《詹姆斯·凯瑞 | 传播的"仪式观"》，https://www.sohu.com/a/399563409_776515，2020年6月3日。
② 费孝通：《乡土中国（修订本）》，第14页，上海，上海人民出版社，2013。
③ 费孝通：《乡土中国》，第10页，上海，上海人民出版社，2013。

个形式上的"熟人社会"。进而，更多的话题被发起，"熟人社会"得以被巩固。

此外，由于通过简单的头像双击实现"拍一拍"的功能除了有意识地被发起，还可能由于误触无意识地被发起，这种随机强制性促进人们开始互动，从而由生变熟。虽然在有些场合下不免会引发尴尬，但是在人们解决尴尬的过程中，却又以更戏剧性与生动的模式解决了破冰难题。

【谋篇布局】误触其实是"拍一拍"功能分析中很有特色的一个部分，作者可以进一步思考该特点对于人们网络社交模式的影响，提升文章深度。

三、结语

现代社会，人们越来越繁忙。"弱提醒、强连接"的社交模式既保全了人们不得不维持的快节奏、高强度、高专注度的工作与生活模式，又在很大程度上满足了孤独的现代人渴望交流、陪伴与关爱的心理需求，这或将成为现代社交模式的发展趋势。①微信"拍一拍"作为"弱提醒、强连接"社交模式的代表之一，对社交心理和信息传播产生了诸多影响。我们要明白，变的是媒介生存环境，是我们传播或接收信息的方式与效果，而不变的则是自我的真实性。唯有坚持自我的真实性，才能在"前台"与"后台"之间悠游自处，才能不因信息之"锚"而焦躁不安，才能不在仪式中狂热迷失，才能让自己从冷漠的"陌生人社会"中感受到"熟人社会"的简单与朴实。

【谋篇布局】"弱提醒、强连接"这一社交模式是本文研究意义的提升，前文分析都聚焦在一个产品的功能上展开，而该模式的提出其实是抽象出了"拍一拍"功能的本质与核心。建议更早一些出现"弱提醒、强连接"这一概念，一些分析论证也以该模式作为主体展开。

【语言文法】前文没有谈真实的自我这一问题，结语突然出现，较突兀，写作中前后逻辑要顺畅。

【逻辑论述】这篇论文在本文内引用了多次，建议作者不要过多重复引用一篇文献，在结论处尽量提出自己的观点和分析。

【语言文法】这里的"我们"究竟是指谁？读者？作者？研究者？抑或是网民？在说理文章写作中，避免使用"我们"这类语焉不详的表述。

总体点评：

目前整篇短文的选题是有现实关注的，选择了一个当前新兴起的微信社交功能"拍一拍"，虽然针对"拍一拍"的研究数量并不多，但这种"弱提醒、强连接"的社交模式转变是当前学界较多关注的研究主题。从初稿来看，整体的文章结构和具体思路较清楚，部分分析具有深度，这些都是本文存在的优点。但本文仍然存在着其他不足之处。

第一，文章在理论使用方面还存在着明显的初学者痕迹。文章在篇幅不多的3 000多字中使用了戈夫曼的拟剧理论、麦克卢汉的媒介延伸论、"沉锚效应"、信息的"传递观"和"仪式观"理论、"差

---

① 高晗：《从传播学角度看微信"拍一拍"》，载《视听》，2020（12）。

序格局"和"熟人社会"等多个概念或理论，几乎每一段话都会引入一个心理学、社会学、传播学等经典理论。诸多理论堆砌在一起，使得文章每一段的分析都草草收尾，看似很高深但实则浅尝辄止、不够深入。需要注意的是，理论分析的意义是为了解释分析对象，并非是理论用得越多越好，尤其是初学者在写作中能够将一个理论解释得清晰已经很难得了。

第二，文章在部分理论使用上存在着误用的问题，例如，本文所提到的"拟剧理论"和"沉锚效应"其实都与微信"拍一拍"社交功能的关联度不高，在运用这些理论解释现象的过程中也常常会有生硬嵌入之感。建议作者在深入理解并学习这些理论之后，再试着用理论来分析、解释现象，而不是拿来就用、削足适履。

第三，文章在整体结构的安排上进入得过于仓促，而且"绪论、本论、结语"的结构过于"板正"。建议考虑在绪论部分先谈整体背景，再进入本文分析对象，介绍清楚本文的研究目的和意义。在核心部分的整体结构上可以不按照传播学和心理学两个学科的思路来展开，这主要是后文很多理论难以被纳入这两个学科视角之中，而且一分为二的学科思路并不适合本文的选题对象，可以考虑在核心分析中以"存在哪些影响"这类要点模式设计整体结构布局。

第四，在研究意义上，"弱提醒、强连接"社交模式这一概念其实对本文的分析至关重要，文章虽然有意识将"拍一拍"功能分析深化到社交模式影响上，但全文仍停留在就一个功能展开分析论证，整体深度稍显不足。因此建议把在初稿结尾中一笔带过的"弱提醒，强连接"概念进行深化，深谈以新兴起的"拍一拍"为代表的"弱提醒、强连接"社交模式对人们线上社交关系和社交形态的影响，使得全文分析不再仅仅局限于一个功能的讨论。

第五，也正因为本文在最后才谈到了"弱提醒、强连接"这一关键概念，因此最后结语部分的观点不够突出，和前文分析论证的紧密度不高。需要注意的是，如果文末的关键观点和前文的分析论证几乎脱节，那么本文的观点提出其实不算成功，观点的提出需要建立在前文的分析基础上。

最后，在学术规范方面，本文引用了大量百度百科的内容，尤其很多理论介绍都是直接用百科平台上的内容。须注意学术文章不要引用百科类网页内容，应直接引用原文，并注意引用的学术规范性和信息检索的全面性，这样也可帮助你深入理解理论。

以上是主要修改意见，其余可参照标签和面批时谈到的内容进行修改、完善，期待看到你更为成熟的短文终稿。

4. 学生的修改陈述信

朱老师：

您好！我是计算机系李可涵。

我的短文主要修改了本论部分的结构。我将初稿中在文末才提出的"拍一拍""弱提醒、强连接"的特性提到最开始，将其作为统摄。从而，我改变了初稿强行分心理学和传播学杂糅论述的思路，通过调整内容布局和表述将终稿分为三部分："人的延伸"、数字化生存中的焦虑问题、从"传递观"到"仪式观"。同时，我也比写初稿时更注重每一部分内部的层次与逻辑。

我觉得在写初稿过程中最大的挑战就是不知道从何切入。由于我的选题比较新，我在知网上检索到的、与我的选题直接相关的文献仅有零星几篇，且它们的内容大同小异，这使得我缺乏"博观而约取"的可能。好在其启发性比较强，从而使自己在一定程度上实现了"突围"。写终稿的时候，我最大的挑战是不知道如何取舍以前的内容（虽然老师已经给出了非常详细的修改方案，但是毕竟删掉的字还是要补上，而本身我能想到的内容又比较有限），所以我选择将原先的结构打破，重新形成更合理的行文结构。

我希望在思考的深度和广度上得到进一步提升。此外，我希望能让语言表达更加学术，论证更加严谨、富有层次与说服力。

和老师的交流让我获益颇多。将课堂上学到的如何选题、如何拟结构、如何分小标题的方法（比如，分科学、社会、文化等角度，或者对比型）运用到实践当中还是比较生硬的（指我自己）。我在写初稿的时候有套用理论、强行区分传播学和心理学的问题，实际上存在杂糅之嫌。和老师的谈话让我明白写学术文章更重要的是逻辑架构和内容间的有机结合。

此致
敬礼

李可涵

（日期略）

5. 学生终稿全文

社交媒体新功能对社交模式的影响
——以微信"拍一拍"为例

一、绪论

随着社交媒体的不断发展，各社交媒体不断推出新功能，其中有微信小程序、

Facebook Libra网络虚拟加密货币等综合性较强的"跨界"功能,也有QQ好友纪念日提醒等社交性功能。这些新功能对用户的社交模式乃至生活方式都产生了一定的影响。

2020年6月,微信推出了一个新功能。当用户在群聊或双人聊天中双击一名聊天成员或自己的头像时,聊天窗口会发出轻微的震动并以小字提示"你拍了拍+被拍一拍者+后缀"。经过版本优化,用户可以在两分钟之内撤回这一行为。该功能推出后,因其趣味性及"弱提醒、强连接"[1]的特性掀起了一波使用热潮和功能热议。

本文以微信"拍一拍"功能为例,重点着眼于其"弱提醒、强连接"特性,探究其对社交模式的影响,并由此分析"弱提醒、强连接"属性主导下的社交模式在未来的发展趋势,以期在社交媒体发展日益迅速的当下,为网民们更好地自处与发展、维系良好的人际关系提供参考。

二、"拍一拍"功能对社交模式的影响

"弱提醒,强连接"是指"拍一拍"以一种温和、隐晦的方式达到提醒目的。同时,在温和、隐晦形式的表面下,增强使用者身体、情感与精神层面的实感与共鸣。

1. "人的延伸"

马歇尔·麦克卢汉在《理解媒介:论人的延伸》中提出"媒介是人的延伸",这一观点分为两部分:"电子媒介是中枢神经系统的延伸,其余媒介是人的个别器官的延伸。"[2]

"拍一拍"即是一般媒介对感官延伸作用空白处的填充。直观上,"拍一拍"与先前文字、语音等单感官模式以及视频聊天等双感官模式的社交模式不同,其小字提示、轻微抖动分别对视觉、触觉和听觉三重感官进行延伸,在原先视觉、听觉主导的信息交互中增加触觉感受,从而使"拍一拍"的行为双方都更加身临其境地进入社交情景。更重要的是,"拍一拍"从日常生活中表示友好、关切的举止中获取灵感,这拉近了"拍一拍"行为双方的情感距离,使用户在"拍一拍"所构建的社交环境下感到温暖与趣味。因此,"拍一拍"不仅仅延拓了网民的物理感官体验,更让网民在非面对面的社交环境中实现情感与精神体验的回归。

费孝通先生曾说:"我们原本是在熟人中生活的,是个乡土社会"[3],并指出"现

---

[1] 高晗:《从传播学角度看微信"拍一拍"》,载《视听》,2020(12)。
[2] 何道宽:《马歇尔·麦克卢汉的遗产》,见[加]马歇尔·麦克卢汉:《理解媒介:论人的延伸》,何道宽译,第15~18页,南京,译林出版社,2011。
[3] 费孝通:《乡土中国(修订本)》,第14页,上海,上海人民出版社,2013。

代社会是个陌生人组成的社会"①。尽管费老所谈论的社会原意是指人们生活于其中的、实体意义上的社会，但"陌生人社会"和"熟人社会"的概念在社交媒体这一新媒介生存环境下仍然适用。前文提到"电子媒介是中枢神经系统的延伸"，这意味着它不仅让网民的物理生存体验更加完整，也使网民的社交网络有所扩张。而"拍一拍"所构建的媒介环境的特殊性就在于它在扩张网民社交网络的同时加强了用户之间的联系，从而在"陌生人社会"中开辟出新的"熟人社会"。

在几十人、甚至上百人的大群中，聊天成员之间大多依托于相当微弱的联系而聚集起来，因此他们虽然共享同一个"社群"，但彼此之间可能并不熟悉，甚至完全陌生。在"拍一拍"流行之前，这种"陌生人"关系很少有机会得以被突破。然而，"拍一拍"却因其极强的衍生情绪传染力拉近了各个成员之间的距离。当群聊中两个相对比较熟悉的成员开始互相"拍一拍"，很快便会有更多成员加入其中，通过亲切的"拍一拍"熟络起来，在小范围内形成一个形式上的"熟人社会"。进而，更多的话题被发起，"熟人社会"得以被巩固。此外，通过简单双击头像来实现的"拍一拍"功能除了有意识地被发起，还可能由于误触而无意识地被发起。这种随机的强制性促进人们开始互动，从而由生变熟。虽然在有些场合下误触"拍一拍"不免会引发尴尬，但若处理得当，在人们解决尴尬的过程中，却又能够以更具戏剧性与生动性的方式解决了破冰难题。

由此，"拍一拍"实现了其使用者的多重感官及中枢神经系统这两个维度的"延伸"。

2. 数字化生存中的焦虑问题

数字化时代，生存的特性使以下三种焦虑更加普遍：信息焦虑②、社交焦虑和存在焦虑③。微信"拍一拍"功能对人们的焦虑问题产生了一定影响。

最直观地，数字化时代海量的信息高频、高速地传播，网民长期被大量信息包围。这时，传统的"强提醒"，如"某人@了你"，会使网民感觉身边客观存在的信息骤然向自己聚拢，从而增强其信息焦虑。"拍一拍"则以"弱提醒"的方式减轻了信息压迫感，同时"拍一拍"行为本身又起到一定的安抚作用。但是，有时被"拍一拍"也会增强信息焦虑。当"拍一拍"行为的发出者或出于想念，或出于好玩，使用不辅以文字、图片、语音消息等传统符号形式的社交信息时，"拍一拍"是缺

---

① 费孝通：《乡土中国（修订本）》，第10页，上海，上海人民出版社，2013。
② 此处（及下文）提到的"信息焦虑"与"知识焦虑综合征"不是同一概念。此处更偏向于指"对信息的焦虑"，即人因长期处于大量信息中而感到压力，或是因突然感觉信息减少而觉得焦躁，不必然包括"知识焦虑综合征"的生理反应与病理现象。
③ "存在焦虑"是罗洛·梅的人格理论术语。

乏语境的孤立行为。缺乏语境的"拍一拍"让长期被大量信息包围的网民们感觉到突然的空缺感，网民们因此失去其在惯常的数字化生存环境中的从容心态，从而感到焦虑。

海量信息导致焦虑，社交媒体的兴起延长了人的社交时间，加上社交圈扩大、"陌生人社会"①兴起，社交焦虑较之前更为普及。社交媒体"脱离了原来搭建沟通桥梁的本意，而成为了干扰、侵蚀、占据用户现实生活，压榨人们时间和精力的一种工具"②。"拍一拍"通过弱提醒的方式让提醒者不那么咄咄逼人，被提醒者的社交焦虑在这种温和的提醒下自然减轻了，提醒者在社交中的自我形象经营所造成的焦虑也有所减轻。

其实，在很多数字化平台上，网民的生存模式是放弃追求内在事物的外在的"表演"模式，他们通过控制自我行为达成"印象管理"③。正是由于这种内在追求的下降与自我责任的缺失，网民易于受存在焦虑之困，即对自我存在的真实性产生怀疑。"拍一拍"的出现则在数字化生存的"前台"上开辟了一块"后台"空间。④在"拍一拍"构建的社交环境中，网民的行为相较于其在微博⑤、微信朋友圈⑥等环境中更纯粹自然。对于不设置"拍一拍"后缀、不主动发出"拍一拍"行为的网民而言，他们的身份是观众，不存在"表演"的问题；对于主动者而言，"拍一拍"的娱乐性与趣味性是主导，"印象管理"在后缀设置或行为本身中的体现则比较少。因而，"拍一拍"在一定程度上缓解了网民的存在焦虑。

3. 从"传递观"到"仪式观"

詹姆斯·凯瑞在《作为文化的传播》一书中提出了信息的"传递观"和"仪式观"，前者是"出于控制的目的而在地域范围拓展信息"，看重传播与控制本身；后者则是"一种以团体或共同的身份把人们吸引到一起的神圣典礼"，强调分享与精神沟通。⑦

在原来的文字、语音、视频聊天中，交互双方主要是通过被赋予特定含义的字符、音节或者直观的人的音像呈现来交流各种信息，不论是资讯、观点、情绪、情感、连接，重要的都是这些信息本身，因而信息的有效传播与信息接收者的理解也

---

① 费孝通：《乡土中国（修订本）》，第14页，上海，上海人民出版社，2013。
② 全能吃货选手奇异果：《微信"拍一拍"掀起网络狂欢，弱提醒互动究竟意义何在？| 案例精选》，2020年6月24日，https://www.sohu.com/a/403984715_120057219?_trans_=000014_bdss_dkdlshnh，2021年4月6日。
③ [美]欧文·戈夫曼：《日常生活中的自我呈现》，冯钢译，第199~200页，北京，北京大学出版社，2016。
④ [美]欧文·戈夫曼：《日常生活中的自我呈现》，冯钢译，第94~98页，北京，北京大学出版社，2016。
⑤ 参见柳圆圆：《以微博为例探析新媒体语境下"拟剧理论"的发展与嬗变》，载《科技传播》，2020（7）。
⑥ 参见马明娟：《"拟剧理论"视域下社交平台用户表露行为分析——以微信为例》，载《记者摇篮》，2020（4）。
⑦ 搜狐网"北大公共传播"：《詹姆斯·凯瑞 | 传播的"仪式观"》，2020年6月3日，https://www.sohu.com/a/399563409_776515，2021年4月8日。

变得非常重要,即使信息生产者的原始目的并非出于控制对方。而在"拍一拍"活动中,重要的不是谁拍了拍谁,也不是显示被拍者的后缀名等信息,"拍一拍"这一行为本身才是关键——重要的是双方及多方在进行同一场"神圣典礼",即大家都在参与"拍一拍"这件事,都在分享客观上相同的体验。通过仪式,一个小社群于无形之中建立起良好的共情基础,进而形成共同文化,最终达成终极和谐,就像埃里克·霍弗笔下的"狂热分子"一样聚集,情绪、情感与思想由此暗暗滋生;相比之下,具体的符号载体的重要性则降至最低。①

由此,原始信息及其"传递"被"拍一拍"淡化了,但是它所构建的新颖的社交"仪式"却衍生出新的情感与文化基础,从而促进新社群的构建。

三、结语

数字化时代,置身其中的网民们越来越忙于处理海量信息。以微信"拍一拍"为代表的"弱提醒、强连接"的社交模式既保全了人们不得不维持的快节奏、高强度、高专注度的工作模式与生活模式,又在很大程度上满足了孤独的现代人渴望交流、陪伴与关爱的心理需求。因此,"弱提醒、强连接"的社交模式或将成为未来社交模式的发展趋势。

6. 教师对学生终稿的反馈信

可涵:

你好!

很高兴看到你在短文终稿中进一步优化了结构,并且在每个部分都做了一定的调整,不再浮在表面对问题进行介绍,更重要的是已经具备"解释问题"的意识。尤其是结合之前面批时我与你讨论的重点,突出了"弱提醒,强连接"社交模式的影响,使得对微信"拍一拍"的分析不再仅仅局限于一个功能的讨论,而是具备了更深层的研究意义。

此外,你在结构上的整体调整,改变了原本心理学和传播学视角一分为二的写作方式,整体结构更为流畅,论证的严谨性也得到了提升。因此,从上述修改来看,此次修改是较为成功的。当然,目前的终稿版本仍然存在一些不足,以下这些问题供你参考,也希望你在长文写作阶段能够进一步弥补这些不足,提升自己的写作。

第一,和初稿相比,你删减了较多理论运用部分的内容,这一点做得很好。但是从目前来看,文中还是运用了四个理论,例如,你在"人的延伸"部分中运用了

---

① 参见陈谦:《群体与仪式:网络"梗"文本的传播符号学研究》,载《东南传播》,2020(11)。

"媒介是人的延伸"及《乡土中国》熟人社会,在"信息焦虑"部分运用了"拟剧理论",以及最后部分运用了詹姆斯·凯瑞提出的信息"传递观"和"仪式观"来帮助你分析对象。虽然理论数量有所减少,但是终稿目前涉及的理论框架仍然过多,而且彼此之间缺少关联,整体来看还是会有不太协调、互相割裂之感。建议在长文中不要借鉴过多理论,而是形成一个完整的理论体系,或是使用到的理论彼此之间是有深层关联的,这样,理论和内容的结合会升级为"融合"。举个例子,你目前文中提到的熟人社会的互动、人前后台的表演及社交仪式的形成,其实均与网络环境中社群构建这一大的分析框架有关。如果从这一整体框架来展开分析论证,你在文中所分析运用到的理论彼此之间就不是割裂的,而是互有关联、共同解释了一个核心问题。

第二,目前,在结构呈现中,虽然不再是用"心理学"和"传播学"这个学科视角来区分,但整体一级标题上仍然是"绪论、本论、结语"的结构。在未来写作中,你可以考虑不再依赖这种偏八股文式的"板正"结构方式,也可以试着不再用"绪论""结语"等一级标题,而是直接进入分析对象后,选择更合适、更有可读性的一级标题。

第三,能看出你在结语写作中提升了研究意义,少了很多"我们"之类的论述。但目前结语对前文的总结意识仍然不足,这一部分和第二部分的核心分析部分延续性不强。你经由第二部分的分析最终想探讨的话题和得出的结论是什么?这一点并未在结语中得到十分清晰的呈现,结语中的观点也不够鲜明。

你在陈述信中提到了写初稿过程中最大的挑战就是不知道从何切入,其中有一个原因是你的选题比较新,"拍一拍"功能诞生时间不长,因此直接相关的文献数量不多。选题较新,其实是把双刃剑,一方面,可能会让你的选题具有较强的现实意义和宽广的分析维度;另一方面,也的确会有材料不足、难以入手的情况。此时,你可以考虑扩大检索范围和替换检索词,或者是考虑对相近的新模式进行检索,获取更多检索资料。令人高兴的是,在终稿阶段,你努力关联参考文献,实现了某种程度上的"突围",这对于一名大一的学生来说是难能可贵的,向你表示祝贺。

上述谈到的一些意见供你参考,并希望你未来能持续思考社交应用中不同的功能对人们人际关系、个体和群体的互动等能带来何种影响,这是一个值得研究的好问题。

祝文安。

朱垚颖

(日期略)

主题：个与群

《茧》的诞生
—— 联系《江村经济》分析《茧》所能体现的社会学价值

指导教师：张芬　学生：邱傲东[*]

1. 主题概述：个与群

个体和群体的关系一直以来是艺术、哲学、社会学、心理学、政治学等学科探讨的核心问题之一。在中国传统社会，儒家主张修身、齐家、治国、平天下，追求的是"内圣外王"；在西方，哲人们也一直在思考如何构建一个"个与群"相和谐的共同体。20世纪以来，由于国家民族的整体危机和西方思潮的涌入，中国学科发展的分界亦逐渐明晰。我们能够从不同学科领域的文献中看到对此主题不同维度的讨论。随着信息、智能时代的到来，建立在虚拟世界里的孤岛式人际关系，也成了普遍常见的个群形态。

写作课将提供一个开放、自由的研讨环境，带领学生进入不同时代、学科语境下有关"个与群"关系话题的知识空间。师生还将试着一起分析、讨论当前社会引人注目的、反映本主题的事件或现象，通过课堂学习和研讨，使学生树立逻辑思维和批判性思维等方面的意识。在此基础上，每个同学将针对自己关切和感兴趣的话题展开规范的写作练习，并努力实现在不同文本空间里进行学术对话的可能性。

2. 案例概述

本案例属于写作课的短文，是学生在前半学期完成的写作任务。作者选取了上课时教师和学生讨论到的社会学家费孝通的文学作品《茧》。由于该作品历史性和时效性并存，以此为写作对象挑战较大。作者发挥了自己长于阅读、分析的特质，在短文阶段认真通读了费孝通的《江村经济》和这部初面世的中篇小说（经典文本的阅读是课堂上反复提倡的），可谓同步于学术界的新发现和新对话。在写作这篇文章的时候，作者充分理解了课堂上反复提及的、在学术入门写作中"解释大于判断"的重要性，并且初步认识到了背景关系等视角或方法的重要意义。作者敏锐地抓住了文学文本中心理动态呈现的特质，以此为出发点发现了学术著作和小说之间的重要差异。

当然，鉴于这篇文章的起点并不低（作者相对较流畅的文字表达能力和文本阅

---

[*] 张芬，清华大学写作与沟通教学中心教师；邱傲东，清华大学医学院2020级本科生。

读、分析的能力），如果要完成终稿，可能就不是简单的修修补补。这需要作者在进一步深入文本复杂性的基础上，再次"跳出"文本，回到历史的时空，去寻找新的解释点。很显然，作为初写者，尤其是在短文阶段，这一点暂时还未能充分地领会和有效完成。

还有一个比较大的挑战是，这个选题会自然而然地将作者带入一个跨学科的通识视野之中。费孝通作为一个小说写作者和他的社会学文本之间是怎样的关系，这一问题仅仅靠简单比对可能是远远不够的。因为，小说本身的独立性、复杂性及其特殊价值，与作者的主观构想、心理和情感之间有着很密切的关系。因此，这篇文章主要从内容比对的角度对两个文本进行差异性的解读，将文学中的人群心理变迁取代互文性差异的整体呈现，正是作者对文本属性理解的广度和深度不足的体现。

通过这篇文章也可以看出，对象义本的熟悉和理解固然重要，但如果要加深这种理解，还需要在更深广的语境中作出艰巨的努力。这也意味着持续阅读和反复思考的重要意义。同时，这篇文章也提醒初写者，看起来很笃定的想法或观念，可能是仅仅因为在自身的认知限度内达到的"表象上的圆满"，有时候，对于写作者来说，充满进一步的错愕感和矛盾感，也是一种不错的滋味。

3. 含教师修改过程的学生初稿全文

《茧》的诞生
——联系《江村经济》分析《茧》的创作价值

2016年，一位中国学者在"弗思档案"中偶然发现费孝通先生的一篇未出版的中篇小说《茧》。一些学者努力将这篇小说尽量按照费孝通先生语言习惯来对《茧》进行翻译和校订。①最终在2021年1月，《茧》第一次印刷成书。

费孝通先生于同一时段创作出《茧》与《江村经济》，这两本书的重要素材来源均为费孝通先生于1936年前往开弦弓村实地考察时所写的《江村通讯》②，可以说这两本书之间有着千丝万缕的关系。《江村经济》是费孝通先生1938年所作的博士毕业论文。这本书以江

【语言文法】何谓"创作价值"？结合上下文可以再思考，在正文中使之内涵更加明晰。

【语言文法】具体是谁？介绍对象的基本信息比较重要，可以在正文中准确呈现。不能含糊。

【语言文法】问题同上。

【语言文法】在国内出版？信息不完整。《茧》作为新发现的文献，并作为主要研究对象，它的基本信息的陈述一定要凝练、准确、清晰，不能含糊其词，建议对其内容进行修缮，使之明确、完整，体现作品语境。

【语言文法】"先生"二字可删除。鉴于学术写作的公共性和开放性，所有的研究对象和学术共同体范围内的同人，均无需有专门敬称。以下类似称呼建议删除。

【语言文法】严格意义上是1938年初完成的。

---
① 费孝通：《茧》，孙静，王燕彬译，第137~139页，北京，生活·读书·新知三联书店，2021。
② 费孝通：《茧》，孙静，王燕彬译，第173页，北京，生活·读书·新知三联书店，2021。

苏省吴江县开弦弓村的实地考察为依据，细致地分析了乡村经济发展的动力与问题，在世界上引起巨大的反响。① 而《茧》则被一些学者定义为文学版的《江村经济》。② 但倘若我们将《茧》是文学版的《乡村经济》理解为《茧》是将《江村经济》中的中心观点与思想以文学方式表达出来，那么《茧》难道仅仅是《江村经济》的文学化的翻版？这本小说的价值又是什么？

【语言文法】信息陈述不明确，应为社会学者王铭铭。

【语言文法】缺少修饰词。通常情况下，描述一个文本的一段故事或陈述一个情节时，需要作者对第一次出现的人物进行基本信息的说明。例如，这里，王婉秋是谁？她在小说中何时出现？人物关系是什么？

回答这个问题需要深入这本小说的内容。《茧》开头的时空是在1938年的柏林，中国传来工厂被炸毁的消息引起了王婉秋的回忆。通过回忆时空回到1936年的乡村，回忆的内容大致可以分为三部分。第一部分是工厂的建立。海外求学的吴庆农在自己的毕业论文中提出生产应以大众生活提高为最终目的的论点。③ 归国后，吴庆农放弃锦衣玉食、饫甘餍肥的生活，大胆实践自己的理论，在1936年于乡村建立了一座丝织工厂；第二部分则是工厂的发展，工厂的发展也带动一部分农民生活和思想上都有所进步。这个过程中，这些普通民众无疑是受益者。对于那些入厂劳动的姑娘们，从物质生活上，她们通过劳动获得了较高的薪水，而且饮食住宿条件也远优于过去。从精神生活上，她们不仅学习到了先进的技术，更是打开了探索新世界的大门，拥有了探求未知、探索自我的意识。而其他民众也因为生活的改善开始接受工厂，也开始改变对于姑娘们的刻板认知。例如乡绅黄老伯，他可以清楚地认识到工厂让他们免受"史扒皮"等旧利益集团的剥削，也可以不太反感地接受一些新的变化与进步，接受女孩子上学的观点，也没有明确反对宝珠当上自治会主席的事情。④ 最后一部分则是民众与改革者共同战胜工厂面临的困境。在丝厂蓬勃发展、普通百姓获益匪浅的同时，旧利益集团因为自己的利益受到威胁而开始筹划毁灭丝厂，最后是由宝珠等觉醒的民众与改革者一同拯救了丝厂。小说的结尾时空又转变回来，工厂由两年前战胜困境有着一片光明未来的情境变为了炮弹下的废墟，不禁令人惋惜，亦引人沉思。

【谋篇布局】上段文字引出了《茧》的学术界定位问题，并尝试提出和已有的"定位"不一样的疑问。这很关键，涉及学科、文体的差异，因而，学术对话、问题的提出，也不能含糊。

【语言文法】病句，建议删除。

【语言文法】稍显啰嗦，建议删除。

【语言文法】什么理论？明确化。

【语言文法】和前文重复，建议删除。

【语言文法】稍显啰嗦。

【语言文法】和前面意思同，可删除。

【语言文法】表达模糊，建议修改为：回到1938年。

【谋篇布局】上段文字主要介绍了《茧》的具体内容，看起来这是一项不难的写作任务，但是，要做到对对象的内核和中心思想准确把握是需要反复练习的。作者在这里的表达简练、清晰、准确，但一些地方也仍然稍显啰嗦、口语化（见上文批注），部分内容的概括过于明确、简单，这可能造成对复杂性和矛盾的问题的忽视。

联系《江村经济》来分析《茧》中的人物形象、故事发展及故

---

① 费孝通：《江村经济》，戴可景译，第24页，北京，北京大学出版社，2012。
② 费孝通：《茧》，孙静、王燕彬译，第173页，北京，生活·读书·新知三联书店，2021。
③ 费孝通：《茧》，孙静、王燕彬译，第22页，北京，生活·读书·新知三联书店，2021。
④ 费孝通：《茧》，孙静、王燕彬译，第88页，北京，生活·读书·新知三联书店，2021。

主题：个与群

事背景，无疑会有助于理解在当时的时代背景下乡土工业中发展过程不同个体的举措。而通过《茧》来看《江村经济》也会增进对《江村经济》的理解，使其中的客观描述以及思想观点更加立体。单从这个角度来看，《茧》确实可以称为文学版的《江村经济》。

【语言文法】意思含糊，写作时无须过于强调与课程主题之间的关系。

【逻辑论述】这一段是主题句，相当于首先在肯定学界对《茧》是《江村经济》文学版的评价，即从"互文性"的角度来呈现这一观点。

例如，分析为何吴庆农选择乡土工业来实践理论。联系两本书可以发现，他一是为了民生。单纯的农业经济是无法满足农民的日常生活的，农民需要通过乡土工业来维持正常生活。①但是在当时的时代背景下，由于养蚕技术落后，家庭作坊的产品质量及产量都不高，收利微薄，更是有丝行这一旧利益集团的剥削以及西方工业的挤压，这种情况下当地民众生活苦不堪言。②而蚕厂的建立不仅能引入先进的技术助民养蚕，而且避免了民众被旧利益集团剥削的遭遇，如此可以很大程度增加民众收益，提高民众的生活水平。二是为了乡村未来。"如果可能，通过这些年的培训，她们将获得现代母亲所需的知识和道德面貌，从而成为我们农民现代化的真正力量。"③在振新乡土工业的同时改革者也试图赋予农民们新生活的可能性，培育未来乡村现代化可能的中坚力量。正如费孝通先生所说："如果中国工业只能以牺牲穷苦农民为代价而发展的话，我个人认为这个代价未免太大了。"④倘若吴庆农将工业引出乡村，那么农民们会被吸引到城市去工作，但这样农民们的家庭生活将被破坏，乡村的未来发展同样遭到限制。三是为了家国。在那个国家积贫积弱的年代，民族工业受到了严峻挑战。⑤为了抵抗西方列强对传统工业的打击，反抗西方列强在中国工业方面的渗透，振新民族工业，实业救国是爱国企业家的不二选择。"在这座小镇，他将理论付诸实践，以期能拯救故里"⑥。如此以乡土工业实业救国也是吴庆农建厂的初心。

【语言文法】这个"理论"在前面就没有铺垫清楚。

【语言文法】对注释中甘阳的文章适当在正文明确提炼。

【语言文法】别字，兴。

【逻辑论述】这一段主要从两部作品思想内核的角度来呈现"互文性"，不足的是，吴庆农的乡村建设理论（"经济人道主义"）具体未能通过《茧》呈现出来，这样在贴合《江村经济》的时候就略显生硬。

但是若从两本书的差异出发，会发现《茧》虽然少了《江村经济》中客观的描述与严谨的理论，但其中许多的内容是超出《江村经济》之外的。阅读《茧》，便于我们从当事人的角度去感受他们的变化与发展，更加理解其中的来龙去脉，更能与过去产生共鸣。

【语言文法】口语化，可删除。

---

① 甘阳：《〈江村经济〉再认识》，载《读书》，1994（10）：50~57。
② 费孝通：《江村经济》，戴可景译，第247页，北京，北京大学出版社，2012。
③ 费孝通：《茧》，孙静、王燕彬译，第24页，北京，生活·读书·新知三联书店，2021。
④ 费孝通：《江村经济》，戴可景译，第186页，北京，北京大学出版社，2012。
⑤ 费孝通：《江村经济》，戴可景译，第186页，北京，北京大学出版社，2012。
⑥ 费孝通：《茧》，孙静、王燕彬译，第23页，北京，生活·读书·新知三联书店，2021。

在《茧》中，工厂发展的过程亦是民众觉醒的过程。其中比较值得分析的就是厂中女工们的变化。在传统的产丝区，两性分工明显，女子的主要工作就是养蚕和做丝，男性的主要工作是下地耕田及采运桑叶。在两性分工中男性分工多于女性，这导致"妇女的工作是减轻了，但是妇女在社会价值上却也减轻了"①。此外在传统的婚姻制度下，养一个女孩在农民们看来总是要亏本的，而且当地对于养育的孩子数量也是有一些限制的。因此甚至会常有溺死女婴的现象，②之前当地女性地位之低可见一斑。但是，对于那些工厂的女工情况就有巨大变化了。其中最典型的就是宝珠了。首先是在物质生活方面。在成为厂工后，她的住宿和饮食条件有了改善，而且开始有了自己的收入，可以自己支配钱财来购买衣物等自己喜爱的东西。而在精神生活方面，她开始精神觉醒，她从一个唯唯诺诺、从不敢有自己想法的"童养媳"蜕变为一个想要追求美，想要学习新知，充满精神活力，敢于有自我意识的女青年。"她确信的仅有一件事——一切都可以得到清楚解释，迟早她能通通理解"③。可以说这个工厂使一群乡村人从沉睡中"觉醒"，开始向现代化改变自我，而且这一改变还有很可能传给下一辈。而在《江村经济》中，女工的变化只有客观的现象，并非动态的，只是照片式的文字呈现。相比之下，通过《茧》，我们似乎可以更为感同身受地回到19世纪30年代的江村，去感受当时她们所经历的变革，感悟她们随着时间的推移一步步地改变。

【语言文法】联系《江村经济》，这句话是否有些绝对？注意语调尽可能地平和、公允。

同样，小说中吴庆农的思想转变值得注意。他作为改革者，从建厂之初的"家长主义"观点转变为"指望工人和村民是否能保护他们自身的权益"④的观点。趋利避害，保护自己权益本是本能，那么为何当初吴庆农会认为"大众给予的是力量，而不是方向"⑤而坚持"家长主义"呢？因为他看到的是民众受剥削受压迫却不去反抗，民众们确实不知道该去如何反抗，不知道未来的方向。但是倘若给以民众启发，让民众中的部分人"觉醒"，如宝珠等人，让她们从内

---

① 费孝通：《茧》，孙静，王燕彬译，第154页，北京，生活·读书·新知三联书店，2021。
② 费孝通：《茧》，孙静，王燕彬译，第154页，北京，生活·读书·新知三联书店，2021。
③ 费孝通：《茧》，孙静，王燕彬译，第51页，北京，生活·读书·新知三联书店，2021。
④ 费孝通：《茧》，孙静，王燕彬译，第114页，北京，生活·读书·新知三联书店，2021。
⑤ 费孝通：《茧》，孙静，王燕彬译，第24~25页，北京，生活·读书·新知三联书店，2021。

主题：个与群

部带动民众，激发民众对于美好生活的向往与对于未来的理想，民众也找到努力的方向，这才能爆发出推动整个社会进步的力量。改革者这种思想的变化也许是在当时存在过的，但是在《江村经济》中却没有提及。

【逻辑论述】由此可见，作者所关注的差异性的核心在于"动态"性方面，这一发现很敏锐也很有说服力！但是，将主要关注对象集中在民众和吴庆农身上是否就能代替完整的"差异性"呢？

此外，《茧》也加入了《江村经济》正文中没有提及的内容。《茧》以工厂被日本兵炸毁为结尾，正是暗指1938年前后日本对于中国的丝厂进行严重打击导致丝厂受损严重，民主工业陷入及其危险的境地。①

【语言文法】别字，族。
【语言文法】别字，极。

尽管现实中的问题远多于小说中所提及的，比如说，可能会出现高生产效率而导致部分人失业，以及收益不能严格保证而失去民众的信任等问题。②但是小说抓住了主要矛盾与核心问题，有血有肉地展现出在20世纪30年代一个乡村的乡土工业是如何发展的，在这个过程中农民与改革者又是有何改变与进步的，以此将那一段历史以一种更加丰满，更易让人感同身受的方式呈现给读者。

【语言文法】如何？

相比把《茧》称为《江村经济》的文学版，我更愿意将《茧》称为《江村经济》的姊妹篇，将两本书对照阅读，把江村当作当时乡村的一个模型，相信会对当时的乡村发展，以及乡村民众和改革者的进步与面临的困难有更加深入的理解，也会从中得到更多启发。

【逻辑论述】结论稍显微弱，强调了《茧》的独立性和平等地位，但未能准确概括上文的主体内容。

总体点评：

评价表
选题与问题意识（1~5分）：4.5
《茧》是中国著名社会学家费孝通2021年出版的唯一一部中篇小说，具有很强的史料性、新颖性和趣味性。并且，由于作者社会学成就巨大，这部小说的研究自然也会带有通识色彩。由于其时效性和通识价值，作者的这一选题意义不言自明。本文的问题意识建立在已有的对这部小说的定位（王铭铭："文学版的《江村经济》"）上，相当于直接与社会学界进行学术对话，其跨学科的难度和理论的深度也是可想而知的。整体来说，对于学术入门的初写者来说，本文已经完成得比较不错。
结构与论证（1~5分）：3
本文结构较为清晰，对话意识和问题意识也比较明确，作者主要尝试通过文本对比，对小说的独立性进行阐释。从内部人群心理"动态"的视角出发，是一个很聪明的方向。不足的是，这样的分析，是否过于宏观、笼统，作品的复杂性和深度是否还有待于进一步探索？

① 《中国近代纺织史》编辑委员会：《中国近代纺织史（下卷）》，第62页，北京，中国纺织出版社，1997。
② 费孝通：《江村经济》，戴可景译，第201页，北京，北京大学出版社，2012。

学术规范与格式规范（1~5分）：4
文章基本做到恪守学术规范，引注格式也较为清晰。作者还可结合正文批注注意以下两个问题：词语或短语的直接引用方法； 有些间接引用不够清晰，会给读者带来理解上的困惑。
语言表达（1~5分）：3.5
文字表达较为清晰、明确，逻辑性较强，时有啰唆、口语及错别字现象。另外，在介绍重要的背景信息上，还存在模糊的地方，这是初写时容易存在的误区：背景信息不重要，文本内容才是更关键的。而实际上，前期丰富、扎实的铺垫与说明，对后文的论证和分析尤为重要。
修改提示
①思考以上各项以及批注中提出的问题。 可以思考是否还有更多"语境性"的文献值得探索：小说在什么情形下写的？写了为什么没有发表？为什么用英文写作？同一年写作的两部作品各自清晰的时间、地点和心境如何？费孝通有文学修养吗？这部小说是"横空出世"的吗？ ②思考何谓"创作价值"？从动态的角度来谈人群心理的变迁是否就能充分阐释文学的独立性价值？ ③体现"差异性"的部分是否是比较呈现的全部内容？是否还遗漏了什么更为复杂和有趣的地方？与《江村经济》不同的重要之处还有哪些？ ④可再阅读两部作品，对两部作品所处的写作环境进行深入探索，然后再进一步发现问题。

4. 学生的修改陈述信

张芬老师：

您好！我是医学院的邱傲东。

我的文章修改后的主题是联系《江村经济》来分析《茧》的创作价值，得出《茧》不但是《江村经济》的文学版，其内容还有超出《江村经济》的部分——在20世纪30年代左右当地不同群体中个体思想的具体转变过程。在初稿中我的主题只是联系《江村经济》来诠释《茧》中的人与事，以此得出一些结论，再机械地将这些结论用于当下。可是这样分析整本书范围过大，而且这些结论不一定适用于当下，同时也不能体现自己的问题意识。

在修改过程中我最有成就感的部分是，我通过老师的启发对于《茧》和《江村经济》之间差异所进行的分析、对于"文学版"这个定义的质疑。通过对比阅读，我发现《茧》作为一部小说，确实可以展现《江村经济》中客观视角所无法展现的许多内容，这些内容对于还原当时历史原貌有着重要意义。但在修改之前我并没有想过去分析差异，去质疑已有观点，只是去分析两书的相同性。

在修改过程中最具有挑战性的是观点的形成以及问题意识的寻找。观点的形成可以说困难重重，读完文章查完文献大致有几个观点，但都是模糊不清的，而且在具体落实后才发现，有的观点可写内容有限，研究价值很小，经过长时间的筛选以及老师的帮助我才确定自己的观点；而问题意识的缺失导致我的初稿就是在泛泛而谈，得到老师的建议后我缩小范围，就从对"文学版"这个定义的质疑入手确定自己的问题意识。

我还希望对费孝通创作动机进行进一步分析。

我觉得自己在观点方面有自己的批判性思考，有质疑的意识，而且这个观点也有一定的研究价值；但是在语言方面，我的语言表述不够生动以及文章的过渡还是有些生硬。

感谢老师的帮助！

此致

敬礼

邱傲东

（日期略）

5. 学生终稿全文

《茧》的诞生
——联系《江村经济》分析《茧》所能体现的社会学价值

2016年，中国学者孙静在伦敦"弗思档案"中偶然发现费孝通一篇未出版的中篇小说《茧》。孙静和王燕彬努力将这篇小说尽量按照费孝通的语言习惯来进行翻译和校订。[1]最终在2021年1月，《茧》由生活·读书·新知三联书店印刷出版。

费孝通于1938年创作出自己的博士论文《江村经济》，此后在其导师弗思教授的乡村寓所中创作了《茧》这本小说，并将《茧》当作礼物送给了师母弗思太太。《江村经济》与《茧》的重要素材来源均为费孝通于1936年前往开弦弓村实地考察时所写的《江村通讯》[2]，可以说，这两本书之间有着千丝万缕的关系。《江村通讯》是对江苏省吴江县开弦弓村的生产生活、人口婚嫁、学校教育以及人伦情感等方面的社会学调研。《江村经济》则以对开弦弓村的实地考察为依据，着眼于土地制度、经济贸易以及职业分化等角度进行研究，细致地分析了乡村经济发展的动力与问题，在世界上引起巨大的反响。[3]《茧》作为一篇基于社会学调研所创作的小说，必然有着不同于一般小说的创作价值。聚焦于《茧》在和《江村经济》对比分析时所体现的创作价值，国内社会学学者王铭铭将《茧》评价为"文学版的《江村经济》"。[4]但倘若我们将"《茧》是文学版的《乡村经济》"理解为《茧》是将《江村经济》中的中心观点与思想以文学方式表达出来，那么《茧》难道仅仅是《江村经济》的文

---

[1] 费孝通：《茧》，孙静、王燕彬译，第137~139页，北京，生活·读书·新知三联书店，2021。
[2] 费孝通：《茧》，孙静、王燕彬译，第173页，北京，生活·读书·新知三联书店，2021。
[3] 费孝通：《江村经济》，戴可景译，第3页，北京，北京大学出版社，2012。
[4] 费孝通：《茧》，孙静、王燕彬译，第173页，北京，生活·读书·新知三联书店，2021。

学化的翻版？

回答这个问题需要深入这本小说的内容。《茧》开头的场景是在1938年的柏林，中国传来了一个建在乡村附近的丝厂被炸毁的消息，这引起了在柏林漂泊的一位女性知识分子王婉秋的回忆。时空回到1936年的乡村，内容大致可以分为三部分。第一部分是工厂的建立。在海外求学的吴庆农在自己的毕业论文中提出"生产应以大众生活提高为最终目的"的论点。①归国后，吴庆农放弃锦衣玉食、饫甘餍肥的生活，大胆实践自己的"经济人道主义"理论，在乡村建立了一座丝织工厂。第二部分是工厂带动了一部分农民生活和思想上的进步。这个过程中，普通民众无疑是受益者，尤其是那些入厂劳动的姑娘们。在物质层面上，她们通过劳动获得了较高的薪水，而且饮食住宿条件也远优于过去；在精神层面上，她们中一部分人不仅学习到了先进的技术，更是打开了探索新世界的大门，拥有了探求未知、探索自我的意识。而且其他民众也因为生活的改善开始接受工厂。例如，乡绅黄老伯，他可以清楚地认识到工厂让他们免受"史扒皮"等旧利益集团的剥削，也可以不太反感地接受一些新的变化与进步，接受女孩子上学的观点，不去反对宝珠当上自治会主席的事情。而这些对于姑娘们新的认知在工厂建立之前是不太可能出现的。②最后一部分则是民众与改革者共同战胜工厂面临的困境。在丝厂蓬勃发展，普通百姓获益匪浅的同时，旧利益集团因为自己的利益受到威胁而开始筹划破坏丝厂，最后由宝珠等觉醒的民众与改革者一同拯救了丝厂。小说的末尾，场景又回到1938年的柏林，工厂由两年前战胜困境有着一片光明的未来，一瞬间变为了炮弹下的废墟，读来不禁令人惋惜，亦引人沉思。

联系《江村经济》来分析《茧》的时代背景、故事发展、人物形象，无疑会有助于理解在当时的环境下乡土工业的发展过程。而通过《茧》来看《江村经济》也会增进对《江村经济》的理解，使其中的客观描述以及思想观点更加立体。单从这个角度来看，《茧》确实可以称为"文学版的《江村经济》"。

例如，当分析在《茧》中为何吴庆农选择乡土工业来实践其经济理论时，我们可以从《江村经济》中找到答案。一是《江村经济》体现出了"社会科学中国化或本土化"的理论。发展乡土工业是为了民生，单纯的农业经济是无法满足农民的日常生活的，农民需要通过乡土工业来维持正常生活。③但是，在当时的时代背景下，由于养蚕技术落后，家庭作坊的产品质量及产量都不高，收利微薄，更是有丝行这

---

① 费孝通：《茧》，孙静，王燕彬译，第22页，北京，生活·读书·新知三联书店，2021。
② 费孝通：《茧》，孙静，王燕彬译，第88页，北京，生活·读书·新知三联书店，2021。
③ 甘阳：《〈江村经济〉再认识》，载《读书》，1994（10）：50~57。

一旧利益集团的剥削以及西方工业的挤压,这种情况下,当地民众生活苦不堪言。[1]而蚕厂的建立不仅能引入先进的技术助民养蚕,而且避免了民众被旧利益集团剥削,如此可以很大程度增加收益,提高民众的生活水平。二是为了乡村未来。"如果可能,通过这些年的培训,她们将获得现代母亲所需的知识和道德面貌,从而成为我们农民现代化的真正力量"[2]。在振新乡土工业的同时,改革者也试图赋予农民们新生活的可能性,培育未来乡村现代化可能的中坚力量。正如费孝通在《江村经济》中所说:"如果中国工业只能以牺牲穷苦农民为代价而发展的话,我个人认为这个代价未免太大了。"[3]倘若吴庆农将工业引出乡村,那么农民们会被吸引到城市去工作,但这样,农民们的家庭生活将被破坏,乡村的未来发展同样遭到限制。三是为了家国。《江村经济》中表明,在那个国家积贫积弱的年代,民族工业受到了严峻挑战。[4]为了抵抗西方列强对传统工业的打击,反抗西方列强在中国工业方面的渗透,振新民族工业,实业救国是爱国企业家的不二选择。《茧》中吴庆农心怀理想,"在这座小镇,他将理论付诸实践,以期能拯救故里"[5]。如此,《茧》中的吴庆农形象在体现当时改革者创办乡土工业的初心的同时,从侧面展现当时乡村社会状态,使《江村经济》中的文字更鲜活地诠释给读者。

而若从两者的差异出发,会发现《茧》虽然少了《江村经济》中客观的描述与严谨的理论,但却多了对于事件的发展描述,更重要的是还暗含了不同人群的思想动态变化,相当于是对《江村经济》内容的一个重要补充。阅读《茧》,能够便于我们从当事人的角度去感受其中的变化与发展,更加理解《江村经济》在那个时期一些社会现象的来龙去脉,更能与那个时代的开弦弓村的社会现象产生共鸣。

在《茧》的情节中,工厂发展的过程亦是民众觉醒的过程。其中比较值得分析的就是工厂中女工们的变化。在传统的产丝区,两性分工明显,女子的主要工作就是养蚕和做丝,男性的主要工作是下地耕田及采运桑叶。在两性分工中男性分工多于女性,这导致"妇女的工作是减轻了,但是妇女在社会价值上却也减轻了"[6]。此外,在传统的婚姻制度下,养一个女孩在农民们看来总是要亏本的,而且当地对于养育的孩子数量也是有一些限制的。因此,甚至会常有溺死女婴的现象,[7]当地女性地位之低可见一斑。但是有了工厂之后,那些女工的情况就不同了。其中最典型的

---

[1] 费孝通:《江村经济》,戴可景译,第250页,北京,北京大学出版社,2012。
[2] 费孝通:《茧》,孙静、王燕彬译,第24页,北京,生活·读书·新知三联书店,2021。
[3] 费孝通:《江村经济》,戴可景译,第186页,北京,北京大学出版社,2012。
[4] 费孝通:《江村经济》,戴可景译,第186页,北京,北京大学出版社,2012。
[5] 费孝通:《茧》,孙静、王燕彬译,第23页,北京,生活·读书·新知三联书店,2021。
[6] 费孝通:《茧》,孙静、王燕彬译,第154页,北京,生活·读书·新知三联书店,2021。
[7] 费孝通:《茧》,孙静、王燕彬译,第154页,北京,生活·读书·新知三联书店,2021。

就是宝珠了。首先是在物质生活方面，在成为厂工后，她的住宿和饮食条件有了改善，而且有了自己的收入，可以自己支配钱财来购买衣物等自己喜爱的东西；而在精神方面，她从一个唯唯诺诺，从不敢有自己想法的"童养媳"蜕变为一个想要追求美，想要学习新知，充满精神活力，敢于有自我意识的女青年。"她确信的仅有一件事——一切都可以得到清楚解释，迟早她能通通理解"①。可以说，这个工厂使一群乡村人从沉睡中"觉醒"，开始一步步走向现代化，这个过程有曲折，有矛盾，人们的思想时而坚决、时而犹豫，也始终是动态的。而在《江村经济》中，涉及女工变化的内容大多是对于客观的现象描述，并非动态的，在《江村经济》中，对于妇女地位改变的描述是截取了几个生活片段或者是个体的简短例子。比如，有一位在工厂工作的女性敢于在公众面前责骂自己的丈夫，却没有描述在去工厂之前这位女性的生活是如何的。②相比之下，通过《茧》，我们似乎可以更为感同身受地回到19世纪30年代的江村，去感受当时她们所经历的变革，感悟她们随着时间的推移一步步地改变。

在小说中，身为改革者的吴庆农的思想转变同样值得注意。作为改革者，他从建厂之初的"家长主义"观点转变成了"指望工人和村民能够保护他们自身的权益"③的观点。趋利避害，保护自己权益本是本能，那么为何当初吴庆农会认为"大众给予的是力量，而不是方向"④而坚持"家长主义"呢？因为他看到的是民众受剥削、受压迫但却不去反抗，民众们确实不知道该去如何反抗，不知道未来的方向。但是倘若给以民众启发，让民众中的部分人"觉醒"，如宝珠等人，让她们从内部带动民众，激发民众们对于美好生活的向往与对未来的理想，民众也找到努力的方向，这才能爆发出推动整个社会进步的力量。小说不仅刻画了时间维度纵向的发展变化，同时也增添了同一群体横向的思想差异性。在小说中，李义浦和王婉秋的出现则补充了当时建厂的改革者思想的横向对比多样性。李义浦反对吴庆农的英雄主义和家长主义，他意识到现实和理论知识的种种矛盾。⑤他的思想也是随着事件发展而动态变化的，只不过不同于吴庆农思想的被动改变，他总是积极地去思考、去质疑、去寻求更为合理的答案。王婉秋则是对这类思考完全不感兴趣，她的思想重心不在事业与志向上，总是保持着在学院中的学生思想，对于理论方法并不会主动质疑。⑥

---

① 费孝通：《茧》，孙静、王燕彬译，第51页，北京，生活·读书·新知三联书店，2021。
② 费孝通：《江村经济》，戴可景译，第203页，北京，北京大学出版社，2012。
③ 费孝通：《茧》，孙静、王燕彬译，第114页，北京，生活·读书·新知三联书店，2021。
④ 费孝通：《茧》，孙静、王燕彬译，第24~25页，北京，生活·读书·新知三联书店，2021。
⑤ 费孝通：《茧》，孙静、王燕彬译，第27页，北京，生活·读书·新知三联书店，2021。
⑥ 费孝通：《茧》，孙静、王燕彬译，第25页，北京，生活·读书·新知三联书店，2021。

可以看到，无论是普通村民还是改革者，由乡村经济改革带来的思想变化也许在当时是确实存在过的，思想变化彼此也存在差异，但是这些在《江村经济》中却很少提及。此外，《茧》中以工厂建立为开头，以工厂被日本兵炸毁为结尾，正是暗指20世纪30年代丝厂稳步发展，1938年前后日本对于中国的丝厂进行严重打击导致丝厂受损严重，民族工业陷入极其危险的境地的时代背景。① 这些背景内容同样没有在《江村经济》中具体说明。

《茧》这本小说有血有肉地展现出了在20世纪30年代一个乡村的乡土工业是如何发展的，以及在这个过程中农民与改革者的生活和思想又是如何改变与进步的，以此将那一段历史以一种更加丰满，更易让人产生共鸣的方式呈现给读者。因此，相比把《茧》称为《江村经济》的文学版，我更愿意将《茧》称为《江村经济》的姊妹篇，将两本书对照阅读，把江村当作当时乡村的一个模型，相信会对当时的乡村发展，以及乡村民众和改革者的进步与面临的困难有更加深入的理解。

6. 教师对学生终稿的反馈信

邱傲东同学：

你好！很钦佩你有勇气选择了一个上课时我们的分析对象——费孝通的新出版作品，这意味着你有较少的参考，需要独立地通过阅读来解释你的研究对象。整体来看，从短文初稿到终稿，你完成得很不错。初稿起点本来就不低，你的逻辑思维清晰，问题意识和对话意识也较强，在分析这两个密切相关的文献（《江村经济》和《茧》）时，你能够做到细致入微地进入文本细节，发现一些问题。比较不错的是，你根据自己对文本的理解，从内容上对王铭铭的"文学版的《江村经济》"进行了敷衍、阐发，可见你独立思考的能力。你有比较强的分析能力，在文本的独立性方面，得出自己的新见解。终稿修改了初稿中表达不清晰、不准确的地方。而且，终稿还在前半部分补充了小说创作的背景信息，后半部分补充了小说所体现人群的心理动态性和复杂性，尤其补充了改革者形象的多样性。

当然，作为学术写作的入门之作，文章仍然有一些问题值得再斟酌。例如：

从学术的视野上来看，如果要想对研究对象进行精准的解释，语境的全面把握也是十分重要的，也就是说，单单陷入两个文本的孤立对比还是远远不够的，可能还要补充、阅读大量费孝通的作品和相关研究。

这篇文章将差异性集中在小说的群体心理动态发展方面，但这是作为小说文本的一部分，很显然，它无法完全揭示《茧》的全部"创作价值"（如果可以，也需

---

① 《中国近代纺织史》编辑委员会：《中国近代纺织史（下卷）》，第62页，北京，中国纺织出版社，1997。

要你进行说明论证）。因此，为了确保文章的逻辑严密性，你可以尝试从标题的修改和正文中的角度选取方面进行具体阐释和说明。

作为学术入门之作，这篇文章难能可贵地做到了清晰、严谨，这说明你有较强的文本理解力和文字驾驭能力。当然，这种竹节般的清晰和语调的肯定，有时也许反过来会影响你去认识和理解写作对象的复杂性。《茧》作为一部6万字的中篇小说，其中所彰显的社会思潮、经济思想，以及人群关系，其中所呈现的复杂和矛盾可能恰恰真正揭示一些更有趣的问题。也就是说，在长文写作中，你还可以进一步拓展这个方向上的怀疑和反思精神。

另外，在文字表述上，文章也还有进一步改进的余地，例如，因为初写难免带来的少量啰唆、僵硬、口语化、语义模糊，等等。

总体而言，作为一篇以1930年代的中篇小说为对象的文章，它尤其需要作者回到历史的语境中去探索。你抓住了关联性，这种关联性主要体现在与《江村经济》这一大的主干关系上，这篇文章不断尝试将《茧》的独立价值梳理出来，这是很不错的。如果再回到20世纪30年代、回到费孝通的早期学术生涯，回到当时的写作环境和文学环境，也许还能发现新的问题。而这些，都需要暂时"跳出"两个文本进行广泛的搜索、阅读和思考。期待你沿着这个轨迹继续探索。

就说这些。有任何新的发现，都随时欢迎你和我讨论。

祝顺利！

张芬
（日期略）

编 后 记

教材应该是历史上那些重要的、可能会重复的经验的系统凝结。《清华写作与沟通课教学案例集》是清华大学从2018年起开设的通识写作课第一次进行经验凝结的尝试。

所以,首先要感谢这门课和学校对这门课的重视和投入。2018年,时任校长邱勇院士对外宣布开设这门全校性必修课时,外界积极反应的同时也有声音一直在问:清华这次能不能做到?到本书出版之际,我们至少可以说,清华目前做到了。学校在这项工作上给予了很大的投入,无论是为一门课专门建设一个拥有25名专职教师的教学中心,还是全校各部处院系的大力支持,都足以让人看到清华做好写作课的决心。在2021年教育部本科教育教学评估中,一位国外校长和一位国内校长不约而同地提到,清华在写作课建设中的决心和共识令人钦佩。

第二,要感谢清华写作课全体修课同学的成长。清华大学副校长、写作与沟通课程负责人彭刚老师用"听见春天竹子拔节的声音"来形容看见同学们在课程中成长的喜悦。这本书,可以说就是听到这个声音、感受这个喜悦的结果。得英才而育之,是教书人的幸运和责任;而见英才之成长,才是教书人真正的骄傲和光荣。

第三,要感谢参与清华写作课建设和授课的全体老师们。这其中既有写作中心25位非常优秀的专职教师,还有18位跨院系给予支持的校内名师。窗前灯光可以作证,写作课在不到4年的时间里积累的总字数逾6000万的15000多个习作案例,都是老师们一个字一个字改出来的。彭刚老师领衔,邓俊辉老师、李曼丽老师、刘栋老师、王红老师、朱玉杰老师等跨院系名师和我本人组成的写作与沟通教学中心教学委员会是一个凭着热爱聚集起来的团队,一直在为写作课和写作中心掌舵护航。

要感谢苏芃老师、王小芳老师在写作课创设过程中不可取代的贡献，还有周滢滢老师、商洋老师为中心高效运转的持续付出。普林斯顿大学写作中心对清华写作课的早期建设也提供了很多无私的帮助。

第四，要感谢的还有所有对清华写作课有支持、有期待、有要求的专家、同行和观察者。这本书也是为你们写的。期待你们的反馈和批评如同从前一样，让我们始终在激励和鞭策中向前。

本书的出版得到了清华大学2020年本科教育教学改革"本科优秀教材建设"项目的资助。彭刚老师一直对本书的出版寄予殷切期望并欣然为本书作序。副主编程祥钰、李成晴，编委曹柳星、邓耿、李轶男、毛君、王沛楠、张芬为全书的成稿负担起了很大的辛劳。感谢清华大学出版社纪海虹老师负责任的编辑工作。

思维是生生不息的，写作也一定会的。

梅赐琪

2022年5月于清华园